高等学校政治与公共管理类十二五规划教材

社会创业与

■ 主　编　张远凤
■ 副主编　邓汉慧　李　波

WUHAN UNIVERSITY PRESS
武汉大学出版社

图书在版编目(CIP)数据

社会创业与管理/张远凤主编.—武汉:武汉大学出版社,2012.2
高等学校政治与公共管理类十二五规划教材
ISBN 978-7-307-09404-8

Ⅰ.社… Ⅱ.张… Ⅲ.①企业管理—高等学校—教材 ②社会管理—高等学校—教材 Ⅳ.①F270 ②C916

中国版本图书馆 CIP 数据核字(2011)第 282894 号

责任编辑:舒 刚 刘 阳　　责任校对:刘 欣　　版式设计:马 佳

出版发行:**武汉大学出版社** (430072 武昌 珞珈山)
(电子邮件:cbs22@whu.edu.cn 网址:www.wdp.com.cn)
印刷:湖北省京山德兴印务有限公司
开本:720×1000 1/16　印张:24.5　字数:422 千字　插页:1
版次:2012 年 2 月第 1 版　2012 年 2 月第 1 次印刷
ISBN 978-7-307-09404-8/F·1618　定价:32.00 元

前　　言

2008 年，我在匹兹堡大学公共和国际事务学院访学的时候第一次接触到《社会创业》课程。这是该学院非营利组织管理专业的核心课程之一，由 Kevin Kearns 教授主讲，采取案例教学的方式。令我吃惊的是，一些同学在案例演示中讲述的是他们自己创办非营利组织的经历，这说明对于我这个中国学者来说还很陌生的事情，在美国已经是相当普遍的现象。经过学习和研究之后才知道，1997 年迪斯教授（Greg Dees）就在哈佛大学首次开设了《社会创业（Entrepreneurship in the Social Sector）》课程，现在这门课已经成为哈佛商学院 MBA 学生的选修课。目前，美国很多大学的公共管理学院和商学院都开设了《社会创业》这门课程。

2009 年，在南开大学商学院召开的创业管理案例研讨会上，我介绍了匹兹堡的一个社会创业案例，我发现大多数与会者都对这个领域感到很陌生。张玉利教授和高等教育学会的曹胜利先生建议我写一本关于《社会创业》的教材。当时，我的同事邓汉慧教授在创业教育领域已经耕耘数载，颇有心得，李波教授在加州大学伯克利分校做访问，他也对社会创业很感兴趣。我们讨论之后决定编写这本《社会创业与管理》。

这本书有两个特点，一是借鉴与研究并重。本书在借鉴国外社会创业理论的基础上，对中国社会创业的现状进行了归纳、总结和分析，帮助读者了解当前我国社会创业的现实环境，以便根据实际情况采取创业行动。二是理论与实务相结合。社会创业重在实践，本书在注重知识的系统性和条理性的同时，搜集、整理、编写了大量本土案例，用案例介绍经验和阐释理论，并结合社会创业的实际经验，介绍了一些实务操作方法。

目前，国内的公共管理学院大多开设了《非营利组织管理》课程。这门课程主要讨论对现有非营利组织如何进行运作管理的问题，而没有涉及非营利组织从无到有的创建过程。本书尝试着将社会创业与管理结合起来，认为社会创业就是以创业精神去解决社会问题、提供社会服务，非营利组织是社会创业的主要形式，企业社会责任和社会企业也是社会创业的重要内容。本书分为两个部分，第一部分讲创业，第二部分讲管理。第一至四章为第一部分，介绍了社会创业和社会创业者的基本理论、社会创业兴起的背景、社会创业机会的识别以及创业计划书的撰写；第五至十二章为第二部分，从治理、项目管理、财务管理、筹款、人力资源、合作关系管理以及评估与问责等方面讨论非营利组织的管理问题。邓汉慧编写第二、四章，李波编写第三、五章，其余各章由张远凤编写，研究生卢佳、马德福、樊晓东、赵艳丽、黎筠、辛颖编写了部分案例。

本书适合用作公共管理学院、商学院本科生和研究生教材，非营利部门培训教材，也适合对社会创业感兴趣的任何读者。

本书得到中南财经政法大学引进人才启动基金项目的支持和教育部留学回国人员科研启动金项目（教外留司［2009］1590）的支持。

在本书写作过程之中，我们得到了很多机构和个人的帮助，在此表示衷心的感谢。张玉利教授和曹胜利先生促发了作者写作本书的念头，匹兹堡市前副市长 Thomas Cox 先生、匹兹堡大学 Keven Kearns 教授、Morton Coleman 教授、Louise Comfort 教授为作者提供资料、解答疑问，北京绿十字孙君主任、青青草康复教育中心樊晓莉主任、新星流浪儿童援助中心杜成飞主任、中国国际民间组织合作促进会、自然之友的朋友们帮助作者了解我国社会创业的实际情况，并提供了资料和案例。最后要感谢武汉大学出版社的舒刚编辑，没有他的帮助，这本书不能这么快顺利出版。

在书稿完成之际，我们欣喜地看到，社会创业的意识正在我们这个社会迅速觉醒。以当前热议的校车问题为例，在多起校车事故引发的思考和讨论中，人们不再一味地责备政府，甚至也不把解决问题的希望完全寄托于政府，而是呼吁公民尤其是企业和富裕阶层负起责任，主张举社会之力解决问题。如若社会部门能够发挥主动性，协助学校和政府成功解决校车问题，这个过程就是一个社会创业的美好实践。

张远凤

2011 年 12 月 15 日

目　　录

第一章　社会创业导论 …… 1

导读案例　两个哈佛女孩的愿景 …… 1

第一节　基本概念 …… 2

一、创业 …… 2

二、社会创业 …… 3

三、社会创业者 …… 9

第二节　社会创业的主要形式 …… 10

一、非营利组织 …… 11

二、企业社会责任 …… 15

三、社会企业 …… 17

四、非营利组织、社会企业和商业企业之间的关系 …… 23

第三节　本书的内容框架 …… 31

一、社会创业理论 …… 31

二、社会创业的过程 …… 33

三、本书的内容框架 …… 35

案例 1-1　阿拉善 SEE 生态协会 …… 36

第二章　社会创业的世界性潮流 …… 39

导读案例　天鹅面包坊 …… 39

第一节　国外的社会创业 …… 41

一、美国的社会创业 …… 41

二、英国的社会创业 …… 44

三、德国的社会创业 …… 47
四、日本的社会创业 …… 49
五、发展中国家的社会创业 …… 53
第二节 中国的社会创业 …… 54
一、非营利组织的起源与发展 …… 54
二、社会创业的现状 …… 56
三、非营利组织的法律制度框架 …… 65
四、港台地区的社会创业 …… 67
案例 2-1 在中国的日本环保组织——绿色网络 …… 75
案例 2-2 壹基金成功转型为公募基金 …… 77
案例 2-3 香港银杏馆——为长者创造就业机会的典范 …… 81

第三章 社会创业者 …… 85
导读案例 “免费午餐”计划 …… 85
第一节 社会创业者的概念 …… 86
一、社会创业者的定义 …… 86
二、社会创业者的价值 …… 88
三、谁是社会创业者 …… 90
四、社会创业者的个性和品质 …… 93
第二节 社会创业者的创业动机 …… 95
一、利益动机 …… 96
二、宗教信仰动机 …… 96
三、利他主义动机 …… 98
四、混合动机 …… 99
五、社会创业动机的形成 …… 100
第三节 社会创业者的资源和能力 …… 103
一、社会创业者的内部资源 …… 103
二、社会创业者的社会网络 …… 103
案例 3-1 北京采桑子文化艺术发展中心 …… 106
案例 3-2 多背一公斤 …… 108

第四章　社会创业机会与创业计划 …… 110
导读案例　马军和他的“水污染地图” …… 110
第一节　社会创业机会的识别 …… 112
一、识别创业机会的过程 …… 113
二、社会创业环境 …… 113
三、从创意到创业机会的转化 …… 118
第二节　社会创业计划 …… 121
一、创业理念的开发 …… 122
二、商业模式 …… 124
三、创业计划 …… 126
案例 4-1　中国青年创业国际计划 …… 130
案例 4-2　郭建梅的创业道路 …… 139

第五章　非营利组织的治理 …… 144
导读案例　格莱珉银行告别尤努斯 …… 144
第一节　非营利组织的治理概述 …… 146
一、基本概念 …… 146
二、非营利组织治理的特点 …… 147
第二节　非营利组织的治理结构 …… 149
一、国外非营利组织的治理结构模式 …… 149
二、非营利组织的理事会 …… 151
三、非营利组织的首席执行官 …… 156
第三节　中国非营利组织的治理 …… 160
一、法律对非营利组织治理结构的规定 …… 161
二、中国非营利组织治理存在的问题及原因 …… 165
案例 5-1　湖北省浙江企业联合会的治理结构 …… 170
案例 5-2　组织章程的比较分析 …… 172

第六章　项目管理 …… 182
导读案例　中国光华科技基金会的项目管理 …… 182
第一节　非营利组织项目管理概述 …… 183
一、非营利组织项目管理的含义 …… 183

二、非营利组织项目管理的原则 …………………………………… 185

第二节　项目选择与申请 …………………………………… 187

一、项目设计 …………………………………… 187

二、可行性论证 …………………………………… 190

三、撰写项目建议书 …………………………………… 191

第三节　项目运作管理 …………………………………… 193

一、项目的启动和计划 …………………………………… 193

二、项目实施过程中的组织与管理 …………………………………… 194

案例 6-1　基金会的资助方式 …………………………………… 198

案例 6-2　ABC 组织的“壹基金绿色家园”项目计划书 ………… 200

第七章　财务管理 …………………………………… 209

导读案例　美国私人基金会的投资管理 …………………………………… 209

第一节　非营利组织财务管理概述 …………………………………… 211

一、非营利组织财务管理的目标和功能 …………………………………… 211

二、非营利组织财务管理的内容 …………………………………… 212

第二节　非营利组织的会计核算 …………………………………… 213

一、非营利组织的会计制度 …………………………………… 213

二、财务记录 …………………………………… 214

三、非营利组织的账户和会计科目 …………………………………… 215

四、财务报告 …………………………………… 219

第三节　非营利组织的财务管理 …………………………………… 221

一、投资管理 …………………………………… 221

二、成本分析 …………………………………… 224

三、财务分析 …………………………………… 224

第四节　非营利组织的财务预算与财务监督 …………………………………… 225

一、非营利组织的财务预算 …………………………………… 225

二、非营利组织的财务监督 …………………………………… 227

案例 7-1　中国青少年发展基金会的财务报告 …………………………………… 229

案例 7-2　MBC 的财务报告 …………………………………… 233

第八章 筹款管理 …… 236
导读案例 巴尼斯先生的遗嘱难题 …… 236
第一节 筹款渠道 …… 237
一、慈善捐赠 …… 238
二、基金会和专业筹款机构 …… 244
三、政府资助 …… 245
四、创收（Earning Revenue） …… 247
五、会费 …… 249
第二节 筹资方式及其创新 …… 250
一、传统筹资方式 …… 250
二、筹款方式创新 …… 252
案例 8-1 “农家女”的三次筹款实践 …… 257

第九章 人力资源管理 …… 261
导读案例 “协作者”的年终晚会 …… 261
第一节 非营利组织的人力资源管理概述 …… 262
一、人力资源规划 …… 263
二、招聘与录用 …… 264
三、培训与开发 …… 265
四、绩效管理 …… 266
五、报酬与激励 …… 268
第二节 志愿者管理 …… 268
一、志愿精神、志愿服务与志愿者的概念 …… 269
二、志愿者的招募 …… 273
三、志愿者的选拔 …… 277
四、志愿者的培训 …… 279
五、志愿者的日常管理 …… 283
案例 9-1 志愿团队建设基础训练课程 …… 292

第十章 合作关系管理 …… 297
导读案例 上海市政府购买服务 …… 297
第一节 合作关系管理概述 …… 298

一、合作的重要性 …… 299
二、合作对象 …… 300
三、合作关系的推动与管理 …… 306
第二节 与政府的合作关系 …… 306
一、政府与非营利组织关系的类型 …… 307
二、非营利组织与政府合作关系管理 …… 310
第三节 与企业的合作关系 …… 312
一、非营利组织与企业合作关系的类型 …… 312
二、非营利组织与企业合作关系的发展阶段 …… 314
二、非营利组织与企业合作关系的风险管理 …… 315
案例 10-1 南都基金会的“新公民学校” …… 319
案例 10-2 霍岱珊与淮河卫士 …… 323

第十一章 非营利组织的评估 …… 326
导读案例 民间组织评估指标体系 …… 326
第一节 非营利组织的评估概述 …… 327
一、评估的定义与作用 …… 327
二、评估的类型 …… 328
三、评估主体和客体 …… 330
四、评估理论和指标体系 …… 333
五、评估程序和信息获取方式 …… 334
第二节 非营利组织的绩效评估方法 …… 335
一、逻辑模型法 …… 335
二、平衡计分卡 …… 341
案例 11-1 通向卓越的非营利组织标准 …… 343

第十二章 非营利组织的问责 …… 350
导读案例 西雅图非营利组织的信息公开 …… 350
第一节 非营利组织的问责概述 …… 351
一、非营利组织问责的含义 …… 351
二、问责的理论基础 …… 353
三、非营利组织问责的必要性 …… 355

四、非营利组织问责的挑战性 …… 358
五、问责的前提：透明度与信息披露制度 …… 361
第二节 非营利组织的外部问责…… 364
一、政府对非营利组织的问责 …… 364
二、捐赠者与受助者对非营利组织的问责 …… 366
三、公众和媒体对非营利组织的问责 …… 367
第三节 非营利组织自律与行业自律…… 367
一、非营利行业的自律 …… 367
二、非营利组织的自律 …… 369
案例 12-1 曹德旺的中国慈善问责第一单 …… 372
案例 12-2 非营利行业的信息平台——导航星 …… 375

第一章　社会创业导论

在这个糟糕的世界背后，有一个美好的新世界。全世界的每个人都需要看到它，就像我们需要空气和水一样。

——Vera Cordeiro

本章要点

创业、社会创业和社会创业者的概念；
社会创业的主要形式；
社会创业的理论模型；
社会创业教育的基本状况。

ViD：两个哈佛女孩的愿景①

Ventures in Development（ViD）是2006年在美国成立的一个非营利机构，2007年在香港注册。其愿景是以社会企业的模式来“挑战贫穷，创造商机”。ViD是由来自香港地区的苏芷君（Marie So），以及来自中国台湾的乔琬珊（Carol Chyau）所创立。Marie和Carol是哈佛大学的同学，在求学期间接触了社会企业的概念，并发现在中国没有很多成功的实际案例。因此，她们决定亲自投入这个领域，希望能带动社会企业在中国的发展。

---

① 本案例根据以下网站资料编写：http：//en. wikipedia. org/wiki/Ventures _ in _ Development.

她们首先在中国西部进行了调研，发现中国西部虽然有丰富的资源，但却缺乏市场资讯和销售渠道，苏芷君希望可以担当起桥梁的角色，收购牧民的牛毛制成围巾，引进海外的牛奶加工技术将牛奶制成奶酪，增加牧民收入。长远而言，希望能增加受助的牧民家庭，并把盈利尽量投放在当地的社区建设上。

2006 年，她们的概念在哈佛大学一年一度的商业企划比赛中脱颖而出，不但获得校方颁发的 1.5 万美元奖金，还得到不少创投基金的垂青。她们由此成立了 ViD。2006 年，ViD 在青海创办 Shokay 公司（www. shokay. com），以社会企业模式运作。Shokay 在青海的黑马河乡，与当地的300 户人家成立了一个合作社，直接向牧民收购牛绒，并加工制成具有独特质感的手编针织品，如家饰、婴儿服饰以及女性配饰等，产品行销全球市场。

第一节 基本概念

社会创业（Social Entrepreneurship，也译为公益创业或社会企业家精神）是社会创业者（Social Entrepreneur，也译为社会企业家）在公益事业（Public Welfare）领域的创业活动，它既具有一般创业活动的共同特征，又具有与公益有关的特殊性。

一、创业

创业是一个突破现有资源束缚寻求机会的过程，包括商业创业和社会创业。与商业创业相比，社会创业在我国是一个比较新的概念。在一般人的印象中，创业就是商业创业。

商业创业过程一般包括以下几个基本阶段：第一阶段是机会识别。创业始于能够为顾客创造价值的机会的识别。机会识别和评价是非常难的事情。人口结构和消费偏好的变化、社会文化的变化、经济和技术环节的改变以及公共政策的改变都可能带来创业机会。第二阶段是商业计划的开发。一个好的商业计划是对机会的开发应用，对于确定所需资源、获得资源以及成功地管理新企业都是必要的。第三阶段是确定与获取资源。资源通常包括资金、人员和信息等。第四阶段是创业启动和成长。在识别机会并取得资源之后，创业项目就可以启动了。然后，创业者努力推动企业成长，这意味着继续投资，形成更大的企业战略，获取更多资源，处理矛盾和冲突等。第五阶段是创业收割。在很多情况下，企业发展到一定阶段后，创业者会从新企业中退出。退出方式可能是上市，或者把企业卖掉，或者清理企业资产，或者将企业传给继承人等。①

二、社会创业

社会创业作为一种创业活动具有悠久的历史，但作为一个概念和一门课程却是最近20年的事情。尽管迄今为止社会创业并没有形成统一的定义，但其价值和意义越来越受到重视。

（一）社会创业活动的历史

人们很早就开始进行社会创业活动了。以社会创业最为发达的英国和美国为例，英国的社会创业活动可以追溯到800年前。美国深受英国的影响，在殖民地时代就出现了很多社会创业活动。

12、13世纪是英国社会革新最重要的一段时期，在这段时期，英国创立了500多家非营利性医院。在16、17世纪，英国社会经历了前所未有的动荡时期，瘟疫和战争导致人口锐减，圈地运动则导致贫民数量激增。1601年，英国颁布了世界上首部《济贫法》，慈善机构成为在这个时期英国社会最重要的稳定力量之一。1834年新的《济贫法》颁布后，英国慈善事业达到顶峰。19世纪末，慈善捐助已经成为英国中产阶级家庭仅次于食物的第二大支出。②

在殖民地时代，美国就建立了如哈佛大学和耶鲁大学等公益性机构。在19世纪末，钢铁大王安德鲁·卡耐基开创了现代慈善事业的先河。他的钢铁公司在美国钢铁业占居垄断地位，积累了巨额财富。卡耐基在50岁以后卖掉钢铁公司，转而致力于慈善事业，他在1889年发表《财富的福音》，阐明了他的慈善观，这篇文章被视为现代慈善事业的宣言。卡耐基的言行激励了很多美国人投身慈善事业，其中不仅包括与之同时代的洛克菲勒和福特，还包括今天的比尔·盖茨、巴菲特以及硅谷的新一代企业家。在卡耐基之后的100多年

① 亚瑟·布鲁克斯（Arthur C. Brooks）. 社会创业. 李华晶，译. 机械工业出版社，2009：3-5；罗伯特·赫里斯. 蔡莉，等. 创业管理. 机械工业出版社，2010：5-8.

② Charles Leadbeater. 社会企业家的崛起（The Rise of the Social Entrepreneur）. 环球协力社编译. 1997.

里，美国社会逐步建立起现代民间慈善事业体制。

工业革命以来，各项现代社会事业的发展无不处处体现着创业精神的力量。1985年，德鲁克在《创新和创业精神》中指出“尽管创业精神这个名词起源于经济领域，可是它丝毫也不局限于此……关于创业精神的发展历史，没有比现代大学尤其是现代美国大学的创立与发展更好的课本了。同样，你也能够根据医院的发展史，写出一本有关创业精神的汇编。①

1809年，德国人威廉·洪堡创业第一家现代大学——柏林大学，为德国此后在学术与研究领域的世界领导地位奠定了基础。60年后，洪堡的思想漂洋过海，为美国所采纳。大约1870年左右，一群杰出的美国人创立并发展了新型的美国大学。第一次世界大战以后，这些大学很快为美国赢得了学术与研究领域的世界领导地位，就如同一个世纪前洪堡创办的大学为德国所做的贡献一样。第二次世界大战之后，美国人又创办了“私立大学”和“大都市大学”，例如位于纽约地区和佩斯大学以及纽约技术学院，位于波士顿的东北大学，位于西海岸的圣·克拉拉大学和金门大学等。这些大学不同于以往的全日制大学，他们的主要服务对象不是应届高中毕业生，而是为在职学生提供继续教育。这些大学成为20世纪美国高等教育的主要发展部门。

同样，在医院发展史上，也处处闪现着创业精神。18世纪末，现代医院首次在爱丁堡和维也纳出现。19世纪中期，英国人南丁格尔创立了现代护理及护理教育体系，美国人则创办了各种形式的“社区医院”。20世纪初，大型的专业化医疗中心开始出现，例如梅奥诊所以及门宁格基金会。第二次世界大战以后，又出现了医疗保健中心。现在，美国的医院逐步转变为专业的“治疗中心”，其中包括外科流动诊所、独立的产科中心以及精神病治疗中心。与传统医院不同，专业治疗中心并非特别强调对病人的护理，而是注重专门的治疗“需要”。

（二）社会创业的概念

社会创业作为一个概念和理论体系其形成时间并不长。

1998年，迪斯（J. Gregory Dees，也译为狄兹）正式提出了社会创业这个

① 德鲁克．创新与创业精神．张炜，译．上海人民出版社，1985：28-30.

概念。① 迪斯认为社会创业包含两方面，一是利用变革的新方法解决社会问题并且创造社会效益，二是引用商业经营模式产生经济效益，但是经营目的不是为个人谋取利益，而是造福社会。因此，他从以下四个维度对社会创业进行定义：其一，社会创业是一项持续产生社会价值的事业；其二，社会创业通过不断发掘新机会来达到社会目的；其三，社会创业是一个持续的创新、适应和学习过程；其四，社会创业是不受当前资源稀缺限制的大胆行动。②

施瓦布社会创业基金会认为社会创业就是：关注处于社会边缘的贫困群体，运用可操作的、创新的、可持续的方法为整个社会创造福利；采用跨部门、多学科的方法解决经济和社会问题；社会创业组织可以是非营利性或营利性的，所涉足的领域包括健康、福利、人权、劳工权益、环境、经济发展和农业等，不论关注哪个领域，他们都有共同的价值观和工作流程。他们共享一个信念：所有人都有天生的能力为社会和经济发展做出有意义的贡献。③

亚瑟·布鲁克斯认为，社会创业包括以下一个或多个方面的内容：其一，社会创业关注那些自由市场体系和政府没有解决的社会问题和没有满足的社会需要；其二，社会创业从根本上受社会利益驱动；其三，社会创业往往借助而非抵制市场力量。④

郎顿等人认为，社会创业是推动社会变革的活动，它是一个伞形概念（Umbrella Term），既包括社区的公益事业，也包括企业的社会责任行动。⑤

奥斯丁等学者认为，社会创业是创新性的创造社会价值的活动，既可能出现在非营利组织、企业或政府部门内部，也可能是跨部门的活动。他们把社会创业分为广义和狭义两种。广义的社会创业包括所有创造社会价值而非为个人

---

① ［美］胡馨．什么是“Social Entrepreneurship”（社会创业），社会经济体制比较．2006（2）Dees，J. Gregory，1998. “The Meaning of ‘Social Entrepreneurship’”，Comments and suggestions Contributed from the Social Entrepreneurship Funders Working Group，pp. 6；Bornstein. David，1998 “Changing the world on a shoestring：ambitious foundation promotes social change by finding social entrepreneurs’” . Atlantic Monthly，January. Vol. 281，No. 1，pp. 34-39.

② 严中华．社会创业．清华大学出版社，2008：2.

③ www. scwabfound. org/what is. htm.

④ 布鲁克斯（Arthur C. Brooks）．社会创业．李华晶，译．机械工业出版社，2010：4-5.

⑤ Manual London，Richard G. Morfopoulos. Social Entrepreurship—How to Start Successful Corporate Social Responsibility and Community-based Initiatives for Advocacy and Change，New York：Routledge，2010.

或利益相关者创造财富的活动；狭义的社会创业指将商业技能运用于社会部门，比如非营利组织从事创收活动为组织获得可持续的资源。①

中国学者唐亚阳认为，社会创业指个人、社会组织或者网络等在社会使命的激发下，追求创新、效率和社会效果，是面向社会需要、建立新的组织、向公众提供产品或服务的社会活动。包括：创办兼顾社会利益的非营利组织、创办兼顾社会利益的营利性企业、志愿公益活动等。②

严中华也把社会创业分为广义和狭义两种。广义的社会创业是指采用创新的方法解决社会主要问题，采用传统的商业手段创造社会价值而非个人价值。既包括一些营利组织充分利用资源解决社会问题，也包括非营利组织支持个体去创立自己的小型公司或者企业。狭义的社会创业主要是指非营利组织运用商业机制和市场竞争来创收。③

总的来说，由于人们的出发点和研究视角不同，而且不同国家的社会创业活动本身具有不同特点，目前为止学者们在社会创业的领域、边界、形式和内涵等方面都尚未形成一致意见。这种定义混乱的局面对跨学科的对话和理论研究的深化造成了一定的障碍。尽管如此，从上述这些定义还是可以归纳出社会创业涉及的几个主要方面：社会创业的使命（社会价值）和结果（满足社会需要）；社会创业者的活动领域；社会创业的过程及资源。

本书采用广义的社会创业概念，认为社会创业是以创造社会价值、满足社会需要为首要目的的创业活动，既包括创建非营利组织（Non-profit Organization，NPO），也包括企业的社会责任行动（Corporate Social Responsibilities，CSR），还包括旨在解决社会问题的营利性企业即社会企业（Social Enterprise）。社会创业的主体包括政府、企业、非营利组织和公民群体。社会创业可能是组织化的持续性的行为，也可能是一次性的行动。社会创业的受益人可能是地区性的，也可能是全国性的，甚至是全球性的。

社会创业的领域十分广泛，包括教育、环保、乡村开发、扶贫、社区服务、老年服务、医疗保健、助残、照顾高危儿童和解决其他各种社会问题。以各领域内非营利组织的支出占非营利部门总支出的比例为标准，在美国和德国，医疗机构首屈一指；在英国和日本，教育机构独占鳌头；在法国和意大

① Wei-Skillern, Austin, Stevenson, Entrepreneurship in the Social Sector, pp. 3-4.

② 唐亚阳. 社会创业概论. 湖南大学出版社，2009：4.

③ 严中华. 社会创业. 清华大学出版社，2008：3.

利，社会服务最重要；在转型国家，文体休闲一枝独秀。东亚国家和地区与欧洲国家不同，社团尤其是宗亲团体和邻里组织特别引人注目。在第三世界，提供社会福利的非营利组织很少，他们的民间团体集中在社区发展和政治领域。①

社会创业所涉足的领域类似于广义的慈善事业，既包括针对弱势群体的处境直接施以援手的行动，即所谓 Charity；也包括针对社会问题产生的原因采取的措施，即所谓 Philanthropy。前一种慈善是治标之策，后一种慈善志在治本。② 比如，陈光标给贫困地区和灾区家庭以及环卫工人直接发钱，就是一种治标之举。但在很多情形下，对社会问题仅仅治标是不够的，不仅其长期成本难以负担，而且长此以往还会剥夺受助者的自立意识和独立精神。因此，现代慈善事业和社会创业更强调根除社会和环境问题的根源。比如，贫困往往源于疾病困扰和教育不足，那么开办医院、学校和图书馆可以从根本上消除贫困之源。卡耐基、邵逸夫资助建设图书馆，王永庆创办长庚医院等都是出于此种考虑。

我国的《公益事业捐赠法》定义的公益事业就是广义慈善事业。

公益事业的范畴

1999 年全国人民代表大会常务委员会通过的《中华人民共和国公益事业捐赠法》(以下简称《公益事业捐赠法》) 第三条规定，公益事业是指非营利的下列事项：

(1) 救助灾害、救济贫困、扶助残疾人等困难的社会群体和个人的活动；

(2) 教育、科学、文化、卫生、体育事业；

(3) 环境保护、社会公共设施建设；

(4) 促进社会发展和进步的其他社会公共和福利事业。

---

① 王绍光．多元与统一：第三部门国际比较研究．浙江人民出版社，1999.

② Wei-Skillern, Austin, Stevenson. Entrepreneurship in the Social Sector. Sage Publication Inc., 2007: 1.

（三）社会创业的特点

社会创业与商业创业最主要的差异不在于创业过程本身，而在于创业诉求。社会创业与商业创业相比，其特点在于“社会”二字。然而，各种类型的创业都直接或间接地产生了某种社会价值，直接解决社会问题或者通过创造税收和增加就业来贡献于社会。因此，有人说所有创业在某种意义上都是“社会性的”。这不是什么新观点，至少在过去一个世纪里，不同学科领域都有学者坚持此种看法。然而，在使命、动机和挑战性方面的特点足以将社会创业与商业创业区分开来，使之成为一个独立的研究领域，并拥有自己的理论体系。

与商业创业相比较，社会创业具有以下特点：

首先是社会性。与商业创业将创造财富视为首要目标不同。社会创业的本质是为了创造社会价值，而经济价值只是社会创业的副产品。在创造社会价值的同时可能会产生经济价值，但也可能不产生经济价值。对于社会创业来说，经济价值相对于社会价值仅仅处于从属地位。

其次社会创业具有强烈的社会差异性。由于社会创业本身与不同的社会文化、政治背景直接相关，因此社会创业的方方面面都会因社会差异而大相径庭。

社会创业的上述特点决定了其在创业者的特质和能力、创业机会识别和开发、组织治理、资源获取、增长方式、绩效管理与问责等创业管理的各个方面有别于对商业创业。

（四）社会创业的价值

社会创业关注的焦点是识别和利用机会，创造社会价值，而非个人或股东财富。社会创业不仅可以增加公共福利，而且是解决社会问题、满足社会需求的有效途径，是政府公共服务体系的重要补充。

社会创业可以增加公共福利，它的实质是国民财富或国民收入的一种补充性再分配形式，在促进社会公平与社会和谐方面具有重要意义。传统的观点认为国民收入有两次分配，即国民收入的初次分配和再分配。初次分配是指在生产活动中，以市场作为分配主体，按照效率和经济公平的原则，将国民生产总值在国家、企业和个人之间进行分配。再分配是指在初次分配结果的基础上，按照政治上的公平原则对要素收入进行再次调节的过程，即国家运用税收、提供社会保障和社会福利、转移支付等调节手段调节收入与财富的分配，达到社会公平分配的目标。然而各国实践表明，仅仅依靠第一次和第二次分配往往不能很好地实现社会公平。在社会问题日益严重的情况下，有必要对国民收入进行第三次分配，即以社会为分配主体，以自愿为前提，按伦理公平原则进行分配。①

社会创业可以增加公共服务供给，改善公共服务质量，弥补政府公共服务的不足。同时，其非营利性和慈善性质又扩大了社会对其服务的需求。因此，社会创业从供给和需求两个方面帮助人们获得更多发展机会，改善生活质量，活得更有尊严更有价值。

三、社会创业者

社会创业者是社会创业的主体。德鲁克说，企业家寻求改变，对变化做出反应，并将变化视为机会。社会创业者是社会领域的企业家，他们是独立、有创造性、勤劳而且坚忍不拔。他们不仅利己，而且利他。他们不仅考虑组织的可持续发展，而且优先考虑他们采取的方法和行为对社会与环境的影响。阿育王（Ashoka）的创始人比尔·德雷顿（Bill Drayton）认为：整个世界上最强大的力量是什么？是创业者心中有伟大的理想，不仅将其付诸实施，而且使之扩展至全社会。在教育、健康、人权和环境领域我们需要创业者，正如在酒店和钢铁业需要创业者一样。1997 年，里德比特提出了社会创业者的概念，他认为，社会创业者将商业技能和社会福利结合起来，创造性地运用社会资源满足需要。②

人人都可以成为社会创业者，不管你是政府官员、企业界人士、非营利组织人士、大学生或是退休人员。希拉里从政之前从事公益事业，克林顿退休之后也致力于公益事业；③ 比尔·盖茨和巴菲特在全世界倡导公益事业；武昌区副区长吴天祥毕生致力于公益事业；王石等企业家成立阿拉善治沙协会(SEE)；越来越多的民营企业家投身“光彩事业”；梁从诚创办了自然之友；中国社会科学研究院的于建嵘教授发起“宝贝回家”随手拍行动，帮助被拐儿童的家人找到孩子；武汉市组织“五老”(老党员、老干部、老军人、老教

---

① 张积良，海敬．对我国国民收入三次分配问题的思考．甘肃社会科学，2010（8）．

② Charles Leadbeater. 社会企业家的崛起（The Rise of the Social Entrepreneur）．环球协力社编译．1997.

③ 克林顿．付出——我们可以改变世界．中信出版社，2008.

师、老工人）巡查网吧，阻止未成年人进网吧，取得了很好的效果。陈树菊是台东的一个菜贩。“钱，要给需要的人才有用。”是她的毕生信念。她省吃俭用，把结余下来的一千多万台币（约合人民币 214 万元）全部捐给了孤儿院、学校和儿童基金会。她的善心和善举感动了世界，入选 2010 年《时代》周刊“全球百大最具影响力人物榜”，并于 2010 年 5 月与美国前总统克林顿同台领奖。①

社会创业者具有亲社会、利他的动机和人格，将商业方法与公共利益结合起来，超越私人部门的传统角色，运用创业技能来解决社会问题，满足社会需求。

社会创业者为改善世界的愿望所驱使，创建了营利性和非营利性的组织来从事公益事业。他们发现了问题，并且身体力行去解决问题。他们为饥饿或营养不良的人提供食物、扫除文盲、帮助艾滋病患者、资助医学研究或保护环境；他们不满足于现状，总想让事情变得更好；他们是行动者，在当地社区乃至全球开展行动；他们帮助朋友，也帮助陌生人；他们识别社会需要，创立和管理机构，建立联盟与他人合作，来改变社会；他们在别人感到混乱与迷惑之处开创事业，创造就业，支持经济发展，提升生活质量。②

第二节　社会创业的主要形式

社会创业的主要形式包括非营利组织、社会企业和企业社会责任。其中，非营利组织是各国社会创业的主要形式。非营利组织具有独立的法律地位和特有的运作模式，在多年发展过程中已经形成较为成熟的体系。

近年来，越来越多的非营利组织为了增加收入开始涉足商业领域，还有一些社会企业家直接采取商业模式来进行社会创业。孟加拉国的经济学教授穆罕穆德·尤努斯（Muhamm Yunus）创立格莱珉银行（Grameen Bank），通过小额贷款帮助贫穷的孟加拉妇女改善经济状况，取得了巨大成就。在尤努斯的倡导下，社会企业模式在全球范围内引起了广泛的关注。社会创业也可能出现在商业企业内部。企业承担社会责任的形式多种多样，可以直接生产和提供公益产品和服务成为社会企业，可以成立企业基金会专门回馈社会，也可以捐款给

① 笑蜀．有尊严，小菜摊也能撬动世界．南方周末，2010.7.7.

② 伯恩斯坦．如何改变世界．吴士宏，译．新星出版社，2007.

非营利组织或者与之合作开展公益项目。尽管如此，非营利组织仍然是社会创业的主导形式。

一、非营利组织

非营利组织是与政府、企业相对应的组织形式，一般指除政府和企业之外的一切志愿团体、社会组织或民间组织。非营利组织致力于开展互助性和公益性的活动，解决社会问题，满足社会需要。非营利组织在不同国家和地区或在不同语境下也被称为非政府组织（Non-Government Organizations，NGO）、第三部门（the Third Sector）、公民社会（Civil Society）、志愿组织（Voluntary Organization）和草根组织（Grass Roots Organization，GRO）。非营利组织作为一个统一的概念和具有内在联系的独立部门不过是20世纪70年代以来的事情。实际上，美国90%以上的非营利组织成立于1950年以后。从世界范围来看，绝大多数非营利组织诞生于过去30年。

（一）非政府组织

非政府组织的内涵和外延与非营利组织基本一致。所不同的是，非营利组织强调的是与企业的区别，而非政府组织强调的是与政府的区别。1995年，世界妇女大会在北京召开，来自各国的上千个非政府组织云集北京，给了我国普通民众与非政府组织第一次正面接触的机会，此后人们逐渐对非政府组织产生兴趣。在发展中国家，人们比较熟悉“非政府组织”这个概念。

“非政府组织”是指得到联合国承认的国际性非政府组织，后来也包括发达国家中以促进第三世界国家发展为目的的组织，现在主要指发展中国家中以促进经济和社会发展为己任的组织。从这个意义上说，它要比非营利组织这个概念范围窄。① 不过，也有很多人把这个概念与非营利组织看做同一个概念。

“非政府组织”这个词最早是在1945年6月签订的《联合国宪章》第71款正式使用的。在以西方发达国家为主流话语的国际文献中，NGO常常指的是发展中国家的民间组织或非营利组织，它们强调的主要是这些组织同政府的区别，从而带有更多的政治方面的含义。1952年，联合国经社理事会在其决议中将非政府组织定义为“凡不是根据政府间协议建立的国际组织都可被看做非政府组织”。在当时，这主要是指国际性的民间组织。“二战”后，非政

① 王绍光．多元与统一——第三部门国际比较研究．浙江人民出版社，1999：7.

府组织得到广泛而全面的发展。1968年联合国经社理事会规定：在有关国际公益事务中发挥作用的NGO可获得联合国体系的咨商地位，获得这种地位的NGO即为国际非政府组织。20世纪70年代以来，发达国家非政府组织在承担公共事务管理中表现出的特殊作用，使其在社会政治经济中的地位显著提高。① 1998年，联合国经社理事会给非政府组织下的定义是："非政府组织是正式成立的、自我管理的、非营利性的以一定程度的自愿参与为特点的民间组织。非政府组织包括特殊利益组织、网络、服务提供者和公用事业承包商、非政府的筹资、业务和宣传组织（特别是妇女非政府组织）、专业协会、社区协会以及缴费成员组织。"② 现在不仅世界上几乎所有国家都存在NGO，而且出现了与联合国体系密切结合的国际非政府组织，如大赦国际（Amnesty Inernational）、世界自然基金会（Worldwide Fund for Nature，WWF）、透明国际等。

（二）第三部门

第三部门也称第三域，指介于政府与企业之外的空间。第三部门最早是由美国学者莱维特提出的。他认为，以往把社会组织分为公共组织与私人组织的分类方法过于简单，忽略了一大批在政府与私人企业之间的社会组织。这些组织所从事的事情，往往是政府与私人企业不愿意做或做不了、做不好的事情。于是，他将这类组织称为第三部门，有时也称独立组织或非营利组织。③

可以说第三部门和非营利部门基本上是美国的概念。别的国家一般不认为各类非营利组织构成一个统一的部门，他们往往注重某一类或某几类非营利组织。

（三）公民社会

公民社会也称市民社会，它是指国家或政府系统以及市场或企业系统之外所有民间组织或民间关系的总和，它是官方政治领域和市场经济领域之外的民间公共领域。

---

① 徐双敏，张远凤．公共事业管理概论，北京大学出版社，2010：27.

② 联合国经济及社会理事会人口与发展委员会．秘书长的报告．E/CN9/1998/1.3.

③ T. Levitt, the Third Sector: New Tactics for a Responsive Society. New York: Amocom, 1973.

公民社会的组成要素是各种非政府和非企业的公民组织，包括公民的维权组织、各种行业协会、民间的公益组织、社区组织、利益团体、互助组织、共同兴趣组织和公民的某种自发组合等。在中国学术界，公民社会常常又被称为市民社会和民间社会。在内涵上，公民社会与非政府组织基本一致，但在外延上要更为宽泛，它突出的是新型的社会主体关系。简言之，公民社会就是非营利组织发达的社会。

（四）志愿组织

志愿组织这个概念在北欧和英国较为流行。志愿者组织是公民在不计报酬、自愿奉献自己的时间与精力为他人服务的过程中自发组织起来的民间组织。志愿者组织在内涵和外延上与非营利组织基本一致，但它更强调组织的志愿性。由于各国政治、社会、经济以及该国经济发展阶段的差异，志愿服务的形式也有所差别。一般说来，经济欠发达国家的志愿活动似乎更侧重于非正式形式，例如互助与自助，而发达国家的志愿活动则更具成熟的组织性。英国学者史密斯将志愿服务的形式归结为四种：互助或自助、慈善或为他人提供服务、参与、倡导与运动。

（五）草根组织

草根组织，特指那些扎根城乡社区的基层民间组织，尤其是发展中国家的基层组织。一些发展中国家的草根组织往往得不到现行法规正式认可。草根组织更强调组织的基层性，即自发组建于基层，同时又为基层的民众服务。如美国的社区开发公司（Community Development Corporation，CDC）和我国的农村专业经济协会等。

（六）社会组织、民间组织和中介组织

在中国，非营利组织也被称为社会组织、民间组织和中介组织。2004 年，财政部颁布的《民间非营利组织会计制度》明确使用了民间非营利组织的概念，该制度第二条规定，民间非营利组织包括依照国家法律、行政法规登记的社会团体、基金会、民办非企业单位和寺院、宫观、清真寺、教堂等。同时，民间组织和社会组织也是两个广泛使用的概念，其内涵与外延与民间非营利组织基本相同，比如民政部民间组织管理局使用了“民间组织”这个概念，党的十七大报告使用了“社会组织”这个概念，民间组织管理局所办的网站称

为“中国社会组织网”。为了行文方便，我们主要采用“非营利组织”这个概念，在一些语境下采用“民间组织”和“社会组织”时，也把它们视为与可以与“非营利组织”互换的概念。

中介组织（Intermediary Organizations）是中国的特有概念，指那些介于政府与市场之间，参与社会管理，提供中介服务的各类社会组织，它们是依法在社会和经济发展中发挥服务、沟通、协调、鉴证、监督等功能的社会组织。① 一般而言，中介组织主要是指社会团体、行业协会等具有辐射性、群体性的起着中介作用的组织。有的社会中介组织接受政府的委托和授权，配合政府做好某一方面的行政管理工作，成为准行政组织。

在中国，广义的民间非营利组织除了上述这些组织之外还包括社区基层组织、农村专业经济协会、工商登记的非营利组织和境外在华 NGO，它们一起构成我国民间非营利机构的主体。社区基层组织指城乡居民自发成立、主要在社区范围开展活动的各种基层民间组织。农村专业经济协会指以农牧渔业等农副产品的生产、流通以及相应的科技推广、基础设施建设等专业经济活动为纽带，由从业者包括生产者、流通业者和中介服务商等自发组成的会员制组织，如大葱协会、土豆协会、农民用水协会等。社区基层组织和农村专业经济协会这些草根组织绝大多数没有纳入民政部门现行的登记管理体系。由于现行民间组织的相关法规和登记管理体制所设立的门槛过于严苛，使得一些组织难以在民政部门登记注册，转而采取了工商企业的形式。境外在华的 NGO 指在境外（含香港、澳门和台湾地区）登记注册，长期且稳定地在中国大陆开展活动的各种民间组织。② 更广义的民间组织概念还可以包括人民团体③、事业单位以及社会企业。尽管人民团体和事业单位不是严格意义上的民间非营利组织，但

① 龚禄根．中国社会中介组织发展研究．中国经济出版社，2006：4.

② 王名．中国民间组织 30 年．社会科学文献出版社，2008：2-6.

③ 人民团体指参加中国人民政治协商会议的 8 个团体，包括：共青团、工会、妇联、青年联合会、工商联、科协、台湾同胞联谊会、归国华侨联合会。中央编办直接管理的 21 个群众团体包括：中华全国总工会、中国共产主义青年团中央委员会、中华全国妇女联合会、中国文学艺术界联合会、中国作家协会、中国科学技术协会、中华全国归国华侨联合会、中国法学会、中国人民对外友好协会、中华全国新闻工作者协会、中华全国台湾同胞联谊会、中国国际贸易促进委员会、中国残疾人联合会、中国红十字会总会、中国人民外交学会、宋庆龄基金会、黄埔军校同学会、欧美同学会、中国职工思想政治工作研究会、中华职业教育社、中华全国工商业联合会。人民团体和群众团体都不在民政部门登记。

它们的性质接近于非营利组织，这些组织在中国社会中扮演着重要的角色。

二、企业社会责任

对于企业是否应该承担社会变革的道德责任是一个有争议的话题。人们过去认为企业只需要对股东负责，现在人们逐渐认识到企业还对员工、消费者乃至所在社区负有道德责任。跨国公司对东道国也负有道德责任，当它们过度利用自然资源、污染环境、付给工人低于标准的工资、损害消费者利益时，它们就没有履行应尽的社会责任。

社会责任国际（Social Accountability International）认为企业社会责任区别于其商业责任，它是指企业除了对股东负责，即创造财富之外，还必须对全体社会承担责任，包括遵守商业道德、保护劳工权力、保护环境、支持慈善事业、捐赠公益事业、保护弱势群体等。企业社会责任是企业除了经济责任、法律责任之外的“第三种责任”，企业在社会领域内对自身行为后果的“回应义务”。企业社会责任最本质的特征在于它的内生性，即这种责任是由企业自身在社会领域内的行为引起的必然结果，而非任何外在的压力推促下的企业义务。①

企业更加关注社会责任的原因在于：一方面，企业对社会责任的意识提高了，企业从应付性的权宜之计转变为寻找系统性和可持续的方法来解决问题。比如，意大利最大零售商科普公司（Co-op Adriatica）的董事会主席东尼（Walter Donni）就说：“我们的顾客对社会和环境问题越来越敏感，意识越来越强烈，我们和顾客一起想办法解决这些问题。顾客尤其要求公司提供环境政策、劳工权益和产品安全方面的信息。”② 另一方面，政府和社会对企业社会绩效的要求在提高，公民组织的专业性和影响力在上升，公民组织与企业、学校和政府之间的伙伴关系在发展。③ 越来越多的消费者在选择品牌时，会考虑企业履行社会责任的情况。比如，一些中学生在决定是去肯德基还是去麦当劳时，会考虑它们的经营活动是否给非洲热带雨林带来损害。49%的加拿大人在得知某个品牌的负面信息后，会拒绝购买其产品。因此，企业社会责任行动不

---

① 李立清，李燕凌．企业社会责任．人民出版社，2005：25.

② http：//www. interpraxis. com/quotes. htm.

③ Wei-Skillern，Austin，Stevenson，Entrepreneurship in the Social Sector，Sage Publication Inc.，2007：17.

仅是好事，而是事关生意。① 许多金融机构要求它们的客户将资金投入到既有经济回报也有社会效益的领域。比如一家芝加哥商业银行河岸银行（Shore Bank）在 20 世纪 70 年代就明确提出客户要遵守经济目标和社会目标双重标准。②

企业可以通过不同方式来承担社会责任，企业社会责任行动改变着员工、顾客和社区的生活。有的企业给慈善事业捐款，同时通过广告来促进销售；有的企业自觉减少资源浪费和环境破坏，或者组织员工为社区提供志愿服务。企业在采取社会责任行动时往往会与非营利组织合作进行，请参见本书第十章有关内容。

有效的企业社会责任行动需要良好的公司治理，并且需要深思熟虑的战略规划。一旦企业决定要做某个项目，它应该成立一个委员会，讨论行为动机、设定目标、制度政策、寻找社区伙伴、实施项目并且衡量绩效。美国本田汽车公司在慈善行动方面就很有一套。本田公司组建了社区行动团队（Community Action Team，CAT）负责本田公司的社区关系项目，担当美国本田在社区的形象代表。CAT 在公司内部建立了各种社团，每年为所在社区提供大量志愿服务。本田公司详细记录员工的志愿服务时间，并按照员工志愿服务总时间的一定标准给非营利机构提供项目拨款。1995 年以来，美国本田公司的员工一共为社区提供了 198,000 小时的志愿服务，公司为此配套奖励给非营利组织 40 万美元拨款。除此之外，本田公司在美国还有很多支持环境、青年教育的全国性和地方性项目。

当然，企业社会责任行动的动机不全是利他的，企业在采取社会责任行动的过程中必定会权衡成本与收益，以实现利益最大化。如果它们的社会责任行动得到顾客和公众的嘉许，获得的利润也有所增加或者至少没有减少，这就是社会对它们采取的公益行动的最大激励。因此，当我们看到企业大张旗鼓地宣传其社会责任行动时，我们要仔细辨别企业所声称的冠冕堂皇的价值观背后的利益动机。比如，当我们看到美国本田宣称它坚持践行志愿精神时，我们还应

① Manual London, Richard G. Morfopoulos, Social Entrepreurship—How to Start Successful Corporate Social Responsibility and Community-Based Initiatives for Advocacy and Change, New York: Routledge, 2010: 21.

② Manual London, Richard G. Morfopoulos, Social Entrepreurship—How to Start Successful Corporate Social Responsibility and Community-Based Initiatives for Advocacy and Change, New York: Routledge, 2010: 69.

该问：社区和本田公司，究竟谁从企业社会责任行动中获益更多？研究表明，本田公司毫不吝惜地宣传自己的社会责任行动，这些宣传给公司形象带来的利益远远超过它在社区服务中的投入。①

三、社会企业

（一）社会企业的由来

企业社会责任行动并不是企业的主要任务，因此企业在社会创业中并不扮演主要角色。作为社会创业的主要形式，非营利组织尽管做了很多卓有成效的工作，但是并不足以完全根除各种社会顽疾。这是由非营利组织的社会性质所决定的，它所使用的资源主要来自捐赠和拨款，一旦人们的收入下降，捐赠就会下降得更快；一旦政府改变政策，拨款也会大幅度减少。这使得非营利组织的收入来源处于一种被动的不稳定的状态。有人形容非营利机构从事的是一种“滴水事业”（Trickle-down），如果水滴停止，帮助也将停止。因此，非营利模式有一个内在的规模和效率上限。②

由于非营利模式本身的依赖性和局限性，人们一直在探索和尝试新的方法，希望通过自身创造稳定的收入来源，可持续地为公众提供服务。尤其是在发展中国家人们对慈善的需求远远大于供给，仅仅依靠非营利性组织不足以解决社会问题。于是，很多人开始尝试将商业模式应用于社会创业。

历史上曾经有过将社会理想结合到商业机构中的尝试，这就是合作运动。19世纪的空想社会主义者威尔士人罗伯特·欧文（Robert Owen，1771—1858年）是这场运动的先锋。早在1800—1828年，欧文就在苏格兰自己的几个纺织厂内进行了类似社会企业的试验，由工人和消费者共同拥有、共同管理，企业运营的目的是消费者获益，而不是商人盈利。这是今天英国的一些社会企业的创意源头。现在，根据欧文理念建立的企业在英国和欧洲比比皆是。③ 新西兰人路易·艾黎在抗日战争时期发起组织了工业合作社运动，成为失业工人和

---

① Manual London，Richard G. Morfopoulos. Social Entrepreurship—How to Start Successful Corporate Social Responsibility and Community-based Initiatives for Advocacy and Change. New York：Routledge，2010：18.

② 尤努斯，著．新的企业模式：创造没有贫困的世界．鲍小佳，译．中信出版社，2008：3-9.

③ 参见：http：//baike. baidu. com/view/35121. htm.

难民生产自救、支援抗战的一支独特的经济力量，为支持抗战做出了巨大贡献。

今天，将商业模式和社会使命结合得最为成功的形式就是社会企业（Social Entreprise）。① 社会企业遵循与利润最大化企业一样的经营管理原则，在企业不愿涉足的市场上，以低廉价格为顾客提供令人满意的产品和服务。它的首要目的不是利润，它严格约束营利动机，它是一种仅以回收成本为目标，“无亏损、无分红”的企业。近二十年来，社会企业在英国、美国、日本、孟加拉等国都有很多成功的实践。格莱珉银行创始人孟加拉人穆罕穆德·尤努斯通过商业银行模式为穷人提供金融服务，改善了成千上万孟加拉国人的生活，他本人因此获得了诺贝尔和平奖。阿育王（Ashoka）的创始人美国人比尔·德雷顿（Bill Drayton）也是社会企业的倡导者和践行者。

社会企业的成功引起了政府、企业、非营利组织的重视与关注。政府希望通过扶持社会企业来解决一些政府自身无法解决的社会问题；企业希望通过与社会企业合作改善形象，获取更多利润；非营利组织则希望通过建立社会企业使自己获得独立、稳定的收入来源。

（二）社会企业的定义

迄今为止，并无一个关于社会企业的统一定义。

在欧洲，经济合作与发展组织（Organization for Economic Co-operation and Development，OECD）15 个会员国认为社会企业指任何可以产生公共利益的私人活动，以达成特定的经济或社会目标而非以利润极大化为主要追求，且有助于解决社会排斥及失业问题的组织。② 英国政府把社会企业定义为：拥有基本的社会目标而不是以最大化股东和所有者的利益为动机的企业，所获得的利润都再投入到企业或社会之中。③ 美国学者丹尼斯·杨认为，社会企业是指采取企业形式以解决社会问题（Social Cause）为目标的组织。他认为社会企业包含两种方式：其一是以社会价值为目的的营利性商业组织，其二为通过商业化手段赚取收入的非营利组织。英国社会企业联盟（The UK-based Social

① 尤努斯，创造没有贫困的世界。

② 严中华．社会创业．清华大学出版社，2008：4-8.

③ Office of the Third Sector (2006) Social Enterprise Action Plan: Scaling, New Heights, p. 10.

Enterprise Coalition）的定义最为简单——“运用商业手段，实现社会目的”。

一些发达国家通过立法支持社会企业的发展。英国规定社会企业是指“社区利益企业”(The Community Interest Company)，即企业活动的宗旨是为社区成员谋福利。英国对于此种类型的社会企业专门设立了“社区利益企业法规”。该法规采取“社区利益检验”的方式，来判断何为社区利益企业。芬兰根据2003年的“社会企业法案”(Act on Social Enterprises）规定社会企业是指以社会企业名义注册的企业。这些企业必须满足两条原则，即要专门为残疾人和长期失业者提供就业机会。因此，企业在雇用员工过程中，至少要雇用30%的残疾人员；或者在企业的所有员工中，至少有30%的残疾人口或长期失业人口。比利时也于1995年通过了“社会目的企业法”，规定社会企业是指社会目的企业（Social-purpose Enterprise)，并将社会企业区分成两大类型，其一为非营利社团（Non-profit Associations)，政府机构对其采取相当严格的财政管理策略，以整合这些组织的目标；其二为与公司组织无异的商业企业。

上述定义有的十分宽泛，将非营利组织、非营利组织的商业活动乃至商业企业的社会责任都包裹进来。有的定义则十分明确，如尤努斯将社会企业与非营利组织和商业企业作了清晰的区分。我们采用尤努斯的定义：社会企业的目的是为了解决某个社会问题、增进公众福利，而非利润最大化；社会企业是一种企业，投资者拥有企业所有权，企业采用商业模式来进行运作并获取资源；企业经营所得再次投入公益事业，投资者在收回投资之后不再参与分红，盈余再投资于企业或社区发展。

（三）社会企业的特征

社会企业是社会创新和制度创新的产物。资本主义曾经狭隘地认为，人类是只追求利润最大化的单维个体。但是，现实中人类并不是单维的个体，而是生动活泼的多维存在。多维人性的存在意味着，并不是所有的企业都需要受利润最大化这个单一目标的限制。①

尤努斯认为社会企业具有这样几个特征：第一，社会企业是“目标驱动型”而不是“利润驱动型”，它的目标是创造社会价值。第二，社会企业不是

---

①［孟］尤努斯．新的企业模式——创造没有贫困的世界．鲍小佳，译．中信出版社，2008：15-16.

慈善机构，它是真正意义上的企业，它在实现社会目标的同时要收回所有成本。社会企业由投资者拥有，按商业企业模式来运作，参与市场竞争。当且仅当一个项目能够可持续地收回全部成本、成为一个企业时才可以被称为社会企业。第三，社会企业利润留在企业内部。投资者在获得初始投资后，不再参与利润分配，剩余利润用于社会企业的成长和发展。第四，社会企业有可能采取独资、合资或公司制等企业形式，可以被政府或慈善机构所有，由职业经理人经营。第五，社会企业与利润最大化企业共存于市场中，它们彼此竞争。社会企业之间也会互相竞争。①

公益环保组织阿拉善 SEE 副理事长张树新认为社会企业起码具备三个条件：第一，社会价值第一，不以营利为首要目的；第二，以社会服务获利，开发被忽略的资源；第三，良心经营，重视员工、客户等多方利益。

社会企业的首要特征是关注社会使命（Social Mission），并且创造性地将社会方法和商业方法结合起来。社会企业的产品销售价格制定在仅能保本的水平，公司的所有者在一段时间后能够收回投资成本，但不能以分红的形式获得利润。社会企业的投资者在收回成本资金后，可以将其重新投资于原有的社会企业，也可以投资于新的社会企业或者利润最大化企业，或将其用于私人目的。但无论怎样，投资者仍旧是社会企业的所有者，拥有对公司的控制权，可以继续对企业的未来进行决策。这对商人而言很有吸引力。社会企业本身可以盈利，但投资者在获得初始投资后，不再获得任何利润，企业利润将被用来进行扩大规模、开发新产品和服务，为社会创造更大的效益。

如果一个项目以社会目标为动机，也为其产品或服务收取一定的价格或费用，却无法回收全部成本，这种项目就不能被称为社会企业。只要项目借助任何外来的资助、援助来弥补经营损失，这种项目就应该被纳入慈善的范围。当且仅当一个项目能够可持续地收回全部成本、成为一个企业时才可以被称为社会企业。

纳入社会企业后，市场选择途径更多，更振奋人心，市场变得更有吸引力，更有活力，更有竞争力。社会问题以一种平等的方式被纳入到市场中，而不是传统的公共部门的方式。社会企业可以与利润最大化企业共存于市场中，它们彼此竞争，竞相占有市场份额。社会企业之间也会相互竞争、相互学习，

---

① ［孟］尤努斯．新的企业模式——创造没有贫困的世界．鲍小佳，译．中信出版社，2008：19-21.

并且能够相互合作带来更多的社会效益。这是社会企业的一大能力：将自由市场竞争优势引入到社会改善之中。

（四）社会企业的类型

社会企业有两种类型：第一种社会企业关注提供社会福利，为那些追求社会福利最大化的投资者所有，其目的可能包括减贫、给穷人提供医疗保健、社会公正、全球可持续发展等，投资者追求心理、情感和精神上的满足，而不是财务收益。第二种是由穷人或弱势群体所有的利润最大化企业，其中社会福利通过分红方式获得，帮助穷人减贫或脱贫。二者的区别是，对于第一种而言，产品、服务或者企业运营系统的本质应该是创造社会福利。对于第二种而言，所提供的产品或者服务不一定创造社会福利，其创造的社会资本体现在所有制结构中。社会企业能够同时为穷人提供两种效益：为弱势群体提供产品或服务，以及被穷人所有。格莱珉银行属于第一种社会企业①。我国民政系统所属的福利企业就属于第二种类型。

社会企业有可能个人独资，或者多人合资，也可能由一个或多个投资者共同出资，并雇用职业经理人来运营，或者被政府、慈善机构所有，或被不同所有者所有。社会企业的投资者在收回成本资金后，可以将其重新投资于原有的社会企业，也可以投资于新的社会企业或者利润最大化企业，或将其用于私人目的。但无论怎样，投资者仍旧是社会企业的所有者，拥有对公司的控制权，可以继续对企业的未来进行决策。

（五）社会企业的来源

社会企业可能从以下渠道产生：②

第一，不同类型和规模的商业企业开发自有的社会企业。一些商业企业通过社会责任行动将年利润的一部分投资于社会企业。部分企业可能会创立社会企业，在帮助社会的同时开拓新市场，或者成立自有的社会企业，或者与其他公司合作创立社会企业，或者与社会企业合作开展活动。

---

① ［孟］尤努斯．新的企业模式——创造没有贫困的世界．鲍小佳，译．中信出版社，2008：17-32.

② 伯恩斯坦．如何改变世界．吴士宏，译．新星出版社，2007：56-58.

光华集团的社会企业运作方式

光华控股集团（以下简称光华集团）是一家在香港注册的社会企业集团，以中国大陆为主要市场。光华集团由三大部分构成：一是营利业务，旗下有地产、金融、服务行业的一系列企业；二是彼得·德鲁克管理学院（Drucker Academy，DA），致力于在企业家群体和非营利组织的管理者中推广德鲁克先生的理念；三是光华慈善基金会（BCF），致力于帮助偏远贫困地区、创业意识缺乏地区的弱势人群通过自身的努力，获取基本生存条件。后两个是非营利机构，其资金支持都是由光华集团自己提供的。光华集团透过商业手法运作，赚取利润用以贡献社会，它们所得的盈余用于扶助弱势社群、促进社区发展及社会企业本身的投资。

光华慈善基金会的“光华社会创业培训（NFTE）”项目将美国国家创业指导基金会的一套微型企业创业课程引入中国，并加入适合中国国情的内容和案例，使它更加易学易用。光华慈善基金会主要通过与各高校团委、就业指导办公室、学生社团合作为大学生免费讲授该课程，普及创业教育，并资助学生社团或学生传递光华创业课程。截至2006年年底，这个项目的受益人数超过5,500人，其中包括下岗失业人员、单亲母亲、农村进城务工人员、残疾人士、服刑人员、复员武警和军人以及非营利组织的教师等。

资料来源：光华集团官方网站. http：//www. brightchinagroup. com/.

第二，传统人道援助行动中，分离出一部分并设立社会企业基金。社会企业基金的优势在于，在创造社会福利的同时，资金并不会被消耗掉，而是通过基金会的良好运作不断增加。

第三，商业领域取得成功的企业家，在回馈社会或者尝试新事物等动力下，将其创造力、能力和管理技术用于开发、运营社会企业。他们在社会企业领域取得初次成功后，可能变成“系列社会企业家”，继续创建更多的社会企业。

第四，多边发展援助机构包括世界银行的国家援助项目乃至区域性发展银行，可以将部分资金用于资助援助国的社会企业项目。世界银行和区域性发展银行可以创建独立的机构来资助社会企业。

第五，政府可以创立社会企业发展基金来支持和鼓励社会企业。

第六，有闲散资金的退休人员会发现社会企业是一个很好的投资渠道；另外，巨额财富的继承人可能会成立或者投资于社会企业。

第七，刚从大学或者商学院毕业的年轻人会选择社会企业作为创业机会，而不选择传统的利润最大化企业，他们可能受到年轻人的理想主义和改变世界的信心的鼓舞去创业。

一旦我们能够认识到社会企业是一种合理的经济结构，相关的制度、政策、监管、标准和规定都会帮助社会企业发展成为主流。每个人如果有机会都有可能成为社会企业潜在的合作者。社会企业的动力包含在人性中，也在我们能看到的日常点滴之中。帮助他人变好是人类的一种天性或者内在的需求，如果可能，所有人都希望生活在没有贫困、疾病、冷漠和不必要的折磨的世界中。

尽管越来越多企业开始主动开展社会责任行动，社会企业也吸引了越来越多人尝试，但迄今为止，非营利组织仍然是公益事业的主要承担者，是社会创业最主要的力量，也是本书讨论的重点。

四、非营利组织、社会企业和商业企业之间的关系

非营利组织、社会企业与商业企业这三种看起来迥然不同的三类组织，其实不过是一个连续光谱中的三种形态，是人类以组织方式提供产品和服务的三种基本形式。商业企业是经济增长的发动机，为一个社会的经济繁荣奠定基础，也为非营利组织和社会企业的发展提供资源和能力。迄今为止，即使在第三部门最为发达的国家，非营利组织和社会企业无论在数量上还是在规模上都不能与商业企业相提并论。但是，反过来看，非营利组织和社会企业的努力为商业性创业培育了社会资本，培养了创业精神和领导力。如果没有一个强大的社会部门，市场经济体系也不可能持续正常运转。

（一）从慈善到商业的连续光谱

非营利组织与商业企业之间的界限原本是清晰的，由于社会企业的渗入，三者之间的关系变得模糊起来。社会企业光谱将三种组织形态从组织动机这个维度进行解读，为我们提供了一个理解三种组织形态的框架。在这个框架下，下文试图通过将非营利组织与社会企业、社会企业与商业企业之间的对比，来

澄清它们之间的关系。

狄兹（J. Gregory Dees）提出了著名的“社会企业光谱”概念，他将非营利组织、社会企业和商业企业看成是一个从纯慈善到纯商业的连续体，如表1-1所示。① 在这个社会企业光谱中，社会企业处于纯慈善（非营利组织）与纯营利（商业企业）之间，在这两种极端状态之间存在着几乎无限多种可能的组合方式，上文所定义的社会企业只是其中的一种情况。

从现实情况来看，这三种组织形态呈现出一种折中混合的趋势。非营利组织越来越多采取商业手段或者通过商业活动来获得资源，而商业企业迫于各个方面的压力不得不在追求利润的同时承担其更多的对环境和社会的责任。尽管如此，三种组织形态之间还是存在明确的界限，这种界限有助于明确各自领域的游戏规则，这对于人们认识、理解和支持它们是必要的，对于政府识别和管理它们是必要的，明确的身份对于它们的健康发展和处理好相互之间的关系也是必要的。

表1-1　**从慈善到商业的连续光谱**

分析角度	选择的连续体 ←→		
	纯慈善性质（非营利组织）	混合性质（社会企业）	纯商业性质（商业企业）
主要动机	诉诸善意 使命驱动 创造社会价值	混合动机 使命与市场驱动 创造社会价值与经济价值并重	诉诸自我利益 市场驱动 创造经济价值
受益人	免费	补助金方式或全额支付与免费的混合方式	完全按市场价格付费
资本	捐款与补助	低于市场价格的资本或捐款与市场价格资本形成的混合资本	完全市场价格的资本
人力	受薪员工 志愿者	低于市场行情的工资或同时有志愿者与付全薪的员工	完全按市场行情付薪
供应商	捐赠物品	特殊折扣或物品捐赠与全价供货相混合	完全按市场价格收费

① 严中华．社会创业．清华大学出版社，2008：46.

（二）非营利组织与社会企业

与社会企业通过营销其产品和服务实现社会价值不同，非营利组织的创收项目与其核心项目往往并不直接相关，如美国女童子军通过销售饼干来创收，销售饼干与其为女孩服务的宗旨之间并没有直接关系。

虽然非营利组织不以营利为目的，但是非营利组织要想可持续发展就必须有足够的资源。在政府支持和社会捐赠不能满足非营利组织事业发展的需要的情况下，非营利组织在筹资方面的竞争日益激烈，领导者往往投入大部分时间和精力去筹款。为了缓解资源紧张的状况，越来越多的非营利组织采取创收的办法。通过增加与使命相关的营利性业务获得收入，用这些收入来支持公益性服务项目。以基金会为例，理财是基金会的重要职责。虽然慈善基金会不以营利为目的，但这并不是说慈善基金会就不能赚钱。相反，慈善基金会的一个重要工作内容就是要赚钱，不能坐吃山空。2004 年，盖茨基金会就被中国证监会批准成为中国股市的合格境外投资者（QFII）。①

社会企业很大程度上是人们改进非营利组织的结果。与非营利组织相比，社会企业至少有以下五个方面的优势：

第一，目前的非营利组织基本完全依赖公众捐款和政府拨款，在这些资源日益减少的今天，非营利组织本身的生存面临很大的挑战。非营利组织的领导人要花费很大的精力和时间去筹集捐款和争取政府的拨款。而社会企业自身能够通过经营获得资金，减少或者消除对捐款和拨款的依赖。

第二，非营利组织的工作效率低。目前的非营利组织管理模式与政府类似，更像一个官僚机构，项目从立项、审批到实施过程周期相当长，虽说效率比政府要高，但远低于私人公司。社会企业完全借鉴商业企业的管理方式，而且要与商业企业共同竞争，必须要提高管理和服务水平，所以社会企业的效率要高于非营利组织。

第三，非营利组织的援助是单向帮助，受助者容易产生依赖心理。社会企业是帮助受助者自强自立，助人自助。不仅使受助者获得物质上的帮助，更重要的是获得信心，发现自身的潜力，创造自己的人生。

第四，社会企业与非营利组织最大的不同是对资金利用的方式不同，正如

---

① 葛道顺，商玉生，杨团，马昕．中国基金会发展解析．社会科学文献出版社，2009：147.

尤努斯所说的："慈善募款里的一美元只能被用一次就没了，但是在社会企业里，这个一美元可以无限循环利用。"① 资金投入社会企业里，可以循环利用，企业也能越做越大，可以服务更多的人。所以尤努斯说捐款100万元，不如创办一个社会企业。德鲁克指出社会企业将成为未来经济发展的一支重要的力量，这种组织有可能成为后资本主义时代发达经济体系中真正的增长部门。②

第五，社会企业是企业，企业可以利用资本市场来融资，更能吸引和留住优秀人才。这突破了非营利组织的筹款模式，使得管理者不必再将绝大部分时间和精力用于筹资，而可以更加专注于改善工作效率提高服务水平。社会企业模式为风险资本进入慈善领域开启了方便之门。慈善风险投资就是商业领域的风险投资运作模式在公益事业领域的翻版。在商业领域，风险公司除了投入资金以外，还严密监管被投资公司，提供管理上的支持，并在长时间内深入到被投资公司内部，以确保被投资公司的发展。在慈善领域，也有一些风险资本采取了这种做法。

越来越多的社会企业家尝试采取商业企业的形式来从事公益事业。在社会企业加入以后，商业企业与非营利组织之间的界限日益变得模糊。在追求社会价值和使命感方面，社会企业与非营利组织类似。在运用市场获取资源和市场化运作方面，社会企业又具有商业企业的特点。在现阶段来看，社会企业主要依靠社会企业家个人的能力和创造性来取得资源和探索运作模式。只有更多的人加入到社会企业的创业之中，市场能够与之兼容并将其吸纳进来，政府能够为其提供更多的优惠政策，资本市场也愿意为其开辟一席之地，到那时，才有可能形成一个支持社会企业成长的社会氛围和制度体系。目前来看，这个过程还存在很多的不确定性。比较常见的是，越来越多的非营利组织涉足商业活动，商业活动只是非营利组织内部的一个营利性业务分支或部门，而并没有将整个组织整体变性为社会企业。这说明，社会企业模式的普及还面临着很多问题。

（三）社会企业与商业企业

如果非营利组织正在沿着商业模式的方向前进，跨入社会企业的领地，那

① 尤努斯．新的企业模式：创造没有贫困的世界．鲍小佳，译．中信出版社，2008：97.

② 德鲁克．非营利组织管理．机械工业出版社，2007：9.

么，商业企业会沿着社会责任的方向继续迈进变成社会企业吗？另外一个有趣的问题是，一个企业是否可以是商业企业和社会企业的混合体？

今天发展中国家的企业面临的许多问题如为追求利润过度使用劳动力、污染环境、假冒伪劣以及商业贿赂等，在发达国家通过两个方面的努力已经逐渐得到解决，一方面主要来自于政府管制，另一方面来自于企业社会责任或公司社会责任。

公司社会责任概念认为：商业组织负有一种考虑到消费者、雇工、股东、社区的利益和生态因素的责任。由于绝不是只追求单纯的利润，企业不仅应该根据利润或分红等经济因素，还应该根据自身活动对社会和环境的短期和长期影响来作出决策。目前企业社会责任比较流行的概念是由总部在美国的社会责任国际（Social Accountability International，SAI）所确立的：企业社会责任区别于商业责任，它是指企业除了对股东负责，即创造财富之外，还必须对全体社会负担责任，一般包括遵守商业道德、保护劳工权力、保护环境、发展慈善事业、捐赠公益事业、保护弱势群体等。①

企业社会责任包括两种形式，一是“弱企业社会责任”，即不危害社会或环境。包括：避免销售劣质产品，不向河流及垃圾填埋场丢弃工厂废料，不行贿政府官员等。二是“强企业社会责任”，即为人类或环境做善事。如开发绿色产品或活动，为员工提供教育机会和健康规划，支持改进政府对企业监管的透明度和公正度，为社区提供力所能及的帮助和服务，与其他社会组织合作支持公益事业等。②

牛津大学赛德（Said）商学院斯科尔社会创业中心（Skoll Centre for Social Entrepreneurship）的金·阿尔特（Kim Alter）长期致力于将商业工具和市场方法运用于社会创业领域的研究和实践。她认为传统非营利组织与传统营利企业在社会变革环境下，尽管初始目标有所差异，但是为了实现“可持续性的发展战略”，两种组织形式最终还是向中间状态“社会企业”或“社会负责型企业”靠拢。她绘制了一幅商业企业与社会企业的光谱图（见表1-2），试图说

① 李立清，李燕凌．企业社会责任．人民出版社，2005：25.

② 尤努斯．新的企业模式：创造没有贫困的世界．鲍小佳，译．中信出版社，2008：13-15.

明商业企业通过社会企业责任向社会企业靠拢的趋势。① 阿尔特提出了“三重底线”(Triple Bottom Line) 的概念。这种理念的基本观点是，社会企业应该是一种混合性的组织，同时兼具利润目标、社会目标和环境目标。

表 1-2 商业企业和社会企业光谱

	商业企业	企业社会责任	社会企业
竞争目标	以价格和质量取胜	以道德取胜	以这两者取胜
客户	以现场购买满足客户	以道德交易满足客户	视客户为公民
底线	单一（利润）	单一（利润），但具有独立的公司社会责任报告	三重或多重（利润、社会、环境）
长期目标	企业发展	确保企业为当地社区做贡献	以可持续的商业模式实现社会或环境目标
成功指数	股东利润最大化	提升公司形象	解决预先确认的社会/环境问题，提高股东的价值
环境与社会	处于边缘地位	整合到企业的某些方面之中	核心使命
股东	股东	股东、员工、当地社区或范围更广的社会	股东、员工、当地社会或范围更广的社会

问题是，一个组织如何处理这“三重底线”呢？这个想法虽然很好，但是却违背了一个基本事实。企业管理需要对所有者负责，不论在何种情况下，所有者只有一个底线：投资回报。就算是忠实履行社会责任的企业，即使是那些承担“强社会责任”的企业，不论有没有明确表达，往往实际上遵循下面这条原则，即只有在企业社会责任不影响企业追求利润最大化的时候，才会进行社会企业责任的相关活动。

追求利润与企业社会责任有时可能会重合，但是当两者不一致时怎么办

① Kim Alter. Managing the Double Bottom Line：A Business Planning Guide for Social Enterprises，2000，http：//www. universitynetwork. org/node/315.

呢？当市场需求与社会利益相互矛盾时怎么办呢？经验往往证明，企业会优先选择利润目标。当三重底线相互冲突时，最终企业往往只有一条底线，就是利润。社会责任最终被证明是企业的一种附加的责任。达能公司就是一个例子，达能的副总裁范易谋与尤努斯的格莱珉银行合作成立格莱珉达能，以社会企业的模式为孟加拉国贫穷的农村儿童提供质优价廉的酸奶，给投资者的回报率只有2%～3%。尽管这个回报率已经突破了尤努斯理想的零回报的要求，但还是不能达到投资者的要求，范易谋不得不将这个项目与其他高回报的项目组合起来，使得总的投资回报率不低于资本市场的平均水平。这并不是因为企业经营者的自私、贪婪或本性恶劣，而是出于企业的本质。因为，企业并不是为了解决社会问题而成立的，企业的本质是通过创新来服务顾客，促进经济增长。如果企业承担了力所不及的社会责任，在追求社会福利改善的同时影响到自身的竞争力，这样的社会责任行动是难以持续的，也是对企业生存和发展的不负责任。

由此可见，企业社会责任是有限度的，必须与企业战略与竞争力相一致，并且在企业可以承担的合理范围与程度之内。因此，企业对社会责任的承担可以减少和减轻很多社会问题，但企业并不是解决社会问题的主要工具，也不是本书讨论的重点。

三重底线有时也许是互相促进，相互兼容的，但很多时候三者之间会有矛盾。任何组织都不能同等对待相互冲突的三重底线。一旦三重底线出现相互矛盾，商业企业和社会企业都必须做出抉择。一旦确定了优先顺序，实际上就只剩下一条底线。社会企业根据其性质应坚持社会和环境目标优先，当它做出这样的选择，又与商业企业在同一个市场上竞争的时候，它就处于了劣势。在这种情形下，如果社会企业自身的可持续发展出现问题，它又如何有能力继续创造社会价值呢？

德鲁克在“管理是一门人文艺术”中提出一个很尖锐的“商业模式优先”的观点：任何一个事业，如果它可以采用商业模式来运作而没有这么做，却采取非营利模式的话，这种做法是反社会的。商业活动为社会运行创造经济基础，非营利事业也建立在这个基础之上。在商业上有利可图的事情却采取非营利模式来运作，享受非营利组织的免税待遇或其他政策，这是一种伪善行为，对于同一行业的商业企业来说是不公平竞争。

当社会企业成为时尚的时候，社会企业创建者还是应清醒认识到作为企业要面对竞争压力。社会企业的生存和发展可能会比一般的企业更艰难，因为承载社会使命的社会企业往往是低利润回报的行业，所以社会企业的成长更需要创新思维。哈佛商业评论的研究报告显示，一半的小型企业在创业头五年内失败，只有39%有正面的发展与盈利。许多非营利机构为了创收设立的社会企业多半是小型企业，这些机构的理事会与管理层都忙着挽救企业而忽略了社会使命，结果企业失败的同时还给自己的社会形象带来负面影响，落得赔了夫人又折兵的下场。社会企业的成功往往有赖于具有社会使命感及具有商业才能的人才结合其力量，推动跨行业的合作，这样能为弱势社群提供更持久的帮助，也帮助政府解决社会和环境问题。

（四）合作与竞争：共生之道

非营利机构、社会企业和商业企业内部以及相互之间存在着合作与竞争的关系。例如，由于面临经费不足的窘境，一些公益事业团体趋向于与企业结合推出商品，企业承诺将收益的一定比例捐赠给公益事业团体。较为常见的合作方式有公益营销（Cause Marketing）或事件关联营销（Cause-related Marketing）等。公益营销是指企业和非营利组织相合作，将销售产品与服务和社会义务或公益事业相结合，通过赞助、捐赠等公益手段对企业社会公众形象进行商业推广的营销方式。对于企业来说，可以借助公益团体的良好形象促销产品，没有任何风险。但是公益事业团体却承担了几种风险。首先，它自己的形象与企业的产品捆绑在一起，如果商品品质出现问题或者企业出现丑闻，公益团体的形象就会连带受损。其次，它的收入取决于该种商品面临的市场风险。①

非营利组织之间的合作也很普遍。例如，在我国有的非公募基金会向中国青少年发展基金会、中国扶贫基金会、中国红十字基金会等知名公益机构进行捐赠，合作完成一些项目，既比较容易取得较好的执行效果，还可以共同提高知名度。② 基金会与运作型公益机构之间的合作更为常见。一些大型的基金会如福特基金会和洛克菲勒基金会自己并不直接运作公益项目或直接为受益人提供服务，而是为其他运作型公益机构提供资助，通过这些机构开展服务项目。基金会培养自己选中的运作型公益机构，与其建立长期的关系，帮助他们提升

---

① 王绍光．多元与统一——第三部门国际比较研究．浙江人民出版社，1999：237.

② 葛道顺，商玉生，杨团，马昕．中国基金会发展解析．社会科学文献出版社，2009：150.

能力，使这些机构能够与基金会合作开展工作。非公募基金会还可以根据需要自己创办运作型公益机构。①

本书第十章还会详细讨论这个问题。

第三节 本书的内容框架

本书作者试图从社会创业理论出发，按照社会创业的过程来设计本书内容框架，将社会创业与非营利组织管理两个方面的内容整合在一起。

一、社会创业理论

我们如何来解释社会创业呢？有人认为社会创业发生于对机会的感知，但是机会可以解释社会创业，却不能引发社会创业。因此，我们需要一种理论来解释社会创业是如何发生的以及为什么会发生。

目前为止，至少有五种基本的社会创业理论，它们彼此之间存在一种互补关系：②

第一种是环境观。在这一视角下，创业是潜伏在每个人身上的一种状态，当环境对其产生了传导作用，创业就会受到激发并显现出来。这种环境可能存在于一个组织内部，也可能存在于一个人的社交网络，或者存在于公共政策和政治体系当中。

第二种是资源观。这个角度关注创业资源的可获得性。这种观点认为，资金和人力资源的可获得性是解释社会创业的决定性要素。

第三种视角关注环境的动荡性，这种理论认为，当人们受到政治、经济或文化力量的冲击而偏离了日常的商业习惯时，社会创业就会发生。

第四种理论关注创业者。这类研究主张，创业者具有可以识别的独特个性，当拥有这些个性特质的人们将自身的个性倾向运用到现实当中时，就会出现社会创业。

第五种理论强调社会创业需要有所准备。这一理论与创业者的个人特质相

---

① 葛道顺，商玉生，杨团，马昕．中国基金会发展解析．社会科学文献出版社，2009：167.

② 布鲁克斯（Arthur C. Brooks）．社会创业．李华晶，译．机械工业出版社，2010：10-11.

联系，认为社会创业可以通过学习来掌握。因此，创业者的成功与否取决于所接受的教育和工作经历。

综合上面五种理论的基本观点，社会创业的成功取决于创业者的性格、组织的性质、组织与环境和利益相关者之间的互动，以及社会资本的循环。①

如果对上述五种理论进行整合，我们可以建立一个更为简洁的三要素模型(参见图1-1)，即社会创业是在一定社会环境当中，创业者、创业机会与创业资源相结合的产物。创业环境包括政治法律制度、社会文化、经济水平、公共服务体系和公益基础设施等方面。创业环境的核心部分是社会价值理念(Social Value Proposition，SVP)，即对社会创业的使命与价值的认知和阐释。

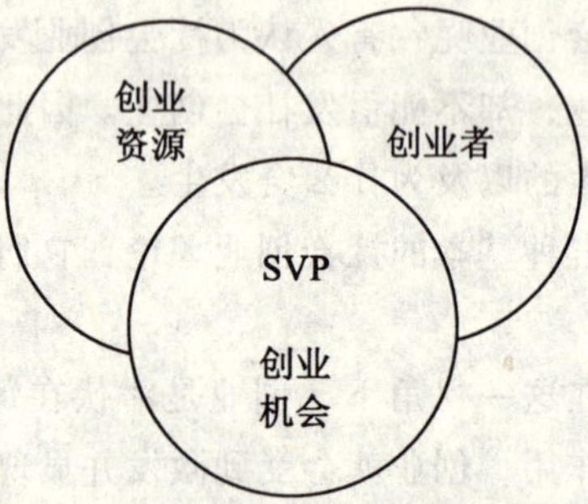

图1-1 社会创业的三要素模型

为了有效地创造社会价值，创业者必须在三个关键要素上保持组织内外的一致性。就外部一致性而言，外部环境本质上是动态的，创业者一个至关重要的技能就是在环境变化中保持机会、人和资源的协调一致性。②

在保持一致性方面，一个重要的原则是专注。在环境中存在多种需要和多种诱惑的情形下，创业者的任务是在一段时间内确定自己能够有效抓住的机会的范围，这个范围必须与组织内部拥有的人力和财力资源保持一致。活动范围太大可能导致三个要素的不一致，从而损害核心价值。创业者应该牢记，尽管要同时考虑保持组织内部和外部的一致性，但社会价值主要是在组织边界之外

① Wei-Skillern, Austin, Stevenson. Entrepreneurship in the Social Sector. Sage Publication Inc., 2007: 8.

② Wei-Skillern, Austin, Stevenson. Entrepreneurship in the Social Sector. Sage Publication Inc., 2007: 23.

产生的。①

二、社会创业的过程

社会创业的过程与商业创业过程并无本质差别。事实上，社会创业是对商业创业过程的完美演绎（参见图 1-2）。②

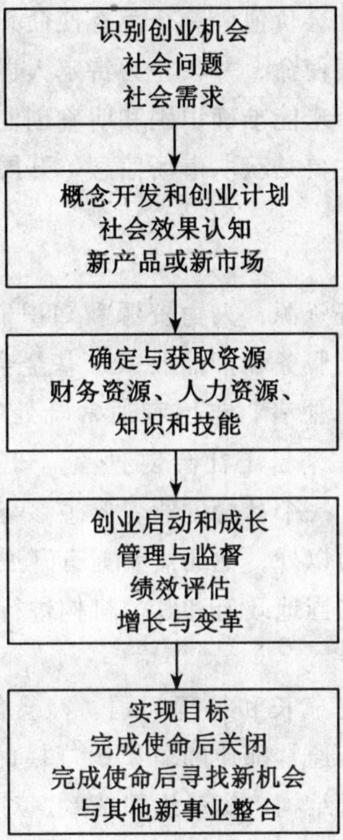

图 1-2　社会创业的过程

1. 识别创业机会

社会创业机会可能来源于一个明显或不太明显的社会问题，比如，许多人

① Wei-Skillern, Austin, Stevenson. Entrepreneurship in the Social Sector. Sage Publication Inc., 2007: 23.

② 布鲁克斯（Arthur C. Brooks）. 社会创业. 李华晶，译. 机械工业出版社，2010：6-7.

看到农村环境的脏乱差，而社会创业者可能看到建设生态环保新农村的机会。社会机会也可能来源于未得到满足的社会需要。例如，一些父母对当地的中小学教育感到不满意，但并不了解自己的孩子需要何种教育机会，也不理解这些改善措施对于子女的意义，社会创业者需要向受益者推介自己的创意。

2. 概念开发和创业计划

概念开发是指社会创业者要明确创业目的，用一种可识别的、恰当的、可衡量的方式来体现创业的社会价值。一个负有使命感的组织往往会通过吸引更多支持者的长期信仰来明确使命，并设立为特定人群服务的目标。许多社会创业不成功的关键原因是由于未能准确识别和明确创业目的。

概念开发的其他任务主要是获取市场信息，开展可行性研究，撰写创业计划书。

3. 确定和获取资源

社会创业主要依赖财务资源、人力资源和知识资源三种基本类型的资源。财务资源来源于组织自身的服务和产品收入、基金会的捐助以及政府补贴等。人力资源包括受薪雇员和志愿者，志愿者通常既处于员工层面也处于领导层面，最重要的人力资源往往来自于社会创业者。知识资源包括创业所需的教育、经验和技能等。比如，一个社会创业者要想参与汶川地震灾后居民点重建工作，除了需要资金和人力以外，他还需要拥有开展这项业务所必需的各种专业知识和技能，并且具有与当地政府和其他机构进行合作的条件和能力。

4. 创业启动与成长

创业之后随之而来的是成长和管理问题。社会创业一般采取项目管理方式。无论成长的速度快慢，通常都伴随着组织规模的扩张和经营业务的扩大。社会创业需要建立健全治理结构，衡量组织绩效，对外披露信息，并且接受来自各个方面的监督与问责。

5. 目标实现与超越

社会创业的最初目标实现之后，面临多种可能性：关闭业务或者机构；重新定义社会使命，开展新业务；与其他组织兼并或联合。比如，一个机构在某个特定地区为儿童接种疫苗，其目标是为该地区所有适龄儿童接种疫苗，使此种疾病不在这个社区继续传播蔓延。当这个目标达成以后，这家机构可能会关闭或者解散，也可能再提供其他服务，比如帮助另外一些社区接种疫苗或者继续在该社区防治其他疾病。

三、本书的内容框架

本书试图将社会创业与管理结合起来。

本书共分为两个部分，一共十二章、第一部分着重讨论社会创业，第二部分着重讨论管理问题。

第一章至第四章为第一部分，介绍社会创业的基本理论和基本状况；第一章社会创业导论，介绍有关社会创业的基本概念，社会创业的主要形式及其相互之间的关系，以及本书的逻辑框架和主要内容。第二章介绍各个国家社会创业发展的基本状况。

第三章介绍社会创业者的概念及其性格特征、社会创业者创业的动机、社会创业者资源和能力。第四章介绍创业机会和识别和创业计划的撰写。

第五章至第十二章为第二部分，从治理、项目管理、人力资源管理、财务管理、筹款管理、合作关系管理绩效评估与问责等方面深入讨论了非营利组织管理中几个最重要的问题。

讨论了社会创业面临的评估与问责问题。其中，第十一章主要讨论了非营利组织的绩效评估理论和方法，第十二章主要讨论了非营利组织的问责理论，以及加强外部问责、行业自律与组织自律的方法。

复习思考题：

1. 什么是创业？什么是社会创业？
2. 社会创业的三种组织形式是什么？
3. 非营利组织、社会企业和企业社会责任之间是什么关系？
4. 中国非营利组织包括哪些组织？
5. 什么是社会创业理论？

案例 1-1

阿拉善 SEE 生态协会①

随着中国经济持续高速增长，一些不自觉的思想方式、生产方式和生活方式，正在日渐毁坏与我们唇齿相依的自然环境。中国西北地区的沙化尤为严重，尤其是内蒙古阿拉善地区作为近年威胁北京的沙尘暴发源地，每年以沙漠面积1000 平方公里（相当于一个中等县城面积）的速度逼近华北，辐射影响我国东南沿海地区及日本、韩国局部。

2001 年，宋军在内蒙古阿拉善盟斥资五千万元建成月亮湖生态旅游景区。此后三年间，上百位著名企业家陆续到访，在茫茫沙漠中感受到心灵的冲撞。2004 年 6 月 5 日，中国百名企业家穿越沙丘，在月亮湖畔共同发起成立了“阿拉善 SEE 生态协会”，并发表了《阿拉善宣言》，致力于在阿拉善从事防治荒漠化工作，缓解阿拉善沙尘暴对北京及周边地区的影响。发起人几乎囊括了所有国内知名的企业家：刘晓光、田溯宁、陈东升、王石、冯军、冯仑、郭广昌、李宁、潘石屹、马蔚华……参与发起的每位会员出资十万元（以上），就此开始了一场中国式的企业家慈善试验。

“SEE” 取自英文 Society（社会）、Entrepreneur（企业家）、Ecology（生态）三个单词首字母的缩写。寓意了然：企业家左肩担负着社会责任，右肩担负着生态责任。SEE 成立之后，为自己明确了两大任务，一是在内蒙古阿拉善从事荒漠化地区生态保护工作，通过三年时间努力建立北方荒漠化地区生态保护试验区；二是在会员企业中推进企业环保工作，推动 SEE 企业率先步入环境友好企业行列，承担更多的生态责任与社会责任。

阿拉善 SEE 生态协会做社区工作有五个原则：第一，农牧民需求为本原则：在农村启动公共项目，首先要让农村社区百姓将他们的需求表达出来，百姓自己的切身需求，就是 SEE 项目选择和资金投入的方向。第二，

① 本案例根据以下资料编写：梁从诫 . 2005 年：中国的环境危局与突围［M］. 社会科学文献出版社，2006：2；2006：329-335. 苏西 . 阿拉善 SEE 生态协会 . 荒漠里的慈善实验［J］. 绿色中国杂志社，2009：21.

农牧民为管理主体原则：公共资金由农牧民集体来管理和支配，SEE并不自己组织人进村社帮农民建设项目，而是资金交到农牧民手上，由农牧民自己来组织项目建设。第三，项目资金三方配套原则：农牧民必须在项目建设上投入一定比例自己的钱才会把项目建设当成自己的事来做。SEE追求在项目投入上，政府投入一部分、SEE投入一部分、农牧民投入一部分。第四，项目资金使用民主原则：SEE、政府和农牧民投入的资金，放在一个公共账户上，由村民民主选举产生的“村民项目委员会”负责管理，资金决策由委员会各成员表决决定。第五，财务监督三方制约原则：项目资金由“村民项目委员会”负责管理，政府和SEE的主要职能是帮助村民项目委员会建立起完善的财务制度和监督制度。

SEE最具活力之处是其“内生式发展模式”与企业家求实、创新精神下提供的资源与平台的结合。企业家的求实、创新精神，不仅带给工作团队解决问题的空间，还为这一发展模式带来了其他隐性支持。在与当地人、政府和企业家的不断磨合过程中SEE摸索出一种“内生式发展”的理念，通过促进当地人对权利和责任关系的理解，让当地人在失败和成功中自己进行尝试和修正，使人与自然的关系慢慢达到平衡，最终达到和谐发展。这种“内生”主要包括“文化的内生”——通过建立新的机制来促使传统文化的复兴；“资源的内生”——紧紧依赖于当地资源，由此决定发展什么、怎么发展；“能力的内生”——让当地人重新发掘自己的能力去适应新的生产生活。一般的项目三年为周期，最快的两年可以完成。生态学监测指标表明，生态环境开始好转，当地人的经济收益也并没有下降，有的已经开始略有增长。

由于其商业背景，企业家拥有商业资源和诸多社会资源，如果用于公益事业，它的意义就会发生变化。在阿拉善这一人多资源少的地方，SEE的会员企业家会通过吸收部分劳动力的方式减缓当地人对自然的压力，比如我国台湾大成集团、广东东莞包装公司在投入资金的同时准备吸纳阿拉善的剩余劳动力。这点是其他NGO组织无法做到的。

保护阿拉善的生态仅靠SEE是不够的。SEE进入阿拉善各个生态敏感区，在提高当地人的生产生活的同时保护当地的环境的有效案例，证明了SEE的能力和价值，从而使当地政府的态度发生转变，现在当地政府对协会的项目不仅是认可和推广，甚至将自身的扶贫资金直接拨给SEE按照

NGO的运行方式使用。现在SEE对阿拉善正在进行的16个项目，涵盖了自然保护与社区发展、科学研究、环境教育及培训、国际合作四大类别。

思考题：

1. SEE的优势和劣势分别是什么？
2. 谈一谈SEE在我国环保界和NGO组织中的影响力和作用。

第二章 社会创业的世界性潮流

我认为，自由市场应当是惠及所有人的前进动力和自由源泉，而不是面向少数精英阶层的“象牙塔”。

——尤努斯

本章要点

国外社会创业兴起的原因；
国外社会创业的发展状况；
我国社会创业的兴起与发展。

天鹅面包坊①

天鹅面包坊是小仓创办的一个连锁面包店公司，目前已经拥有23家连锁店，雇用了270多名残障人士，占员工总数的七成以上。公司支付给他们每月将近10万日元的工资，远远超过政府规定的最低工资（5000日元），使他们能维持不错的生活。他们的创业理念是：“把残障人当正常人看待，只要提供适合他们生理特点让他们感到安全的工作环境，他们同样具有无限的潜力。”

在经营管理上，他们根据残障人特点设计工作流程，把步骤分得很细，每个步骤都十分简单，一个人负责几个

① 松江直子．爱、正义和勇气的经营——记天鹅面包房．中国发展简报，2010. http：//www. chinadevelopmentbrief. org. cn/sortinfoview. php？ id＝2573.

步骤，既便于记忆，又能熟能生巧提高效率。从第一天上班，就会表扬他们：你现在的状况就很好。工作中也不给他们指令，而让他们自发做事，发挥他们自律的潜能，并让他们在工作中不断体验到成功，激励他们做事，让他们明白做事不是闹着玩的，通过做事，你是在为社会做贡献，如果事情做不好，也不会因为你是残障人士而原谅你，让他们由此产生使命感。

小仓认为从经营的角度，用残障人和健全人没什么区别，只要让合适的人做合适的事即可。他举了个例子，比如同样是做盒子，有自闭症的人一口气能做250个，而健全人做10个就要去抽烟了。

小仓自豪地说：在我们的企业里没有残疾人和健全人的区别，只有工作成绩好坏之分。以往的残疾人福利企业生产的都是一些娃娃、饰品等日常生活中可有可无的东西。许多人出于同情买过一次就不会再买第二次。而天鹅生产的是顾客每天都要消费的食品。我们取胜靠的是质量和服务，我们很少提及员工有智障，大家到店里来根本就分不出谁有残障，谁是健全人。

在他们位于赤阪的餐厅里，每天中午一个小时的高峰时间要接待近200名客人。残障人在这里的就业工资待遇完全和正常人一样，他们生产的面包在质量上也具有很强的市场竞争力。他们成功的诀窍就是“我们从不认为我们需要照顾”。

在市场开拓方面，天鹅同样有极好的创意。他们组织员工穿着天鹅的工作服清扫周围环境，社区居民因之熟悉、接纳并喜爱上天鹅品牌；他们为对奶油和鸡蛋过敏的顾客定制特别蛋糕；他们与大和宅急送合作，为日本边缘的山村、渔村送蛋糕，提升大和的社会形象；他们与农村、城镇合作，利用旅游节、文化节的时机进行宣传，促进地方经济的振兴；他们与残障人技能培训学校合作，让老师来天鹅实习以了解企业需要什么样的技能；他们支持新兴画家在他们店中展出画作。

因为他们的努力，已带动很多企业改变对雇用残障人的态度，宅急送在天鹅成功经验的鼓舞下已经雇用了900名有精神疾病的人。用看得见的成果去影响别人，比什么方式都有效。

第一节　国外的社会创业

20世纪70年代以来，全球范围内兴起了一股社会创业的热潮。这股热潮的兴起绝不是偶然的，是世界各国在危机之中做出的选择。第二次世界大战后，发达国家先后走上福利国家道路。到70年代，多数西方国家已经将生、老、病、死、伤残、失业等种种风险揽下来。在石油危机之后，这套福利体系弊端重重难以为继，以撒切尔和里根为代表，西方国家掀起了民营化改革浪潮，希望民间非营利组织能够替代政府承担某些服务职能。第二次世界大战后，前苏联和东欧国家也建立了种种福利制度。在70年代石油危机中，这些国家的经济也遭受巨大挫折。到80年代末政治变革之后，新政权放弃了对社会部门的管制，非营利组织得以兴起和发展。第三世界国家在70年代石油危机和80年代初期经济衰退的影响下，政府主导的援助型发展逐渐被民众参与式发展所代替，救贫济困让位于协助自立。新发展模式强调民间志愿团体的作用，发达国家和国际组织对发展中国家的援助也转变为更多地依靠民间志愿团体的力量。

总体上看，福利国家危机、国家社会主义危机和发展模式危机都有一个共同点，那就是对政府主导社会事务的能力和意愿产生怀疑，市场的作用得到重申，非营利组织乘势而起。①

在新的格局中，社会部门的重要性日益上升，政府、市场和社会三大部门之间的界限日益模糊。一方面，三大部门有着传统的职责分工：市场和企业担当着经济建设主体的职责，非营利组织逐渐成为社会建设的主体，政府则维护经济和公益两个市场的秩序，制定规则、提供服务并且充当裁判。另一方面，在公共服务领域，政府、企业和非营利组织之间越来越多地跨越部门界限，结成公私伙伴关系来共同采取行动。

由于政治法律制度和历史文化背景的不同，各国社会创业采取了多种多样的组织形式，既有传统的非营利性组织形式，也有合伙公司、合作社、有限责任公司、股份有限公司、上市公司等组织形式。

一、美国的社会创业

美国是公益事业最发达、最成熟和国际化程度最高的国家，也是社会创业

① 王绍光．多元与统一：第三部门国际比较研究．浙江人民出版社，1999：128.

最为活跃的国家。

（一）美国社会创业兴起的原因

20 世纪 70 年代以来，非营利组织在美国迅速兴起，并逐渐成为公共服务民营化的承接者和政府在公共服务领域的重要合作伙伴。美国的非营利部门主要包括各类学术研究机构、教育培训机构、医疗保健机构、专业协会、教会、工会、商会、体育组织、文化娱乐组织、青年组织、老年公民组织、志愿组织、民间基金会、公益性团体、慈善机构等。哈佛大学、普林斯顿大学、美国红十字会、洛克非勒基金会、大都会艺术博物馆、纽约交响乐团、全球救助合作社、环境保护基金、美国商会等都是非营利组织。① 美国总统奥巴马十分支持社会创业，他认为伟大的社会创新通常是由政府以外的力量促成，他甚至以个人名义成立了募款基金以支持社会创业。他计划在“全国与社区服务组织”(Corporation for National and Community Service）中成立社会创业服务机构(Social Entrepreneurship Agency)，每年预计投入资金达 35 亿美元。

美国华人创办的非营利机构有教会、学校、健康协会、同乡会、校友会、学生学者联谊会等。比如，匹兹堡大学学生学者联谊会，为中国留学生和学者提供接机服务、租房信息、二手货交易信息、翻译服务，并在传统节日举办联谊活动传播中华文化。

社会创业在美国的兴起主要有两个方面的原因。一方面，美国为了解决日益复杂的社会问题，社会部门获得了快速而持续的增长。2006 年，美国的非营利机构超过 150 万个，年收入超过 7000 亿美元，控制着 2 万亿美元的资产。然而，由于成本上升速度大于通货膨胀速度，慈善资本市场的增长赶不上社会需求的增长，大多数非营利组织长期面临财务压力。根据美国劳动统计局的数据，2000—2005 年，消费物价指数 CPI 增长率为 13.4%，同期教育和医疗价格分别上升了 35.7% 和 24.0%。与此同时，政府对社会部门的资助却在下降，私人捐赠和拨款的增长不能弥补成本差异。② 另一方面，20 世纪 90 年代的经济增长为私人部门创造了巨大财富，并培育了大量新的慈善家(Philanthropists)。越来越多的新一代拥有管理技能和创业经验的商业领导者开

① 王名. 非营利组织管理概论（修订版）. 中国人民大学出版社，2010：73.

② Wei-Skillern, Austin, Stevenson. Entrepreneurship in the Social Sector. Sage Publication Inc., 2007：1-2.

始关注社会部门。过去十年里，美国的 MBA 学员对社会部门的兴趣大大增加。这些 MBA 学员组成了一个国际组织，旨在利用商业技能对社会施加积极影响。2000 年以来，这个组织的分会已经增加到 94 个，商业周刊排名前 30 位的商学院中有 29 个已经成立了分会。① 在这些因素的共同影响下，社会部门的性质正在发生变化，越来越多的社会创业者试图将商业运作理念和商业模式引入到社会部门，从而兴起了一股社会创业的潮流。

（二）美国社会创业的主要形式

美国的非营利机构采取三种法律形式：非公司形式的社团（Unincorporated Associations）、公司形式的社团（Incorporated Organizations）和信托（Trust）。②

第一种是非公司形式的社团。在美国，任何人都可以创办非营利组织，而不需要经过政府批准。这种组织可以开设自己的银行账户，接受捐赠，提供服务，可以享受免税待遇。过去，很多非营利组织采取这种形式。今天，仍然有很多宗教机构、学术团体、专业团体和俱乐部采取这种形式。

第二种是公司形式的社团。近几十年以来，大多数非营利组织改变了法律形式，变成了公司形式的社团，包括私立中小学、大学、医院、博物馆、图书馆、托儿所、社会服务机构，甚至倡导机构（Advocacy Organization）。如卡耐基基金会（Carnegie Corporation of New York），莉莉捐赠公司（Lilly Endowment Inc.）。它们这么做是基于三个方面的原因：一是公司这种法律地位使组织负责人对该组织的行为只需承担有限责任。二是为了更容易获得免税优惠待遇。联邦税法规定凡是申请免税的实体都必须通过“组织性检验”，以确定它们不是乌合之众，而是实实在在的组织。转变成公司性社团是通过此项检验的最简便可靠的办法。三是这种形式会更容易赢得捐赠者的信任，加大对潜在捐赠者的吸引力。公司形式的社团必须遵守公司法。美国并没有一部全国统一的联邦公司法，制定公司法是州政府的职权。各州公司法在细节上不尽相同。公司法既规范非营利组织，也规范营利性组织。为了成为公司形式的社团，非营利组织必须向州检察长（Attorney General）提出申请，并提交一份该组织的章程。

---

① Wei-Skillern, Austin, Stevenson. Entrepreneurship in the Social Sector. Sage Publication Inc., 2007: 3.

② 王绍光. 多元与统一——第三部门国际比较研究. 浙江人民出版社，1999：88-90.

第三种是信托。非营利组织还可采取信托形式。如皮尤纪念信托基金(the Pew Memorial Trust)。信托指将一份财产用于特定目的。一旦所有者通过信托声明或信托协议的方式将财产转交给受托人管理，信托关系就建立起来了。采取信托形式一般出于以下几种情况：一是机构的资产来源于某个人的遗产；二是机构的资产主要用于法律规定的慈善事业；三是机构的活动服务于某一单一目的。在美国，很多基金会和政治行动委员会（Political Action Committee）采取信托形式。

除了上述非营利组织形式之外，美国还是社会企业的发源地。美国记者戴维·伯恩斯坦在《如何改变世界——社会企业家与新思想的威力》中介绍了阿育王（Ashoka）在全球各地推动社会企业发展的历程。1978 年，美国环保署的助理署长彼尔·德雷顿建立了一个组织，旨在支持全世界的社会企业家。今天，阿育王（Ashoka）在亚洲、非洲、美洲和中欧的46 个国家运作，援助了1400 名社会企业家，直接资助将近 4000 万美元，并帮助他们分析经营策略，提供专业的服务。阿育王的运作有点像风险投资基金，它从规模尚小而定位准确的投资中寻求高效益。不过，它所寻求的回报并不是利润，而是在教育、环保、乡村开发、扶贫、人权、医疗保健、助残、照顾高危儿童等领域的进步。

二、英国的社会创业[①]

从规模来看，英国的非营利组织规模仅次于美国，居世界第二位。英国的非营利组织在教育、文体休闲和社会服务等三个领域最为活跃。

（一）英国社会创业的背景

第二次世界大战后，英国建立了福利国家体制。这一福利体制最大的代价之一就是失去了一大批具有福利创新能力的机构。事实上，在政府成为福利供给的核心主体之前，志愿部门在英国的社会福利供给方面扮演主要角色。然而，20 世纪初期的工业化和城市化带来的严重社会问题，尤其是 30 年代的大规模失业所导致的经济混乱，志愿部门根本无法单独应付。在凯恩斯和贝弗里奇的福利国家理论指导下，英国政府的规模迅速扩大，在福利国家鼎盛的日子

① 除非特别说明，本部分内容所采用的资料均来源于：Charles Leadbeater. 社会企业家的崛起（The Rise of the Social Entrepreneur). 环球协力社编译，1997。

里，志愿部门成了政府的“小伙计”，成为一个辅助性的、业余的角色。

福利国家曾经一度被认为是社会进步的标志，但是到20世纪70年代以后，人们的看法改变了。由于长期的大量失业与严重的社会分化，这个福利连锁体系开始崩溃。20世纪70年代以后，传统家庭失去了主导地位，单身族与单亲家庭数量不断增长。人口老龄化速度加快，社会保险体系根本无法适应新的变化。卫生保健方面的技术革新引发了新的需求，医疗保健体系的成本不断上升。政府公共服务的质量通常是乏善可陈。不仅如此，福利国家制度还使服务对象产生依赖心理，变得更加软弱无力。因此，越来越多的人开始批评福利国家体制僵化、发展缓慢、官僚主义、非人性并且剥夺人权。

英国人开始探索提供福利的新方法，认为出路在于改革福利国家制度，建立一个专业化的、有创新精神的社会企业部门。要实现这个目标，既需要新思维、新政策，也需要具有志愿精神的、专业化的、有创新性的、有商业技能的新机构。为了创建这种新的社会福利体系，需要一类新的社会企业家。他们来自于三个部门：首先，政府内部的创新。购买服务、学校的本地化管理和国民健康服务机构的权力下放等措施都推动了政府部门的公务员探索新的福利服务形式。其次，采用商业模式来运作公益事业，以社会企业的形式参与福利工作。社会企业正在日益超越民间非营利部门的范畴。通过和非营利组织合作，大型的私营企业也可以为社会革新出力，它们发现，他们也需要能把商业和社会需求结合在一起的社会企业家。再次，民间非营利部门正在发展出最具革新性的领导优势，成为社会创业最丰厚的源泉。

（二）英国创业的规模与形式

现在，英国的非营利部门大约由40万个组织构成，大约95万人为这个部门工作，对就业的贡献占到4%，年收入大约为295亿英镑，主要集中在文化、娱乐、教育、医疗保健和社会福利事业上。民间非营利组织已经提供了大部分针对5岁以下儿童的学前日托，以及大量的老人看护服务、初级教育服务和公共房屋计划，在中学教育、健康医疗甚至社会保障和法律服务等方面也扮演重要角色。

英国的法律里只有“慈善”的概念，并没有“非营利”这个概念。“慈善”活动涉及四个领域：济贫、教育、宗教和公益。一个组织是否能算做慈善性组织要由半独立的慈善事业委员会（the Charity Commission）或其他政府部门决定。就其功能而言，英国非营利组织可以分为四类：第一类是服务型组织，如托儿所、学校、医院、法律援助中心等。第二类是互助型组织。如戒酒者互诫会（Alcoholics Anonymous），以及教育、保健、休闲等方面的社区组织。第三类是压力型组织，如儿童贫困行动（Child Poverty Action），自由（Liberty）和牛津饥荒救济委员会（Oxfam，又称乐施会），它们往往用游说等方式对公共政策制定者施加影响。第四类是中介型组织，如全国志愿组织理事会（the National Council for Voluntary Organization）、慈善援助基金（the Charities Aid Foundation），志愿者中心（Voluntary Center），全国青年社（the National Youth Agency）等。英国慈善组织与政府保持着密切联系，有的组织是应议会立法要求建立或认证的，它们的部分负责人是由政府任命，经费也可能来自政府。几乎所有大学、大部分中小学、大部分研究机构、全国性博物馆都属于这种情况。①

英国是世界上社会企业最成功和最活跃的国家之一，在非营利部门大约有5.5万家社会企业。它们每年的营业额超过了270亿英镑，为国内生产总值创造了84亿英镑的价值（占到国内生产总值的1%）。然而它们的价值远远不只在经济方面的贡献。目前，社会企业的从业人员达到47.5万人，还提供了30万个志愿工作岗位。社会企业获得商业收入的最常见方式是医疗和护理服务，包括临终护理、儿童护理、福利、指导、膳宿服务等。此外，社会企业还深入参与社区或社会服务、房地产租赁和教育等多个社会经济领域。②

社会企业因为其卓著的贡献而赢得了巨大声誉。以《大问题》杂志为例，《大问题》杂志是1991年创办的综合性时事评论杂志，由4000多名流浪者负责在街头售卖，现在的年营业额达300万英镑，杂志所创造的利润，全数捐给《大问题》基金会。杂志的零售工作只向流浪者开放，流浪者除了第一次获得5份免费杂志之外，以后的杂志都要以7先令/份的价格向杂志社购买，然后以统一零售价1磅5先令/份向路人出售。也就是说，杂志社给他们提供第一笔资金，以后的收入要依靠他们自己的能力赚取。

英国政府积极支持社会创业。在机构设置方面，英国政府对社会企业的发展给予了大力支持。2001年，英国政府组建社会企业局，支持社会企业、协调影响社会企业的政策决策、消除社会企业发展面临的障碍；2006年，内政部的社区局和贸易工业部的社会企业局整合成隶属于内阁办公室的第三部门办

---

① 王绍光．多元与统一——第三部门国际比较研究．浙江人民出版社，1999：129.

② 严中华．社会创业．清华大学出版社，2008：22-29.

公室。在政策制定方面，2002 年英国政府实施了“社会企业战略”，2005 年对社会企业战略进行了评估，发现政府的政策及行动对于推动社会企业的发展起到了积极的作用，2006 年，出台《社会企业行动计划：登上新高度》，规定了政府的角色，帮助社会企业与政府合作；2007 年在《第三部门在未来社会和经济振兴中的作用》中重申了 2006 年行动计划和政策，新增了提供资金，鼓励其他政府部门和社会企业合作的内容。

在英国，社会企业几乎可以以任何法律形式成立，包括：股份有限公司、担保有限公司、工业及公积金社团。英国的社会企业主要分为以下四类：

第一类是慈善团体的贸易部门，它们多数由慈善团体开设，通过营业收入实现该慈善团体的目标。

第二类是社区发展财务机构，主要指一些可持续的独立财务机构，向有意在贫困或弱势群体的市场中创造财富的个人或团体提供贷款（例如创业和运营资本）和业务支援（例如无业及设备购置和市场宣传），让这些人和团体进行商业运作。

第三类是合作社，是指为了实现共同的经济、社会文化需要和追求的人们通过共同拥有或民主控制的企业形式自愿联合起来的自发组织，它通过合作以及自助将人们联系在一起。

第四类是社区利益公司（the Community Interest Company，CIC），这是英国政府于 2005 年开设推动的全新形态公司，专门为社会企业创立的一种组织形式，是指那些利用企业盈利和资产来服务公共利益的社会企业。目前有超过 1000 家社会企业注册为社区利益公司。社区利益公司并不属于慈善组织，这意味着它们得不到慈善组织的税收优惠，但作为回报它们没有慈善组织所必须遵守的严格的报告要求。①

三、德国的社会创业

德国有一个高度发达独具特色的非营利部门，大约有 50 万个非营利组织。② 不过，人们并不把处于政府和市场之间的领域作为一个单独的部门。因为，德国的非营利部门与其他部门尤其是政府部门的关系十分密切。

德国法律将组织分为两大类：会员型和非会员型。其中，会员型组织包

① 严中华．社会创业．清华大学出版社，2008：13.

② 李勇．德国非营利组织管理工作考察报告．2002 年 11 月.

括：私法社团（如体育俱乐部、业余剧团）；公法社团（如专业协会、商会、工会、雇主协会、公证人会）；商法实体（如合伙、有限责任公司、股份公司等）；公法合作组织（如住房合作社）。非会员型组织包括：基金会和信托基金；公法机构（如中小学、大学、公共保险基金、大部分电台和电视台等）。①

非营利组织可以采取以上任何一种法律形式，但采取这些形式的组织不一定是非营利组织，也有可能是营利性的。② 例如，社团可能是非营利性的，也可能是营利性的。公法机构则更复杂，既包括政府机关，也包括独立性很强的公共电视台、巴伐利亚红十字会、犹太人福利办事处，甚至罗马天主教和新教教会等。在德国，沾“公”字的组织（Public）并不一定意味着与政府有关，带“私”字（Private）的组织可能既不是“非政府的”，又不是“非公共的”。这种“公”“私”不分的现象说明在德国要在公私之间划出明确界限是很难的事。也说明，“国家”与“社会”未必对立，“公”“私”未必不相容。③

德国非营利组织的发展，与德国宪法的基本精神密切相关。其主要思想是：国家和社会应由公民参与，其形成的基础是公民社会。国家要以人为本，国家和社会不应是自上而下产生的，而应该是自下而上由公民创造的。国家应该保障公民的自由，保障个人能够自下而上参与国家事务。国家和社会不应该是对立的，国家存在的合理性在于国家和社会的对话。公民社会不是和国家对立的一种社会组织，而是能够自身独立，既独立于国家之外，又能够和国家合作，并实现积极参与发展的社会组织。德国宪法强调保护公民的结社权益和社会团体的权益。公民组织社会团体、参与社会团体、社会团体内部的理事会、领导层都要受到保护。在德国，结社不需要实质性注册。任何一个公民都有权参加任何一个社会团体。作为国家公务人员，参加社会团体和组织社会团体，没有任何限制，甚至可以成为社会团体的负责人。

德国的社会企业也很发达。社会企业的主要目的并不在于赚取利润，而是将利润转投资社区，以创造就业机会以及弥补公共需求的缺口。自 20 世纪 70 年代以来，社会企业发展出不同的组织形式，包括替代性企业（Alternative Enterprises）和工作整合的社会企业、地方社区企业（Local Community

① 王绍光．多元与统一——第三部门国际比较研究．浙江人民出版社，1999：133.
② Helmut K. Anheier. An Elaborate network: Profiting the Third Sector in Germany, 31.
③ 王绍光．多元与统一——第三部门国际比较研究．浙江人民出版社，1999：139.

Enterprises)。替代性企业主要功能在于提供替代部门多元支持，在20世纪80年代，共包含4万个项目，10万个职缺和30万个工作岗位；工作整合的社会企业出现于20世纪70年代，其主要目的在于重整主流劳动力市场的失业问题，并由政府补贴来支付工资，20世纪90年代后，成立了著名的ABS组织，以解决德国统一后所发生的社会及经济问题。许多企业也开始寻求创新方案，以尽量降低对于政府补助的依赖。

四、日本的社会创业

与美国相比，日本的非营利部门不算大。不过，与其他国家相比，日本的非营利部门并不算小。由于日本经济总量大，即使非营利部门在经济总体中所占比例不高，其绝对值也相当大。但是，在日本这个政府主导的社会，很难说非营利组织构成了日本的第三部门。

日本对非营利组织的叫法有很多，如“民间非营利部门”，“非营利组织（NPO）”，“非政府组织（NGO）”，“志愿者团体”等。其中，NPO往往是植根于日本国内，以社区为基础的由市民自发成立并自主运营的从事各类公益活动的社会组织。NGO往往指涉及海外事务的组织，致力于日本国外以开发援助、国际协力、灾害救助、扶贫环保等公益活动。在实践中，NPO一词是在20世纪90年代以后，特别是阪神大地震以后才广为流传并深入人心的。①

现代日本非营利组织发展可以分为两个阶段。1998年《非营利组织法》通过以前，日本有关NPO的法律已有180多部，体系非常复杂，不同的组织有不同的法律管理制度。在日本法律制度下，建立公益法人必须得到政府有关部门的批准，由于标准不清，负责审批的官员手握生杀大权，这种状况限制了非营利组织的发展。② 1995年阪神大地震之后，相比政府为灾民提供的十分有限的帮助，日本的非营利组织在救灾中表现非常出色，给灾区民众和日本国民留下了深刻印象。在三天以内，“百分之一俱乐部”、日本非政府组织国际合作中心等非营利组织已经在地震现场设立了活动中心，协调志愿者的救援工

① 王名，李勇，廖鸿，黄浩明．日本非营利组织．北京大学出版社，2007：35，46.

② 王绍光．多元与统一——第三部门国际比较研究．浙江人民出版社，1999：179.

作，筹集和分发救援物品。① 非营利组织在地震中的表现在很大程度上促进了1998年《非营利组织法》的诞生。自此之后，日本非营利组织法律制度发生了很大变化。从发展趋势来看，日本非营利组织法律体系趋于更加健全，对非营利组织的发展更加宽容。②

日本的非营利组织有九种法律形式：公益法人、社会福利法人、学校法人、宗教法人、医疗法人、特殊法人、公益信托基金、共同组合、市民社团。③ 日本的非营利组织可以分为法人非营利组织和非法人非营利组织两大类。其中，法人非营利组织分为共益法人（也称共同利益法人、中间法人）和广义公益法人两种。非法人非营利组织主要是指任意团体。所谓公益是指以非特定多数社会成员为对象提供的公共服务，所谓共益是指以特定多数社会成员为对象提供的公共服务。

共同利益法人由特别法规定。2004年4月日本开始实施《中间法人法》，对于以成员的共同利益为目的，且不以将剩余资金向成员分配为目的的团体，即非公益同时非营利性质的中间性团体按照中间法人进行登记。根据特别法规定的中间性团体包括农会、工会、消费者协会、业主委员会、同学会、同好会和互助会等，其中一些组织形态类似中国的行业协会、商会、联谊会等互益性组织。

广义公益法人是日本非营利组织的主体部分。在日本的非营利组织法律体系中，范围最广、内容最丰富的，当属广义公益法人。广义公益法人包括9种组织形态：社团法人；财团法人（以上两种统称公益法人）；特定非营利活动法人；社会福利法人；医疗法人；学校法人；宗教法人；职业训练法人；改造保护法人（对原服刑者提供改造保护）。

任意团体是指无法人资格的公益性、非营利性团体，又称无权力能力社团，是公民依据法律所规定的结社权利成立的，无须登记就可以开展活动。任意团体的总数没有确切的统计，估计有好几万个。任意团体与中国的社区、乡村民间组织比较相似。

截至2007年，日本公益法人2.6万个，特定非营利活动法人2.3万个，

---

① 王绍光．多元与统一——第三部门国际比较研究．浙江人民出版社，1999：204-205.

② 王名，李勇，廖鸿，黄浩明．日本非营利组织．北京大学出版社，2007：45.

③ 王绍光．多元与统一——第三部门国际比较研究．浙江人民出版社，1999：172.

社会福利法人1.9万个，医疗法人3.9万个，学校法人（指私立学校）7.6万个，宗教法人18.3万个，职业训练法人420个，改造保护法人160个。以上7种法人都需要政府主管机关的批准。除了公益法人依据《民法》第34条成立之外，其他法人都是根据各种特别法成立的。①

日本的社会企业也很有特色。目前日本对社会企业的范畴没有明确的法律规定，以事业运作为主体的非营利组织、为解决社会问题而创立的股份公司都包括在这一概念里。

日本最传统的社会企业是合作社，早在20世纪50年代，日本就出现了农业合作社、消费者合作社。到了80年代，日本出现了一种新型的“自给自足”的非营利性商业企业，它们主要集中在绿色农业（例如，进行有机食品的生产和销售）、公平贸易（例如，从发展中国家进口产品）、老年人看护（例如，老年居民日常看护中心）这些领域。因此也涌现了“大地宅配”、“和平之船”(Peace Boat)、“安全服务中心”(Anzen Center)、“公平贸易商会”(Fair Trade Company)等一批成功的社会企业。②

从20世纪90年代后期开始，充分利用地区资源开发地方特产，振兴地方经济的“事业型非营利组织”逐渐增多，它们从事的活动被称为“社区事业”(Community Business)。除此以外，还出现了一些以教育、福利等社会性服务为经营目的的企业。这些商业性和社会性并举共存的事业体进入21世纪以后被称为“社会企业”。

日本的年轻人十分推崇社会企业这一概念。20世纪90年代后期，日本经济整体上停滞不前，而年轻人在IT等新技术、文化等领域的创业成为经济生活中的亮点。许多在相对优裕的社会环境下长大的年轻人不想一味地追求金钱，而是希望通过工作来实现自身的价值，并为社会做出贡献。在他们看来，社会企业家这个概念不仅是一种新的事业，也是一种崭新的生活方式和价值体现。③例如，“手语”是日本一家盲人按摩公司，它的服务对象并不针对个人，而是公司职员。盲人技师在工作时间内来到公司，为公司员工提供专业的按摩服务。即便是在服务业非常繁荣的日本，这样的服务形式也不多见，一经推出就大受欢迎，媒体竞相报道。它的意义在于，对于接受按摩服务的公司来

① 王名，李勇，廖鸿，黄浩明．日本非营利组织．北京大学出版社，2007：49．

② 严中华．社会创业．清华大学出版社，2008：34-36．

③ 广石．日本的社会企业和社会企业家概述．环球协力社．

说，既为员工提供了福利，同时也体现了企业社会责任，因为盲聋人基本上找不到其他的工作机会，而这正是“手语”的创办人田边大的本意，通过企业的发展，为盲聋人在社会上赢得一席之地。

阳光老人之家

在日本超过百岁的老人已有3万，再过30~50年，将达到80万，这是人类从未经历过的挑战。镰仓的阳光老人之家（Sunforet）展示给我们的则是退休后的理想生活。

创办者掘井利修看到的问题是以个人为主的生活没法支撑人们退休后的生活，大规模的老人院多盖在偏僻的地方，而且提供的是不自然的生活方式。80%的老人在医院寂寞地过世，不能享受到家人在身边送终的幸福。掘井利修希望老年人的退休生活能够多元化，能够按照自己的想法来生活。新的退休生活方式要由当地人来创造，这是他们创业的目的，不仅仅是一所普通的老人院。

与大规模的养老院不同，老人之家分布在社区中，少则10来位，多则30来位老人共住在一栋小楼中，年轻的职员像家人一样照顾他们的生活。这儿有开放式的厨房，温馨的餐厅，另有温暖如家的活动室供老人们开展各种娱乐活动。浴室的设计更是体贴入微，专为行动不便的老人定制了一张电动升降椅。老人之家不仅提供长期居住，也保留一定的空房间，为社区内临时有需求的家庭提供老人短期居住护理服务。入住老人之家每月需要支付4万~5万日元，护理费则由保险公司支付。这一新型的老年人服务受到社区内众多家庭的欢迎，他们或购买Sunforet的债券，或提供志愿服务，共同推进Sunforet事业的持续开展及扩展。

自1988年创办第一家社区老人之家迄今，Sunforet在镰仓地区的不同社区共运营12家老人之家，有员工230名，同时还提供该领域的咨询服务。

资料来源：尹春涛．访日本社会企业有感．中日公益伙伴网，http：//csnet.asia/archives/1102？lang＝zh-hans.

五、发展中国家的社会创业

20世纪70年代以来，广大发展中国家在取得巨大经济发展的同时，贫困、疾病、污染、贪污、犯罪和贫富差距等社会问题更加严重。这些国家的政府一直在试图解决这些问题，但单靠政府自身的力量并没有取得令人满意的效果。很多人在对政府失望后，转而求助于“多边机构”和非营利组织。“多边机构”由不同的政府发起和资助，其主要目标是通过推动发展中国家或发展中区域的经济发展，来消除贫困。世界银行是所有多边机构的典型代表，其中包括“国际金融公司”（International Finance Corporation）这样的私人投资部门。①

但是，这些多边机构并没有很好地实现预定目标。原因是多方面的。首先，多边机构和政府机构一样，存在着官僚化、保守和低效率等问题。其次，双边和多边援助机构往往通过东道国政府来实施援助，没有充分利用政府之外的其他主体的创造力。此外，多边机构和非营利组织类似，长期资金不足，缺乏可靠性和政策稳定性。

一些学者认为，决策者的主要目标应当是制造一种经济运行机制，使穷人也参与到这种机制中来，用市场和商业的力量改变贫穷人群和边缘人群在市场中的不利地位。在这个概念中，穷人是主体。②

在这种理念的指导下，尤努斯教授自1976年开始在孟加拉国推行小额贷款业务，1983年创办了格莱珉银行（Grameen Bank，即乡村银行）在全国推广这一模式。到1998年，在孟加拉国通过格莱珉银行发展的从事小额信贷的会员总数达到237万人，贷款总额达4.2亿美元。2006年，尤努斯被授予诺贝尔和平奖，以表彰他为改善成千上万贫困家庭的生活所做出的巨大贡献。

除了格莱珉银行之外，孟加拉国有一大批活跃的非营利组织。1998年，孟加拉国最大的非营利组织农村进步委员会（BRAC）年度预算达到2.9亿美元，全职员工达到2.4万人，活动领域涉及医疗保健、教育服务、小额信贷等

① 尤努斯著．鲍小佳译．新的企业模式：创造没有贫困的世界．中信出版社，2008：27.

② 尤努斯著．鲍小佳译．新的企业模式：创造没有贫困的世界．中信出版社，2008：29.

多个方面。①

除了孟加拉国之外，在印度和菲律宾等许多发展中国家，社会创业也得到前所未有的重视和发展。比如，印度就是一个“NGO 大国”，非营利组织与政府的关系十分密切。据估计，印度现有非营利组织数量超过百万，活跃在教育、医疗保健、农村发展和妇女儿童保护等领域。②

第二节　中国的社会创业

改革开放以来，我国经济发展取得巨大成就的同时，社会领域的改革也逐渐深入。在社会创业领域，尽管我国的非营利组织并不发达，但总体上来讲，非营利组织得到了快速发展，社会企业这种新的创业模式也开始在我国兴起。同时，有关非营利组织的法律制度框架已经形成，为社会创业的发展奠定了基础。

一、非营利组织的起源与发展

中国文化历来有慈善、助人和互助的传统，民间结社和民间公益活动源远流长。③ 孔子办学首开民办教育的先河，会党则是中国历史上常见的互助组织。中国古代从先秦时代就有“会党”、“社会”之说，民间结社在春秋战国时期曾经盛行一时。后汉时期出现政治结社即“朋党”，后来发展成黄巾起义。宋代在民间出现了“合会”、“义仓”、“义社”、“善会”等民间互助或慈善机构。元朝末年出现了白莲教领导的红巾起义。宋元以后，各种形式的民间组织层出不穷，慈善团体、工商行会、同乡会馆、文学社团、政治和宗教结社活跃在历史舞台上。明朝以后，各种宗教和社会组织如罗教、大成教、天地会、哥老会，以及近代的青帮、洪帮等结社组织在民间具有很大的影响力。

20 世纪初到 1949 年新中国成立之前，中国历史舞台上又出现了大量的民间组织，主要有六大类：第一类是行业协会，包括各种“会馆”和“行会”；第二类是互助与慈善组织，包括各种“互助会”、“合作社”和“协会”等；第三类是学术性组织，包括各种“学会”、“研究会”、“学社”、“协会”等；

---

① 王名，李勇，廖鸿，黄浩明．日本非营利组织．北京大学出版社，2007：31.

② 王绍光．多元与统一——第三部门国际比较研究．浙江人民出版社，1999：234.

③ 吴东民，董西明．非营利组织管理．中国人民大学出版社，2003：96-97.

第四类是政治性组织，如学联、工会、妇联、青年团等社团；第五类是文艺性组织，包括各种剧团、剧社、文工团、棋社、画社等；第六类是“会党”，包括哥老会、青帮、洪帮等。

西泠印社

西泠印社创立于清光绪三十年（1904），是我国现存历史最悠久的文人社团，也是海内外成立最早的金石篆刻专业学术团体。西泠印社以“研究印学、保存金石、兼及书画”为宗旨，以篆刻书画创作的卓越成就和丰富的艺术收藏享誉海内外，被誉为“印学研究中心”、“天下第一名社”。

西泠印社由浙派篆刻家丁仁、王禔、吴隐、叶铭等召集同仁发起创建。1913 年，近代艺术大师吴昌硕出任首任社长。盛名之下，精英云集，李叔同、黄宾虹、马一浮、丰子恺、吴湖帆、商承祚等均为西泠印社社员，杨守敬、盛宣怀、康有为等为赞助社员。此后二十余年，西泠印社迅速发展，声望日隆，逐步确立了海内金石书画重镇的地位。受西泠印社影响，河井荃庐、长尾甲等海外社员把源自中华的金石篆刻艺术带回国内，在日本、韩国创立了全国性的篆刻创作与研究团体。西泠印社推动了周边汉字文化圈内篆刻创作与研究的产生、发展和繁荣。

1949 年，西泠印社收归国有。1979 年后，社团活动得以恢复。2001 年，西泠印社被国务院批准列入第五批全国重点文物保护单位名单。2003 年，西泠印社经营性资产事业单位转企业改制，成立了西泠印社集团。2004 年，西泠印社正式经国家民政部批准注册登记。2006 年西泠印社的金石篆刻艺术经国务院批准列入第一批国家级非物质文化遗产名录。

西泠印社现有社员 350 余人，分布于中国境内近 30 个省（市）自治区、香港、澳门特别行政区、台湾地区和日本、韩国、新加坡、马来西亚、法国、捷克、加拿大等国家。西泠印社延续着创社以来，每年春秋两季雅集、逢五、逢十周年庆典和社员不定期聚会的社团运行模式。

资料来源：http：//baike. baidu. com/view/53430. htm.

西泠印社出版社网站：http：//www. xilingbook. com/bs_xl_xlgk. html.

1949年新中国成立之后直到改革开放之前，政府根据社会主义原则对民间结社进行了彻底的清理整顿，清理整顿过程一直持续到20世纪50年代早期。① 在治理整顿过程中，一些政治倾向明显的团体被定义为“民主党派”，转变为政党组织，如中国民主同盟、九三学社、中国民主建国会等。一大批“封建组织”和“反动会道门组织”被取缔，其中包括一些封建色彩浓厚的互助组织和慈善组织，以及宗教组织。从这个时候起，非政治性成为中国非营利组织的一个重要特征。1950年通过了《社会团体登记暂行办法》，规定了社团管理的基本原则和办法。经过治理整顿以后，中国的非营利组织在20世纪50年代中期到60年代中期经历了一个较为迅速的发展时期。

1966年开始的“文化大革命”使中国的民主和法制遭到严重破坏，依法成立的社会团体绝大多数被停止活动，非营利组织的发展进入了一个长达十年的低潮期。

从1978年改革开放30多年来，中国非营利组织经历了一个在曲折中迅速发展的过程。20世纪80年代，非营利组织经历了压制之后的爆发性增长，根据1988年成立的民政部社团管理司的统计，1992年全国登记注册的社会团体总数达到15.45万家。20世纪80年代的爆发性增长带来了一些问题，政府在20世纪80年代末对非营利组织进行了一次清理整顿，打击取缔了未经登记开展活动的“非法组织”，非营利组织整体上又经历了几年的停滞和下滑时期。到20世纪90年代初期，非营利组织的增长势头逐步得到恢复，90年代中期以后再度开始增长。现在非常活跃的一些非营利组织，比如环保组织就是1993—1995年成立的。1998年，我国的非营利组织管理体制上有了质的变化，修订通过了《社会团体登记管理条例》和《民办非企业单位登记管理暂行条例》等重要法规，成立了民政部民间组织管理局，双重管理体制开始形成。1998年以后，非营利组织进入又一个快速增长阶段。进入21世纪以来，中国非营利组织又进入到全面发展时期。

二、社会创业的现状

21世纪以来，我国的非营利组织数量上迅速增加（参见表2-1和图2-1），服务功能和整体影响力日益增强。截至2009年年底，全国共有社会组织43.1

---

① 王名．非营利组织管理概论（修订版）．中国人民大学出版社，2010：48-49.

万个，吸纳社会各类人员就业 544.7 万人，形成固定资产 1030.0 亿元，各类费用支出 1094.7 亿元，社会组织增加值为 493.1 亿元，占第三产业（服务业）增加值比重为 0.345%，接收社会捐赠 440.7 亿元。①

表 2-1　**2001—2009 年我国民间组织数量统计**　单位：万个

指标	2001	2002	2003	2004	2005	2006	2007	2008	2009
社会团体	12.9	13.3	14.2	15.3	17.1	19.2	21.2	23.0	23.5
民办非企业	8.2	11.1	12.4	13.5	14.8	16.1	17.4	18.2	18.8
基金会（个）	—	—	954	892	975	1144	1340	1597	1843
合计	21.1	24.4	26.7	28.9	32.0	35.4	38.7	41.4	42.5

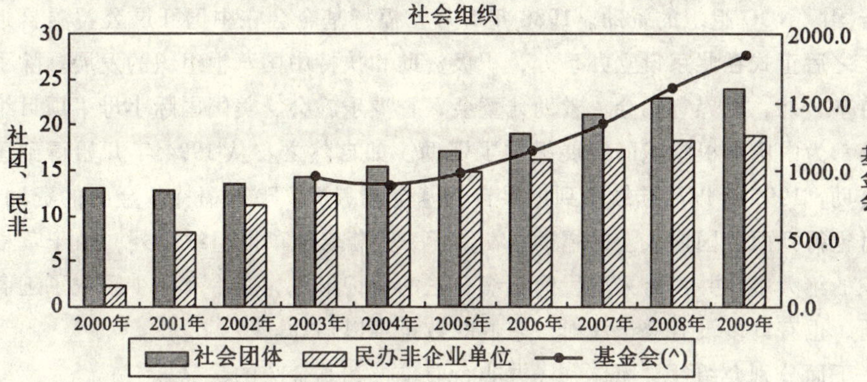

图 2-1　2001—2009 年中国大陆非营利组织发展状况
（根据民政部历年《民政事业发展统计公报》整理）

中国的非营利组织是一个构成极为复杂并且不断发展变化的体系。狭义的非营利组织是指在民政系统登记的那部分非营利组织。广义的非营利组织除了上述统计范围内的组织之外，还可以包括人民团体、事业地位和城乡基层自治

① 2010 年民政事业发展公报，http：//cws. mca. gov. cn/article/tjbg/201006/20100600081422. shtml? 2.

组织。民政部新的民间组织分类体系从注册登记形式和活动领域两个维度来进行分类。① 非营利组织按登记注册形式分为社会团体、民办非企业单位和基金会三大类。按活动领域划分为14类：（1）工商服务业类；（2）科技研究类；（3）教育类；（4）卫生类；（5）社会服务类；（6）文化类；（7）体育类；（8）生态环境类；（9）法律类；（10）宗教类；（11）农业及农村发展类；（12）职业及从业组织类；（13）国际及其他涉外组织类；（14）其他。中国非营利组织目前主要集中在教育、社会服务、卫生、农业和农村发展等四个领域，这四个领域的非营利组织占到总数的近六成。

值得注意的是，在我国非营利组织的发展过程中，涌现出了一批致力于社会公益事业的草根组织。它们植根于城乡社区，服务于社区居民，活跃在扶贫开发、妇女儿童权益保护、生态环境保护、残疾人福利、城市农民工权益保护、艾滋病救助等领域，其中著名的如自然之友、地球村、绿家园、爱行知等，这些机构的领导人都成为社会创业领域的先行者。这些草根组织的发展得益于国际NGO组织的资助。1988年5月，福特基金会在中国开展公益项目近十年之后正式在北京设立办事处，积极资助和扶持中国草根组织的发展。除了福特基金外，世界宣明会、救助儿童会、香港乐施会、美国国际小母牛项目组织等都为中国草根组织的发展提供了资助。如自然之友从1994年开始得到国外赞助，1995年以后陆续得到世界自然基金会（WWF）、福特基金会的资助，同时也得到两位国内人士的捐助。② 除了一些著名的草根组织之外，由于草根组织的绝大多数并没有采取民间组织合法的登记形式，其中有不少采取了工商注册，也有许多没有登记注册。它们的数量难以估计。③

下面分别介绍社会团体、民办非企业单位和基金会的状况。

1. 社会团体

在1998年国务院修订颁布的《社会团体登记管理条例》中指出：社会团体是指中国公民自愿组成，为实现会员共同意愿，按照其章程开展活动的非营利性社会组织。

---

① 为了规范和统一民间组织的统计管理，民政部借鉴和参考了联合国推荐的国际非营利组织统计分类体系，于2007年开始使用这套分类体系。

② 梁从诫．中国民间环保组织的建设：自然之友的道路．非营利部门与中国发展．香港社会科学出版社，2001：265-267.

③ 王名．中国民间组织30年．中国社会科学文献出版社：28-29.

社团是我国民间非营利组织中数量最多的一种组织形式，名称中通常冠以“社”、“书院”、“学会”、“研究会”、“协会”、“商会”、“促进会”、“联合会”等字样。① 其中，学术性社会团体、各种学术类民间组织占社团总数的五分之一；行业性社团包括行业协会、商会等约占三分之一。如海南中国发展研究院、天则经济研究所、中国文化书院等。在我国，宗教组织也属于社团。

中国的宗教组织

中国是个多宗教的国家。中国宗教徒信奉的主要有佛教、道教、伊斯兰教、天主教和基督教。据不完全统计，中国现有各种宗教信徒一亿多人，宗教活动场所8.5万余处，宗教教职人员约30万人，宗教团体3000多个。宗教团体还办有培养宗教教职人员的宗教院校74所。

在中国，全国性的宗教团体有中国佛教协会、中国道教协会、中国伊斯兰教协会、中国天主教爱国会、中国天主教主教团、中国基督教三自爱国运动委员会、中国基督教协会等。

根据国务院2004年颁布的《宗教事务条例》第五条规定，县级以上人民政府宗教事务部门依法对涉及国家利益和社会公共利益的宗教事务进行行政管理，县级以上人民政府其他有关部门在各自职责范围内依法负责有关的行政管理工作。该条例第六条规定，宗教团体的成立、变更和注销，应当依照《社会团体登记管理条例》的规定办理登记。宗教团体章程应当符合《社会团体登记管理条例》的有关规定。

资料来源：国家宗教事务局网站 http：//www.sara.gov.cn.

2. 民办非企业单位

国务院颁布的《民办非企业单位登记管理暂行条例》规定，民办非企业

① 崔树义．社团组织与人口控制．山东人民出版社，2001：115.

单位是指企业事业单位、社会团体和其他社会力量以及公民个人利用非国有资产举办的，从事非营利性社会服务活动的社会组织。它主要包括民办的大学、医院、科学研究院、体育俱乐部、福利院、职业培训学校、法律援助中心和艺术表演团体等。此前，人们都习惯称这类组织是“民办事业单位”。1998 年 10 月国务院颁布的《民办非企业单位登记管理暂行条例》第一次使用了“民办非企业单位”这个概念。各类民办非企业单位在社会生活中的科技、教育、文化、卫生、体育、环保、维权等方面的作用越来越明显。

民办非企业单位：打工妹法律援助工作站

2006 年 4 月 13 日，北京市首个“打工妹法律援助工作站”正式挂牌。打工妹遭无故解雇，可获 200 元助金。外来务工女性遇到劳动权益受损害或人身伤害时均可申请法律援助，打工妹在遭遇毫无预警情形下解雇、突发疾病、意外事故伤害、暴力（包括性侵犯）伤害时还可申请紧急救助基金，对于审核合格的申请人可获得紧急救助基金。对毫无预警情形下的解雇每人每次 200 元为限，医疗性救助每人每次以 500 元为限，保护性救助每人 300 元为限。

资料来源：潘澄清．北京市首个“打工妹法律援助工作站”正式挂牌．京华时报，2006. 4. 14.

3. 基金会

基金会是公益事业的造血机构，扮演着为慈善事业动员和提供资源的角色。2004 年颁布实施的《基金会管理条例》规定，基金会是指利用自然人、法人或者其他组织捐赠的财产，以从事公益事业为目的，按照条例规定成立的非营利性法人。基金会分为面向公众募捐的基金会（以下简称公募基金会）和不得面向公众募捐的基金会（以下简称非公募基金会）。其中，公募基金会按照募捐的地域范围，分为全国性公募基金会和地方性公募基金会。

改革开放以来，自从 1981 年 7 月 28 日成立中国儿童少年基金会开始，到 2010 年年底，全国基金会总数已经超过 2000 家，其中一些有影响力的基金会参见表 2-2。

表 2-2　　在公益事业领域有影响力的基金会举例

创立时间	项目名称	基金会名称	主要业绩和贡献
1989	希望工程	中国青少年发展基金会	到 2004 年底，希望工程共接受社会捐款 26 亿多元，救助失学儿童 260 多万名，捐建希望小学 11 200 多所。
1999	微笑列车	中华慈善总会、美国慈善组织“微笑列车”	累计投入资金 1.5 亿元，在全国指定 100 多家医院共为贫困群众完成唇腭裂矫治手术 7 万例。
1989	春蕾计划	中国少年儿童发展基金会	到 2005 年底，“春蕾计划”共募集 6 亿多元，在全国范围内救助 150 余万人次失学女童重返校园。
1995	幸福工程	中国人口福利基金会、中国计划生育协会、《中国人口报》报社	到 2003 年底，在全国采取“小额资助、直接到人，滚动运作、劳动脱贫”的救助模式（每户给予 1000～3000 元），累计投入扶贫资金 2.14 亿元，累计救助贫困母亲 13 万人，惠及家庭人口 58 万人。
1989	乡村医生培训项目	爱德基金会	至 2000 年项目结束时，为内蒙古自治区等西部 9 省区培训近 17000 名村医，其中 7000 余名村医在各地卫校参加中专学历函授教育，超过 70% 的学员学成后上岗成为基层医务人员。
2003	母亲健康快车	中国妇女发展基金	到 2005 年 3 月，共有 260 辆“母亲健康快车”在陕西、贵州、甘肃、青海、重庆、辽宁等 6 地开展健康服务，受益人数近 400 余万。
2001	慈善便民桥	陕西省慈善总会	到 2003 年底，共募集善款 300 多万元，为贫困农村修建慈善便民桥 151 座，受益群众达 78 万人。

（资料来源：葛道顺．中国基金会发展解析．社会科学文献出版社，2009：211.）

在2004年条例颁布以前成立的基金会，主要是公募基金，只有少量基金会接近于非公募基金会。比如：北京大学教育发展基金会、清华大学教育发展基金会、吴作人国际美术基金会、李可染基金会、吴阶平医学基金会等。

非公募基金会可以理解为独立型的基金会，主要依靠特定捐赠人的捐助资金以及基金的运作增值获得从事公益活动的资金。非公募基金会往往资金来源稳定、实力雄厚、能力很强，它更多扮演公益资金和其他公益资源提供者的角色。非公募基金会一般并不直接从事公益项目的运作，它可以选择运作型机构作为合作伙伴，提供资源并进行监管。

爱德基金会

爱德基金会（Amity Foundation）成立于1985年4月，是一个由中国基督徒发起、社会各界人士参加的民间团体，致力于促进我国的医疗卫生、教育、社会福利和农村发展工作。25年间，爱德募集资金超过10亿元，惠及31个省、市区1亿多人口。

爱德的资金主要来自海外。由于爱德的捐助者几乎都是海外机构和个人，爱德的工作语言是英语。爱德能从国外稳步筹集到资金，有效地完成自己的使命，其主要成功原因是项目选得好。首先是对社会需求有超前意识，随时准备调整项目目标，根据社会发展不同时期的不同需要，调整和开发项目，参与解决社会关注的热点问题。其次是用爱心赢得“拥护群”的支持，包括董事会成员、各类委员会的成员、雇员、志愿者、捐助者、受益人、社区居民以及有关政府机构人员和学者等。最后是严谨的工作程序。在国内民间基金会中，较早地建立了有完整的立项、结题、追踪、评估体系并定期公布财政年度报告。爱德的项目建议书与年度报告具有简明干练的风格。在项目中期和结束时，爱德组织评估组进行检查验收，向捐款机构和个人提供结题报告。严格的工作程序和严谨的工作作风为爱德赢得了主动和信任。

参见：丘仲辉．活跃于农村扶贫中的爱德基金会．非营利部门与中国发展：152-153.

爱德基金会网站：http：//www. amityfoundation. org. cn/aboutus/Aboutus-0101lv. aspx.

在我国，谁将是非公募基金会最有潜力的创业者呢？应该是那些富裕的个人和有实力的企业。① 就我国非公募基金会的现状来看，按照发起人以及设立目的的不同可以将其分为公益机构基金会、企业基金会、名人基金会和纪念型基金会。② 公益机构基金会是指为某公益机构（如大学、博物馆、医院或文化机构等等）的公益事业而设立的基金会，一般以该机构命名。如北京大学教育基金会、清华大学教育基金会等。企业基金会是企业或企业家出资设立的致力于公益事业的非公募基金会，一般以企业名称命名，或是以企业家名字命名。这是目前我国非公募基金会中最引人瞩目的类别。名人基金会有的是以知名人士的财产或遗产，或者是亲友捐赠的财产为原始基金设立的；也有的是主要捐助人为纪念自己的长辈、亲友出资设立的。如李连杰创立的“壹基金”，王菲、李亚鹏设立的“天使嫣然基金”。纪念型基金会是名人基金会的一种特殊类型，通过为公益事业做贡献的方式表达纪念之意。如陈嘉庚科学奖基金会、宋庆龄基金会等。

我国基金会的善款来源，目前已经实现第一次转变，即由国际资源转移到民族企业；在不远的将来，或可实现第二次转变，即由民族企业转移到公民个人。③

4. 社会企业

“社会企业”在中国还是一个很新的概念。目前，大多数民间组织比较缺乏经营意识，习惯于通过募款而非经营创收的方式获取资金支持。资金来源单一和运行经费没有保障，已经成为困扰中国 NPO 的最重要的问题。社会企业的经营理念将会给中国非营利组织注入一种新的可持续发展的活力。

2001 年由 NPO 信息咨询中心组织的“中国 NPO 培训调研报告”显示，我国的公益性非营利组织以捐赠为主要资金来源渠道的，占 58.4%；政府拨款和会费次之；有偿服务等比较少。这一资金来源结构的后果，是非营利组织在资金方面过分依赖于其他部门，从而形成了发展的瓶颈。

我国的社会企业目前还不多见，它们主要分布在养老、民办学校、职业教育、社会服务等领域。比如，由方嘉珂先生发起设立的天津鹤童老年福利协会，1998 年在社团管理部门登记，是一家拥有四座专业老人护理院和包括居家老人照料公司、老年病医院、老人护理职业技能培训学校、国家职业技能鉴

① 葛道顺，等．中国基金会发展解析．社会科学文献出版社，2009：139.

② 葛道顺，等．中国基金会发展解析．社会科学文献出版社，2009：144.

③ 葛道顺，等．中国基金会发展解析．社会科学文献出版社，2009：197.

定所、清洁管家公司、老人营养餐配送公司以及老年用品公司等一系列机构的社会组织，其90%以上的收入来源都靠自身的服务收费和经营收入。

从法律角度看，我国很多非营利组织本身就是工商注册，它们具有企业化运作的先天条件。比如，成立于2003年的上海市妙心家政公司，在工商管理机关注册，主要致力于下岗失业人员再就业、再培训的工作，并且特别重视辅导对象的道德教育和心灵启迪。目前，其主要收入来源全部依靠自身经营。

妙心家政

妙心家政的老板黄先生来自广东，拥有一家IT公司，他于2003年3月来到上海创办了妙心家政。一开始他们前往安徽、湖北等贫困地区招募30～40岁的农村妇女，对她们进行家政培训，并为她们提供免费住宿，帮助她们在城市中找到就业岗位。到2007年，妙心已培训了800多人，在上海和苏州两地拥有4个分店和一个培训中心。

妙心家政的理想很简单，就是通过培训帮助“阿姨”(家政从业员）提高自尊与能力，获得更好的收入。每个阿姨在上岗前会在妙心接受半个月的培训，内容包括打扫、厨艺等等，一个合格的阿姨要会炒几十种菜。因为能力强，妙心的阿姨收入要比普通的阿姨高，这不仅对阿姨有吸引力，对妙心来说也是一个竞争优势。

有些家庭只请钟点工，还有些不允许阿姨住家里，所以妙心会在社区设立活动中心。目前这样的活动中心有四个，提供给阿姨们住宿、交流及娱乐活动场所，这不仅让阿姨们免却租房之苦，而且也让阿姨们有了更好的交流和学习机会。

目前，妙心现在的“产品线”很丰富，除了提供通常的家政服务如管家、钟点工外，还提供洗衣、换水、特殊清洁等增值服务，同时还向本地高收入家庭提供“菲佣”及向外国输出阿姨。其中，“菲佣”和外国劳务输出是高利润产品，它们的盈利能很好地支撑其他的不盈利产品及组织的发展。另外，妙心还通过在网站上提供视频教学来降低培训时间和成本。每个阿姨只要有一个网站账号，就可以在网吧学习怎么样清洗冰箱，怎么样使用吸尘器等。

一些非营利组织也在尝试向社会企业转换，但尚处于探索阶段，如“泰安爱艺文化发展中心”，“爱心超市”，“多背一公斤”等组织，他们共同的特点是在做公益的过程中尝试通过经营性的服务来实现公益活动的可持续发展。爱心超市的创办者最初是为北京的外地打工女提供参与式的培训活动，培训主题根据服务对象的需求而设定，包括性别意识、法律知识、子女教育、妇女保健、艾滋病知识、家庭关系等。后来发现简单的培训显得较为空洞，便通过开设“爱心超市”吸引她们到超市购物的机会，开展相关的培训和教育，现在它已成为妇女购物和交流的中心。超市将收集的捐赠衣服，以很低廉的价格卖给外地打工者；并将赢利所得作为扶助基金，帮助有困难的外地打工者。现在“爱心超市”面临货源不足的困境，如果货源持续不足，它就会面临转行或关闭。

还有一些社会企业是一些企业家创办的。网易的 CEO 丁磊投资养一万头猪就是一个例子。丁磊向媒体强调养猪作为网易公司的公司行为，它不是一项投资，而是一项实验性的工作，他说“我只养一万头猪，不会一直扩大规模。网易做这个事情的主要目的，不是为了再赚多少钱，是希望探索出一个可以提高食品安全保障、提供农村工作机会的又能全国推行的养猪流程和模式。”①

三、非营利组织的法律制度框架

改革开放 30 年来，我国逐渐形成了有关非营利组织的较为全面的法律制度框架，其中包括宪法、法律、行政法规、部门和地区规章等。

我国《宪法》第 35 条规定，中华人民共和国公民有言论、出版、集会、结社、游行、示威的自由。1998 年，我国政府签署了《公民权利和政治权力国际公约》，其中第 22 条规定，人人有权享受与他人结社的自由，包括组织和参加工会以保护其利益的权利。

在普通法律层面，尽管到目前为止我国尚未颁布非营利组织的基本法律，但已有多部针对特定非营利组织的法律，如《红十字会法》(1993)、《科技进步法》(1993)、《公益事业捐赠法》(1999)、《工会法》(2001)、《民办教育促进法》(2002) 等。

一些法律的部分条款涉及非营利组织，对其性质、特征以及相关政策做了具体规定。如 1986 年通过的《民法通则》规定了四类法人组织，社会团体法

① 丁磊：我为什么关注养猪. 网易科技. 2009-01-09.

人就是其中之一，这是社会团体依法取得独立法人地位的依据。《民法通则》还规定了社会团体的民事法律责任问题。1999 年 9 月 1 日起施行的《中华人民共和国公益事业捐赠法》是一部规范捐赠和受赠行为的法律，其基本思想是鼓励捐赠，保护捐赠人、受赠人和受益人的合法权益，对规定公益事业的范围、捐赠和受赠主体、捐赠财产的使用和管理、税收优惠等方面做了规定。2008 开始实施的《企业所得税法》明确了非营利组织享有的税收优惠，使得《公益事业捐赠法》规定的捐赠减免税政策得以落实。《企业所得税法》在针对企业开展公益捐赠和非营利组织收入的税收优惠方面做了重要的制度安排：一是对捐赠减免税的规定，该法规定，企业发生公益性捐赠之初，在年度利润总额 12% 以内的部分，准予在计算应纳税所得额时予以扣除；二是关于非营利组织收入免税的规定，该法规定，符合条件的非营利组织的收入属于免税收入。

在行政法规层面，我国已经初步形成了较为系统的非营利组织专门法规。1950 年政务院就颁布了《社会团体登记管理暂行办法》。改革开放后，1988 年国务院颁布了《基金会管理办法》，1989 年又颁布了《外国商会管理暂行办法》和《社会团体登记管理条例》。1998 年 6 月，国务院修订并颁布了新的《社会团体登记管理条例》，同年 10 月颁布了《民办非企业单位登记管理暂行条例》。2004 年，国务院修订颁布了新的《基金会管理条例》，还颁布了《民办教育促进法实施条例》。至此，一个包括社会团体、民办非企业单位和基金会三种基本形式、统一实行双重管理体制的非营利组织行政法规体系初步形成。

国务院各部门也出台了一系列行政规章制度对非营利组织进行规范管理。如 1999 年民政部颁布的《民政部关于社会团体清理整顿工作有关问题的通知》，2000 年文化部和民政部颁布的《文化类民办非企业单位登记审查管理办法》，2001 年教育部颁布的《教育部主管的社会团体管理暂行条例》，2005 年民政部颁布的《民办非企业单位年度检查办法》，2004 年财政部发布的《民间非营利组织会计制度》等。近年来，民政部会同其他部委又陆续出台了有关非营利组织的税收政策、评估制度、政府购买服务等方面的部门规章和政策文件。到 2008 年年底，我国中央政府颁布的涉及非营利组织的相关法律法规和部门规章已达 229 项。

此外，各地地方政府也颁布了地方性法规与规章对非营利组织进行规范管理，比如《上海市医疗机构管理办法》(2002)、《北京市博物馆登记暂行办法》(1993) 等。

我国的非营利组织立法体系的特点是：双重管理、分级管理和非竞争性原则。所谓双重管理，是指国家对非营利组织的登记注册及日常管理实行登记管理机关和业务主管单位双重负责的体制。根据 1998 年颁布的《社会团体登记管理条例》和《民办非企业单位登记管理暂行条例》的规定，国务院民政部门和县级以上各级人民政府民政部门是本级人民政府所辖区域范围内的非营利组织的登记管理机关。国务院有关部门和县级以上地方各级人民政府有关部门、国务院或者县级以上各级地方政府授权的机构，是有关行业、学科或者业务范围内非营利组织的业务主管单位。① 登记管理机关负责非营利组织的成立、变更、注销登记或者备案，对非营利组织实施年度检查，对非营利组织执行条例的情况进行监督检查，对违反条例的行为依法实施处罚。业务主管单位服务非营利组织筹备申请、成立登记、变更登记和注销登记前的审查，监督指导非营利组织遵守法律法规和国家政策，依据章程开展行动，负责非营利组织年检的初审，协助登记管理机关及其他部门查处非营利组织的违法行为，会同有关部门指导非营利组织的清算事宜。双重管理体制加强了政府在登记管理方面对非营利组织的监督、审查和控制，并通过业务主管单位分散了登记管理机关的责任，降低了登记管理机关的监管压力。但是这种体制限制了非营利组织的成立，直接干预非营利组织的内部治理，不利于非营利组织的健康发展。

所谓分级管理就是按照非营利组织开展活动的范围和级别，实行分级登记和分级管理。所谓非竞争原则就是为了避免非营利组织之间展开竞争，禁止在统一行政区域内设立业务范围相同或相近的非营利组织。

双重管理体制、分级管理和非竞争原则都受到传统计划经济管理体制的影响，是计划经济思维在非营利组织管理中的再现，我国非营利组织管理体制今天面临的一系列问题都与此有关。尤其是非竞争性原则，它既维护了自上而下成立的非营利组织的垄断地位，又限制了自下而上的非营利组织的设立，使得非营利部门缺乏竞争和活力，不利于非营利组织的健康发展。②

四、港台地区的社会创业

港台地区有着兴办公益事业的传统，政府十分重视和支持社会创业。近

---

① 根据 1998 年条例和后来颁布的有关规定，被授权的全国性社会团体业务主管单位包括中国社科院、全国妇联、残联、文联、作协、全国工商联等 23 个组织。

② 王名．非营利组织管理概论（修订版）．中国人民大学出版社，2010：60.

30 年来，港台地区的社会创业更是蓬勃发展，取得了很好的社会效果。它们的经验对于大陆地区发展社会创业具有借鉴意义。

（一）香港的社会创业

香港的华人文化传统、曾经作为殖民地的历史、作为移民社会的人口结构以及作为自由港采取的低税率经济制度等方面的特点决定了香港慈善事业的发展历程和基本特征。

早期建立的华人慈善团体在接济穷人、兴办义学、施医施药、援助犯罪受害人等方面贡献卓著，在香港社会一直很有影响，如成立于 1870 年的东华三院今天仍然十分活跃。基督教及其创办的慈善组织在教育、医疗、社区服务中扮演了重要角色。如 20 世纪中期随着大量移民涌入香港，很多人生存维艰，基督教团体纷纷伸出援助之手，在 1953 年天主教香港教区创建了“香港明爱”(Caritas Hong Kong) 为他们提供救助及康复服务。今天，“香港明爱”已经成为当地很有影响力的服务性社团，为“社会上最末后无靠、最卑微无助、最失落无救的一群”提供服务。

香港明爱

香港明爱（Caritas Hong Kong）成立于 1953 年 7 月，是国际明爱（Caritas International）的 154 个成员组织之一。香港明爱因应战后初期的社会动荡，向弱势社群提供援助。现时香港明爱提供各项切合时宜的服务包括社会工作、教育、医疗护理、社区及与接待服务。

香港明爱每年的经常开支预算超过 15 亿港元，虽然不少服务均获得政府的资助，但香港明爱仍需要向参与计划或使用服务的人士收取费用，以补贴不足的经费。香港明爱一方面获得公益金拨款，与此同时，也有赖各方的捐献和各项筹款活动（如一年一度的明爱卖物会），以维持必需的优质服务。

本案例根据以下网站信息编写：http：//www. caritas. org. hk/.

香港是个移民社会，因此宗亲社团很多。其中，最为有名的是来自广东、福建各地的乡亲成立的组织，如客家人的“崇正会”和惠州乡亲的“惠州工商互助社”等等，体现了宗族团结互助的传统精神，在功能上逐渐扩大到兴学育才、发展体育文化事业、协助就业以及举办医疗福利机构等等。香港的低税率自由港经济模式一方面促进了经济增长，另一方面也意味着政府没有足够的财力来建立全面的社会福利制度。因此，各种非营利组织在提供社会服务方面扮演了举足轻重的角色。

东华三院

东华三院是香港华人领袖创办的。他们于1870年创办了香港第一间华人医院。其后，另外两家位于九龙油麻地的广华医院及铜锣湾的东华东院相继于1911年和1929年落成投入服务。1931年，东华为加强三间医院的行政管理及资源分配，决定由一个董事局统一管理三间医院，合称“东华三院”。

创院初期，东华除了赠医施药之外，还同时提供社会福利及教育服务，并肩负福利救济工作，每遇天灾人祸，必出钱出力赈济灾民，救济范围广及国内同胞。东华在1880年于中华书院创办第一所义学，为贫苦学生提供免费教育，开创香港平民教育之先例。1941年太平洋战争爆发，东华三院在战争时期，仍坚持提供有限度的医疗服务，又竭力协助疏散市民回乡、施粥派饭、派送寒衣、殓死救伤。战争结束之后到五六十年代，东华着手开办中、小学并发展正规系统化的社会服务。

目前，东华已经成为全港最具规模的慈善机构，其所需的庞大经费除大部分由政府资助及小部分来自服务收费外，其余部分来自大众募捐。

本案例根据以下网站信息编写：http：//www. tungwah. org. hk/.

近年来，香港地区的社会服务机构除了传统的非营利性机构以外，社会企业也有一定的发展。截至2008年5月，全港共有284家社会企业。共有48家政府机构管理经营或协助经营 187 个社会企业项目。① 香港人认为，社会企业不是纯粹的企业，亦不是一般的社会服务，社会企业透过商业手法运作，赚取利润用以贡献社会。它们所得盈余用于扶助弱势社群、促进社区发展，它们重视社会价值多于追求最大的企业盈利。这些社会企业为家庭及社区提供个人及家居服务，例如陪诊、家居服务、餐饮服务、一般清洁服务及长者个人护理等。社会企业为竞争力稍逊的弱势群体创造就业机会，这些人士包括低学历、低技术劳工、中年妇女、残疾人士等。还有一些社会企业以推动可持续发展为使命，关注提高环保意识、提倡可持续消费、鼓励物品循环再用等目标。截至 2006 年 1 月底，约有 1 100 人在社会企业工作，社会企业大多属于微型企业（雇员人数不足 10 人）和小型企业（雇员人数由 11 ~ 49 人不等）。② 中国香港的社会企业可以不同的法律形式设立，例如企业、合作社或社区经济组织。③

香港地区非营利组织的资金来源除了政府资助和少量收费之外，不足部分依靠社会各方的捐赠。在政府资助方面，香港政府在 1958 年设立了社会福利署。社会福利署是负责执行劳工及福利局下设有关福利政策的行政部门。社会福利开支占香港特区政府的经常政府开支约 17%，属第二大开支范畴。比如 2006—2007 年度，社会服务经常公共开支总额为 328 亿港元，在各项政策范围中名列第二。④

除了服务收费之外，香港地区公益事业的另外一个来源是社会捐赠，包括会费、个人捐款以及各类民间慈善基金。以民间慈善基金为例，它们大多由大公司或大家族出资组建。根据香港社联在《香港慈善基金总览 2006》提供的数据，2006 年香港共有 117 家基金会。比如，香港富商李嘉诚 1980 年创办的李嘉诚基金会有限公司，主要捐款领域为教育、医疗、文化及其他公益事业。⑤ 其他著名的基金会如香港赛马会慈善基金、爱普生慈善基金、邵氏基金等。这些基金在赞助高等教育方面尤为积极。总体上来看，香港基金会八成是本土成立的，其余两成分别来自以美国、英国、日本和加拿大为基地的跨国企

① 参见《香港社会企业名录》，网址：http：//sebc. org. hk/sebc/eng/files/share/file/sedir0809. pdf.

② 严中华．社会创业．清华大学出版社，2008：46.

③ 民建联研究部．社区为本助贫自助——香港发展社会企业的建议，2007.

④ 参见香港社会福利署网站：http：//www. swd. gov. hk/.

⑤ 参见：http：//www. lksf. org.

业或国际性社会团体。基金会的成立者逐渐由个人转为企业。资助领域逐渐由扶弱济贫转向卫生、教育、文化、艺术、环保等发展性主题。香港基金会的慈善活动大部分在香港本地进行，部分香港成立的基金会也照顾内地需要，最常见的是赞助内地教育事业。①

香港对非营利性公益事业团体的管理十分宽松，公益事业领域的统计数据也主要依靠一个非政府的机构——香港社会服务联会（Hong Kong Council of Social Service，简称社联 HKCSS）来提供。社联定期出版《香港社会福利服务总览》公布有关数据信息。②《香港社会福利服务总览》将香港公共及非营利社会服务分为九大类，即社区发展、家庭及儿童服务；康复服务；养老服务；违法者服务；学龄儿童及青年服务；长期病患者服务以及滥用药物、酗酒、艾滋病患者等特殊群体服务。

香港政府将它与非营利性社会公益团体的关系称作“伙伴关系”。这种伙伴关系的核心是非营利机构对政府拨款的依赖和政府通过拨款对非营利机构的控制。同时，香港政府还积极推动政府、商界和非营利部门三方的合作。2002 年香港社会福利署设立社区投资共享基金，以推动政府、商界和非营利机构三方合作，建立伙伴关系。2005 年，香港社会服务联会获得汇丰银行慈善基金会及社会福利署的携手扶弱基金的 2 亿港元的拨款，成立了社联汇丰社企商务中心。其目的既是鼓励社会福利界扩展网络，争取商业机构参与扶弱；同时，鼓励商界承担更大的社会责任，推广社会企业精神，促进社会创新，推动社会变革。③

（二）台湾地区的社会创业

从 1949 年 5 月到 1987 年 7 月，台湾地区实施了长达 38 年的戒严统治。在此时期，台湾地区对民间组织采取严厉控制措施，工会、商会等基本上都是

---

① 陈锦棠，薛梦君．我国香港基金会之现状及分析．中国基金会发展解析，2009：163-177.

② 香港社会服务联会（Hong Kong Council of Social Service，简称社联 HKCSS），是一个代表非政府的香港社会福利服务机构，成立于 1947 年，目的是为了有系统地统筹及策划各种社会福利服务工作，并致力推动香港社会福利的发展。社联现时共有超过 360 个机构会员，它们透过其属下遍布全港的 3,000 多个服务单位，为香港市民提供超过九成的社会福利服务。参见：http：//www. hkcss. org. hk：8080/。

③ 《香港社会福利署回顾 2005-06 及 2006-07》，参见：http：//www. swd. gov. hk/doc/annreport/。

由官方控制。自20世纪70年代以后，尽管出现了一些以环境保护和消费者权益保护为目的的组织，但直到1987年解严之前，台湾地区民间组织的生存空间十分有限。这个时期只有极少特殊人士在公益事业方面有所作为。如在1961年，具有“经营之神”之称的企业家台塑集团董事长王永庆在父亲王长庚去世之后成立长庚纪念医院。解严之后，台湾地区放松了对社会领域的控制，各类民间组织进入了一个蓬勃发展时期。20余年来，台湾地区已经成立了数以万计的民间组织。

非营利部门这个概念在台湾地区并不流行，台湾地区通常所说的人民团体和民间社会福利机构这两类组织可以归入非营利组织的范畴。在台湾地区，广义的人民团体包括职业团体、社会团体和政治团体。狭义的人民团体只包括职业团体和社会团体两大类。职业团体是人们基于同一职业而组织起来的团体，包括农民、渔民、劳工、工业、商业、自由职业等团体。社会团体是人们给予志趣、信仰、地缘或血缘等方面的背景而建立的团体。具体而言包括学术文化团体、医疗卫生团体、宗教团体、教育团体、对外交流团体、经济业务团体、宗教团体、同乡会、同学会、校友会等。①

台湾地区将民间社会福利机构与人民团体分别看做两个不同领域。他们将台湾民间社会福利机构与政府社会福利机构视为一体，而不习惯于将其与人民团体看做一类。民间社会福利机构中基金会的影响很大，目前基金会数量已经达到5000多家。其中有五类基金会占据了主要地位，它们分别是：企业基金会、政府捐资基金会、教育基金会、文化艺术基金会和社会福利慈善基金会。②

在台湾地区，随着非营利组织的蓬勃发展、数量激增，而政府资助与民间捐赠的大饼无法同步扩大的情形之下，各机构争取到维持组织持续运作的资源实属不易。从1990年以来，台湾地区为缓解失业，推出了福利产业化政策和多元就业服务方案，鼓励公益机构在例行性营运计划中加入营利性商业活动。在这样的背景下，一些机构开始尝试社会企业模式，开展一些经营性的业务以获得收入弥补运作成本之不足。如喜憨儿社会福利基金会的烘焙坊与餐厅、屏东胜利之家、伊甸社会福利基金会的轮椅事业、阳光社会福利基金会的洗车中

① 王绍光．多元与统一——第三部门国际比较研究．浙江人民出版社，1999：229-235.

② 葛道顺，商玉生，杨团，马昕．中国基金会发展解析．社会科学文献出版社，2009：178.

心与加油站、荒野保护协会的贩售保护荒地书籍、卡片以及付费的生态之旅等都是在这样的背景下诞生的。

屏东胜利之家最初是小儿麻痹儿童之家，现已成为能提供学龄前、青少年及成年残障人士的恢复性训练和职业能力测评等服务的综合康复机构。① 它提供身心恢复性训练、职业技能培训及残障的就业安置等一系列服务，其服务是多元化的，其资金来源也是多元化的，有来自政府经费，有康复服务收入；同时，它也开设了洗浆房、面包房和制造摩托车配件厂等经营实体，这些经营实体主要雇用有相应工作能力的残障人士，一是帮他们发挥自己的潜能，同时也能帮助他们自食其力，建立自信心和社会交往圈。

另外一个成绩显著的例子是喜憨儿烘焙店。② 喜憨儿烘焙店是台湾喜憨儿基金会为了让喜憨儿（心智障碍者）获得一个和正常人一样的工作平台而创立的社会企业。企业的建立使喜憨儿从社会的负担，转变成社会价值的创造者；从被服务者变成服务大众的服务者；从负面、消极、悲观、病态转换成正面、积极、乐观、健康活泼的孩子；同时也极大地改变了社会对心智障碍者的看法。该基金会目前已经设立了21个庇护工作站（含烘焙坊、餐厅以及台北、新竹、高雄三个烘焙工厂）以及创新的园艺工作队，以社区化、正常化及无障碍之工作训练职场，协助喜憨儿获得工作技能，让他们有工作、有尊严、有朋友，开启一条充满阳光与希望的人生之路。该基金会目前安置了200余位成年心智障碍者的工作，每年更提供数以千计的咨询协助、个案管理及服务，创立了公益连锁系统，也创造了崭新的公益品牌。

目前，台湾地区的社会企业大致有五种基本类型，分别是积极性就业促进型社会企业、地方社区发展型社会企业、服务提供与产品销售型社会企业、公益创投的独立型社会企业以及社会合作社。③

复习思考题：

1. 社会创业在全球范围兴起的背景和原因是什么？
2. 发达国家的社会创业与发展中国家有何不同？

---

① 参见：http://www.vhome.org.tw/storeindex_1.htm.

② 参见喜憨儿基金会网站：http://www.vhome.org.tw/.

③ 严中华．社会创业．清华大学出版社，2008：66.

3. 中国社会创业的现状如何？
4. 简要介绍我国非营利组织的法律制度？
5. 香港和台湾地区扶持社会创业的做法对我们有何启示？

案例 2-1

在中国的日本环保组织——绿色网络[①]

2000年，大龙隆司与好友斋藤晴彦一起成立了日本“绿化网络”(Green Net)，一个以沙漠绿化、预防荒漠化为主要目的NGO。他们将Green Net的工作地点选在距离日本最近的沙漠——科尔沁沙漠。十年间，大龙组织来自日本和中国本土的志愿者一共种树350多万棵，为科尔沁重现了两万五千多亩绿地。

一、绿色网络在中国的发展概述

大龙刚到科尔沁时，很多当地人不解一个日本人为什么千里迢迢地跑到这片沙漠来种树。有人猜测他在这片沙漠下面发现了石油，更多老百姓认为大龙来种树是为了以后卖木材，也有人猜测是由于日本面积太小，没有地方种树，于是到中国搞林业，等树木长大后就卖回去。那时候，任凭他一个人忙里忙外，也没有一个人搭理他。直到小树苗渐渐长高，当地人才开始跟他说话。他知道只有通过行动才能让人们明白他的初衷。他的同伴在日本争取如Timberland、JBC、日立日本电信公司等大企业的拨款赞助，而他则留在中国进行绿色网络的运作管理。绿色网络的运作管理可以归结为以下几大流程。

1. 绿色网络将手中的资源——树苗无偿分发给村民，提高了村民种植的积极性。

2. 组织村民进行科学的种植。绿色网络组织村民集体栽种，浇水，剪枝，修建水井，运用科学的农学知识，提高了树苗的成活率。

3. 同时还负责已栽种树苗的保护工作。树苗的栽种只是绿化行动的第一步，如何保树苗的成长是绿色网络的一大重要任务。他们在绿化带的四周建立起上千亩的栅栏，以保护树苗不被牛、羊等牲畜破坏，保证了树苗的成活率。

---

① 本案例根据以下资料改写：宗仪，大龙隆司．我们的目标不是种树．大连日报，2010-04-18.

二、绿色网络的可鉴之处

日本人大龙隆司带领着他的绿化团队，花了十年时间，在科尔沁的15个旗县，造林2500多万亩，种下350万棵树。这一个个数据让我们在惊叹绿色网络取得巨大成绩的同时，也带给我们很多启示。

第一，NGO应加强与外部环境的合作。由于NGO的非营利性的特点，资金紧缺往往成为现在中国NGO的发展困境。与大企业的合作，解决了绿色网络的资金来源问题，并合作组织志愿者参与植树活动，将绿色环保意识传播出去；在政府的号召下，牧场进行了季节性的禁牧。这对保护草原和树木，起到了很大的作用。因此，作为第三部门的NGO应该与政府、企业建立良好的合作关系。

第二，提高自身工作的有效性。绿色网络的组织目的就是沙漠绿化、预防荒漠化。为了实现这一目的，组织采取了许多措施。其中，值得一提的是将树苗无偿分发给村民，使受益者成为实施者的主体，村民栽的树都属于自己，建立起了共同利益，提高了村民植树的积极性，也让组织目标与组织成员的目标一致，有利于实现双赢局面。

第三，坚定组织目标。通过长期的实践工作与调查研究，绿色网络找到了造成沙漠化的根本原因，就是过度地开垦和过度地放牧。植树只是为了防止内蒙古继续沙漠化，而要真正地制止沙漠化则是要改变牧民们的生活生产方式。因此，组织的目标不是种树，是帮助当地人改变过度放牧和过度开垦的现状，让牧民们学会一套管理经营土地的方式。

从十年前的黄尘沙漠到如今的第一片树林，绿色网络希望带给已沙漠化的大草原的不仅仅是绿草大树，更是绿色的新生活。

思考题：

1. 以绿色网络为例，有哪些途径可以提高组织者的积极性？
2. 大龙隆司的行为对你有何启发？如何看待国际性社会创业？

案例 2-2

壹基金成功转型为公募基金①

2011 年 1 月 11 日，对于“壹基金”来说是一个激动人心的日子，壹基金终于有了自己的“公募基金身份证”，并正式转型成为“深圳壹基金公益基金会”。自 2007 年至今三年来，从中国红十字会“李连杰壹基金计划”到今天的“深圳壹基金公益基金会”，为了把“壹基金”转正，李连杰就像他在电影中塑造的经典形象一样，历经磨难，最终修成正果。媒体将“壹基金”的“转正”称为中国慈善事业的新纪元。

一、初生的“壹基金”：挂靠中国红十字会

亲身经历过印度洋大海啸的李连杰，在这场灾难中，亲眼目睹了海啸在瞬间吞没了一切。在自己和家人脱险后，李连杰便萌生了创立旨在救助遭受心理严重创伤的受灾人群的强烈愿望。这就是壹基金的由来。

壹基金的成立并不是那么容易。李连杰最初的想法是成立一个由民间发起、遵循市场规律、跟国际接轨的慈善机构。但是在研究了相关法律法规后，他发现，在现有政策环境下，民间发起公募基金几无可能。虽然中国现行法律并无明文禁止民间组织成立公募基金会，但在实际操作中，若无官方主管单位，民间组织难以成功登记成公募基金会。因此，“壹基金”必须在权力的谱系内，拜一个自己的“码头”。然而很多部门因为顾忌基金的“民间性”，担心出现政治上的风险将民间慈善组织拒之门外。在寻找多处社会关系受挫以后，李连杰选择了中国红十字会。中国红十字会的中立、公正、透明和全球性使得李连杰很愿意与之合作。于是，2007 年 4 月 19 日，中国红十字会“李连杰壹基金计划”在北京正式启动。

“壹基金计划”实施以来，得到了广大爱心人士的关注与支持，在抗震救灾、公益理念传播、扶持民间组织发展等方面做出了重要贡献。它是

---

① 本案例根据以下资料来源改写：中国周刊，壹基金转正始末：中国慈善事业新纪元，2011-02-11；杨继斌，张英，王小乔．李连杰撞墙——难以突围的壹基金与民间慈善．南方周末，2010-09-22；许小年．壹基金谋求名正言顺，欲注册成为公募基金．世纪经济报道，2010-12-07；侯雪竹．壹基金已获公募资格，正进行资金清算．京华时报．2011-01-10.

国内首个关注青少年心理健康问题的公益慈善项目。李连杰称，灾后及时有效的帮助，能够在很大程度上减少灾害造成的损失和对人生的影响，同时，青少年心理健康问题正日益突出，正是这些方面促使他创立“壹基金”并锁定两大主要救助方向。即向有心灵、心理创伤和疾患的青少年提供帮助，向在各种灾难和突发事件中遭受创伤的人士提供尽可能的人道援助。“壹基金”倡导“壹基金，壹家人”的全球公益理念，推广每人每月最少捐一元钱，一家人互相关爱彼此关怀的慈善互动模式，即：每1人+每1个月+每1元=1个大家庭。

二、成长中的壹基金：面临身份难题

“壹基金”与中国红十字会合作的三年，单从一个慈善基金所拥有的业绩来看，这三年是“壹基金”声名鹊起的三年，它募集的善款已超过2.7亿元。然而这三年里，“壹基金”也走得很苦很累，不是因为他的团队能力差，也不是财务状况有问题，更不是合作伙伴不配合，而是因为“壹基金”的身份有问题。

2010年9月12日，做客央视新闻频道《面对面》栏目的李连杰首次坦言，壹基金计划可能面临中断。他在节目组坦言，壹基金是一个已经生了的孩子，但是没有身份证，身份和法律结构模糊，这在和他人的合作中带来很多问题。

挂靠在中国红十字会名下的壹基金，并不是独立的法人，它没有自己的独立账户和公章，只能使用红十字会的。“壹基金”的基础性项目——手机平台捐款，因为没有独立的账户和公章，给该项目在操作上带来重大不便，远远无法实现李连杰最初设计的每人每月最少捐一元，让小捐款变成大善款的理念。

在目前的挂靠体制下，基金会的诸多慈善项目开展也都受到层层的限制。慈善项目需要动态分析，但是挂靠之后，就要面临层层的审批程序，有时基金会连提取现款都很困难。以2008年汶川地震后“壹基金”筹集的善款分配为例，汶川地震后，国务院在当年的5月底和6月中连发了两个指导性文件，规定救灾捐赠款物的募捐主体和使用主体，中国红十字会、中华慈善总会和全国性公募基金会可自行分配款物，地方募捐资金则要集中转交当地政府。壹基金只是挂靠在中国红十字会下的一个“专项计划”，因此它募集来的善款都要交由红十字会统一管理，汶川地震后“壹基金”

所筹集的善款中，仅200万元由“壹基金”自己操作，而剩下的四千多万元全交由红十字会支配。可以说在这个筹款活动中，“壹基金”只是起到一个“中转账户”的作用。

因为身份问题，“壹基金”在执行团队的招聘、合同的签订、发放工资等工作也很难顺利进行。资金募集额度已超过2.7亿元的壹基金，徘徊在公家人和民间人之间，因政策特例，以非公募之名行公募基金会之时，在名实不符的身份焦虑中，壹基金正在谋求“名正言顺”的转变。

清华大学创新与社会责任研究中心主任邓国胜称，壹基金一直在打擦边球，在很多场合，它的一些做法是违反现行规定的。他曾在出租车背后的宣传广告上看到，壹基金计划的公益广告并没有标注中国红十字会。对于壹基金将来的动向，邓国胜表示，要么打擦边球要么就是升级为公募基金会，但在现行的法律法规里，要实现很难。这件事反映出的最核心的问题就是，在我国公募基金会都是官方垄断的，民间想要成立公募基金会是很难的，所以才会有了“怪胎”壹基金。

三、长大的壹基金：成功转型

从2009年开始，李连杰就尝试将壹基金注册成为公募基金会。但是一直都没有实质性的突破。直到深圳市民政局局长刘润华从电视上得知了壹基金的困境，他主动向壹基金抛出橄榄枝。2010年11月28日，深圳壹基金理事会向深圳市民政局提出登记申请。12月3日。申请获批。从此，“壹基金”有了自己的“公募基金身份证”。2011年1月11日，深圳“壹基金”公益基金会正式成立。

“壹基金”一直努力在民政部注册，如今却成功落地在深圳。为什么“壹基金”可以落地在深圳？为什么深圳可以收留“壹基金”呢？

深圳“壹基金”公益基金会的成立，是《民政部、深圳市人民政府推进民政事业综合配套改革合作协议》的具体落实，是民政部倡导社会公益慈善创新的重要试点。这个协议同意深圳“探索建立社会组织直接向民政部门注册申请登记制度”。其中授权深圳开展基金会、跨省区行业协会、商会登记管理试点探索。

“壹基金”是中国首个由公募基金会下面的基金成功变身为公墓基金会的基金。它的成功转型，对中国的公益慈善组织有很大的启示意义。中国公益事业的领袖级人物、希望工程的发起人徐永光表示，壹基金在发现民政部登记注册难以实现后，转而在深圳注册，这种操作上的变通对其他有转型需求的基金和非公募基金会来说有重要的意义。邓国胜更进一步阐明了壹基金转型后的启示效应，其他政府看到深圳的试水和良好效果，会思考本地的公益事业政策是不是需要调整。壹基金此次转型公募基金会，对活力不足、竞争不够的环境势必是一次有力的冲击。民间的公募基金会，在筹款和资金的使用上，会更加注重透明度和资金使用效率，以此取胜。这无疑对已有的大多数公募基金会造成压力和挑战。

深圳壹基金是“壹基金计划”及“上海壹基金”的延续与发展，深圳壹基金成立后，“壹基金计划”及“上海壹基金”将清算注销，其项目、资金及工作人员将由深圳“壹基金”承接。“壹基金”从起初个人化的组织，随着越来越多企业家和专业工作人员的加入逐渐走向规范。深圳壹基金理事会云集了多位国内知名企业家，招商银行行长马蔚华、腾讯CEO马化腾、阿里巴巴集团首席执行官马云等。通过引入优秀企业家的成功经验，采用企业家科学理性的管理制定战略规划，“壹基金”能够更快更好地向前发展。

思考题：

1. 从我国非营利组织发展环境的变化，解读“壹基金”的成长经历。
2. “壹基金”取得公募基金身份意味着什么？

案例2-3

香港银杏馆——为长者创造就业机会的典范①

根据政府统计处资料显示，本港65岁以上人口达80万，当中只有5%，即4万人就业。目前劳动市场开放给长者的职位并不多，主要是“厌恶性”行业，如看更和清洁工作之类。预计到2033年，每3.7名港人中就有一个年过65岁，到时长者缺乏就业机会的情况就更加严重。

随着整体生活水平的提高，医疗卫生的改善，不少长者即使过了退休年龄仍是身壮力健、精力充沛，绝对有应付工作的能力。他们即使没有经济压力，亦可以通过工作多一份精神寄托，促进身心健康。无奈目前能为长者提供就业的机会实在太少。更不幸的是，在当前金钱挂帅，汰弱留强制度下的香港社会，长者往往被视为社会负累。为了讲求效率，雇主们大多不愿意雇用长者，即使经验丰富，仍然有工作能力的长者亦要被迫退下来。政府政策中亦未有为长者提供就业辅导或再培训等服务。在此背景下，刻意为长者提供就业机会的“银杏馆”之创立及成长，增添了特殊的意义及启示。

一、银杏馆初露锋芒

银杏馆创办于2006年9月，是一间供应意法菜色的西餐厅。地方不算很大，两层共有四十多个座位。位于中环歌赋街。不属于核心商业地区，但在中环上班一族的步行范围。同一条街还有多家颇有名气的食肆。所有员工除了主厨及传菜员外，皆为60岁以上的长者。目前共有20名长者员工，占总员工人数超过90%。开业仅一年，便荣获2007年汇丰银行“营商新动力”奖励计划钻石奖，在158间参赛公司脱颖而出，获得该计划的最高荣誉。

① 本案例根据以下资料编写：谢家驹．香港银杏馆——为长者创造就业机会的典范．社会企业家论坛简讯，第11期，http：//www.glinet.org/inspiredetail.asp？id=5220&CatID=566.

二、银杏馆是“社会企业”，但不是“福利企业”

银杏馆并非慈善事业，而是一家具有竞争力的企业。它有鲜明的社会使命，但同时是一门生意。生意做得不好，社会使命也得落空。它是否应该叫作“社会企业”也有点争议成分，因为创办者不希望它被人看做是政府所鼓吹及资助的社会企业。这些企业主要靠政府资助来维持，经费用完，要不就是结业，要不就是申请另一个资助计划，在社会上已开始产生负面效应，不少行内人士觉得它们只是“福利企业”，而非社会企业。事实上，银杏馆创办人深信，必须要生意做得好，营商有道，才能实现社会使命。银杏馆创造的收入及利润，扣除成本后，全部用做服务长者用途。从这个角度来看，银杏馆是一家社会企业。只是太多政府支持的所谓社会企业经营效益不佳，有点像变相的福利事业，令社会人士感到混淆。

三、关键在餐饮质素，不以长者侍应为招徕

银杏馆深明餐饮业成功的关键因素，即必须要搞好餐饮质素。所以即使成立的社会使命在于提供长者就业，但在最关键的岗位上，不坚持以长者为主力。银杏馆的主厨、二厨等都是年轻小伙子。主厨 Rico 曾在五星级酒店及高级意法餐厅任职大厨，具丰富高级西式餐饮经验，更有心不断钻研，又擅于结合传统及新派厨艺思维，突破口味的层次，使银杏馆慢慢地建立起一种独特的风味，既获顾客好评，亦获多种传媒广为推介。

虽然所有服务员皆为长者，但银杏馆并不以此为招徕。开业初期沿用一般宣传方式，如街头派发传单、给予社会服务机构寄发单、邀请饮食杂志采访等。好的服务质素会有广泛口碑，这是现时银杏馆最佳的宣传推广策略。他们深信，顾客来光顾，不是因为银杏馆只聘用六十岁以上的长者——他们根本未必知道这样的安排——而只会是因为食物质量高、服务好才来帮衬。事实上，银杏馆的西餐水准确是一流，比起大酒店及高级餐厅的菜色毫不逊色，价钱则便宜得多。所以开业以来门庭若市，平日午餐及晚餐，如无订座，便有向隅之虞。银杏馆开宗明义是以“五星级美食，五星级服务”为宗旨，力求做到一丝不苟，为顾客提供意想不到的优质服务，做到有宾至如归的感觉。

四、成本较高一样有竞争力

无可否认，银杏馆坚持为长者创造就业机会，整体运作成本不可避免地会较其他餐馆要高。最主要的额外开支在于员工培训。银杏馆聘用的长

者服务员，绝大部分以前从未涉足这个行业，需要从最基本的训练入手，但这正是银杏馆的社会使命，所以成本稍高也是值得。此外，银杏馆虽然设有工作表现评核制度，鼓励员工表现出色不断进步，但由于本着“以人为本”的经营信念，即使员工表现稍有失准，亦不会严苛责备，更绝不会有“即时解雇”的做法。相反地，由于要照顾长者员工的全面需要，还在母公司借调社会工作者为有需要的员工做出辅导，如员工的工作协调、面对健康的焦虑、人际沟通问题、生活安排及与家人相处等。同时，所有长者员工每天工作五小时，以不致令他们过分操劳及多些工余时间。现时长者员工的平均工资由每小时＄25至＄50，按经验而定，比市场工资高。凡此种种，虽令成本有所提高，但亦无碍发挥竞争力。

一般人对雇用长者，都有很多疑惑和保留（长者手脚慢、记忆力较差、有固有想法难改变）等。但是长者也有他们的优点，例如长者员工肯虚心学习、守时、对工作投入，态度认真而严谨，处处尽显细心及用心，令不少顾客对银杏馆留下“亲切而温馨”的评语。

五、创办人的社会企业家精神

银杏馆母公司——乐天集团发展有限公司——的两位创办人都是资深社会工作者，在社会服务界工作多年，拥有丰富的社会工作经验和缤纷的梦想。也许就是这些梦想令他们不满足于社会工作，终于在1998年毅然辞去社工的职务而去开创自己的生意。用他们自己的说法是想做到“营商创福利”，他们希望创办一所能灵活变通，充满朝气活力，富创意而具盈利能力的民办社会服务机构。集团成立以来，先后创办了四所私营安老院及四所复康中心，专注为长者及复康人士提供全面的服务，全部以商业运作模式来经营，完全没有政府资助，自负盈亏创造收入及利润。

银杏馆的前身是一间附设于乐天关怀行动温情轩社区中心的凉茶铺。创办的目的就是为长者提供就业机会，但经营了一年多便停办了，原因就是做不到经济效益又得不到政府的资助。乐天集团的董事长黎先生决定集中资源，进军餐饮业，直接造福长者，于是在中环搞起银杏馆来。

银杏馆投资额约为180万元，由于之前从未做过餐饮生意，所以抱着战战兢兢的心情来创办这个事业。为了要为长者就业杀出一条生路，创办人清楚衡量过失败的代价与成功的社会效益。结果皇天不负有心人，银杏馆开业不足一年便做到收支平衡。

相对于 80 万 65 岁以上的长者来说，银杏馆提供的二十来个职位实在是杯水车薪。但银杏馆成功地证明，以商业模式运作同时实现社会使命并非是不可能的事。

思考题：

1. 银杏馆如何实现经济和社会双重价值？

2. 银杏馆的商业模式能够推广吗？如果可以推广的话，面临哪些有利和不利的条件？

第三章　社会创业者

社会创业者应该具备六大品质：激情与雄心，教育与直觉，创造性与精力。

——Rahim Kanani

本章要点

社会创业者的概念及其性格特征；

社会创业者创业的动机；

社会创业者资源和能力。

“免费午餐”计划[①]

2011年，中国公益界最让人“眼亮”的收获无疑是邓飞等500多名记者和国内数十家主流媒体联合中国社会福利教育基金会共同发起的“免费午餐”公募计划。

“免费午餐”的创意是邓飞提出来的。2011年2月，邓飞以“2010年年度记者”的身份参加了天涯社区的颁奖晚会。在颁奖晚会上，一个叫小玉的支教女教师告诉他，她所在学校（贵州省黔西县花溪乡沙坝小学）的学生没有午餐，每天她一个人端着饭盒，没办法面对学生们热望的眼

① 本案例根据以下资料改写：“免费午餐”官网，http://www.mianfeiwucan.org/view.php?tid=9977&cid=1；免费午餐，百度百科，http://baike.baidu.com/view/2775177.htm.

神，不得不快步走进自己的宿舍去吃饭。小玉的故事让邓飞感到震动。晚会结束后，邓飞来到沙坝小学，他看到蓬头垢面的孩子们中午没有午餐，有的喝凉水，有的在小卖部买零食，而小卖部卖的全是廉价的假冒伪劣食品。邓飞想帮助沙坝小学建食堂，让孩子们吃上午餐。回到深圳后，邓飞带来的故事打动了深圳一个企业家，这位企业家提供了第一笔两万块钱的启动资金。一周之后，沙坝小学的孩子们就吃上了午饭。

邓飞的行动吸引了很多的同行和媒体。在大家共同努力下，2011年4月2日“免费午餐”计划正式启动了。该计划倡议每天捐赠3元为贫困学童提供免费午餐，帮助那些因家庭贫困而没钱享受营养午餐的学生。它同时呼吁更多爱心企业和人士加入到活动中，通过社会捐助的力量，对一些贫困山区学校简陋的厨房条件予以改善。“免费午餐”的目标是成为一个跨平台的合作行动，经过共同努力，让中国学生能够免于饥饿。截止到2011年9月，短短5个多月时间，“免费午餐”已经募集善款1690余万元，为77所学校的1万多个孩子提供了免费午餐。

2011年10月26日，国务院决定启动实施农村义务教育学生营养改善计划：中央每年拨款160多亿元，按照每生每天3元的标准为农村义务教育阶段学生提供营养膳食补助，普惠680个县市、约2600万在校学生。舆论普遍认为，从“免费午餐”到农村义务教育学生营养改善计划，民间探索引领了国家行动，这是中国慈善史上前所未有的创举。

第一节　社会创业者的概念

一、社会创业者的定义

社会创业者（Social Entrepreneur，也译为“社会企业家”或“公益创业者”）指那些创造性地解决社会问题，满足社会需求，维护社会价值，积极主动地承担风险和不确定性的人。社会创业者发现社会需求，创造性地组织各种要素，并低成本高效率地满足社会需求。社会创业者是社会转变和社会改革的发动者、行动者与推动者，常常也是公益组织的创办者或改革者。

杜克大学社会创业发展研究中心的迪斯教授（J. Gregory Dees）认为，社会创业者是致力于追求公共利益的企业家。他们在变革中充当助推器，他们以创造并维持社会价值为使命；他们不断寻求实现其使命的机会；他们不断创新、适应和学习；他们不受自己目前掌握的有限资源的限制，勇于创新实践；他们对自己服务的社区和创造的结果有着强烈的责任感。①

社会创业者这个概念由两个部分组成：社会性和创业者，这两个部分看起来似乎是矛盾的。人们一般认为，企业家是商业部门的主角，以追求利润为目的。然而，社会创业者正是将社会公益和创业精神联系到了一起。

社会创业者的社会性主要体现在以下几个方面：

首先，社会创业者的产出是社会性的。社会创业者的工作和成果，促进了社会公益事业，能有效地提高人们的生活水平和生活质量。例如，现代城市中流行的登山活动、骑自行车等活动，这些活动的倡导者和组织者通过自己的行动，在一定程度上影响着和改变着城市居民的生活习惯和观念，从而提高城市生活的质量和水平。

其次，社会创业者所使用的核心资本是社会资本。社会关系、社会网络、信任与合作等都是社会创业者常用的社会资本。正是这些社会资本给他们带来了实体资本和金融资本。例如，李连杰利用华人对自己的信任以及自己在华人圈中的社会关系和社会网络，成功地创立了“壹基金”。

再次，社会创业者成立的组织（主要采取非营利组织形式）是社会性的。这些组织并非股东所有，也不把追求利润作为主要目标。这些公益组织是公民社会而不是政府部门的一部分，这也决定了其社会性。

同时，社会创业者也具备我们通常在商业企业家身上看到的职业精神和创造性。他们都是雄心勃勃的领导者，他们建立灵活、扁平、精干的组织结构，在组织中倡导创造性的、开放的文化氛围，整合不同渠道的资源，建立长期联系，赢得客户和志愿者的认同感，建立并维护复杂的伙伴关系网络，将社会使命激发的热情与商业领域的想象力结合起来，如同高技术领域的先锋所展示的纪律、创新与决心一样。②

---

① J. Gregory Dees, Social Enterprise. Private Initiatives for Common Good. Harvard Business Review 76（Jan. -Feb. 1998）: 54-58.

② 伯恩斯坦．如何改变世界．吴士宏，译．新星出版社，2007：123.

二、社会创业者的价值

社会创新是解决社会弊病的关键，而社会创业者正是社会创新的领路人，他们的价值主要体现在以下几个方面:①

第一是解决社会问题。社会创业者往往能帮助解决一些最为紧迫和棘手的社会问题：艾滋病、精神疾病、失业、文盲、犯罪和吸毒等。社会创业者通常尝试采用不同的新途径和新方法来应对这些社会问题，一旦某个社会创业者探索成功，其发现或者创造的新办法和新技术就可能通过一定转让机制，被全社会学习和借鉴。就像小型生物技术公司或软件公司常常可以把他们的技术创新转让给大的制药厂或者计算机公司一样。

第二是提高服务供给效率。社会创业者运作的项目往往比政府福利机构更节省开支，因为他们官僚主义作风较少，灵活性更高，并且有能力调动员工来承担更多责任。比如，万花筒俱乐部的美沙酮疗法比其他治疗海洛因成瘾者的方法相比成本更低，在万花筒俱乐部，一个病人一天的花费为3.01英镑，而找药剂师要花费4英镑。

第三是倡导主动性福利。社会企业的模式正在建立新的、主动性的社会福利机制，这种机制鼓励被服务对象更多地为自己的生活负责。福利不再被看做一笔钱或者应得的权益，它们大多强调自我约束、自信自立与社会福利不可分割，强调创造性个人主义的伦理。这与传统福利国家制度中被动的、单向接受性的文化截然不同。这些新模式也强调助人为乐的道德规范，这对于传统的福利国家而言越来越重要。福利国家从整体上没能非常有效地形成社会凝聚力，很多人批评传统的福利国家体制滋养了依赖性、官僚作风和理想幻灭的情绪。与之相反，社会创业者则擅长动员来自不同背景的人群和企业一起构成多元化网络来共同解决社会问题。一个最典型的例子就是Bromley-by-Bow联合伦敦市的大公司、教会和志愿者组织一起寻找办法，解决犯罪和青年失业等地方性问题。

第四是创造就业机会和产出。社会创业者创立的公益组织，像商业企业一样能创造大量的就业机会。公益组织不仅能为广大志愿者提供工作机会以及践行社会责任的机会，还能为以领取薪酬为目的的专职人员提供就业机会。

① Charles Leadbeater. 社会创业者的崛起（The Rise of the Social Entrepreneur）. 环球协力社编译 . 1997.

公益领域就业前途一片光明

随着60年来中国经济和社会的飞速发展，当今中国社会中由民间自发产生的，自下而上的社会公共服务需求已经大量涌现。最近十年来我国个人公共服务需求年均增长的幅度，已经超过了新中国第一个50年的总体增幅。

然而，目前中国的志愿服务对社会经济发展的贡献与西方国家相比还有很大差距。仅以志愿服务所提供的非正式就业机会为例，根据美国霍普金斯大学非营利比较项目的研究结果，1995年，美国非营利组织提供的就业数量占非农业就业总数的比例为7.8%，如果算上志愿者的贡献，这一比例达到11.9%；西欧国家志愿服务相当于提供了3.3%的非农业全职就业机会；即使是志愿事业不太发达的中欧、拉美国家，其志愿服务也提供了相当于0.6%、0.8%的非农业全职就业机会。

中国志愿服务在解决就业方面的贡献不仅远远比不上欧美等西方发达国家，甚至也比不上中欧、拉美的国家。根据清华大学NGO研究所的一项调查显示，2002年，中国社会团体提供的就业数占非农业就业总数的比例仅为0.19%，如果算上志愿者的贡献，这一比例也只有0.21%。中国社科院专家研究指出，如果中国公益事业达到西方国家的平均水平，那么中国的社会公益领域将会带来800万个新增就业岗位。

资料来源：http：//tech.163.com/09/1012/15/5LEF2S7B00093QJC.html.

第五是创造社会资本。社会创业者为社区创造许多有形资产，如果没有他们，这些资产将不可能存在。最明显的例子是社区里拔地而起的新建筑、增添的新服务项目或无形资产。在很大程度上，社会资本才是社会创业者所创造的最重要的资产。社会资本是支撑经济伙伴和同盟关系的网络。这种网络建立在相互合作的基础上，而共同的价值观和相互信任会使其更加坚固。帕特南（Robert Putnam）在《使民主运转起来：现代意大利的公共传统》以及福山（Francis Fukuyama）在《信任》中都指出，信任和共同价值观对长期的人际关系和相互作用起着支持作用，并最终推动了社会创新。长期的人际关系和合作伦理在战后日本和德国的经济复苏过程中，为这两个国家的创新能力提供了基础。

总之，社会创业者通过发动人们建立合作网络来解决那些处于孤立状态时无法解决的问题。他们启动了一个积累社会资本的良性循环，他们利用支持网络来寻找办公室和启动资金，招募核心员工，由此建立一个可持续发展的组织。这一过程所产生的，不是经济利益，而是社会利益，即一个由信任与合作链接起来的更为强大、自立的社会共同体。社会创业者是在一个复杂的、流动的、不断变化的环境中工作。他们用包容和富于爱心的态度来接受这个复杂的环境，努力激发了一种满怀信心和乐观向上的精神，让人们相信，充满流动性的社会未必就意味着漠不关心和没有归属。

三、谁是社会创业者

社会创业者为助人和自助的激情所鼓舞，他们相信自己战胜困难完成善举的能力，他们激励、影响他人和志愿者，他们做出决定、采取行动、改变现状。他们改变人们的观念，动员社会资源，影响立法，提供服务。

那么，他们是谁呢？社会创业者通常来自所谓的“民间非营利部门”。很多社会创业者来自于社区，致力于改造他们所生活的街区和社群。社会创业者活动范围不受区域的限制，可以在全国乃至全球范围开展行动、提供服务。

社会创业者是社会活动家，也是普通人。他们之中既有社会各界精英，如政治家、企业家和学者等，但更多的是普通人。他们当中有平民教育家和乡村建设家晏阳初（1890—1990 年）；中国最后一位儒家和乡村教育家梁漱溟（1893—1988 年）；中国营造学社创立者梁思成（1901—1972 年）；民间环保组织自然之友的创始人梁从诫（1932—2010 年）、杨东平；绿十字创办者孙君；因“中国水环境地图”而闻名的马军等。一个叫施莱姆的普通美国人帮助数以千计来自低收入家庭的中学生进入了大学；一个叫霍萨的南非女士发展出艾滋病病人护理的家庭模式，从而改变了政府的卫生医疗政策。

红十字会的创办人——让·亨利·杜南

让·亨利·杜南（Jean Henri Dunant，1828—1910 年）创办了红十字会，被许多人当做“现代人道主义之父”。

1859年6月24日，索尔费里诺战役在意大利北部打响。拿破仑三世率领的法国-撒丁联军与奥地利军队开战。30万士兵在朝阳照耀下互相开火、践踏、厮杀并割开敌人的咽喉。在经过15个小时的浴血奋战和相互杀戮之后，约有6000人丧生，3.5万余人受伤或失踪。法国和撒丁联军的医疗服务部门不堪重负，几乎不可能运送伤员，食品和水都十分短缺。

出差途经该地的瑞士记者亨利·杜南在当地妇女志愿者的帮助下，竭尽全力救助伤员和垂死之人。他们提出了一个口号："众人皆兄弟"，一视同仁地救护伤兵，无论其为哪方战斗。此后，杜南竭力呼吁建立一个中立且公正的组织来保护和救助战争伤员，他还建议设立志愿救护协会来救助伤员，这一设想最终促成了各国红十字会与红新月会的建立。此外，他提议制定一个国际准则作为这些救护组织的依据，这一设想在1949年发展成《日内瓦公约》。

1901年，亨利·杜南因"19世纪最卓著的人道成就"而被授予历史上第一个诺贝尔和平奖。150年后的今天，他的精神在成千上万名红十字工作人员和志愿者身上发扬光大，他们每天都在世界各地为他人提供帮助。

资料来源：索尔费里诺与红十字国际委员会，http://www.icrc.org/Web/chi/sitechi0.nsf/html/solferino-feature-240609.

现代护理事业的创始人——南丁格尔

弗洛伦斯·南丁格尔（Florence Nightingale，1820—1910年），因她在克里米亚进行护理而闻名，被誉为"提灯女神"。她开创了护理事业，是世界上第一个真正的女护士。"5.12"国际护士节是全世界护士的共同节日，就是为了纪念这位近代护理创始人的诞辰而设立的。

南丁格尔毕业于剑桥大学，谙熟数学，精通英、法、德、意四门语言。除古典文学外，还通晓自然科学、历史和哲学，擅长音乐与绘画。南丁格尔无意于婚姻，她在当主妇、文学家、护士三者之中选择了当护士。

19 世纪 50 年代，英国、法国、土耳其和俄国进行了克里米亚战争，英国战士的死亡率高达 42%。南丁格尔主动申请，自愿担任战地护士。她率领 38 名护士抵达前线，在战地医院服务。她竭尽全力排除各种困难，为伤员解决必须的生活用品和食品，对他们进行认真的护理。仅仅半年左右的时间，伤病员的死亡率就下降到 2%。每个夜晚，她都手执油灯巡视，伤病员们亲切地称她为“提灯女神”。战争结束后，南丁格尔回到英国，被人们推崇为民族英雄。

1860 年，南丁格尔用政府奖励的 4000 多英镑创建了世界上第一所正规的护士学校。随后，她又创办了助产士及医院护士培训班。1901 年，南丁格尔因操劳过度，双目失明。南丁格尔后来还发起组织国际红十字会。

南丁格尔的誓言：终身纯洁，忠贞职守，尽力提高护理之标准；勿为有损之事，勿用有害之药；慎守病人秘密；竭诚协助医生之诊治，务谋病者之福利。

资料来源：http：//wenku. baidu. com/view/b85aa74d852458fb770b5694. html 2011-07-31.

大部分社会创业者都在非营利组织或是社区组织工作，也有许多在私人机构或是政府部门工作。比如，民政部原社会福利和慈善事业促进司司长王振耀在 2010 年放弃政府职位，就任北京师范大学“壹基金”公益研究院院长。该研究院由北师大和“壹基金”合作创办，“壹基金”为此投入启动资金 2000 万元，要打造中国公益研究的“黄埔军校”。① 再比如，现在已经 80 高龄的唐锡阳从 1996 年创办“大学生绿色营”拯救滇金丝猴开始，每年遴选大学生组

① 何忠洲，王振耀．从司长到教授，辞官前也曾犹豫许久．人民日报（海外版），2010-07-16.

织绿色营前往各地自然保护区考察，被誉为中国环保“西点军校”创始者。①

张凤英的“老兵大院”

“老兵大院”也叫“凤英荣誉军人院”，在吉林省农安县开安镇刘家屯，是由下岗女工张凤英自掏腰包开办的，刘清、邱树林、马常清三位老兵长期在此居住，另有几十位老兵常来这里活动。此外，这里还收留了21名智障人员和孤寡老人。

张凤英和老兵王凤和是邻居，以前常听老人讲朝鲜战场的故事，因为父亲死得早，张凤英一直拿老人当自己的父亲看待，再加上自己的两个叔叔也是志愿军老兵，张凤英便产生了一份浓厚的军人情结。2000年，张凤英在一块盐碱地上建起一座简易房，插上一面红旗，就把家安在了那里。2008年10月，张凤英扩建了荒野上的大院，将老兵们聚集到这里。这些老兵，有的参加过抗日战争，有的参加过解放战争，最多的还是抗美援朝老兵。

资料来源：宋默．张凤英和她的“老兵大院”，长春日报，2010-11-11.

四、社会创业者的个性和品质

社会创业者与商业企业家有何区别呢？熊彼特（Joseph A. Schumpeter）说，企业家不是为利润所驱使，而是渴望建立一个自己的王国，赢得一场竞争性战役，享受创造的快乐。社会创业者与商业企业家有很多相似之处，他们以同样的方式考虑问题，他们的区别不在于性情和能力，不在于远见和创造性，而在于他们的梦想是建立一个世界级的计算机王国，还是让全世界的儿童都能注射疫苗？

并非人人都可以或者想成为社会创业者，但是人人都可以参与到这个事业中来。适合作为社会创业者的人，是那些不以追求个人财富最大化为目标，而是创造社会价值，实现人生意义，充满热情，并且身体力行的人。将社会发展

① 何海宁，孟登科，唐锡阳．他创办了环保“西点军校”．南方周末，2010-01-13.

作为自身事业来经营，是成为社会创业者的前提，热情、雄心和责任感是社会创业者最为重要的品质，商业技巧则可以在社会创业实践中逐步掌握。

全球创业管理教育和研究最著名的商学院——美国百森学院企业管理研究中心主任、著名管理学专家威廉．D. 拜格雷夫曾将优秀创业者的基本禀赋归纳为 10 个“D”：理想（Dream）、果断（Decisiveness）、实干（Doers）、决心（Determination）、奉献（Dedication）、热爱（Devotion）、周详（Details）、命运（Destiny）、金钱（Dollar）和分享（Distribute）。

社会创业三要素：使命感、奉献团队、模式创新

当今中国社会，涌现出许许多多“以公益为业”的人，他们所处的公益领域各不相同，各自有着独特的背景和成长经历，但他们却拥有一些共同的特质。

首先，他们拥有强烈的公益使命感，对服务社会大众的事业充满了激情。像多背一公斤余志海，科学松鼠会的稽晓华，他们都怀有一颗火热的心去做公益，不断强化公益使命感，他们希望充分发挥才能，能够全身心地为社会大众服务。

其次，要组建一个有奉献精神的团队。要想社会创业成功，就得找到一群对某一公益事业志同道合的人。与其他领域的团队一样，社会创业团队需要拥有向心力、凝聚力，他们还必须拥有高度的奉献精神，共同为公益梦想奉献拼搏。

此外，社会创业还需要注重模式的创新。做公益是为了去满足某项社会公共需求，但一个公益组织、公益项目，所能调动的社会资源是相对有限的，如何在有限的资源下，去影响更多的人，创造更多的社会效益？答案只有创新。比如，从事科普的人有很多，为什么科学松鼠会能脱颖而出？很重要的原因是，他们借助了网络的平台，充分调动了更多科普作家的志愿者资源；他们注重用读者喜爱的语言，对科学知识精心包装；他们还创新地把科技与人文、艺术混搭，举办贴近生活的线下活动，让科学妙趣横生。这些都是科学松鼠会的创新之处。

资料来源：http：//tech. 163. com/09/1012/15/5LEF2S7B00093QJC. html，2011-07-31.

人们一般认为成功的社会创业者比其他人更加自信、更坚忍不拔。伯恩斯坦认为，实际上，他们并不更自信、更坚韧或更渊博。关键的差异在于他们的动机品质。绝大多数成功的社会创业者致力于追求对于他们有更深刻意义的长远目标。在此基础上，他们倾向于更为系统地寻求机会、预计障碍、监测成果、准备计划。他们更关心质量和效率，更重视人，更关注事业和伙伴。成功的社会创业者具备6大品质：①

第一，乐于自我纠正。成功的社会创业者具有高度的自我纠正意愿，因为他们关心目标的达成，而不执着于某一特定的方式或计划。

第二，乐于分享成果。这是成功的关键路线，分享成绩，团结同事，凝聚伙伴。

第三，乐于打破现状。社会创业者通过改变现有结构的方向而改变社会。公民社会是社会创业者测试推广新想法的首要活动领域。

第四，乐于超越边界。社会创业者不为人为的各种壁垒所束缚。

第五，乐于默默奉献。真正的社会创业者影响深远，却谦虚沉默。

第六，强大的道德推动力。社会企业的根基是：道德。

社会创业与创业者的个性特征有一定的关系，但当我们走近社会创业者，我们会发现他们的个性十分多元化，很难得出一个统一的结论。因此，研究者除了关注社会创业者的个性特征之外，更关注其行为和能力。

第二节　社会创业者的创业动机

商业创业的动机非常清楚，就是为了追求自身利益最大化。可是为什么有人愿意花费时间、精力和金钱进行社会创业活动呢？社会创业者的行为动机是什么呢？毋庸讳言，社会创业有着复杂的动机。有的出于社会或者政治使命感；有的出于强烈的服务意识；有的出于志愿精神，希望获得成功或变得对社会有用；有的希望自己变得杰出，成为一位能够改变局面的领导。② 社会创业的动机归纳起来大概有三类：第一类动机是利益动机，即以非营利活动追求个人或团体的精神或物质利益（金钱、地位、名声、权力等）。第二类动机是纯

① 伯恩斯坦．如何改变世界．吴士宏译．新星出版社，2007：225.

② 杰里·G. 史蒂文森，罗伯特·T. 戈伦比威斯基．非营利组织管理案例与应用．人民大学出版社，2004.

粹利他主义的，带有理想主义色彩。[①] 第三类动机是混合型动机。具体到每个人或机构的每个社会创业行动，其动机往往是混合型的，既带有利他主义色彩，但也期望获得某种回报，包括精神上的快慰。社会创业者受到的利他动机激励往往是不充分的，还需要受到工作带来的荣誉和认可的激励和鼓舞。

一、利益动机

社会创业能够为创业者带来有形或无形的利益，在很多情况下，利益动机是社会创业者的重要行为动力。

在美国，19世纪末20世纪初现代慈善事业问世之时，它们就与上流社会联系在一起。今天，非营利组织仍然控制在精英阶层的手中，非营利组织的捐款聚会往往是名流云集。参与非营利组织的活动往往被看做是社会地位的象征。把自己的名字或家族的名字与慈善机构联系在一起是很荣耀的事情，用家族的名义命名一所学校或医院更是可以光宗耀祖。在平等思想占主流的瑞典，私人慈善事业之所以遭到冷落，正是因为那里的人们对它所隐含的社会不平等感到厌恶。[②]

在很多国家，如日本、印度、南非、肯尼亚，参与非营利活动还可能带来政治影响力。学校和医院的创办者往往会赢得当地居民的感恩戴德，从而加强他们的政治影响力和竞争力。在这些国家，人们通常用政治野心来解释非营利组织创始人的动机。

企业社会责任行动的利益动机往往更为明显。农夫山泉每卖出一瓶矿泉水就捐出一分钱给公益事业，这一分钱对企业而言也起到了促销的作用。

当然，一些社会创业者可能是为了以各种合法和非法的途径获取利益或避免财产流失。如王永庆家族设立的信托基金，一方面为了发展公益事业，另一方面也是为了股权不被分散，王氏家族子子孙孙拥有台塑公司的股权。[③]

二、宗教信仰动机

宗教团体在世界各国都是非营利活动的有力支持者。例如，美国和英国的许多私立学校是由教会创办的；荷兰95%的私立学校与宗教团体有关；一些

① 王绍光．多元与统一（第三部门国际比较研究）．浙江人民出版社，2000：41.

② 王绍光．多元与统一（第三部门国际比较研究）．浙江人民出版社，2000：37.

③ 钟鸣．王永庆身后事：家族内遗产争夺风波仍将继续．第一财经日报，2009-07-03.

发展中国家的社区服务往往由传教士推动并承担。

宗教团体为什么热心非营利活动呢？一般而言，宗教信仰往往有利他主义的因素。更重要的是，他们通过提供非营利服务与其他宗教或世俗势力展开竞争。比如，在美国，各种宗教达到100多种，各种宗教之间为了吸引信徒展开激烈竞争。20世纪初期，当公立大学在南美国家出现时，天主教会随即做出反应，建立了一批教会大学。

在一定意义上，可以说宗教团体进行非营利活动的目的不是利润最大化，而是宗教信仰最大化，或者说教徒数量最大化。这也可以解释为什么很多国家教会兴办的慈善事业往往集中在教育和医疗领域。选择教育领域是因为，学校是培养品位和灌输信仰最有效的机构；选择医疗领域，是因为人们在身患疾病时最为软弱，最容易对伸出援助之手的宗教团体感恩戴德，产生好感和向往之情。①

谁识韦鸣恩?

2010年6月，当韦鸣恩这位名不见经传的小人物被英国女皇册封为终身贵族时，无论是华人社团，还是英国主流报章，都同时发出惊叹：他是谁?!

1969年，韦鸣恩父母从香港移居英国。1977年1月，韦鸣恩出生于东伦敦一处贫民窟。韦鸣恩很早就知道一切只能靠自己，他甚至自己学会了法语。1995年中学毕业时，他成为全校唯一被牛津大学录取的毕业生。1999年，韦鸣恩毕业后进入麦肯锡咨询公司任职顾问，负责公益创投与风险投资。2002年，他放弃这份高薪工作，与朋友创办了名为“以教为先”（Teach First）的慈善团体，招募顶尖大学毕业生到英国各大城市较落后的旧区学校做老师，帮助那儿的贫困学生。迄今为止，英国前100名上市公司几乎全都赞助过“以教为先”，它被公认为是英国顶尖的教育培训组织。此后，韦鸣

① Estelle james. The Nonprofit Sector in Comparative Perspective, in W. Powell, ed., the Nonprofit Sector: A Research Handbook. Newhaven: Yale University Press, 1987: 404-405.

恩又陆续参与和创办了多个以教育、医疗为主题的慈善组织，如无保留援助儿童基金会、“未来领袖”慈善教育组织等。

韦鸣恩的举荐者是刚就任英国首相仅一个月的卡梅伦。英国政情观察者认为，卡梅伦上任首相不到一个月即将这位志同道合的牛津小兄弟荐为终身贵族，更多是出于为推行“大社会”计划树立样板工程的考虑。2010年，在英国深陷财政赤字危机与经济持续衰败的背景下，卡梅伦的竞选纲领终结了工党13年的执政。在卡梅伦的竞选纲要中，建设“大社会”，放权于民或者说是全面放松社会管理，贯穿于各领域及各角落。其间鼓励培训新一代社区组织者，给予社区更大话语权，支持慈善机构更多参与公共服务管理等具体构想，显然与韦鸣恩正在致力的事业高度重合。

资料来源：潘晓凌．谁识韦鸣恩：英国女王陛下最窘迫的终身贵族，南方周末，2011-04-14.

三、利他主义动机

除了宗教信仰包含着利他主义思想之外，在很多文化中，在很多人身上，无须借助宗教信仰的力量，就具有利他主义的价值观，如“穷则独善其身，达则兼济天下”就代表了中国传统知识分子的普遍理想。

有些人认为收入分配应该更平等一些，基本社会服务应该向社会弱势群体倾斜。一些人更关注某些特定人群的福利，如贫困儿童的福利、艾滋病人的权利、残疾人的福利等。只要其所关注的特定人群享受到他们认为必要的服务，他们便会感到愉快。还有一些人更关注某些特定领域，如教育、医疗、文化或环保，这些方面的进展会给他们带来极大的乐趣。①

真正的利他主义者，认为自己有义务为慈善事业和公益事业作贡献。他们之所以不搭公共服务的免费便车，不是因为他们对他人的同情，而是因为他们感到对帮助他人有一份不可推卸的责任。②

---

① 王绍光．多元与统一（第三部门国际比较研究）．浙江人民出版社，2000：39.

② A. K. Sen. Rational Fools: A Critique of the Behavioral Foundations of Economic Theory. Philosophy and Public Affairs, Vol. 6, No. 4, 1977, pp. 314-317.

真正的利他主义者可以用自己的行为带动更多人变成慈善和公益事业的支持者。当他们带头开展捐助或提供志愿服务时，其他人会感到某种程度的道德压力。

四、混合动机

在现实世界中，社会创业者的行为动机往往是混合性的。比如，环保卫士的行动，既是因为自己内心对自然环境的热爱，也是为了公共利益。

还有一些创业者，兼具社会创业和商业创业的动机，他们在解决自己的实际困难的过程中，将服务扩展到他人。

带有理想主义气质的环保卫士——张正祥、李旻果

张正祥、李旻果是《南方人物周刊》2010年评选的10位“绿巨人”中的两位。

61岁的张正祥，守护滇池30年，告倒过至少160家排污的企业、40家采石场，然而他本人却付出了惨重的代价。2001年，矿主一辆重型卡车径直向他撞来，导致他右手粉碎性骨折，右眼近乎失明；两任妻子都因他痴迷环保弃他而去，独子被屡屡上门的追杀吓出精神病，3个女儿也因父亲结怨太重，相继失踪、出走，再无音讯……

李旻果和丈夫马悠博士长期从事生物多样性研究，深入云南热带雨林中，致力于推进西双版纳雨林的恢复与保护。他们的项目常常遭遇当地官员、商人“有效益吗”、“这个账算不过来”的诘问，今年丈夫病逝，剩下李旻果独自坚守……

空气越来越混浊，河水越来越黑臭，交通越来越堵，垃圾越来越多，森林越来越少，海面越来越高，冰川越来越薄，极端气候越来越频繁，酸雨、噪音、沙尘暴、光污染……我们在世博会上见到了一个个美轮美奂的人造世界，我们却一步一步失去美丽的天赐的自然世界。

他们之所以成为先觉者、先行者，乃是因为他们身上有着更为炽热的对地球和家园的热爱，更为超然的理想主义气质。

资料来源：南方编辑部．“绿巨人”们的愤怒、谦卑与单纯．南方周末，2010-06-17，http：//www. infzm. com/content/46454.

任菲莉“菲莉雅爱心屋”

1988年9月22日，国防科技大学电子科学与工程学院高级会计师任菲莉生下了一对双胞胎女儿。然而，不幸的是，1岁7个月时两个女儿仍不会说话、不能站立和行走，经医院确诊为“痉挛型重度脑瘫”。这个无情的事实将这个家推入了痛苦的深渊。从此，任菲莉就带着一对女儿开始了艰辛又漫长的求医之路。3年多过去了，她的丈夫见一次次的治疗效果甚微，绝望到了极点，最终提出了离婚。

2001年3月，学计算机的任菲莉自费创办了湖南省第一个全方位为残疾人服务的网站——“菲莉雅爱心屋”（www.fliya.com），聘请康复专家为脑瘫患者及家庭提供免费康复咨询服务。2003年，大女儿终于实现了站立起来的梦想。

资料来源：2009感动中国候选人：伟大母亲任菲莉．央视网，2009-12-29.

五、社会创业动机的形成

社会创业者的创业动机，往往来源于家庭和学校教育、个人生活和职业经历以及社会的价值观和风气等方面的影响。

许多社会创业者早期的生活经历，可能有助于解释社会创业的形成。海伦·汤普森是英国乃至国际医疗界的“魔术师”，她将即将废弃的密尔德梅医院改造成享誉全球的艾滋病护理中心。海伦·汤普森尚在襁褓时，母亲就去世了，所以她的生长过程始终伴随着强烈的意识——要为获得安全感而奋斗。童年的不幸经历磨练了海伦·汤普森的勇气和胆识。李连杰致力于公益事业与遭遇印度洋海啸有关，王菲成立“嫣然天使基金”与自己女儿的经历有关。

中国防治艾滋病的代表性人物：桂希恩

桂希恩教授是我国第一个发现河南艾滋病村的人，在他的促进下，河南上蔡县文楼村成为全国第一个可以免费接受艾滋病治疗的村子。

桂希恩认识和接触艾滋病患者纯属偶然。1981年，他到美国进修学习，美国老师给他讲授人类发现了一种新型传染病——艾滋病。桂希恩当时内心颇不以为然，他想："在我的有生之年，中国不会有这种传染病。"然而，十几年后，事实出乎他的预料。在他所在医院里，有一个老家在河南省上蔡县文楼村的进修医生。村里人生病了，都喜欢找他。这名医生发现村里很多青壮年得了一种怪病，发烧、拉肚子，怎么也治不好。1999年7月，这名迷惑不解的医生向桂希恩请教，希望桂教授帮助他把病因找清楚。

桂希恩还没有想到这是艾滋病，他推测是传染病，因为他听说患病的人大部分是青壮年。几天后，桂希恩第一次来到河南省上蔡县文楼村。看了几个得"怪病"的人，桂希恩大吃一惊：这些人的临床表现就非常像艾滋病，他们有发烧；有口腔溃疡；有口腔的真菌感染；还有很多人出现皮肤上的带状疱疹；有些人有长期的腹泻；有些人有淋巴结的肿大；这些都符合艾滋病的表现。这一次，他抽了5个人的血样带回武汉，结果发现2个艾滋病病毒携带者。几天后，他再次北上河南，这次抽了20个文楼村民的血样，结果发现了10个艾滋病病毒阳性者。并从这些人中发现了儿童艾滋病病毒携带者。而且他还了解到，这些成人艾滋病病毒携带者都曾有卖血的历史。

桂希恩向河南省有关部门反映并提出自己的建议：赶快对艾滋病病毒携带者及他们的家属进行控制；同时建立一个爱心医院，收留艾滋病人。1999年10月31日，桂希恩带着他在文楼村的调查报告去了北京，报告直至当时中共中央政治局常委、国务院副总理李岚清手中。李岚清立即做了批示，随后中央艾滋病防治工作组到文楼村——使之成为全国第一个可以接受艾滋病免费治疗的村子。

资料来源：桂希恩．我不能无动于衷．南方周末，2001-12-01；刘雁军．中国关注艾滋病村第一人桂希恩教授访谈．楚天金报，2004-05-04.

2006年6月，比尔·盖茨宣布他将辞去微软总裁职务，全职运作他的基金会，他说："这不是退休，这是重新安排事业的优先次序。"10天后，沃伦·巴菲特宣布捐出400亿美元财富，其中绝大部分捐给盖茨基金会，首要关注目标是全球健康。有些人表示担心，过多的慈善会阻碍他们和自己孩子的关系。巴菲特说，"我像个心理学家一样，一直在解决富人们的种种问题。"他们的决定引起了许多人的回应，无论在穷国还是在富国，越来越多最优秀的年轻人选择有社会影响的工作。2006年，包括耶鲁大学和达特茅斯大学将近10%的毕业生在内的19000名优秀大学毕业生申请"为美国从教"(Teach for America) 项目的工作。近年来，越来越多的年长者将为社会做贡献作为退休之后新的职业生涯的首选。①

受家人影响的慈善家——比尔·盖茨

比尔和梅琳·达盖茨基金会规模庞大，堪称世界第一。基金会目前管理资产373亿美元，雇员543人，从成立至今用于慈善事业的资金达到165亿美元，仅2007年就有20.07亿美元。盖茨基金会主要资助三个方向：全球发展、全球健康以及美国国内问题。比尔·盖茨之所以成为慈善家在很大程度上归功于家人的影响。

盖茨的母亲玛丽是西雅图著名的社会活动家。她积极支持西雅图的慈善事业，盖茨还在创业初期，她就曾对儿子说："你该为西雅图的联合公益基金会发起倡议。"盖茨总是回答她："我们正没日没夜地写软件呢。"玛丽就一直催促，直到盖茨受不了答应她的要求为止。

在一次接受英国《卫报》采访时，盖茨谈到父亲对自己的影响。"那天下午，我正在办公室里研究一个新软件，我父亲突然来到办公室，手里还拿着张纸，上面是每年死于轮状病毒的非洲儿童的人数图标。"轮状病毒在美国早已消失，而非洲仍有数百万儿童

① David Bornstein. How to change the world: Social Entrepreneurs and the power of new ideas, Oxford University Press, Inc. 2007.

死于此病。“我很震惊，刹那间我突然意识到，慈善家们做得还远远不够。”

1994 年，盖茨娶了梅琳达。梅琳达曾到非洲旅行，亲眼见到了非洲孩子的困苦，感受至深。在将盖茨的视线从微软转向世界范围这件事上，梅琳达居功至伟。

资料来源：祥子．世界最大慈善王国勃兴史．南方周末，2008-07-03．

第三节　社会创业者的资源和能力

尽管社会创业者常常在使命的驱动下，超越现有资源条件的限制，通过动员社会资源来支持创业，但他至少必须具备获取最低限度资源的能力。

一、社会创业者的内部资源

创业者的内部资源主要是创业者个人所占有的生产资料及知识技能，也就是人们通常所说有形资产及无形资产，如现金资产、房产和交通工具、技术专长、信用资源、商业经验。拥有一份良好的内部资源，对创业者个人来说无疑是重要的。对于社会创业而言，有形资源固然不可缺少，但个人信用、专业知识和能力更为重要。

个人信用是社会创业者调动社会创业活动所需各种资源的前提。从经济学的角度来看，信用是授信方和受信方之间遵守契约能力的约定。履约能力强则信用高，反之则低。社会创业者的个人信用来源于他们过去的人格形象、职业、社会关系及地位。个人信用指的是基于信任、通过一定的协议或契约提供给自然人（及其家庭）的信用，使得接受信用的个人不用付现就可以获得商品或服务，它不仅包括用作个人或家庭消费用途的信用交易，也包括用作个人投资、创业以及生产经营的信用。

社会创业者的理念、专业知识和能力也是其成功创业的重要资源。其中新的理念和创意是最核心的因素。

二、社会创业者的社会网络

社会创业者的能力，是指获取必要的资源以保持项目连续性的能力，取决于社会创业者外部资源，其中，最为重要的是社会网络和人脉资源，即建立与其他组织和个人的关系的能力。一个社会创业者如果不能在最短时间之内建立自己最广泛的人际网络，那他的创业一定会非常艰难，即使其初期能够依靠领先技术或者自身素质，比如吃苦耐劳或精打细算，获得某种程度上的成功，但他的事业一定做不大。

创业者人脉资源一般包括同学资源、朋友资源、战友资源和同乡资源等。以同乡为例，共同的人文地理背景，使老乡有一种天然的亲近感。曾国藩用兵只喜欢用湖南人，中国历史上最成功两大商帮，徽商和晋商不管走到哪里，同乡之间都互相帮助，互为支援。在很长一段时间内，中国几乎所有商业繁盛之地，最惹眼、最气派的建筑，不是徽商会馆，就是晋商会馆。如今，老乡众多仍然是最有利的创业条件之一。朋友犹如资本金，对社会创业者来说也是多多益善。

中美民间清洁能源合作组织“聚思”主席刘佩琪

刘佩琪（Peggy Liu），现任中美民间清洁能源合作组织“聚思”（JUCCCE，简称“聚思”）的主席，这个在美国加州长大的华裔，是个有本事把世界上所有最好的专家都搬来解决中国环保问题的女人。

“聚思”是沟通中西方环保事业的桥梁。跨国背景和以商业模式来运作环保项目是刘佩琪的两大优势。一方面，她源源不断地将美国的各种清洁能源技术引入中国。她将拥有全球顶尖环保技术的企业家都带到中国去，让他们与政策制定者以及环保第一线的人面对面交流。另一方面，她又不遗余力地向美国推销中国环保事业的最新理念。刘佩琪的设想是，最终将“联系政府、产业、投资人、研究机构、媒体和其他组织，成为一个清洁能源市场的中心”。

作为前宏碁集团总裁刘英武之女，刘佩琪人脉颇广。在“聚思”的各种成员名单中，维珍集团的老板、杜克能源公司董事长、美国总统科技顾问委员会和能源委员会联合主席、美国绿色建筑协会主席等赫然在列。

根据以下资料改编：吕明合，刘佩琪．商业环保的跨国力量．南方周末，2010-01-13.

复习思考题：

1. 谁是社会创业者？他们与商业创业者有何相同和不同之处？
2. 社会创业者的创业动机是什么？是如何形成的？
3. 社会创业者需要具备哪些资源和能力？
4. 如何成为一个社会创业者？

案例 3-1

北京采桑子文化艺术发展中心

苗族是中国的第五大少数民族，但是他们相传了几千年的传统技艺面临着消失的危险。中国有苗族人口近 800 万，其中 1/4 集中在贵州黔东南地区。由于该地区所处地理位置偏远交通不便利，不利于传统技艺的传播，而且在贵州黔东南地区这些不发达的农村，人们缺乏对“知识产权”概念的认识，再加上该民族没有文字，随着老一辈手工艺人逐渐离去，相传了几千年的精湛的传统技艺正面临着消失的危险。

因为一个偶然的机会，刘丽君与苗族工艺结缘，创办了北京采桑子文化艺术发展中心（下称“中心”），使得苗族技艺在这里得以重放光彩。刘丽君在创业之前从事过教师、研究员、警官和商人等多种职业。多年前，处于对蜡染工艺的强烈好奇心，她只身深入到蜡染的发源地——贵州省黔东南地区。苗寨秀丽的风景深深地吸引了她，散发着远古神秘气息的苗绣、苗银饰品更是令她叹为观止。强烈的民族责任感、紧迫感驱使她尽其全力挖掘、整理、拯救苗族民间非物质文化遗产。她从实地调查中了解到当地妇女对民间工艺的拯救和推广有着迫切的愿望，她们希望政府和组织能重视和保护民间艺术，提供资金支持，将这一艺术转化为生产力，而这古老的艺术也能走出大山，走向世界，形成一个新型的文化产业。2003 年 7 月，刘丽君在北京注册成立了采桑子文化艺术发展中心。中心的使命是：挖掘、整理、拯救苗族民间非物质文化遗产，帮助苗族妇女依靠传统技能增收致富，通过增加收入，提高苗族妇女在家庭和社会中的地位，让苗族民间艺术走出大山，走向世界。

中心在运作过程中，坚持社会、文化与经济的多重目标，创造性地建立了“公司+农户”的运作模式。这种创造性的生产模式使一家一户的苗家民间艺术品产品化、礼品化、市场化、产业化，将蕴藏于大山深处的民间艺术瑰宝引领到国际化大都市里找市场，以市场促龙头，以龙头带培训，形成规模化文化产业链条，形成良性循环的产业化发展机制，形成不断求新的艺术发展机制。经过几年实践，中心的妇女培训工作已经从一个县扩大到五个县，由几十人增加到2000人。通过传、帮、带，这些苗族妇女规范生产、订单生产、优质生产的意识越来越强，她们不但增加了收入，提高了在家庭和在社会中的地位，还涌现出一批有能力的组织管理者。中心在北京设有小型的加工工厂和成品展厅，这些产品通常被政府采购用于外事出访或会议活动的礼品。同时，中心也承接一些机构的订单，其中包括福特基金会、联合国儿童基金会、绿色和平组织等。所得收益除去成本外，盈余全部用于支付苗族妇女的工资，以及投资项目以扩大培训与再生产。

刘丽君对未来的设想是将中心发展为苗族民间工艺的“世界第一品牌”。刘丽君打算在黔东南建立蜡染、苗绣、苗银饰品生产基地，组织当地妇女特别是年轻妇女，把所学技能运用到生产和经营之中，产生更大的效益。同时，依托中心在北京的专卖店，将产品推向市场，促进农村妇女增收。她还计划成立苗族民间艺术协会，吸收国内从事这方面艺术的专兼职人员，多途径、多层次、多形式地研发苗族民间文化艺术。刘丽君也期待政府能够积极支持从事民族民间文化产业的团体和个人，提供政策和资金支持，为民族民间文化艺术的交流与传播，提供更多的机会和更大的平台。

（资料来源：http：//hi.baidu.com/sijiaketing/blog/item/bfcde382256cc6aa0df4d2b9.html.）

思考题：

1. 刘丽君创办和经营北京采桑子文化艺术发展中心需要哪些资源和能力？

2. 刘丽君将北京采桑子文化艺术发展中心发展为苗族民间工艺世界第一品牌的过程中可能会遇到哪些挑战？你认为应如何应对这些挑战？

案例 3-2

多背一公斤

一、“多背一公斤”的创办者安猪

“多背一公斤”是一个倡导公益旅游活动的组织，它倡导驴友（旅行爱好者）在出行前在自己的旅行用品之外准备1公斤的书籍或者文具，带给旅行途中遇到的贫困学校和孩子，通过和这些孩子们面对面的交流，给孩子们更多的外界信息，传播知识的同时激发孩子的信心和上进心，然后通过网站（www. 1kg. org）将活动的信息和经验与大家分享，使学校和孩子得到更多的关注。

“多背一公斤”的创始人安猪出生于广东省江门市恩平村，“安猪”这个特别的名字是“Andrew”的音译。他自己的解释是：安于做猪。安猪是一个典型的背包客，和许多年轻人一样，他热爱旅游，并且喜欢自助游。安猪沉醉于在西南地区美丽的自然风光、原生态的乡村生活的同时，也发现了西南地区的学校设备简陋、信息阻塞。在一位驴友的启发下，他创造了这种以旅游为主，公益为辅的新型志愿方式。一开始，安猪只是在小范围内宣传他的思想，做一些简单的倡议，建立一个信息平台来发布需要帮助学校的信息和旅行路线。在取得越来越多驴友的认同之后，他决定要把“多背一公斤”做成长期的项目。

2008年4月，“多背一公斤”在工商部门登记注册成为一家社会企业，活跃于四川、广西、云南、贵州、甘肃、安徽、湖南、河北、陕西、山西。如今“多背一公斤”已经收录了928所需要帮助学校的信息，正在进行之中的公益活动达到74项。他们引起了社会的广泛关注，并且得到更多志愿者的支持。2008年，“多背一公斤”获得了奥地利电子科技节网络社区大奖。

二、“多背一公斤”的运作模式

“多背一公斤”采取网络化的社会企业运作模式。安猪坦言自己在很大程度上受到《如何改变世界——社会创业者和新思想的威力》这本书的启发，决定走社会企业这条路——既保持公益性质，又不像非营利组织一样需要完全仰仗外部的资金资源。“多背一公斤”借助网络这个平台，建立网络社区，将用户联结起来，以一种去权威、去中心化的方式开展公益活动。

“多背一公斤”现有7名全职员工和一支稳定的志愿者团队。7名全职员工分别负责网站（www.1kg.org）的维护和管理，与企业合作推广公益服务，项目执行，社区活动和志愿者支持等工作。他们不需要在固定的办公室里工作，只需要每周一至周五在各自的电脑上参加为时两个小时的集体网络办公。他们用低成本方式实现公益活动的持续发展，并与其他企业建立起友好的合作伙伴关系。比如，2006年，“多背一公斤”与上航假期合作，在其顾客群中宣传多背一公斤的理念，并提供免费机票鼓励游客支援贫困地区。他们还为百度、舒肤佳、格力、keen等企业设计公益旅行项目。

“多背一公斤”强调财物透明，捐款者凭密码就可以知道自己所捐资金的流向。以公益贺卡为例，一张贺卡十元，包括纸张印刷成本费两块四，运送书籍费用六块五，行政费一块，宣传公关费一毛钱。

“多背一公斤”不同于传统组织的一个重要特点就是：“多背一公斤”不代替志愿者用户工作，而是提供一个平台，发布信息，使得用户有自己的权限和自主性，让用户自主参与到公益活动，并且参与到组织的管理中。多背一公斤可以说是试图植根于网络技术以实现社会创业。

“多背一公斤”的网络社区是自下而上建立起来的，采取了非常开放的管理方式。只要一个驴友发现了一所贫困学校，并且将这所学校的信息上传到社区，就被自动任命为“学校大使”，他可以自主更新学校的资料，还可以代表学校申请资源，这样也使得多背一公斤的管理成本降低了许多。并且在用户自主参与的过程中，还能产生更多新的活动和公益理念。

“多背一公斤”的核心理念是“人人都可以做公益”，倡导利用网络平台降低成本以实现零成本公益参与，也就是公益2.0，而“多背一公斤”的角色就是搭建和维护这个平台。

思考题：

1. 安猪创业的创意从哪里来？
2. 互联网对社会创业将产生何种影响？社会创业者如何利用这些影响？

第四章　社会创业机会与创业计划

通常，创业者自己并不引发变革，他们总是搜寻变革，对它做出反应，并将它视为机遇而加以利用。

——德鲁克

我极少能看到机会，往往在我看到机会时，它已经不再是机会了。

——马克·吐温

本章要点

创业者如何分析环境、识别创业机会；

创业者如何设计并撰写创业计划。

马军和他的“水污染地图”①

2006年6月5日，马军创办公众与环境研究中心（简称IPE），致力于推动环境信息公开和污染防治。IPE开发了中国水污染地图（www.ipe.org.cn），这是一个与数字地图结合的水污染公益数据库，向公众提供全国水污染信息，马军因此被评选为2006年绿色中

---

① 本案例根据以下资料编写：
杨东平．中国环境的转型与博弈．社会科学文献出版社，2007：3；
阳敏，马军．应对中国水危机．南风窗，2006-12-15；
百度百科，马军．http：//baike．baidu．com/view/272821．htm？fr=ala0_1．

国年度人物。用户可通过点击数字地图，查阅全国31个省级行政区和超过300家地市级行政区的水质信息、污染排放信息和污染源信息。基于数据库的支持，用户可以对省级和地市级行政单位的工业废水排放、城市污水排放以及废污水中的有毒有害物质的排放量进行排名。IPE还开发了一套环境信息公开指数，以评价各地主管部门的信息公开状况。

马军创办IPE并非一时心血来潮。1992年，从国际关系学院国际新闻系毕业的马军，受聘于香港《南华早报》，担任记者、研究员，其间对中国环境和资源状况做了跟踪研究。1999年，马军出版了《中国水危机》一书。此后，马军先后在多家公司任职，为在华海外投资企业提供有关中国环境、健康和安全（EHS）相关政策和法律的咨询服务；为跨国企业在华的供货商制定企业社会责任标准和评价体系，并以其开展环境、健康、安全和劳工权益的审核。

马军的创业灵感来自水污染控制和环境信息公开两大主题的结合点。随着经济快速发展，中国的废水排放增长迅速，全国70%以上的河流湖泊受到不同程度的污染，90%的城市地下水不同程度遭受有机和无机污染物的污染，污染状况已经呈现出由点向面的扩展趋势。水污染成为当前最为严重的环境问题之一，水污染问题反映的是发展和保护的尖锐矛盾。如同其他环境问题一样，水污染的问题不是某个部门、某个机构、某个组织可以解决的，它需要全社会的共同参与，而环境信息公开是公众参与环境保护的前提条件。如果公众不知道即将发生或正在发生的环境问题，是不可能有效地参与决策和治理的。环境信息披露制度本身也可以成为一种环境管理的强有力手段。

现行法律法规为公众了解水环境污染信息提供了支持。国务院《全面推进依法行政实施纲要》提出了信息公开原则，《环境影响评价法》规定了“国家鼓励有关单位、专家和公众以适当方式参与环境影响评价”的原则，环保总局《公众参与环境影响评价暂行办法》对环境影响评价过程中信息公开的细化要求，这些规章奠定了公众参与环境保护的基本政策和法律基础，使得公众有可能合法、有序地参加到环境事项的管理中。同时，现代通信和网络技术的飞速发展，也使得IPE能够突破成本限制，以较低的成本广泛、便捷、迅速地传播环境信息。更为重要的是，IPE决定将这两个重点结合起来，建设一个水污染的全国性数据库，让公众可以方便、系统地获得各地水污染信息和数据，进而可以更好地参与这一问题的解决。

迄今为止，水污染数据库中列出了超过6000家污染企业，其中不乏大企业，也包括一些跨国公司。这些企业大多数是因违反水污染和环境管理法规而被各级环保部门列入不达标企业名单的，其中相当一批是当地的限期治理或挂牌督办企业。但是，由于地方保护主义等因素，环境执法还不严格；还存在着守法成本高、违法成本低的问题。许多不达标企业还没有认识到他们必须改变自己的环境表现，因为他们还没有感受到真正的社会压力。在这样的情况下，IPE一方面要呼吁给予各级环保部门更大的支持，让他们能够严格执法；另一方面也必须探索新的途径，以便绕过执法瓶颈。IPE希望公众要求这些企业为其环境和安全影响负责，要求当地环保部门切实履行自己的监管责任。同时，IPE希望公众作为消费者，在购买产品的时候，也能够适当关心产品背后企业的环保表现。在有充分选择的情况下，不去选择由超标企业生产的产品，直到这些企业证明自己已经改进。

社会创业是一项开始于识别创业机会的过程，社会创业者的共同特点在于他们能够识别机会，而其他人往往只是将这些机会视为缺陷或者威胁。对社会创业的需求存在于环境之中，创业者的知识与经验相结合产生创意，创意与需求的结合演变为创业机会。创业机会再进一步具体化为可行的计划，最终变成创业行动。

第一节　社会创业机会的识别

社会创业机会不同于商业创业机会，商业创业关注于以新方法满足新需求，社会创业则着重于以创新的方法更有效地服务于长期存在的基本需求。对于商业创业者而言，机会意味着市场具有一定的规模和成长性；而对社会创业者而言，社会需要和市场失灵往往提供了足够大的市场空间，问题不在于发现或创造新需求，而在于以创新方式满足现有需要。在商业领域，往往难以找到未被开发的、有利可图的、高成长的机会；在社会部门，社会需要远远大于可获得的资源。在社会部门，需要和机会几乎是无限的，需要远远大于供给。对商业创业者而言不利的因素，对社会创业者却可能意味着机会。①

在现实中，社会创业机会的识别是非常复杂的，它是社会创业过程的开始，同时它还在很大程度上决定了这一社会创业活动的成败。

一、识别创业机会的过程

社会创业机会的识别是创业者与环境之间的互动过程，社会创业的需求存在于环境之中，创业者的背景和知识所提供的信息使之认识到环境对创业的需求，创业者创造性地找到了某种创意使需求转变为创业机会（如图 4-1）。在这个过程中，一项创意成为社会价值创造的核心。比如本章开头的案例，马军认识到水污染问题的严重性和控制水污染的紧迫性，当他想出“水污染地图”这个创意的时候，社会需要和他的创业动机就结合在一起转变为一个创业机会。

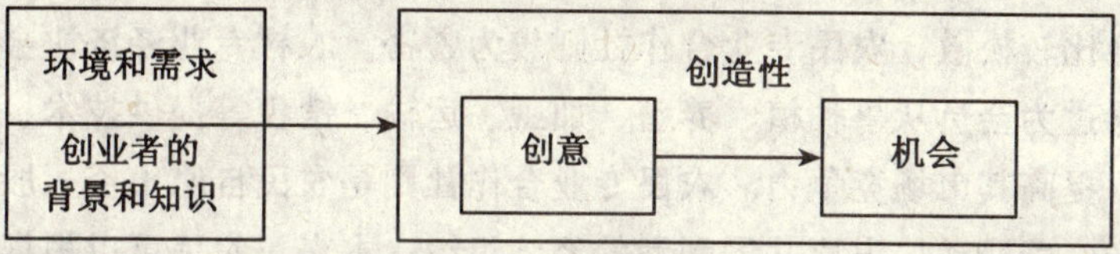

图 4-1　社会创业机会的识别过程

机会来源于对新事物的绝妙创意。但创意不同于机会，创意与机会的区别在于在实际中能否满足社会需求，只有能够满足社会需求的创意才意味着机会。

二、社会创业环境

创业环境包括公共政策环境、经济环境、社会文化环境和技术变革等方面，有时候甚至灾难往往意味着社会创业的机会。

（一）法律和政策环境的变化

法律和公共政策的变化能够加速社会创业的进程，因为这些政策不仅创造

① Manual London，Richard G. Morfopoulos. Social Entrepreurship. New York：Routledge，2010：19-20.

了新的社会需求，还可以使社会创业者能够利用新的方法满足社会需求。近年来，我国法律环境的改善和公共政策的变化促进了社会创业的发展。

2004年以来，非公募基金会的迅速发展就得益于法律环境的改善。一方面，《基金会管理条例》赋予了民间非公募基金会合法性；另一方面，人们富而思仁，企业社会责任意识和民间慈善公益精神日渐增强。2005年，第一家全国性非公募基金会——香江社会救助基金会——成立。此后，非公募基金会进入了迅速增长阶段。2005年至2009年短短四年间，全国非公募基金会就从254家增加到800家，平均年增长率达到33.6%。①

2007年《农民专业合作社法》的颁布则改变了两类农村社会组织的命运。一方面，农民专业合作社空前增长；而另一方面，农村专业经济协会的发展则受到打击。目前，我国农村有两种经济合作性组织——农村专业经济协会和农民专业合作社，两者的功能都是将农户组织起来，解决小农分散的生产方式与农业生产的社会化和市场化的矛盾。两者在组织化程度上有所区别，农村专业经济协会比较松散，农民专业合作社则较为紧密。农村专业经济协会是非营利组织，通过为会员从事种植、养殖、加工、运输、销售等提供技术、信息和融资服务，提高其市场竞争力。农民专业合作社则是农民自愿出资入股共同从事农业生产经营活动，谋取共同利润的经济组织。本来，农民可以根据自身意愿和实际情况选择采取松散还是紧密的组织形式。然而，2007年以来，由于《农民专业合作社法》的实施，农民专业合作社迅猛发展，而农村专业经济协会的发展却受到抑制。自该法实施以来，很多农村专业经济协会纷纷转向合作社登记，有的农村专业经济协会为了获取政府有关部门的优惠政策或资金资助，出现了一个机构同时挂农村专业经济协会和农村专业合作社两块牌子的状况。②

（二）经济环境的变化

社会创业在我国的兴起与发展，与市场经济体制改革的深化密切相关。市场经济体制改革首先将企业从计划经济体制的束缚之下解放出来。企业获得自

① 高功敬，高灵芝．中国非公募基金会发展现状、困境及对策研究．民间组织管理局编．2010年社会组织理论研究文集．时事出版社，2011：471.

② 匡和平，林丹彤，等．中国农村专业经济协会的发展现状与引导政策．民间组织管理局编．2010年社会组织理论研究文集．时事出版社，2011：505.

主经营管理权使中国社会迈出了走向公民社会的第一步。政企分开改革和国有企业现代企业制度的建立使经济权力回归社会，行业管理职能从政府行政系统剥离出来，一批政府机构相应转型为行业协会（或）商会。随着乡镇企业和民营经济的兴起，自律和服务的要求催生了一批由民间自发组建的行业协会和商会。浙江温州的商会是其中的典型代表。温州商会大多基于市场和行业发展需要而成立，具有显著的体制外生长特征，其组织管理也具有较强的自主性。同时，还通过遍布全国乃至全世界的温州商人、浙江商人将商会组织扩展到许多地方，促进了当地的经济发展。①

市场经济是一种高度组织化的经济形式。激烈的市场竞争是以组织化的形态展开的，“组织”成为一个行业或一个地区乃至一个国家赢得竞争优势的一种重要基础设施。在我国农村，由于实行家庭联产承包制，农民一家一户的小农生产方式在高度组织化的农产品市场面前处于绝对的弱势地位。因此，将农民组织起来，实现“一村一品”或“一乡一品”以获得一定的规模经济优势成为帮助农民增收的重要出路。在这样的背景下，各种农民合作社和农村专业经济协会迅速建立起来。

（三）社会文化环境的变化

改革开放以来，我国的社会结构、人口结构和公益文化都发生了巨大的变化，为社会创业提供了空间。

市场经济在改变经济体制的同时，也改变了社会的组织形式。改革开放以来，社会管理体制变革与经济体制改革同步进行。在计划经济时代，国家承担了所有经济和社会职能。在城市，通过行政体系以及单位制向居民提供公共服务；在农村，通过公社制来提供公共服务。改革开放以来，随着单位制的解体和居委会体制的建立，出现了为城市社区居民服务的社区社会组织；随着公社制的解体和家庭联产承包责任制的建立，各种农村专业经济组织蓬勃兴起。

人口是影响社会创新的基本因素。近年来，随着人口结构的变化，我国快速步入老龄化社会，即将面对一个“未富先老”的问题。同时，随着工业化和城市化的进展，国内人口向城市的流动加快，给城市公共服务带来巨大压力。同时，贫富差距拉大，社会阶层进一步分化，社会矛盾和社会问题集中

① 郁建兴，江华，周俊．在参与中成长的中国公民社会——基于浙江温州商会的研究．浙江大学出版社，2008：29.

出现。

文化环境对社会组织的发展起着重要影响。文化是隐藏在人口之中的价值观和态度，它在很大程度上影响着人们的行为，为社会组织的生长提供土壤和养分。中国是世界上最早倡导和发展慈善事业的国家，早在西周时期就设立了专门的官职来施予惠政，救济贫病之民。① 与之相应的是，中国的慈善文化也源远流长，先秦诸子对此有过精辟论述，随后的佛教、道教典籍也有关于慈善的论说。儒学的思想内核是“仁”，讲求仁而趋善，以仁爱、仁政为中心构筑了大同思想、民本思想在内的慈善思想体系，对后世慈善观产生了深远的影响。道教主张“清净无为”的人生哲学以及“赏善罚恶，善恶报应”等道德观，成为古代慈善事业发展的又一个源头。佛教的因缘业报的“果报论”渗透到中国古代社会伦理之中，唤起了人们的道德自觉与自律，“思前因后果，必修德行仁”。从某种意义上说，“果报论”的威慑力规范着人们的善恶行为。因为害怕来世受苦受难，人们广结善缘、行善积德，踊跃参加修桥补路、扶贫济困等活动，使民间慈善活动和社会公益事业持续不衰。②

传统文化的慈善思想是今天社会组织不竭的动力之源，继续激励人们支持公益事业，投身公益事业。然而，今天的公益事业或公共服务与古代相比又有了很大的不同。现代慈善事业的理念既有与传统观念一脉相承的部分，又受到公民社会、民主自治等西方现代社会思潮的影响。现代慈善事业在规模、服务范围和普遍性程度上远远超过传统慈善事业。同时，现代公益事业的性质也发生了变化，现代公益事业注重“治本”胜过“治标”，更关注消除产生社会问题的原因，而不仅仅是处理社会问题带来的后果；不仅注重扶危济困，而且更加注重通过改善公共服务为人们提供公平的发展机会，使更多人能够通过自己的努力改变生活状况。在现代工业文明和政治文明的影响下，慈善公益事业已经发展成为高度组织化和制度化的社会事业。因此，我们必须将传统慈善观念与现代公益理念结合起来，建立起现代公益事业制度，使我们的传统文化重新焕发活力，使今天的人们从古老智慧中获得力量并发扬光大之。

近年来，公益意识的觉醒和志愿精神的高涨就是慈善公益文化在我国再度复兴的见证。尤其是2008年汶川地震之后，人们自觉迅速地组织起来，投入

① 《周礼·地官》载：“司救，……凡岁时有天患民病，则以节巡国中及郊野，而以王命施惠。”

② 周秋光，曾桂林．中国慈善简史．人民出版社，2006：28-48.

到抗震救灾和灾后重建过程之中。在这个过程中，慈善公益和志愿服务的理念深入人心，推动了全社会在慈善公益事业领域的参与行动。

美国社会创业为什么兴盛？

20 世纪 70 年代以来美国社会创业的发展既有文化的因素，更重要的是制度的推动。

在文化传统上，美国的志愿精神源自英国，深受到基督教文化的影响。安德鲁·卡内基深信《圣经》所说的“富人死后进天堂比骆驼穿过针眼还困难”。他主张富人在有生之年将财富运用于公益事业。今天，美国人的志愿精神不仅来自宗教，而且已经成为一种传统习惯，成为公共生活的一部分。每一个普通人都能做到真正地帮助别人，这被认为是美国公益的核心。

美国的政治法律制度也为社会创业提供了支持。在美国，注册一个非营利机构非常容易，只需要向所在的州提出申请即可。如果它想要从公众那里筹款，则需要在它希望筹款的每个州登记注册。美国没有专门的独立的慈善法律，有关慈善的规定和条款散见于宪法、税法、公司法、雇佣法等联邦和州的法律法规中，其中最重要的是国内税法 501（c），它规定了对各类非营利组织的各种税收优惠。这样一套税收优惠政策条款，引导资源向公益领域流动。非营利组织和基金会除了要接受政府监管，也要接受其他非政府组织的评估。比如美国慈善信息局，制定了衡量基金会工作的 9 条标准，每年 4 次公布对全国几百家基金会的测评结果，公众往往根据它公布的信息，决定给哪个基金会捐款。

本例根据以下资料编写：李梦堃．美国为何慈善兴盛．南方周末，2010-09-30.

（四）技术变革

技术进步也对社会创业有着显著影响。随着信息网络技术的发展，“微公益”等新的公益理念和创业形式层出不穷。互联网时代成长起来的“微公益”

利用了互联网自上而下的大众性、草根性、迅速传播性，让全民参与并创造价值，从而实现人人做公益的理念。“茶缸儿”(http：//cha-gang. com/) 就是一例。茶缸微博成立于 2009 年 12 月，茶缸网站于 2010 年 4 月开始正式运营。茶缸儿是一家微公益互动微博社区，倡导积少成多、聚米为谷的精神。在这里，人们可以通过发表微博，可以跟朋友和茶客们讨论话题，也可以通过参加网站的调查活动，发表观点赚取积分、兑换奖品、捐米行善。人们在茶缸网站的任何行为（发微博、推荐好友、参加调查活动），都意味着“茶缸儿”将捐米给贫困家庭。

除了上述这些环境因素之外，灾难事件往往也可能推动社会创业的迅速发展。2008 年汶川地震极大地促进了公民社会理念的传播，推动了我国社会创业的发展进程。1998 年，日本阪神大地震之后，非营利组织迅速发展，推动了日本对非营利部门立法的改革，新的法律体系又进一步促进了非营利部门的发展。1985 年 9 月 19 日，墨西哥城遭受 8. 1 级地震的袭击，墨西哥民间迅速展开自救活动。墨西哥国立自治大学成立了多支救援队，在全体市民的协作下，8 万所临时住宅很快建立，解决了灾民无处安身的燃眉之急。其中至今仍活跃在国际救援舞台上的“鼹鼠”救援队就是在那次地震之后组建的。

三、从创意到创业机会的转化

识别创业机会是个体获取、处理并解读信息价值的过程。创意的产生基于合适的背景，它不仅与创业者的成长环境和教育背景有关，还受到创业者的经验阅历和社会关系的影响。背景和知识为创意的产生提供了信息，这些信息通过恰当的方式激发出创意，创意与需求结合最终碰撞出创业机会。

（一）获取和利用信息

创业者获取信息的途径有多种，其中主要包括教育、工作经验、社会经验和社会关系网络。就教育而言，有关社会创业的书籍和课程都可以提供有关信息。近年来，大学的社会创业教育增加了很多新学科，如公共政策、工商管理、法学、社会学、公共管理及其他许多学科都为潜在的社会创业者提供了有关知识。然而，有些知识是正规教育所不能提供的，需要通过亲身实践才能获得。很多社会创业者都具有在非营利组织工作的经历和丰富的社会经验，这些经历和经验帮助他们掌握创业过程中所需的技能。此外，研究显示，成功的创业者往往比普通人具有更加广泛的社会关系，这是社会创业者最重要的资源。对社会创业者而言，获取信息最有效的社会关系类型在于它的广度而不是深度。① 也就是说，对于社会创业者来讲，一大群普通朋友比一小群密友更有价值或者说"弱纽带"(Weak Ties) 为经验积累提供了更为广阔的空间，这是因为在社会层面上相隔较远的人拥有的共同经验往往较少，其带来的信息更能激发创业者的创造性思考。

在社会创业者获取信息后，必须善加利用这些信息来激发创意。知识的利用包括两个部分：知识存量和认知能力。知识存量是指人们通过教育、工作、生活和社会交往获得的信息储备。创业者利用知识的时候，智商和情商都很重要。创业者往往具有对特定机会的敏感性，即所谓"创业警觉性"(Entrepreneurial Alertness)。这种警觉性与价值感知有关。一个需求越符合社会创业者的个人价值观和信仰，那就越符合创业者个人的自我认知，越可能激发起创造性。

（二）激发创意

尽管社会创业者往往很有创造性，但他们的创业并不是凭空产生的，他们在思考的过程中运用了一些激发创意的技巧。其中，最常使用的是头脑风暴法、焦点小组和调查法。

头脑风暴法是一种在群体中快速产生创意的方法。其基本规则是：第一，头脑风暴的组织要提前确定明确的问题和要求；第二，参与头脑风暴的成员具有异质性，以便其思维相互碰撞，产生更多的创意。直到不再有新的创意出现之后，才开始对所有创意进行评价；第三，在发掘创意的过程中，不要提出批评，不要妨碍思想的自由活动；第四，要对头脑风暴过程进行适当控制，以免偏离主题或纠缠于琐碎问题；第五，主持人要将头脑风暴产生的创意记录在显眼的位置，以便于讨论。

头脑风暴法往往在创业者及其团队或朋友之间进行，主要考虑了"供应方"的意见，而很少顾及"需求方"的看法。

焦点小组法弥补了这个方面的不足。焦点小组的目标是了解创业项目的潜在需求。通常，焦点小组的成员为 5～10 人，他们代表创业项目的利益相关方的意见。例如，某家医院有一个新项目的创意，打算为贫穷地区的居民提供免费糖尿病检查，焦点小组的成员应该是那些可能进行免费检查的人。焦点小组

---

① 布鲁克斯（Arthur C. Brooks）. 社会创业. 李华晶，译. 机械工业出版社，2010：27-30.

法的发现是，这样小的样本可能难以得出具有总体代表性的结论。调查法可以弥补这个缺点。

调查法往往对足够数量的人群进行调查得到结论，调查法能够确保目标人群的代表性。调查可以采取面对面访问的方式，也可以采取邮件、电话或网上交流的方式来进行。

（三）将创意转化为机会

从创意到机会的转化实质上是从供给到需求的转化过程。那么，社会创业的潜在服务对象究竟需要什么呢？如何确保创意项目就是人们所需要的呢？社会创业者在开始创业之前必须回答这个问题。

马斯洛的需要层次论为我们提供了一个系统地理解人的需要的理论。马斯洛发现人的行为是被一套有层次的需求激发出来的。人的需求从低到高依次为：生理需求、安全需求、社会需求、尊重需求和自我实现需求。1954 年，马斯洛在《激励与个性》一书中探讨了另外两种需要：求知需要和审美需要。他认为这二者应居于尊重需求与自我实现需求之间。需要层次论指出了较高层次的社会需求或潜在社会需求的存在与否取决于较低层次的需求是否已经得到满足。这个结论可以解释为什么有些完美的创意并没有得到服务对象的认可。社会创业者必须时刻提醒自己，他们的创意是否符合目标群体的需求。（如图 4-2 所示）

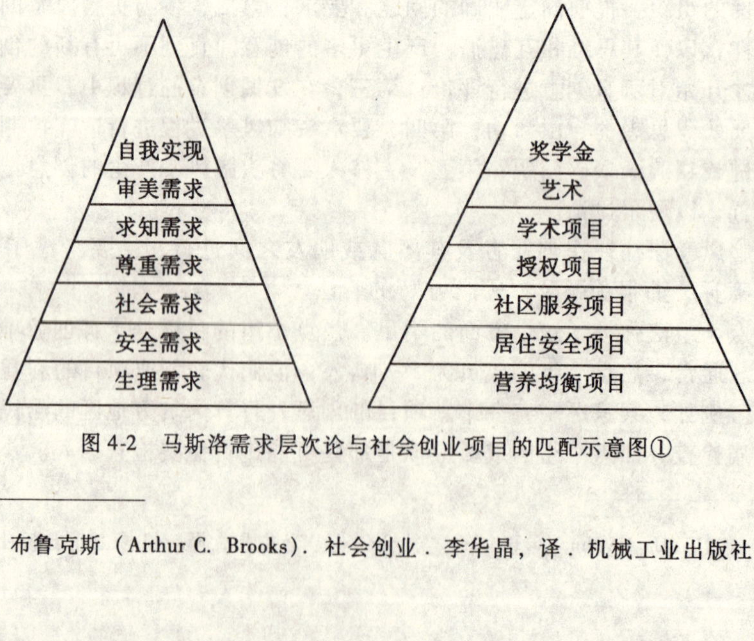

图 4-2　马斯洛需求层次论与社会创业项目的匹配示意图①

① 布鲁克斯（Arthur C. Brooks）. 社会创业 . 李华晶，译 . 机械工业出版社，2010：34.

很多人不懂得创意与机会的区别，因此，虽然他们努力工作却收效甚微。在一些情况下，需求量缺乏是因为人们确实不需要或不想要某种服务，但在另外一些情况下，潜在的社会创业者没有让服务对象理解为什么需要某种服务。比如，一些志愿者在湖南农村建立了一家乡村图书馆，但是村民却很少使用它，因为他们不太了解图书馆的服务功能，以及它究竟能够为自己提供什么帮助。

信号检测机理论（Signal Detection Theory）可以帮助创业者理解创意与机会之间的关系。① 这个理论描述了机会认知与现实需求之间的关系（如表4-1所示）：如果创业者认识到一个确实存在的机会，被称为“击中”；如果创业者没有认识到现实存在的机会，被成为“错过”；如果创业者认识到现实中并不存在的机会，被称为“误报”；如果现实中不存在某个创业机会，创业者也没有认识到它，被称为“准确否定”。

表4-1　社会创业的创意与机会的关系

	存在机会	不存在机会
创意	击中	误报
没有创意	错过	准确否定

从表中我们可以看出，社会创业者在将创意转化为机会的过程中，应该尽可能增加“击中”的几率，催生真正满足社会需求的创意，尽力使不具备创业潜力的创意数目最小化并将它们否定掉。也就是说，社会创业者要努力开发各种可能的创意，然后根据现实需求对它们进行严格评价和审视，识别出真正有潜力的创业机会。

第二节　社会创业计划

一个能够满足现实需求的好的创意是创业成功的基本条件，但仅仅依靠创意是远远不够的，还必须有一群有创业意愿和能力的人来实现这一创意。创业

① 布鲁克斯（Arthur C. Brooks）. 社会创业. 李华晶，译. 机械工业出版社，2010：36.

计划是创意的具体化，将创意转变为可行的实施方案。社会创业计划是一个过程，这个过程包括创业理念的开发、商业模式的设计和商业计划书的编写。

一、创业理念的开发

社会创业理念开发可以帮助创业者清晰简洁地描述所要创办的事业，形成创业使命、愿景和价值观。创业理念开发的基本目的有两个：一是为了让创业团队更深入地了解自己将要从事什么业务、如何衡量其价值以及如何判断创业是否成功。二是为了吸引利益相关方加入创业过程。如果没有清晰地表达衡量成功的清晰标准和创业所需的资源，创业者将很难得到捐赠者和志愿者的支持，也难以得到服务对象的了解与认同。

一个有效的使命必须清晰、准确、有说服力，用寥寥数语解释组织存在的理由。同时，它也是衡量所有治理和管理决策的标准。①

旧金山听力协会的使命宣言

我们生活在一个有声的世界：充满了儿童的声音、语言和音乐、婴儿的哭声、蛙鸣声、叶子的沙沙声、火焰燃烧的噼啪声、表达爱意和抚慰的话语、静夜轻微的呼吸声、电话铃声、危险的声音和轻松的闲谈。

听力的损耗使我们与声隔绝。听力协会的使命是帮助人们重回有声世界。

社会创业不仅单靠使命，它同时需要愿景和价值观。使命解释了组织存在的原因，愿景则描绘了组织希望达到的最终目的，而价值观则体现组织的工作理念。

制定愿景的过程本身可以帮助理事会和员工理解对方和对方的动机。它帮助建立团队精神以及塑造组织的特质。愿景可能是一个永远无法实现的梦想，

① NPO信息咨询中心主编．非营利组织的治理．黎佳，等，译．中国书籍出版社，2008：98.

但是对它的追求就已经足以推动组织不断进行尝试。

价值观定义了实现使命和愿景的具体行为必须遵守的原则和理念。1985年美国独木舟和皮划艇队的经历很好地说明了使命和价值观重要性。①

美国独木舟和皮划艇队赢得奥运金牌的秘诀

自从1932年起，独木舟和皮划艇成为奥运比赛项目。这项运动在美国知名度不高，主要是因为美国队很少获得胜利。在1984年的洛杉矶奥运会上，美国队也只获得一枚铜牌。其中一个很重要的原因就是理事会不得力。

1984年秋天，参与洛杉矶奥运会的美国队队员都参加了独木舟和皮划艇组织的年会，他们的投票改变了理事会构成和领导人。次年1月，新成立的理事会开会，投票决定要重新修订组织使命。一些理事觉得，使命应该是为尽可能多的人尤其是年轻人提供参与该项运动的机会。在另一个极端，有的人认为组织的唯一使命就是要产生奥运冠军。讨论非常激烈，分歧也很大。最后，理事会以微弱多数通过了新的使命宣言：组织的使命就是要培养奥运冠军。一些人愤怒地退出了理事会，但是那些支持这项决策的人留了下来，并承诺尽一切努力达到这个目的。一些理事提出一个最快捷达到目的的方法——服用违禁药品。理事会讨论了运动员使用违禁药品的后果。经过激烈争论之后，他们最终决定禁止使用违禁药品，因为通过欺骗赢得胜利是错误的，让运动员承受药品的副作用也是不对的。赢得金牌是组织的使命，但是为了胜利不惜一切代价甚至违法是不能接受的。争论最后得出的结果是价值观战胜了使命。

接下来的四年中，组织募得大量捐款，雇佣了最好的教练，招募了高水平的运动员，改善训练场所和设施，提高国内赛事水准，并为最好的运动员提供与欧洲顶尖运动员较量的机会。

---

① NPO信息咨询中心主编．非营利组织的治理．黎佳，等，译．中国书籍出版社，2008：101.

> 1988 年首尔运动会上，美国队赢得了两枚金牌，这是一个前所未有的成就。

价值观包括避免利益冲突、诚信和公开。比如，文化多元化对于一些组织来说是非常必要的，但是对于其他组织来说可能是不适宜的。数量和质量问题也和价值观有关。组织是应该为尽可能多的人提供服务，还是应该给一定数量的人提供高质量的服务？非营利组织理事会在这些问题上通过的政策反映了组织的价值观。只有理事会花时间直面这些价值观问题并依此制定政策的时候，它才算是履行自己的领导职责。

二、商业模式

在创业使命、愿景和价值观确定以后，就可以设计商业模式（Business Model）了。商业模式是一个描绘组织如何创造价值的蓝图，它和使命同等重要，因为它使得创业机会变成一项可以操作的计划。一种商业模式通常包括四个组成部分：核心使命、战略资源、合作网络和服务界面。①

核心使命（Core Mission），即前面讨论的使命陈述，它是对组织的活动、价值的定义、成功的目标与绩效衡量等的简明扼要的陈述。

战略资源（Strategic Resources），它是对社会创业项目如何获得资源的描述，包括如何获得捐赠和收入，如何吸引人力资源，也包括组织的其他独特能力和战略资源。

合作网络（Partnership Network），社会创业需要建立和维护合作关系网络，商业模式必须将这些合作关系明确化。这个网络包括捐赠者、志愿者、政府、供应商和其他合作伙伴。

服务界面（Service Interface），它描述组织如何与受益者保持融洽的关系，如何为受益者创造价值。受益者包括目标顾客，员工、社区、捐赠者和志愿者，所有受益者都从与组织的联系中获得某种益处。

---

① 布鲁克斯（Arthur C. Brooks）. 社会创业. 李华晶，译. 机械工业出版社，2010：47.

国际小母牛组织的“礼物传递”计划①

国际小母牛组织（Heifer International，以下简称“小母牛”）是一家国际性的支持乡村发展的机构，总部设在美国阿肯色州小石城，美国前总统克林顿是其支持者之一。“小母牛”向全球范围内的贫困家庭提供家畜、农作物以及可持续农业教育。“小母牛”项目的一个核心理念是提倡“礼物传递”，每一个受助人都必须将自己获赠的牲畜所产后代中的一部分转赠他人，并且把学到的生产知识和技能传递给其他需要帮助的人，与他人分享资源、相互帮助、让更多的人共同富裕。“小母牛”自1984年开始在中国实施项目。截至2010年6月，该组织在中国的项目总数达到40个，覆盖11个省市的50余个县，创造的直接经济效益超过10亿元人民币。

任旭平就是小母牛在中国开展的扶贫项目的众多受益者之一。1985年，任旭平已经养了200只兔子，但大多数都质量不太好。国际小母牛给了他48只加州和新西兰种兔，并提供了技术支持和培训。到1986年，任旭平已经拥有了一个规模达1600笼的兔子养殖场。现在，任旭平除了养兔企业之外，还创办了养兔学校、良种兔场、兔业科技园、兔王扶贫研究中心等机构。

任旭平忠实地执行并发扬光大了“小母牛”倡导的“礼物传递”计划。对“养兔大王”任旭平来说，送给培训者的第一对兔子是“礼物传递”计划的关键一步。参加到“养兔网络”之中的培训者，在自己获得了收益之后，再将“礼物”继续传递其他需要帮助的人。任旭平超额5倍完成了“小母牛”项目礼品兔的转赠任务，还为当地贫困家庭无偿地提供了几千只种兔和技术培训。1990年，任旭平成立了“旭平养兔技术学校”，来自中国以及世界各地的农民在这里学习兔子养殖管理。

① 本案例根据以下资料编写：[美] 彼得·赫斯勒，中国“兔王”养兔致富的成功经验，华尔街日报，2000-11-08；王铁灵、王高祥．两只兔子成就伟业的传奇人物—记四川省旭平兔业有限责任公司董事长任旭平［J］．中国养兔杂志，2009（2）；孟育建．国际小母牛组织走遍中国．人民政协报慈善周刊，2003-01-09。

三、创业计划

商业模式是社会创业的内部蓝图，但创业者也需要一种方法向外界来展示将要创立的事业，创业计划正是这样一种行之有效的方法。很多社会创业者以为推动创业的主要因素是热情和创意，是否具备创业计划书并不重要。这种想法是错误的，创业计划有多个方面的作用，可以帮助社会创业者提高成功率。首先，正式的创业计划事先对创业活动做出了详细规划，规划过程也是沟通过程，在这个过程中，创业团队和利益相关方可以就创业目的和过程达成一致认识；其次，创业计划赋予创业者更大的空间，可以在更广泛的范围传播，激励内部和外部人员支持和参与该项事业；再次，创业计划可以帮助创业者在启动新事业之前，做好充分准备。

（一）创业计划的主要受众

创业计划的受众包括内部受众和外部受众两类。内部受众包括社会创业者、现实和潜在的员工及志愿者、董事会成员。创业者有必要通过创业计划事先对所创事业的所有重要方面有充分的认识和判断。员工和志愿者为新创事业投入心血和劳动，他们有权了解创业计划。董事会被赋予了法律和道德责任，以确保社会事业能够为公共利益服务并确保合理地运用资源，因此，董事会理应了解创业计划。

外部受众主要包括现实和潜在的资助者、政府官员和社区。如果没有事先阅读创业计划，资助者缺乏充分的信息来做出资助与否的决策，很可能会拒绝提供资助。同样的道理，新创事业要想得到政府的资助和支持，也必须向相关政府部门提供详细的创业计划。社区领导和社区代表是事业的重要合作伙伴（或者反对力量），如果不给他们提供充分的信息，就很难获得他们的支持。如果没有他们的支持，公益活动很难在社区顺利开展。

（二）社会创业计划的基本要素和主要内容

社会创业计划的基本要素包括：

创业计划概要；

组织基本状况；

创业团队；

市场与行业；

营销与筹款；
财务计划；
目标与时间计划；
风险评估；
支持材料。

联想青年社会创业计划

2009年10月13日，联想集团以"飚爱心，创未来"为主题，在北京启动了联想青年社会创业计划，面向全国大学生以及初入职场的青年人，公开征集选拔优秀的社会创业团队，并为他们提供专业培训、公益实习、创业资金等关键支持。

本计划旨在引导更多的青年人投身公益事业，并为青年群体就业提供新的思路。有别于传统的商业领域创业，社会创业以满足社会公共需求，创造社会效益为核心目标，涉及绿色环保、扶贫发展、社区服务、信息化普及、特殊群体关爱等领域。本次活动要求参赛团队针对某一具体的社会公共需求，提交一份社会创业计划书。

资料来源：惠寄．联想青年社会创业计划，http：//www. ngocn. org/？action-viewnews-itemid-69258.

1. 创业计划概要

创业计划概要是对创业计划提纲挈领的说明，通常在1页左右。主要回答几个关键问题：组织是做什么的？它有什么创新性和重要性？它的受益对象是谁？如何受益？创意如何实现？社会创业者是谁？背景如何？组织需要什么样的支持？获取成功的关键因素是什么？

2. 组织的基本状况

组织的基本情况主要包括：创意以及创意作为一个真正机会的原因；使命陈述；社会价值的衡量与测度；创新性或适应性；组织的核心能力与竞争优势；组织的法律形式；组织目前所处的发展阶段。

3. 创业团队

在这个部分，社会创业者要证明他的组织拥有一个高素质、有激情、能力强的团队。这个团队至少包括四类群体。第一类群体是管理团队，主要介绍管理团队的资质和经验，尤其是他们的教育程度、工作经验、生活经历以及社会关系。第二类群体是董事会，要列出董事会成员名单，并分别介绍他们的背景和经验。有关董事会的知识请参考第九章有关内容。第三类群体是顾问，组织应当拥有一批董事会成员之外的顾问，为创业团队提供指导意见。第四类群体是早期捐赠者。如果已经有一些人为组织提供资助，在创业计划中注明这一点是非常重要的，它可以吸引其他人为组织发展提供资助或支持。

4. 市场与行业

这个部分描述组织拟进入的行业、目标市场以及预期定位。

5. 营销与筹款

这个部分的内容主要包括筹款目标与战略（参见第八章有关内容）、政府或基金会拨款计划、产品或服务销售与定价计划、组织的营利性活动等。

6. 财务计划

这个部分涉及被许多社会创业者视为创业计划灵魂的内容：财务计划(具体内容参见第七章有关内容)。财务计划的主要内容包括未来3~5年的财务规划、财务预测、利润表、现金流量表和资产负债表。

7. 目标与时间计划

这个部分的主要内容包括：定义组织目标、确定衡量组织成功的标准、中期目标及实现措施、证明目标实现的证据以及时间规划。有关创业目标和绩效的内容请参见第十一章。时间规划的时间跨度有长有短，一般为3~5年，整个规划阶段通常包括几个标志性事件：创业启动；注册日期（如果可能的话)；招聘、场所和设备购置；开始提供服务；现金流开始周转；组织成长里程碑事件；目标实现。

8. 风险评估

任何创业活动都有风险，社会创业也不例外，事先对风险有充分的认识，可以帮助创业者更好地管理和应对可能发生的风险。这个部分的内容主要包括：财务风险；法律风险；人才风险；环境风险和其他风险。

对所有风险的评估都应该包括计划的缓冲区，以及备选的行动方案，以避免风险出现时尽量减少损失。

9. 支持材料

一份创业计划的附录或支持材料通常包括以下内容：

组织核心成员的简介，包括创业者、其他高层管理人员和董事会成员；

证明组织合法性的各种文件；

计划书中采用的各种数据的来源；

计划书中引用的参考文献（如果有的话）。

总的来说，社会创业计划最重要的因素不是财务数字和活动事项，而是创意和人。

创业计划对于创业成功是有帮助的，但是也不要夸大它的作用。人们在制定社会创业计划时会遇到各种问题和困难，其中，创业计划制定者最常遇到的问题是：目标不现实、风险估计不足、缺乏对创业投入和贡献的准备信息、缺乏经验、目标市场定位不准确等。这些问题往往会降低创业计划的准确性，从而影响计划对创业活动的指导意义。

复习思考题：

1. 社会创业机会识别过程包括哪几个步骤？
2. 社会创业创意与机会的关系是什么？
3. 社会创业计划的受众有哪些？
4. 社会创业计划书的主要内容是什么？与商业创业计划书有何不同？

案例4-1

中国青年创业国际计划①

汶川地震发生后，许多NGO反应迅速，行动积极，在灾后援助工作中发挥了重要作用。中国青年创业国际计划（Youth Business China，YBC）快速启动了“重建家园创业行动”，与绵阳市政府合作，推动建立绵阳地方办公室，把创业项目引入灾区，整合社会资源，扶助灾区创业青年创业，从而带动当地经济发展。

一、YBC的创业背景

YBC学习并创新性发展了青年创业国际计划（Youth Business International，简称YBI，总部在英国）的模式。20世纪80年代，英国由于青年失业引发了一系列社会问题，引起了政府和企业界的关注。1983年，英国王子基金在英国开展了青年创业计划，该计划平均每年帮助5000名英国青年创业，创业成功率在60%以上。1999年英国王子基金与英国威尔士王子国际商业领袖论坛共同组建了青年创业国际计划（Youth Business International-简称YBI，总部在英国）。YBI向有成为企业家的愿望，但是缺乏创业资金，缺乏获得帮助的有效渠道的青年提供创业扶助：为能够提交可行性创业计划的青年提供一笔小额贷款，并为他们安排创业导师。到目前为止，YBI已经在46个国家运行扶持青年创业，社会效益显著。

中国面临同样的就业问题。共青团中央、全国青联与英国威尔士王子国际商业领袖论坛、英国青年创业国际计划合作开展了旨在帮助中国青年创业的国际项目——中国青年创业国际计划（Youth Business China，简称YBC），借鉴和利用YBI项目模式、先进经验和国际资源，根据中国国情和文化特点的创业扶助模式，帮助中国青年走向创业成功之路。

① 本案例根据以下资料来源改写：朱晓红，YBC重建家园创业行动及其经验分析——基于社会企业的视角，中国非营利评论，2008年第三卷，社会科学文献出版社，也可以参见：http：//www. ybc. org. cn/html/archives/media/200901/16-328. shtml.

二、YBC 重建家园创业行动的运作模式

YBC 具有公益使命，运用市场化运作方式整合社会资源，采取了一种介于公益与营利之间的社会企业的运作模式。

YBC 的公益使命包括三个层面的公益理念，即扶助青年成功创业，带动就业；辅助企业家实现社会责任，活跃经济；协助政府解决就业难题，促进社会和谐。

YBC 采取了介于公益与营利之间的运作模式。YBC 不是无条件地扶助创业青年，而是通过竞争机制，立足于市场发展前景，遴选有创业能力和创业计划的青年，并通过创业带动就业，在实现公益目标的同时，成为创新企业的孵化器。在汶川地震灾后重建中，YBC 社会企业的运作模式发挥了重大作用。

YBC 通过社会筹集的方式建立了专项青年创业基金。基金通过无抵押方式发放给创业青年。YBC 的资助对象是年龄在 18～35 岁，处于失业、半失业或者待业状态，有很好的商业点子和创业激情，筹措不到启动资金的青年人。打算申请贷款的青年提交一份商业计划书，经地方项目办初审后，经过面试和全国项目办的复审，通过即可获得创业资金。金额一般不高于人民币 5 万元，无息无抵押担保。受助青年在其项目开始运行后，须在 3 年内分期偿还贷款。创业基金偿还后，YBC 再用于资助其他有志创业的青年。

YBC 为青年提供以下帮助：

为创业者配备一对一的创业导师。由企业家、企业中高级管理人员、咨询师、律师、专业人士志愿担任创业导师，与创业者之间签订一份协议书，导师免费为创业者提供为期 3 年的咨询和指导。导师不仅为创业青年提供经营和技术指导，同时也为青年创业提供精神支持。

由各行业协会、工商服务机构、专业公司为青年创业者提供咨询服务。为有志创业的青年和已经创业的青年提供免费、系统的创业培训和其他培训。为创业者提供工商、金融、法律等企业经营所需的信息，帮助青年融入当地工商网络。

通过募集方式建立专项青年创业基金，为青年创业提供免息、免担保的创业启动资金。创业青年在得到贷款后的第二个月，开始还款，每月还贷款的 1/36，3 年还清。

YBC 重建家园创业行动的成功来源于 YBC 强烈的风险意识和成熟的风险控制机制。

其一，事前风险控制。在选择合作伙伴上，YBC 始终持有谨慎态度。在绵阳地方办公室的筹建过程中，YBC 对绵阳市的青年工作状况作了周密的考察；在对创业青年的选择上，YBC 认为，并不是所有的人都适合创业，只有 20% 的人适合创业。因此，YBC 建立了严格的遴选机制，考察青年创业的风险意识和勇气，自信心、责任心，项目本身的风险性，然后才决定是否资助。YBC 项目青睐那些可实施性强、能让更多人受益的商业计划，关键看申请的项目有无创新性、可操作性，策划是否符合市场运作规律，申请人的诚信。

绵阳地方办公室筹备处，大力宣传 YBC 创业扶助模式，吸引广大青年前来咨询，仅网上咨询者就达到 6000 人。收到项目计划书 500 份，从中遴选了 200 份，并由专家予以指导，修改、完善，经过专家评审，选出 30 份项目提交全国办评审，最后 23 名创业青年获得资助。严格的遴选机制保证了资助项目的质量，这样就保证了资助项目是具有市场前景的项目，降低了资金的风险。对于导师的选择，也有评估和淘汰机制。这就保证了资金以及项目运作的可靠性。

其二，事中风险控制。一方面，YBC 创业导师及导师团的市场风险评估预防机制起到了风险随时监控的效果。YBC 不仅仅为青年提供创业资金，还为每个创业青年配备导师，在创业项目运营过程中随时与创业青年沟通。创业导师由企业家、企业中高级管理人员、咨询师、律师等工商界专业人士志愿担任，对创业青年的辅导每个月不低于 4 个小时，而导师团也成为导师和创业青年的重要思想库和智囊团，为创业项目的运作提供咨询建议，降低了市场风险。另一方面，YBC 制定了严格的制度规范，从 YBC 组织章程到针对项目办工作人员，创业青年、导师、志愿者等 YBC 运作中的重要环节和人员的行为规范，涵盖面甚广。笔者在 YBC 全国办看到了由专人负责保管、还在不断完善中的制度规范文本，厚重、明确、详细，这成为 YBC 成功运作的核心竞争力。

其三，市场机制与伦理责任的有机结合所搭建的社会信任网络。创业青年的无抵押贷款，其实抵押的是创业青年的人格。被他人信任可以激发一个人的尊严感和责任感。可以说，YBC 以创业青年为导向，以信任为基础，以地方办公室为合作平台，以灾区当地政府与 YBC 全国办为主体的互动合作机制为主线，构建了一个连接企业与企业家、政府、YBC、青年、社区多元主体的互动网络。整合抗震救灾的社会资源，把政府的政策、人力、公信力，企业的资金、人力资源、YBC 的社会资本、青年的智力热情有机地整合起来。

三、YBC 重建家园创业行动的运作过程

在地震之前，YBC 全国办公室就已经与绵阳市政府进行了沟通与协商，开始酝酿绵阳地方办公室的筹建，希望四川共青团组织能积极实施中国青年创业国际计划。绵阳市政府在考察了 YBC 昆明地方办公室及其运作过程后，也认同 YBC 的理念、运作模式。2007 年底，绵阳市委专门成立了绵阳市青少年社会教育和青年发展（创业促进）委员会，作为绵阳地方办的领导机构，由绵阳市市委常委，工会主席王倩任委员会主任，团市委、市中小企业局、市工商联等十三家相关市级部门主要负责人担任该委员会委员。同期，成立了以市委副秘书长、市政府副秘书长为正副组长的绵阳 YBC 办公室筹备组，筹备组下设筹备工作办公室，全面展开筹备工作。

汶川地震发生后，绵阳地方办公室的挂牌仪式被迫延期，但是，更为艰巨、更有意义的创业扶助工作迅速提上日程。绵阳市属重灾区，地震中遇难人数加上失踪人数接近整个灾区的三分之一，大量的家庭失去了亲人，北川县很难找到一个没有遇难者或者没有受伤者的家庭，企业也受到严重损失；唐家山堰塞湖险情危及一百三十多万群众的人员安危；暴雨袭击又使绵阳遭受上亿元损失。三重灾难袭击绵阳，在这种情况下，绵阳不仅需要物质的支持，更需要精神力量。YBC 灾后迅速启动了“重建家园创业行动”，不仅给灾区物质援助，同时，扶助灾区创业青年，通过创业，恢复生产，恢复信心，“不仅身体从废墟中爬出来，灵魂也从废墟中走出来。”

1. 第一阶段：酝酿灾后重建援助创新模式

地震发生之后，一方面，YBC 全国办积极组织筹集物质，运送到绵阳市。另一方面，YBC 从自身特点出发，理性思考援助方案，明确意识到，在灾后第一时间不能派人赴灾区救援，因为这不是 YBC 的长项，其特长是应发挥于灾后重建过程中。YBC 应在这次救灾行动中运用自己的专业知识和创新模型、资源整合模式等优势，为灾区重建做出贡献。

(1)“重建家园，从创业开始”研讨。5 月 22 日，YBC 在北京召开专家座谈会，研讨“重建家园从创业开始”行动推进方案。会议达成了五项共识：①尽快建立 YBC 绵阳地方办公室和服务站，为青年创业重建家园提供长期配套服务；②设立“YBC 支援灾区专项基金”，首批资金从 YBC 青年创业基金中拨出 1000 万元，用于灾区青年、特别是孤残青年创业启动资金、创业培训、导师辅导等；③从北京、上海等 YBC 地方办公室组织导师援助团赴灾区，支持和带动当地导师开展创业青年辅导工作；④近期组织专家前往灾区调研，确定灾区最需要的创业项目；⑤尝试在灾区推动社会企业的创办。YBC 认为，灾后重建是一个巨大而长期的过程，将予以长期关注和投入，通过动员社会各界特别是工商界的资源，为创业青年提供导师辅导及资金、技术、网络支持，帮助更多青年成功创业。

(2) YBC 全国办公室“YBC 重建家园行动”第二次策划会。5 月 30 日，策划会讨论了 YBC 重建行动的组织准备、推进步骤及灾区扶持新模式。设立策划组、项目组、宣传组、资源组、金融组、法律组、联络组等 7 个小组，分别进行前期策划和灾区调研。在调研基础上出台《YBC 灾后重建工作指导意见》。

同时，YBC 组织企业联盟和媒体联盟，联合 YBI 及全球成员等国际人道主义力量，共同推动以创业带动重建家园行动。

2. 第二阶段：建立服务站，评审创业项目，确定扶助青年及其导师

(1) 模式创新。在绵阳 YBC 筹建办的积极申请倡议下，YBC 全国办在认真研讨策划下，最后确立了“重建家园创业行动”方案，在原有模式基础上实现了灾后援建创新。

受益青年的范围放宽：除按照 YBC 规定扶持人群外，要特别关注地震中失去企业的青年企业家、因地震致残的孤残青年等人群，帮助灾区青年生产自救、积极创业和“二次创业”，带动就业，重建家园。

创业资金的额度增加：贷款的金额上限由 5 万元人民币放宽至 10 万人民币，如有特殊需要，还可视情况适当增加。

导师“异地辅导”，即 1+1+1 导师模式：强调要充分发挥导师的主导作用，除按照 YBC 典章规定的“一对一”导师辅导外，还将尝试在上海、山东、陕西、福建、北京、云南、宁夏等已成立 YBC 地方办公室的地区，组织动员有经验的导师开展“异地辅导”。

企业家带项目到灾区：实现项目对接，“复制、移植”YBC 全国导师

企业的上下游项目至灾区运作，由当地符合条件的青年经营，YBC及导师企业在资金、技术、设备、人员等各方面给予支持。

配合政府灾后重建政策步骤，先建工作站，再建立地方办公室。6月27日，在四川维德通信技术有限公司设立了在四川灾区设立的第一个服务站——YBC维德服务站，北川服务站也在当地政府的鼎立支持下成立，通过服务站为广大灾区青年开展创业咨询和帮扶工作。

(2) 项目申报审批。依据YBC的工作流程（见图4-3），创业青年提交项目申请书上交工作站，得到认可后，地方办筹备处为项目申请人指定一位创业导师，导师对申请人的项目进行评估，修改调整，并填写评估表。地方办筹备处组织专家对项目进行公平公正的评审，把评审意见提交全国办复审。2008年7月13日，YBC北川、平武等重灾区创业青年项目评审面试会在四川绵阳召开，各位导师严格按照公平、公开、公正的评审原则和《中国青年创业国际计划项目审核办法》的要求就创业青年的现场项目分析和递交的创业计划书进行审核，最终经过对方案的可行性、行业内外部环境、发展空间等问题的反复论证和综合分析评估，《科学种植金银花》、《蓄兴种兔繁育场》、《农场DLY种畜繁育场》三个项目顺利通过评审面试并报YBC全国办复审。YBC全国办公室根据申请人的《创业计划书》、《资助协议书》和其他相关资料，最终做出资助决定。这是第一批通过审批获得资助的项目，前后累计共有23个项目得到资助批准。

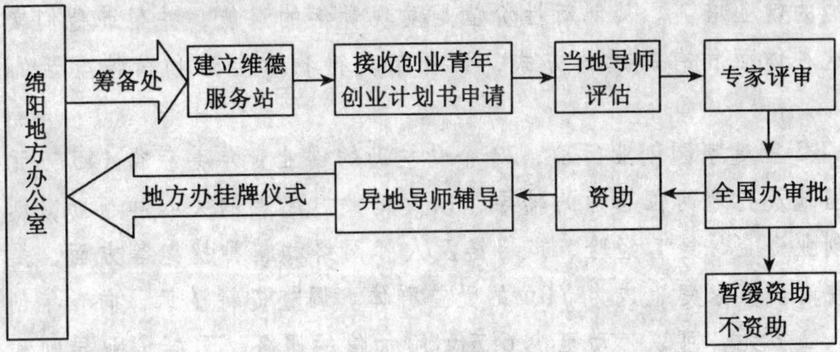

图4-3　绵阳YBC地方办公室创业资助流程图

3. 第三阶段：绵阳YBC地方办公室正式挂牌成立

2008年7月29日YBC绵阳办公室正式成立。YBC继续向全国各地YBC理事、导师、评委企业家们征集可供创业青年选择的创业项目，搭建好多渠道、多创新的专项行动项目平台；推动合作创业、社会企业、创业扶持项目的创建；在项目组织实施中实行点面结合、试点创新、认真评估，形成示范，逐步扩展扶持规模，帮助灾区青年重建家园。

在绵阳当地，随之开始了创业青年异地实践活动。9月17日，首批24位来自地震灾区绵阳的创业青年赴上海，进行为期一周的创业培训和挂职锻炼。在相关政府部门、YBC福建企业家导师的大力支持下，为期一个月的“YBC四川创业青年赴闽创业实践活动”也于9月17日启动。YBC福建办公室除安排创业青年前往所分配的企业进行轮岗学习外，还组织他们参加海西青年创业培训班，采用国际劳工组织开发的《创办你的企业》SYB培训模式，对创业青年进行为期5天的创业系统培训。绵阳创业青年还受邀参加YBC创业青年俱乐部的活动，与福建的创业青年进行沟通、交流。

四、YBC的项目运作效果分析

在YBC灾后援助模式设计之初，就设计了最大的受益面。在这个项目的运作过程中，参与者同时也是受益者，这正是社会企业运作模式的效益所在。

1. 创业青年

创业青年是直接的受益者。青年创业计划的价值已远超出慈善事业或者单纯的就业培训。其创新性价值是发现青年的潜能，并帮助他们实现价值，这种体面和有尊严的方式，让青年获得物质生活和精神生活的双重受益。

YBC重建家园创业行动，23个受扶助的创业青年共获得145万元的资助和当地及异地两位导师的辅导，以及无数志愿者的关心和帮助，创业青年在创业资金、经营经验、市场链及人际网络和精神抚慰等方面，是直接的受益者。其家庭也成为YBC的受益群体。调查资料显示，向青年创业者每投入2万元，可以带动至少6万元附加值的服务，包括创业导师和工商网络在青年创业家创业的头3年为其免费提供建议和支持。

创业青年付贤华在地震前已经成功经营着一个以200名会员为依托，229户养殖户为主体的规模化种兔饲养基地。然而，汶川地震却让付贤华遭受重大损失。面临二次创业的付贤华首先遇到的就是购买高质量种兔和引进消毒设备所需资金的巨大缺口。通过 YBC 的扶助，他获得了 10 万元的启动资金，并有四川维德通信技术有限公司总经理赖宏和四川旭平兔业有限公司董事长任旭平两位创业导师在市场管理和饲养技术方面的辅导。付贤华在访谈中乐观的估计，年底种兔出栏量能够达到 5 万只，有望在最短时间内把产业做起来。

2. 社区

青年创业，促进当地就业，以一个点带动一个区域的发展。因而，创业青年所在社区成为 YBC 运作模式间接的收益者。5 年来，YBC 模式下，平均每个企业带动 11.9 人创业。这有利于缓解创业青年所在社区当地的就业问题。

这次地震波及绵阳城乡广大地区，青年创业所选择的项目需要的资金不高，可以迅速启动，对于短期内恢复生产，可以带动当地社区的灵活就业，对于当地就业以及当地群众重建生活信心有着重要意义。

3. 企业与企业家

企业与企业家参与 YBC 运作，是企业履行社会责任的途径，同时也完成了对企业家的教育，并促进企业家社会资本的积累。企业家参与 YBC 往往有着各自的最初动机。但是，通过对公益行为的参与，企业家的社会责任感逐渐增强，扶助创业青年本身就是一个受教育过程。参与过程中，企业家实现了自我价值。企业家把自己的人生经验和创业经验传授给创业青年，并使青年获得成功，就是对自我价值的另一种肯定。

企业家在奉献过程中，也实现了社会资本的积累。在创业扶助过程中，搭建了企业家之间、企业家与政府之间的交流平台，神圣的平台促进了企业家之间的交往信任机制的形成。企业家之间的互动合作信任，往往就在扶助青年过程中实现，社会资本积累成为企业家的巨大财富。有两个在 YBC 运作网络结识的企业家，口头约定了 1 亿元的合同，直到履约完毕，才发现，彼此一直没有签订书面合同。这种仅依靠道德规范而不是契约规范的商业行为，是社会治理走向伦理化进程的征兆。

4. 政府

YBC 所经营的领域以创业带动就业为核心，用一种灵活的方式，集中社会的资源，解决政府所关注的经济和社会问题。同时，YBC 全国办汇集了各地方办公室企业家资源，YBC伙伴如新希望集团等企业直接带着资金和项目来绵阳，对于绵阳市招商引资、创业就业等工作，对于加快绵阳灾后重建步伐，意义重大。作为政府的帮手，作为和谐社会构建中的重要建设主体，YBC发挥着重要的作用。绵阳市政府清楚地意识到这一点，所以，积极展开与YBC的合作，成功地发挥了NGO的作用，以YBC为借力，为纽带，把失业青年融入YBC运作体系中，成功地以组织化方式，实现了灾后重建的社会动员。得到了温家宝总理的“绵阳灾情最重、组织最好、抢救有力、指挥有序”高度评价的绵阳市政府，在与NGO的合作上也表现出高水平的社会管理能力。

思考题：

1. YBC的运作模式有何特点？

2. YBC的创业过程有何特点？

3. 根据本案例提供的信息，并结合YBC重建家园项目的最新进展情况，对该项目做出评价。

案例 4-2

郭建梅的创业道路①

1995 年，毕业于北京大学法学院的郭建梅于参加了第四次世界妇女大会 NGO 论坛，这次经历成为她人生的转折点。大学毕业后，郭建梅曾先后供职于司法部、全国妇联和中华全国律师协会，参加这次大会之后，郭建梅放弃了“铁饭碗”，成为中国第一代公益律师。

1995 年 12 月，在郭建梅及朋友的努力下，中国第一家专门从事妇女法律援助及研究的公益性民间组织——北京大学法学院妇女法律研究与服务中心（以下简称“中心”）成立。中心以妇女这一特殊的弱势群体为服务对象，以提供法律援助为救济途径，致力于中国贫弱妇女的维权事业，唤醒她们的维权意识和法律意识，维护她们在社会、政治、经济生活中的合法权益，消除其精神和文化上的贫困，促进其人格的发展和完善，帮助其走上自尊、自立、自强之路。十几年来，郭建梅和中心一起走过了充满艰辛但成果丰硕的创业之路。

一、事业初创

1995 年，郭建梅拿着福特基金会捐助的 3 万美金开始了她的社会创业之路。创办之初，从中心的创始人到员工，大家更多的是凭着一份激情和社会责任感在工作。中心的工作领域、工作方式以及未来的发展方向缺乏一种理性思考后的定位。大家每天都在加班加点，尽心办理所有贫弱妇女求助的案子。在成立后一两年的时间里，中心的名声很快打开了，求助的

---

① 本案例根据以下资料编写：

北京大学法学院妇女法律研究与服务中心，“关于我们”，“我们这十年”，“千千律师事务所‘公益法律服务进社区’”活动正式开展，http：//www. woman-legalaid. org. cn/about. asp；

吴晓蕾，北大妇女法律中心被撤始末，http：//www. time-weekly. com/show. php?contentid-6547. html，时代周刊，2010（74）.

卫毅：郭建梅，你怎么还在做公益律师呀？南方人物，2009-04-22，http：//www. infzm. com/content/27285/2。

人越来越多。大家开始反思：中国这么大，需要援助的妇女这么多，我们浑身是铁又能打出几个钉？

二、成长的烦恼

1998—2002 年，中心迅速总结创立时期的经验教训，逐步形成了符合中国国情和 NGO 理念的模式和方法。中心认识到，法律援助不应仅停留在对某个当事人的援助和某个案件的解决，而应通过对案件的援助，起到以点带面的作用，并找出立法、执法中存在的问题以及妇女群体权益方面存在的普遍问题，通过研究、呼吁、建议等方式促使其得到解决和完善，从而带动一类案件、一批案件的解决，从更大范围、更深层次上实现法律援助。因此，中心在工作方法上扩大了法律援助的内涵，把法律援助以诉讼为主要内容扩展到咨询、诉讼、研究和立法倡导相结合，提出了“大”法律援助的理念；在法律援助内容上将范围主要确定在妇女的婚姻家庭权益、人身权利和劳动权益三大领域，并以典型性、代表性和重大的社会影响性作为受理案件、进行专题研究和立法倡导的标准。同时积极开拓机构信息化、网络化的发展平台。

在中心的倡导和努力下，分别于 2000 年 12 月和 2002 年 7 月，发起成立了中国民间法律援助协作小组和中国妇女权益法律援助协作网络，积极开展全国范围内的法律援助协作，共有 28 个省市、自治区、直辖市近百家律师事务所和民间公益机构加入其中；2002 年 9 月建立了全国首家专门的民间妇女法律援助网站，通过互联网为全国妇女提供更为及时和便利的法律服务，将妇女法律援助扩展到了空间广阔的网络世界。战略的调整，带来了中心高速的发展，中心的影响力在国际和国内都迅速提高，中心步入了良性和稳定的发展轨道。同年，中心被中国《财经》杂志评选为中国十大有影响力的民间组织之一。

中心在高速发展之后应如何开拓新的工作领域，如何在现有的高度上超越自我，如何应对来自 NGO 相关领域激烈的竞争，这一系列的问题和挑战，使得中心在事业达到一定高度后，再次遇到往何处去这一重大命题。因此，在 2002 年一年的时间里，中心成员在焦虑、困惑、彷徨和矛盾中挣扎，中心工作也一度陷入近乎停滞的状态。此时，郭建梅的心理状态也出现问题，身心疲惫的她一度患上中度抑郁症和重度焦虑症。

三、发展中的调整

2003年至2010年3月，强烈的社会责任感促使中心在经历了短暂的彷徨后迅速地调整自己，重新审视自己的使命和定位，并进一步规范组织管理。

中心认识到，随着社会的进步与发展，妇女权利意识日益增强，权利需求也不断多元化，妇女权益的法律保障需要新的、更为有效的机制和途径。近十年的妇女权益法律援助之路让他们看到，很多案件所反映的不仅仅是某个妇女的个体利益，其背后代表的是一个群体。个案解决的实质是触及和推动某一妇女群体利益的解决，并以此影响和推动该领域立法和政策的变革。因此，这类案件是公益性质的案件，其根本目的是推动有关妇女权益法律和政策的改革和完善，它需要用一种新的理念、新的途径和新的制度来实现。而在现代社会中，公益诉讼无疑是像中心这样的公益性民间组织整合社会资源，积极倡导社会变革，全面、充分地保障弱势群体权益等公共利益的有效形式。因此，中心认为公益诉讼应该是其未来推动中国妇女权益保护事业的一个新的重点和发展方向，是法律援助的拓展和延伸。从2004年起，中心进行了工作重点和战略目标的调整，由法律援助转向公益诉讼和个案法律援助并重，并力求通过进行妇女权益的公益诉讼，从影响、推动立法和政策制定的层面上维护女性群体的各项权益，并推动中国公益诉讼制度的建立。

与此同时，面对妇女权益保护的多元化发展，中心把目光投向法律援助之外的更深入和广阔的领域。2005年4月，中心以项目的形式成立"妇女观察"，与之同名的网站同时开始建立并运行。"妇女观察"超越了法律援助和法律研究的范围，以全方位的视角对妇女权益保护进行全面而深入的探索与实践，在信息收集、调查研究、提起战略性诉讼、开展培训、进行宣传和倡导等方面广泛开展工作。

在进行战略调整和拓展工作领域的同时，中心开始苦练"内功"，进行机构和人员的调整和改革，建立治理机构，大大提高了中心的管理水平和业务能力。2002年底，中心成立了理事会，并在此基础上，从增强理事会作用、提高理事会决策能力出发，对理事会人员组成进行了逐步的充实和调整，体现了广泛性、代表性、权威性。中心下大力气完善规章管理制度，在一年多的时间里对各类规章制度进行了多次修订，进一步体现了科学性、民主性和可操作性，机构管理进一步规范化、制度化。中心全面实施文化建设，营造了快乐、民主、透明、积极向上的文化氛围，形成了“用爱心书写公益人生，以法律构建两性平等”的机构理念。中心重点加强了机构和人员的能力建设，通过近三年的时间，开展和参与了一系列的能力建设培训，中心成员的各项能力得到极大提升。

中心在战略调整后取得了显著成就，也得到社会的高度评价。随着中心的规模与影响力的扩大，郭建梅这个名字也越来越被人知晓。2005 年，郭建梅与全球千名杰出妇女共获诺贝尔和平奖集体提名；同年，获得《南风窗》杂志“2005 为了公共利益年度人物”奖，并被《中国质量万里行》杂志列入 2006 公益维权年度人物候选榜；2006 年获得中国第三届公益事业发展论坛颁发的“公益楷模”奖章并当选为北京海淀区第八届政协委员；2007 年荣获中国第四届公益事业发展论坛颁发的“中国法律界 2007 十大社会公益人物奖”、美国旧金山劳动雇佣法律援助中心“公益律师年度人物”奖、美国“重要之声”组织颁发的“2007 全球女性领导者”奖，以及“2009 年度西蒙·德·波伏娃女权奖”。

四、中心的夭折与新生

正当郭建梅与中心一起成长壮大之际，北京大学社会科学部于 2010 年 3 月 25 日发出撤销公告称：“上述（四个）机构自公告之日不再挂靠北京大学，对于被撤销机构的一切行为，北京大学不承担管理责任。”其中包含北京大学法学院妇女法律研究与服务中心。这一消息犹如晴天霹雳，让郭建梅久久无法想通。明明是在做好事的自己，得到的却是这样的结果。

对于被撤事件的始末，媒体及相关人士作出了多种猜测。有一种说法是，因为根据北大 2006 年颁布的《北京大学人文社会科学研究机构管理办法》，研究机构负责人一般应为校内教学研究人员，而郭建梅是北京大学法学院兼职副教授。另一种说法是，妇女法律中心被撤，也许与其长期接受境外资助有关，政治风险比较高。外汇管理局就于 2009 年 12 月 25 日下发《国家外汇管理局关于境内机构捐赠外汇管理有关问题的通知》第 5 条特别针对境内企业接受境外非盈利机构捐赠做出详细规定，大大抬高接受捐赠的门坎。还有一种说法是这些公益组织介入了公共事件引起了政府的反感。

中心的撤销并没有终止郭建梅的公益前进之路。2009 年 9 月，郭建梅以中心为依托组建了千千律师事务所，千千律师事务所以专职公益律师专职开展公益法律活动，积极推动公益律师的专门化、专业化和职业化，并将法律援助和公益诉讼的关注点扩大到残疾人、农民工、老年人等更广泛的弱势群体。

思考题：

1. 郭建梅的创业经历受到哪些因素的影响？
2. 如何看待中心被北京大学撤销这一事件？

第五章　非营利组织的治理

把注意力集中在任务上，而不是你自己身上。任务才是重要的，你只是完成任务的仆人。

——彼得·德鲁克

本章要点

非营利组织治理的基本含义、特点及其机制；
各类非营利组织的治理结构及其运作；
非营利组织信息披露制度的构成及其原则。

格莱珉银行告别尤努斯①

1976 年，大学教授尤努斯在一个小村庄用 27 美元开始了针对农村贫困妇女的小额信贷实践，这一金融创新非常成功，并很快扩展到孟加拉国的其他地区。

1983 年，孟加拉国政府破例颁布《格莱珉银行条例》(以下简称《条例》)，支持尤努斯将其开创的项目转变成一家专门银行。格莱珉银行成立时，政府拥有 25% 的股份，并有权提名 3 个董事，其中一人担任董事长。《条例》规定，行长由董事会推举，并需得到孟加拉国央行的批准。此后，尤努斯一直担任行长一职，

① 王灵俊．告别尤努斯．南方周末．2011-06-16．本文网址：http://www.infzm.com/content/60480.

格莱珉银行也在其卓越领导下迅速壮大，成为一家国内首屈一指，具有广泛国际影响的小额金融机构。2006年10月，尤努斯和格莱珉银行荣获诺贝尔和平奖，尤努斯成为孟加拉国的民族英雄。

格莱珉银行是一家“穷人所有、服务穷人”的银行，股东主要是贫困妇女，因此，绝大多数股东是微小股东。这种股权极端分散化只能有两种结果：不是内部人控制，就是单一大股东控制。由于每个股东份额极低，难以组织起来对管理层形成有效约束。尽管她们选出代表加入了董事会，但以尤努斯为首的管理层始终掌握着银行的控制权。有尤努斯这样品格高尚的人掌舵，大家都很放心。但是随着尤努斯年事渐高，格莱珉的领导权问题逐渐浮上水面。

2011年2月，作为格莱珉银行最大的股东，孟加拉政府不断暗示尤努斯应该主动辞职。格莱珉银行成立以来，孟加拉国政府的股份也从当初的25%被稀释到3.5%，但董事会的名额分配和行长的任命方式一直延续到至今，没有反映出股权结构的根本性变化。在股权极度分散的机构，即便是很小份额的单一大股东，也能发挥远超其份额的作用。3月2日，孟加拉央行直接将尤努斯解职，理由是：1999年以来董事会对尤努斯的任命没有按规定得到央行的批准，而且尤努斯年逾七旬，已经超出格莱珉银行雇员60岁退休的规定。尤努斯不服，诉讼至高等法院，法院做出了支持央行的裁定。尤努斯随即上诉至最高法院，5月5日，最高法院做出终审裁决，驳回尤努斯的上诉。一周后，尤努斯黯然离职，离开了他亲手创立并领导了三十多年的格莱珉银行。

社会创业需要良好的治理。尽管创业者在组织的创立和成长过程中扮演了不可替代的角色，但是一旦创业者的理念转变为一个正式组织，治理就成为组织持续发展的关键要素。

治理非营利组织是一项极具挑战性的任务，它要求良好的领导能力、规范的治理结构、清晰定义理事会与首席执行官的角色以及对使命的热情。它要求理事对组织的使命怀有强烈的责任感，他们在社区中有影响力，有能力为组织奉献，并能帮助组织获得必要的资源。为了履行治理的职责，理事们还必须保持客观的视角，并对组织服务的对象有很好的了解。另外他们还要充分利用自己的专业和专长，更好地履行职责。

非营利组织的治理结构的核心是董事会（Board of Directors，在我国一般称为理事会）和首席执行官（Chief Executive Officer，在我国一般称为秘书长），非营利组织的治理问题本质上是如何有效发挥理事会和首席执行官的作用。有效治理的良方可以简单概括为几个基本原则：首先是使命，清晰准确和具有说服力的使命能够团结、激励理事会和员工一起努力做出有意义的事情；其次是理事会和员工的组成；最后，简洁流畅的组织构架能够帮助人们运用自己的技能，同心协力为实现组织使命做出贡献。如果使命正确，为之奋斗的人也非常合适而且各司其职，成功几乎就是必然的了。这些理念既不复杂，也不深奥，但是很少有组织能够完全实现之。①

本章第一至二节介绍非营利组织治理的基本理论和经验，第三节讨论我国非营利组织当前面临的治理问题。

第一节　非营利组织的治理概述

完善的治理结构是非营利组织实现良好治理、提升自身能力和社会公信度的必要前提，也是非营利组织健康持续发展的保障。

一、基本概念

“治理”一词来源于拉丁文，原意为控制、引导、操纵。在《现代汉语词典》里，“治理”的含义一是统治、管理；二是改造、整理。一直以来，“治理”主要用于与国家公共事务相关的管理活动和政治活动中，是统治者或管理者通过公共权力的配置和运用，支配、影响和调控社会的方式。

现代治理理论对“治理”的解释通常分为两个层次，第一个层次即为治理一词的初始含义，强调政府与公民、国家与社会的合作；第二个层次为组织层次，包括营利组织治理（最为典型的是公司治理）和非营利组织的治理，其实质是组织的利益相关方对组织的决策和制衡机制。

非营利组织的治理是指非营利组织建立完善的治理结构，确定组织使命，并确保组织实现使命的一种机制。非营利组织治理的概念应该区分为狭义和广义两种：狭义的非营利组织治理是一种合同关系，其成本低于市场组织的交易

---

① NPO 信息咨询中心．非营利组织的治理．黎佳，等，译．中国书籍出版社，2008：31.

成本，在非对称信息条件下，体现为一种关系合同，以简约的方式规范非营利组织各利益相关方的关系，约束他们之间的活动。广义的非营利组织治理，其功能是配置权、责、利。关系合同的有效性在于能在出现合同未预期的情况下界定谁有权力做出决策。非营利组织治理的首要功能就是配置这种控制权。因此，从广义层面上看，非营利组织治理涉及广泛的利益相关方，包括出资人、债权人、理事会、管理层、组织员工、受益者、供应商、行业协会、政府和社区等与非营利组织有利害关系的主体，通过一套正式及非正式的制度来协调非营利组织与所有利害相关者之间的利益关系，实现非营利组织决策的科学化，从而实现非营利组织的宗旨和各类主体整体利益的最大化。

相应地，非营利组织治理的基本模式由内部治理架构和外部治理架构两大部分组成。狭义非营利组织治理主要是指非营利组织的内部治理架构。在内部治理架构中，出资人和捐赠者提供非营利组织的运营资金，也在相当程度上影响着非营利组织的目标；理事会是非营利组织治理的核心机构；管理层负责非营利组织的日常运营。广义的非营利组织治理除了内部治理架构之外还应该包括外部治理架构。在外部治理架构中，政府从法律法规角度对非营利组织进行规制；社区为非营利组织提供运营环境；受益人是非营利组织产品的享受者（或购买者）和治理的参与者；行业协会、战略联盟和合作伙伴、独立审计部门、传媒、其他社会组织等，构成非营利组织的外部约束主体。

二、非营利组织治理的特点

非营利组织本身固有的特性是进行其治理结构设计的基础。营利组织的“治理机制”（Governance Mechanism）包括“市场”（Market）与“层级制”（Hierarchy）两种形式。市场机制是组织通过与外部环境的自由交换方式进行的，后者则是在组织内部通过权威关系实现的。至于某一项活动是采取市场方式进行还是采取等级机制进行，由“交易成本最小”原则来决定。

相对于营利组织而言，非营利组织治理具有自身特征：

1. 非营利组织的所有者缺位

由于非营利组织“无所有者”和受“非分配约束”，社会信任机制取代市场价格机制发挥作用。在信任机制作用下，捐赠者愿意把钱捐给非营利组织开展公益事业；政府对非营利组织减免税收，对向非营利组织提供捐赠的企业和个人实行税收优惠政策，并向非营利组织提供直接和间接补贴；消费者愿意接受非营利组织提供的产品和服务。这些资助和经费收入是非营利组织赖以生存和发展的资源。

从非营利组织的经费来源看，一般的分配趋势是，如果它们提供的产品和服务越具有公共产品属性，经费就比较多地来自于捐赠和公共财政；反之，如果它们提供的产品和服务越具有私人产品的属性，经费就比较多地来自于服务费用。

2. 非营利组织出资者与受益人角色的分离

非营利组织的出资人是社会民间机构或者个人，即捐款人，他们既不是非营利组织的所有者，也不是非营利组织的受益人。非营利组织的受益人是非营利组织出资人和章程所限定的受众群体。

因此，非营利组织具有典型的非对称信息特征。该特征决定了信任机制主要依靠非营利组织的社会声誉。社会声誉的建立依赖于非营利组织使命的完成，以及其符合社会规范的程度。

对于美国私立大学经费收入状况研究表明，社会声誉好的学校不仅可以收取较高的学费，而且还可以获得较多的社会捐赠；相反，社会声誉差的学校不仅无法收取较高的学费，而且也无法获得较多的社会捐赠。因此，私立大学采取多种手段，维护学校的声誉，维持学生对学校的信任感。非营利组织的社会声誉是相对稳定的，一旦形成，是不容易变化的，从大学社会声誉调查的稳定排名顺序中就能发现这一点。声誉机制决定了大学之间竞争程度比较低。可以说，非营利组织一旦失去信任，也就失去了其存在的合法性基础。

3. 非营利组织具有更广泛的利益相关者

从内部治理角度看，与企业治理有很大的不同，非营利组织治理涉及更为广泛的利益相关者。以私立大学为例，国外私立大学采取由外部人士组成的董事会（Board of Trustees）管理体制。与企业由股东代表组成的董事会不同，私立学校董事会不是学校的所有者，而是它的看护者或者托管者。他们根据学校的特许状和办学使命，保证学校能够获得足够的资源，长久地运行下去。

由于“无所有者”和“非分配约束”，所以学校内部成员之间的关系是建立在一种信任的基础上。这种信任机制是保证教师学术自由和复杂学术工作正常开展的基础。组织经济学认为，根据雇员工作性质的不同，组织会与他们签订不同的合约。雇员的工作性质可以通过特定性程度和生产力测量的容易度加以衡量。大学教师工作具有非特定性和不容易测量的特性。教师工作效果不容易测量这一点是容易理解的。为什么说教师工作具有非特定性呢？教师从事知识的创造与传授，这些工作与具体学校没有特定的关系，教师比较容易从一所学校迁移到另一所学校。非特定性和不容易测量的特性决定了大学与教师之间的适当合约关系应该是，既要保证教师的学术自由，又要保证教师群体适当的流动性，教师工作激励机制表现在融合"忠于组织"与"忠于专业"两个方面。显然，企业组织结构是难以实现上述相互冲突的要求的。

因此，非营利组织的外部治理和内部治理，分别是以社会对非营利组织的信任和管理者对于雇员的信任为基础的。依靠这种信任机制，组织从外部获得资源，组织内部成员具有一定的自主性，开展复杂程度高的工作。

第二节　非营利组织的治理结构

一、国外非营利组织的治理结构模式

由于各国非营利组织的发达程度不同，各国的政治法律制度和社会文化环境的差异，各国采取的非营利组织的治理模式也各有特点，但基本的共同特点是以董事会或理事会为中心。

（一）美国的非营利法人治理结构模式

美国作为世界上非营利组织最为发达、非营利组织治理理论研究也最深人的国家，其非营利法人治理结构模式在很大程度上借鉴了其公司治理结构模式。即非营利法人的治理结构是由成员大会、执行机构（董事会和首席执行官）和独立会计师等三部分组成。成员大会是非营利组织的最高权力机构，董事会是非营利组织的法定代表机关和最高决策机关，首席执行官是首席雇员和决策执行者。非营利组织内部不设立监事会，但是由法人聘请独立的会计师来承担审计监督职能。在内部治理结构问题上，英、美、法等国家非常强调董事的义务和责任。①

（二）德国非营利法人治理结构模式

德国对非营利法人治理结构的规定受到其公司治理模式的影响，但又与公司治理结构有所不同。

在公司治理结构方面，德国采取监事会和董事会双重结构，其特点是员工

① 方文进．民办非企业单位治理结构问题探讨．社团管理研究，2010（11）．

和股东共同治理。在德国的公司里，由员工、股东大会组成的监事会拥有很大的职权，是公司股东、职工利益的代表机构和监督机构，其职责范围包括任命和解聘董事，监督董事是否按公司章程经营，对公司的重要经营事项做出决策，审核公司的账簿，并在必要时召开股东大会等。董事会是公司的对外代表机构，主要负责公司的经营管理，向监事会报告和负责，向股东和其他利益相关者提供必要的信息。

德国非营利法人的治理结构没有公司治理结构那么完善。德国的非营利法人分为社团法人和财团法人，其内部治理结构主要依据德国民法典的相关规定。对于社团法人而言，为了满足法人的基本条件，德国民法典要求社团法人必须具备两个机关：社团总会和董事会，而且在法人的章程中必须如此规定。社团总会是最高权力机关，选举产生董事会，董事会是对外代表法人的机关。而对于财团法人来讲，只规定一个必设机关——董事会。监事会是公司的必设机关，却并不是非营利法人的必设机关。

（三）日本非营利法人治理结构模式

日本直到1998年才对非营利法人的治理模式从法律上做出具体规定。日本的非营利法人治理模式在很大程度上借鉴了公司治理模式的经验。

日本的公司治理结构由股东大会、董事会、经理和监察人组成。股东大会是公司的最高权力机构，决定董事会和监察人的人选。董事会是执行管理机构。但是由于日本是法人大股东相互持股，经理人员又是法人大股东的代表，所以股东代表大会选举董事会、董事会任免经理的法定程序往往成为经理自己选自己。这种情况很容易导致内部人控制，所以日本公司在内部设立监察人来对经理予以制衡。

日本民法典就非营利法人的治理结构只作了原则性规定，1998年通过的《特定非营利活动促进法》对此问题作了更为详尽的规定，其他还有私立学校法、社会福利法、更生保护事业法都分别规定了不同类型的非营利法人。根据这些法律的规定，日本的非营利法人的治理结构模式与其公司治理结构非常类似：内部设有社团总会、理事会和监事会。社团总会实际上就是成员大会，是法人的最高权力机构，理事会是决策机构，对外代表法人，监事则承担监督功能。当然，财团法人没有社团总会。

二、非营利组织的理事会

理事会是非营利组织的最高决策机构，代表决策权和最终责任承担者。Mark Lyons 认为："在确切意义上，理事会是指治理非营利组织的群体。"① 在保证组织充分完成它的使命的过程中，理事会发挥着决定性的作用，并确保组织能够在法律的框架内运作。

对非营利组织而言，理事尽管不能拥有某个非营利组织，但是可以控制它。志愿精神和慈善天性的最高体现就是参加自愿性的非营利组织理事会。使命与职责是非营利组织存在的基础，也是有效治理的出发点。②

非营利组织的治理结构必须立足于使命之上，正如其项目和服务必须立足于使命之上一样。工商管理专业的学生第一天就被教导：企业的目的就是为了创造利润。企业里的每个人都知道，自己的首要职责就是尽可能实现企业的利润最大化。尽管近年来企业界逐渐认识到价值观和道德的重要性，但是利润始终是最重要的目标。

在第四章我们已经了解到，在非营利部门制定组织使命比企业更为复杂，同时也更加重要。在非营利部门，使命是一切行动的根本目标。非营利组织的存在是为了服务公众利益，或者至少是为了满足成员的需求。使命不清晰的话，会导致混乱的决策和严重的后果。

每一次理事会投票都应该建立在如下基础上：这个决策能否对组织使命有贡献？每次投票之前，都应该问这么一个问题：这个政策或项目是否比其他所有选择更好地帮助组织实现使命？

（一）理事会的基本职责

理事会与理事会成员履行职责的具体方式取决于所属机构的大小、架构以及历史。尽管每个非营利组织都不尽相同，而且也没有放之四海而皆准的治理模式，但是，随着理论的发展和经验的增多，人们发现还是有一些理事会结构、政策和运行方面的做法比其他同类做法更为有效。BoardSource 的《理事会治理手册》归纳了理事会有十项基本职责，理事会可以将这些基本责任融

① 丁元竹．问责制、绩效和治理——中国非政府公关部门治理状况研究．中国经济出版社，2005.

② NPO 信息咨询中心．非营利组织的治理．黎佳，等，译．中国书籍出版社，2008.

入到组织的规章和政策中去。① 这十项基本职责是：

第一，制定组织的使命和目标。理事会最根本的责任在于制定所述组织的使命和目标。理事会清晰、自信地定义使命的能力和组织的成功有着莫大的关联。

第二，任命首席执行官。甄选和任命适合的首席执行官对组织的发展和工作效果有着最大的影响。理事会不妨征询利益相关方的意见，但具有最后决定权。理事会可以请猎头公司代为寻找，也可以自己来找。仔细甄选首席执行官固然重要，不过，为了能够让首席执行官更好地发挥作用，理事会必须为其提供一个良好的工作环境。

第三，财务监督。理事会通过帮助制定和审批年度预算来履行自己的财务监督责任。由于审批年度预算实际上是以决议的形式把许多不同的项目、人事决定和其他事项做了优先排序，因此，这可能是理事会每年必须做的最重要的决策之一。

第四，筹集资源。一个非营利组织只有拥有足够资源来达到其使命和目的才算是一个有效的组织，确保组织得到足够资源正是理事会的首要职责。在可能的情况下，理事会成员应该以身作则，带头捐赠。理事会往往设立发展（或筹资委员会）来负责筹资。

第五，确保组织守法、道德诚信，维系组织的公信力。近年来，非营利组织的公信力屡屡受到挑战。其中一部分原因是个别组织内部监督不力，导致组织犯下欺诈和挪用善款等背离公众信任的事情。理事会应该为组织的守法诚信负最终责任。

第六，保证有效的组织规划。组织规划可以帮助理事会和员工把组织使命转变为可以衡量、可以实现的目标。首先，理事会成员必须积极地参与战略规划的制定过程，他们的作用是提出有见解的问题、要求得到合理解答，并在自己专业领域内提供专家意见。其次，在广泛征询、论证修改方案之后，理事会应该正式而隆重地批准通过该战略规划。最后，如果组织有专职员工，最好由员工来负责制订战略规划的具体任务。

第七，吸纳新的理事会成员，评估理事会的绩效。理事会应该清楚说明，

---

① BoardSource 前身为美国非营利理事会中心（National Center for Nonprofit Boards），是世界各地非营利组织理事会成员获取实用信息、工具和最佳实践案例、培训及领导力发展的主要资源中心。

在它心目中一个均衡的理事会对成员的经验、技巧、影响力、年龄、性别和教育等方面有什么要求。理事会应该较好地培训新成员并定期全面地评估理事会运作的有效性。

第八，提高组织的公众形象。理事会成员不仅是一座桥梁连接着组织员工(或志愿者)、组织成员和组织支持者及服务对象，同时，理事会还是组织的形象大使、宣传者和社区代表。

第九，审批、监测并改进组织的项目和服务。理事会最根本的职责始于一个问题：组织现有的项目和服务是否与组织的使命和目的相符？组织的资源有限，而需求无限，理事会必须在不同的需求中决定最重要的工作是什么。组织不应孤立地决定财务和项目方面的事务。

第十，支持首席执行官并评估其绩效。首席执行官需要理事会在精神上和实质上的一贯支持。正式而全面的定期评估对双方来说都是具有挑战性的。理事会的职责之一是支持首席执行官，理事会和首席执行官只有在达成以下共识的情况下，才能最好地履行自己作为一个支持者的角色。评估的首要目的是为了帮助首席执行官改进工作。理想状态下，为了保证评估过程的客观性和建设性，评估的主要目的最好不应是提高工资或者续签雇佣合同；

理事会的职责当然不仅于此。有一点非常重要，那就是理事会与理事的职责不能混淆。即使在美国这个非营利组织高度发达的国家，理事会和理事至今仍是没有得到充分重视的资源。主要原因在于大家对理事会的期望值不高，以及理事会与首席执行官的职责划分不清等方面。

（二）理事会的规模与结构

非营利组织生存在一个充满挑战和机遇的世界。随着非营利部门的扩张，理事会的规模与结构也处于不断演变之中。

在非营利组织发展的早期阶段，由于规模小，预算少，只有很少甚至没有专职员工，理事会往往承担组织的日常运营工作。在其他一些非营利组织里，理事往往被视为一个名誉身份，不具有太多的实际义务。不过，随着非营利组织的规模和影响力扩大，公众对它的公信力要求越来越高。理事会将逐渐减少对日常运营的具体干预，其角色将变得比以往更具有战略性。人们期望理事会懂得治理，即决定组织发展的方向，制订计划和政策，聘用、支持和评估首席执行官，审议预算和监督开支，筹资并倡导组织忠实于自己的使命。

1. 理事会的成员

非营利组织的理事会不论其成员是不是该组织的成员，都可以控制该组织。因此，理事的选举以及他们如何成为理事会成员的过程非常重要。理事会成员有几种产生途径：从组织成员中选举产生；从现有理事会成员中选举产生；由政府官员任命；或者招募个人能力强和综合素质好的个人。一个理事会的产生可以使用上述一种或多种途径。如果组织有会员，一般来说由会员大会或会员代表大会选出部分或全部治理结构成员。非营利组织理事会的工作方式通常是召开理事会会议。

2. 理事会的规模

在美国，非营利组织的理事会过去一般比较大，现在，为了方便理事会成员的参与，理事会的规模一般比较小（平均人数为 17 人）。①

大型理事会模式源于理事越多越好的想法。大型理事会可以更具有会员代表性，而且带来更多捐款和筹资途径。尤其重要的是，大型理事会能让更多想加入理事会的人得到担任理事的机会。然而，这种模式不一定有效，也可能达不到应有的效果。实际上，它让很多理事觉得自己的时间精力没有得到充分尊重和很好的利用。这些理事很少有机会在理事会议上发言，而他们的投票在众多理事票数中显得微不足道，以至于他们觉得自己参加与否并不重要。一个 30 人的理事会在讨论问题时，即使每人只发言 2 分钟，一轮下来就要 1 个小时。为了让每个人充分表达意见，唯一的办法就是延长会议时间或者忽略某些人的意见。因此，小型理事会通常反而能更好地发挥治理作用。理事会越小，每个理事对组织的作用就越大，每个人就能更好地参与讨论。小型理事会还能更好地形成一致意见，让理事之间的沟通更亲密。

自然之友的治理结构调整

“自然之友”(Friends of Nature)，全称为“中国文化书院·绿色文化分院”，会址设在北京，是中国民间环境保护团体。自然之友以开展群众性环境教育、倡导绿色文明、建立和传播具有中国特色的绿色文化、促进中国的环保事业为宗旨。截至 2008 年，自然之

① NPO 信息咨询中心. 非营利组织的治理. 黎佳，等，译. 中国书籍出版社，2008：82-84.

友累计发展会员一万余人，其中活跃会员3000余人，团体会员近30家，由自然之友会员发起创办的NGO（非政府组织）已有十多家。

自然之友按社团方式组织。由会员推举产生理事及正副会长，任期两年，可以连任；理事可互推若干人为常务理事以负责自然之友经常工作；理事会可提名聘请名誉会长、理事和顾问；可根据需要设秘书处，在会长领导下负责行政性工作，也可设若干专门小组以分管有关活动。

最近两三年，自然之友的治理结构在不断调整和完善。过去，自然之友的理事会最多达到四五十人，那时候机构处于初创期，理事的参与度很高。所以，在那个时期，这种“大理事会”的安排有它的价值和意义。随着我们的工作团队已经有了一定的规模，组织机构就需要做出调整，向专业化和更高效的方向发展。这几年，我们的理事会在不断优化，大家都非常积极地尝试着做很多建设性的改变。2010年底，自然之友新的理事会产生，共由7人组成，并选举产生了执行理事长，希望可以更有效地支持执行团队的工作，在大方向上把关，推动组织的继续发展。

资料来源：窦丽丽．推动宜居城市建设是自然之友未来三到五年的工作目标．自然之友通讯，总第74期，2011年第3期；自然之友，http：//baike.baidu.com/view/92769.htm，2011-08-02.

理事会的组织机构和大小没有一定的模式，形式应该服从于功能。每个组织都应该评估自己的需要和工作重点，依此来建设自己的理事会。一些组织在小型理事会之外建立了名誉委员会（Emeritus Council）或监事会（Oversee Council），这样可以兼得大型和小型理事会的优点。为了吸纳那些不愿意担任理事重任的社会贤达进人组织，许多组织特设顾问委员会。对于那些长期服务于理事会但任期已满而又对组织依然非常重要的理事，一些组织为他们设立了名誉职位。名誉成员和其他理事一样收到组织通信，也受邀参加理事会议。但是，他们没有投票权。另外，设立特别委员会或工作小组也是提高理事会工作效率的常用办法。

3. 理事会的结构

组织章程规定了非营利组织理事会的构架，理事会往往还设有数个委员会以及顾问委员会。

委员会是为了处理一些理事会闭会期间的工作、由理事会授权建立的。最常见的理事会委员会包括执行委员会、财务委员会、治理委员会（或称提名委员会）以及发展（或加上战略规划）委员会。

理事会的另外一个常见举措是设立顾问委员会（Advisory Council），充分利用名人或专业人士的帮助，给组织的项目提供专业意见。由于顾问委员会没有投票权，人数可以酌情决定。

福特基金会的治理机构

福特基金会的董事会有15位董事，贝雷斯福德（Susan Beresford）是其首席执行官。董事会成员来自世界各地。董事会设有稽核管理委员会、行政委员会、投资委员会、交易委员会、人事委员会、代理人委员会、资产建立与社区发展委员会、和平与社会正义委员会、教育、传播、艺术与文化委员会等9个委员会。董事会是其中六个委员会的成员，首席执行官是其中四个委员会的成员。

三、非营利组织的首席执行官

理事会与首席执行官构成了非营利组织领导集体的核心。非营利组织有效治理的关键在于理事长和首席执行官强而有效的领导力。非营利组织领导力的三根支柱是对组织使命和愿景的共识、明确的角色定位和职责分工以及理事会和首席执行官之间的信任。对于使命和愿景前文已有论述，本节主要讨论理事会与首席执行官的角色与关系。

（一）首席执行官与董事会的关系

首席执行官与董事会之间的关系是非营利组织有效领导的关键，两者在功能上是相互交叉、相互协调的。从理论上讲，和其他正式组织一样，非营利组织必须有一个层级结构，董事会居于最高地位，首席执行官受聘于董事会并协助其工作。美国法律规定，董事会对非营利组织的事务和行为最终负责。然而，非营利组织的董事都是没有报酬的志愿者，董事会很少能够完全履行上述职责和角色。实际上，首席执行官与董事会的关系除了传统的“上下级关系”之外，也有“伙伴”或“团队成员”关系的成分。总的来说，董事会与首席执行官相互依赖，但并不完全平等。董事会仍是非营利组织法律意义上的上级，而首席执行官拥有更多信息、更专业，而且与组织的利害关系更为紧密，甚至可以说，首席执行官是非营利组织领导力的核心。

在美国，非营利组织的董事、首席执行官和员工一致认为首席执行官所负责任最大，是组织的中心。这意味着：其一，因为首席执行官要负实际责任，他们必须掌握全局，并且以他们认为最好的方式来运作，而现实中董事会往往只是橡皮图章或橡皮图章加现金牛；其二，因首席执行官事实上对组织使命负责，他们应该采取措施使董事会担任起法律的、组织的和公共的角色。这是更为现实和明智的选择，不仅与法律与道德的要求一致，而且也可以提高组织的有效性。

这并不是说，首席执行官要主宰董事会或者降低董事会的地位。董事会除了法律和道德要求的职责之外，还能够帮助组织在实现使命方面大有作用。然而，只有当首席执行官认识到自己的中心地位，负起支持和促进董事会工作的责任，才能使董事会更好地发挥功能。因此，尽管从层级结构来说首席执行官是董事会的下级，但是负责日常运作的是首席执行官，首席执行官是非营利组织领导力的核心，只有首席执行官负起责任才能使董事会有效地履行其职责。

在以首席执行官为核心的治理模式中，董事会主要是通过支持首席执行官的工作来履行自己的职责，遵循“多治理、少管理”的原则，让首席执行官放手履行日常管理运作之责。

1. 董事会要支持首席执行官的工作

理事会和理事会成员履行职责的最好方法是适时向执行团队质询组织的运作情况，而不是自己动手管理项目或执行政策。只有理事会和执行团队之间双方都清楚对方对自己的期望和明确划分职责范围，双方的关系才是最牢固的，双方的工作才是最有效的。

理事会应该保证首席执行官：

经常得到理事会建设性的反馈建议；

在一些理事越权干涉或错误理解自身角色的时候，得到理事会的支持；

了解对其工作表现的评估与理事会绩效是挂钩的；

被理事会介绍给社区领导和组织；

受邀参加重要的社交聚会；

表现出色时得到承认和赞许；

在个人和职业需要时，得到休假；

感觉理事会了解并体贴自己的个人情况和需求。

2. 董事会应该多治理，少管理

尽管在原则上没有什么异议，在具体谈到理事会和管理层的职责和职权范围时仍然会出现很多混淆、争论、意见和分歧。有的理事会过多地注重管理而不是治理，主要有几个方面的原因：理事会在一些管理事务上有法定义务，例如接受捐赠、签字授权、筹资、招聘和评估首席执行官等。一些初创的非营利组织没有或者只有很少的员工，不得不依赖理事会亲自执行一些具体日常工作。即使在规模较大的非营利组织，如果理事会对首席执行官失去信任，理事会成员也可能更多地投入到日常管理当中去。此外，有些理事会成员更喜欢插手管理事务，因为管理比治理能够更迅速地带来满足感和成就感。相比之下，战略和政策方面的事务一般来说需要反复的讨论、深刻的分析以及对于组织内外环境的深入了解才能见到成效。从某种意义上来说，理事会把治理作为工作重心，其实就是要和自己天生的管理倾向做斗争。①

对于那些初创期的组织或小型的“草根组织”来说，由于它们缺少正式员工，理事会承担日常行政和管理事务非常正确。即使在这种情况下，如果理事会对政策和战略加以关注，这样对组织的长期发展也是有好处的。对于理事会来说，治理和管理的界限并不总是那么明显。理事应该把自己当做监管人，而不是执行人。清晰地定义理事会和员工的职权范围有助于对组织的监管。如果理事会跨过了治理和管理的边界，理事们就可能是多管闲事了。

理事会很容易出现管理过细的问题。管理过细是指管理人员过多地注重细节而忽视了宏观层面。这样的人很难把任务交给别人，总是觉得需要亲力亲为。如果理事会过度干涉管理事务，它就等于超出了自己的治理角色而从事执行工作。它忘记了首席执行官才是那个应该根据理事会制定的原则来管理组织

① NPO信息咨询中心．非营利组织的治理．黎佳，等，译．中国书籍出版社，2008：275.

的人。理事会过度干涉管理时，就会出现理事会既想制定战略又想插手具体管理的情况。

这种角色冲突的情况在志愿组织里更为显著。志愿组织没有员工，因此理事会应该合理分配花在治理和管理上的时间。理事会要区分理事会作为一个整体和理事作为志愿员工的不同角色。全体理事会的角色是战略规划者。理事会把具体任务分配给个人志愿者，然后志愿者按照理事会制定的原则开展工作。如果每个人都能够很好地掌握自己在不同情形下扮演了什么角色，那么理事会就能避免管理过细。理事个人必须能够区别以理事会成员身份起草政策指南与以志愿者身份完成理事会分配的任务之间的差异。

如果理事会聘请了首席执行官，那么它已经具备了从根本上区别理事会和员工的不同角色的基础。理事会把管理的责任交给首席执行官，并清晰地定义首席执行官的工作内容。与其他所有上司一样，理事会支持首席执行官的工作，制定评估其工作的标准，并鼓励它推动组织的事业发展。监督员工完成任务是首席执行官的责任，而监督理事完成理事会的任务则是理事长的责任。在一个具有建设性的伙伴关系当中，理事会对首席执行官的作用就像是一个共鸣器，把声音放大。双方合作制定出战略决策，然后把执行的细节交给合适的人选。

（二）首席执行官的角色和技能

首席执行官既负有治理职责，又承担执行和管理的重任。为了扮演好治理和管理的双重角色，首席执行官必须具备多项技能，其中最重要的是与董事会合作的技能以及适应外部环境的技能。①

1. 与董事会合作的技能

首席执行官的领导力取决于董事会和员工。CEO 有责任支持董事会的工作，懂得董事会的价值，尊重董事会，并且为其工作提供便利。他们将董事会视为工作中心，他们的领导是以董事会为中心的。

具体来说，CEO 与董事会合作的技能包括：

通过互动与董事会建立良好关系；

关心尊重董事会成员；

① Jane C. Wei-Skillern, James E. Austin, Herman B. Leonard, Howard H. Stevenson, Entrepreneurship in the Social Sector, Sage Publications, 2007.

与董事会一起洞察变化与创新；

为董事会提供充分信息：日常运作信息、财务报表、预算、项目信息；

建立并维护董事会的结构，和董事会一起确立工作目标、计划和日程；

促使董事会完成计划提高效率。

2. 适应外部环境的技能

首席执行官可以通过四大战略来提升非营利组织的外部影响：

第一，注重外部关系。内部事务日益吸引 CEO 的全部时间和精力，CEO 一定要懂得将内部事务授权出去，腾出时间来关注外部。

第二，建立非正式的信息网络。有关过去的信息固然重要，有关未来的信息更加重要。这些信息往往是分散的、零碎的、模糊的，为了收集、评价和整理这些“软信息”，CEO 必须与政府机构、基金会、评估机构专业协会和同行 NPO 保持交流。建立一个关系网络，要求与上述利益相关方的领导人不仅是熟人，还要成为朋友，只有在双方互相信任、互相理解基础上，才会深入交换可靠信息，并在必要时互相帮助。

第三，CEO 要了解自己的工作日程，战略计划决定了 CEO 的日程，但常常会偏离战略计划规定的优先顺序，因此，CEO 要经常检讨自己的时间管理和工作方式，以使工作更有成效。

第四，不要过于追求细节完美，要接受环境变化，接受临时性的、多种部分解决方案。跨边界领导力要求 CEO 将组织置于更大的环境系统之中来考虑问题，将组织能力与服务需求和可获得的资源相匹配。然而，所有这些因素都不是静态的，而是在不断变化的。工作日程只是指明了一个方向，就像一个指南针，并没有告诉你现在所处的具体地点和未来要去的明确地点。CEO 的理想总是比现实可行的措施要更大，在不能一步到位的情况下，要面对现实，接受渐进的方案，逐步实现目标。

除此之外，一个有效的 CEO 胸中要有政治格局，要懂得从政治视角来看待外部环境和各方面关系，还要在完成组织使命的同时，关注员工的期望、感受和偏好。

第三节　中国非营利组织的治理

非营利组织的治理方式既与组织的规模和历史有关，也与组织所处的社会和文化环境有关。与美国等非营利部门发达的国家相比，我国大多数非营利组织规模很小，处于发展的初级阶段，同时受到我国特有的社会文化环境的影响，尚未建立起完善的治理结构，即便建立了理事会和监事会，也很少能够很好地履行治理责任。然而，随着我国非营利组织的发展，治理问题的重要性已经日益显现出来，提高治理有效性成为推动非营利组织发展的核心问题。

一、法律对非营利组织治理结构的规定

我国非营利组织的治理结构设置参考了我国公司治理结构的模式，又根据社会团体、民办非企业单位、基金会不同类型组织的特点分别做了规定。

（一）社会团体的治理结构

现行的《社团登记管理体条例》没有对社团的治理结构做出明确规定。《社团登记管理条例》在第 14 条规定，“筹备成立的社会团体，应当自登记管理机关批准筹备之日起 6 个月内召开会员大会或者会员代表大会，通过章程，产生执行机构、负责人和法定代表人，并向登记管理机关申请成立登记”。《民办非企业单位登记管理暂行条例》连这样的规定也没有。

根据民政部《社会团体章程范本》在第 4 章规定，社会团体需要设置会员大会（或会员代表大会，没有会员大会或会员代表大会的也可以设理事会）、理事会（在理事会人数较多时还可以设立常务理事会）、监事会和秘书长。

1. 会员大会

《社会团体章程范本》规定，会员大会是团体的最高机构，主要职责是制定章程、选举和罢免理事、审议理事会的工作报告和财务报告、决定章程规定的其他重大事宜。

2. 理事会

理事会是会员大会（或会员代表大会）的执行机构，在其闭会期间领导社会团体开展日常工作，并对其负责。理事会的职权包括罢免和选举理事长（会长）、副理事长（副会长）、秘书长，决定副秘书长、各机构主要负责人的聘任，决定办事机构或其他机构，筹备召开会员大会（或会员代表大会），领导本团体各机构开展工作等。

理事会人数较多时，可以由理事会选举产生常务理事会，在理事会闭会期间执行理事会的主要职责。

社团法定代表人一般应由理事长（会长）担任。如因特殊情况需由副理事长（副会长）或秘书长担任法定代表人，应报业务主管单位审查并经社团

登记管理机关批准同意后，方可担任，并在章程中写明。理事长（会长）的职权包括召集和主持理事会（或常务理事会），检查会员（代表）大会、理事会（或常务理事会）决议的落实情况，代表本团体签署有关重要文件等。

3. 秘书长

秘书长主持办事机构开展日常工作，提名副秘书长以及各机构的主要负责人提交理事会或常务理事会决定，决定专职工作人员的聘用等。

4. 监事会

监事会一般由三（或五人）组成，由会员（代表）大会选举产生，向会员（代表）大会负责，其主要职责包括：选举产生监事长；出席理事会（或常务理事会）；监督本团体及领导成员依照《条例》和有关法律、法规开展活动；督促本团体及领导成员依照核定的章程、业务范围及内部管理制度开展活动；对本团体成员违反本团体纪律，损害本团体声誉的行为进行监督；对本团体的财务状况进行监督；对本团体的违法违纪行为提出处理意见，提交理事会（或常务理事会）并监督其执行等。

（二）民办非企业单位的治理结构

《民办非企业单位登记管理暂行条例》也没有对民办非企业单位的治理结构做出明确规定，只是在《民办非企业单位（法人）章程样本》第三章“组织管理制度”中对民办非企业单位的治理结构做了规定。规定民办非企业单位（法人）设立理事会、监事会和行政负责人。

1. 理事会

理事会是本单位的决策机构。

理事由举办者（包括出资者）、职工代表（由全体职工推举产生）及有关单位（业务主管单位）推选产生。

理事会行使下列事项的决定权：修改章程；业务活动计划；年度财务预算、决算方案；增加开办资金的方案；本单位的分立、合并或终止聘任或者解聘本单位院长（或校长、所长、主任等）和其提名聘任或者解聘的本单位副院长（或副校长、副所长、副主任等）及财务负责人；罢免、增补理事等。

理事会设理事长1名，副理事长1~2名。理事长、副理事长由理事会以全体理事的过半数选举产生或罢免。

理事长行使下列职权：召集和主持理事会会议；检查理事会决议的实施情况；法律、法规和本单位章程规定的其他职权。

2. 行政负责人

民办非企业单位的行政负责人类似于国外非营利组织的首席执行官，在我国由于机构的性质不同而被称为院长（或校长、所长、主任等），行政负责人对理事会负责，并行使下列职权：主持单位的日常工作，组织实施理事会的决议；组织实施单位年度业务活动计划；拟订单位内部机构设置的方案；拟订内部管理制度；提请聘任或解聘本单位副职和财务负责人；聘任或解聘内设机构负责人等。

院长（或校长、所长、主任等）列席理事会会议。法定代表人为理事长或院长（校长、所长或主任等）。

3. 监事会

监事会成员不得少于 3 人，并推选 1 名召集人。人数较少的民办非企业单位可不设监事会，但必须设 1～2 名监事。监事任期与理事任期相同，任期届满，连选可以连任。

监事在举办者（包括出资者）、本单位从业人员或有关单位推荐的人员中产生或更换。监事会中的从业人员代表由单位从业人员民主选举产生。本单位理事、院长（或校长、所长、主任等）及财务负责人，不得兼任监事。

监事会或监事行使下列职权：检查本单位财务；对本单位理事、院长（或校长、所长、主任等）违反法律、法规或章程的行为进行监督；当本单位理事、院长（或校长、所长、主任等）的行为损害本单位的利益时，要求其予以纠正；监事会会议实行 1 人 1 票制。监事会决议须经全体监事过半数表决通过，方为有效。

（三）基金会的治理结构

《基金会管理条例》在第三章“组织机构”中明确规定基金会的治理结构为理事会、监事和秘书长。

1. 理事会和秘书长

基金会设理事会，理事会是基金会的决策机构，依法行使章程规定的职权。理事为 5～25 人，理事任期由章程规定，但每届任期不得超过 5 年。理事任期届满，连选可以连任。用私人财产设立的非公募基金会，相互间有近亲属关系的基金会理事，总数不得超过理事总人数的 1/3；其他基金会，具有近亲属关系的不得同时在理事会任职。在基金会领取报酬的理事不得超过理事总人数的 1/3。

理事会设理事长、副理事长和秘书长，从理事中选举产生，理事长是基金会的法定代表人。理事会的职责包括：修改章程；选举或者罢免理事长、副理事长、秘书长；章程规定的重大募捐、投资活动；基金会的分立、合并等。

2. 监事

基金会设监事。监事任期与理事任期相同。理事、理事的近亲属和基金会财会人员不得兼任监事。监事依照章程规定的程序检查基金会财务和会计资料，监督理事会遵守法律和章程的情况。监事列席理事会会议，有权向理事会提出质询和建议，并应当向登记管理机关、业务主管单位以及税务、会计主管部门反映情况。

基金会理事长、副理事长和秘书长不得由现职国家工作人员兼任。基金会的法定代表人，不得同时担任其他组织的法定代表人。

（四）中国社会组织治理结构的特点

与国外非营利组织相比，中国非营利组织的治理结构还有两个特色，一是双重管理体制下，业务主管单位承担了一部分对非营利组织进行监督管理的职责，二是由中国政治体制决定的，党对非营利组织的领导。

1. 业务主管单位在社会组织治理中的角色

根据《社团登记管理条例》的有关规定，业务主管单位履行下列监督管理职责：负责社会团体筹备申请、成立登记、变更登记、注销登记前的审查；监督、指导社会团体遵守宪法、法律、法规和国家政策，依据其章程开展活动；负责社会团体年度检查的初审；协助登记管理机关和其他有关部门查处社会团体的违法行为；会同有关机关指导社会团体的清算事宜。

根据《基金会管理条例》的相关规定，基金会业务主管单位履行下列监督管理职责：指导、监督基金会、境外基金会代表机构依据法律和章程开展公益活动；负责基金会、境外基金会代表机构年度检查的初审；配合登记管理机关、其他执法部门查处基金会、境外基金会代表机构的违法行为。

由于实行双重管理，有一个政府主管部门，这里必然会存在决策者的责任不清晰、界限不明确，这个问题非常突出。①

2. 社会组织的党建工作

① 丁元竹．问责性、绩效和治理——中国非政府公关部门治理状况研究．中国经济出版社，2005.

党的十七大和十七届四中全会特别强调社会组织党组织要围绕贯彻党的方针政策、引导和监督遵守国家法律法规、团结凝聚职工群众、维护各方合法权益、促进健康发展，积极探索发挥作用的途径和方法。到目前为止，绝大多数社会组织都建立了党组织，并且按照属地管理、部门管理、双重管理、协会管理和指定管理等不同形式接受上级党组织的领导。

二、中国非营利组织治理存在的问题及原因

尽管条例规定了非营利组织治理结构的构成与权责，但迄今为止非营利组织并未建立起有效的治理机制。从总体上来看，无论是民政部门登记注册的非营利组织，还是工商登记或未登记的草根非营利组织（通常被称为草根NGO)，大都没有建立起有效的理事会，或者即使建立了理事会也很少能够真正独立有效地履行职责。① 从总体上看，中国非营利组织的治理还存在缺乏治理文化、法人财产权制度不健全、双重管理体制弊端等问题。

（一）缺乏治理观念

国内一些非营利的创始人坚决反对“理事会”。理由很简单，我们已经有了一套内部制约和决策机制，不需要再给机构管理层套上一个紧箍咒。实际上，许多非营利组织的理事会成员多为外部聘请，虚多于实。近年来频频爆出非营利组织铺张浪费、财务丑闻、权力斗争、利益分配不均等问题，这些问题说明理事会没有切实有效地发挥监管作用，理事们或被架空而徒具虚名、或忙于各类自己的事而无暇顾它，作用十分有限；即使从人情世故看，机构发生问题时，也很难真正苛责一位挂名理事，要他/她为机构的治理问题承担责任。

（二）法人财产制度不完善

国内外治理理论和实践表明，无论是公司法人治理结构还是非营利法人治理结构，建立法人财产制度是实施法人治理的基础条件。只有产权明确、治理结构健全并严格按照章程来运作，社会组织才能实现有效的治理。在产权不明确的情况下，是不可能实现有效治理的。

中国很多社会组织存在产权关系模糊的问题。《民办教育促进法》第35

① 康晓光，冯利．中国NGOs治理：成就与困境．丽莎·乔丹，彼得·范·图埃尔．非政府组织问责：政治、原则与创新．康晓光，译．中国人民大学出版社，2008：129-162.

条规定，民办学校对举办者投入学校的资产、国有资产、受赠财产及办学积累，享有法人财产权。然而，中国社会组织的法人财产权并没有得到落实。尤其是民办学校问题最为突出。

以上海为例，21 所民办高校中，迄今为止只有 3 所落实了法人财产权。许多农村专业经济协会法人财产权也不明晰。农村专业经济协会在建立之处往往借助于某一政府职能部门、经济实体或基层组织等其他组织，依托其资产开展活动。在这种情况下，农村专业经济协会中普遍存在着产权不清的情况。当其发展到一定阶段，规模扩大、经济实力增强、业务范围拓宽，产权模糊的制约就显现出来。

（三）双重管理体制的弊端

我国对在民政部门正式登记注册的非营利组织采取“双重管理体制”，由民政部门负责登记管理，业务主管部门负责业务管理，只有政府部门及其授权的机构才能担任“业务主管单位”。根据《社团登记管理条例》的有关规定，业务主管单位履行下列监督管理职责：负责社会团体筹备申请、成立登记、变更登记、注销登记前的审查；监督、指导社会团体遵守宪法、法律、法规和国家政策，依据其章程开展活动；负责社会团体年度检查的初审；协助登记管理机关和其他有关部门查处社会团体的违法行为；会同有关机关指导社会团体的清算事宜。根据《基金会管理条例》的相关规定，基金会业务主管单位履行下列监督管理职责：指导、监督基金会、境外基金会代表机构依据法律和章程开展公益活动；负责基金会、境外基金会代表机构年度检查的初审；配合登记管理机关、其他执法部门查处基金会、境外基金会代表机构的违法行为。

由这些规定可以看出，业务主管单位实际上几乎掌握了发达国家非营利组织理事会的全部重要权力，非营利组织的主要管理者也由其任命。这就是中国非营利组织即便成立了理事会也难以履行职责的根本原因。因为，在双重管理体制下成立的非营利组织理事会首先必须对业务主管单位负责，而不是对社会利益和公众利益负责。非营利组织内部往往是秘书长专权，对内对外均缺乏透明度。不仅如此，由于实行双重管理，两个主管部门之间责任不清晰、界限不明确的问题也非常突出。①

① 丁元竹．问责性、绩效和治理——中国非政府公关部门治理状况研究．中国经济出版社，2005.

非营利组织的现实状况提供了充分的证明。从对各种非营利组织内部治理的研究结果来看，我国有近一半的非营利组织缺乏正式的决策机构。一些草根组织一直建立不起来理事会，或者已经有了理事会的组织根本不能发挥理事会的作用。我国根据组织章程民主选举产生管理干部的非营利组织不到30%。而近2/3的非营利组织干部或者直接来源于业务主管部门的派遣或任命，或者由组织负责人提名到业务主管部门的批准。其结果是，我国大量的非营利组织没有独立的人事任免权，非营利组织的执行机构负责人实际上并没有对组织的控制权。

湖南省行业协会的治理结构状况

湖南省工商联及民间组织管理局组成的调查组从199家省级行业协会中随机抽取了23家进行调查，调查结果显示：有9家没有成立监事会，占被调查总数的将近40%。有14家表示在协会的重大事项决策方面采取的是理事长或会长决策制，成果被调查总数的60%；有2家行业协会由秘书长决策；6家行业协会由理事会或常务理事会民主决策。1家由会员大会或会员代表大会决策。70%的协会负责人的选举采取等额选举方式。大多数协会的治理没有严格执行协会章程。还有一些协会的领导人和管理人员以个人或小集体利益凌驾于全体会员利益之上，对不同级别的会员给予不平等的服务，违背了协会本身民主管理、平等服务的基本原则。

资料来源：董文琪，谢洪波．行业协会内部治理问题研究．民间组织管理局．2010年非营利组织理论研究文集．时事出版社，2011：340.

我国有关非营利组织的三大《条例》不仅规定了双重管理体制，而且还规定了限制竞争的条款，规定在同一地区不得成立一个以上相同功能的社团，社团不得设立地域性分支机构。尽管近年来全国各地都在登记管理制度上有了一些创新举措，但这些基本原则并未改变。在这种情形下，很多非营利组织因为找不到“婆婆”(即业务主管单位）或不符合竞业禁止的规定而无法在民政部门登记注册。于是，这些无法在民政部门登记的非营利组织只好另辟蹊径，或者在工商行政管理部门注册为企业法人（如“农家女文化发展中心”曾经注册为企业法人，挂靠在《农家女百事通》杂志社），或者挂靠在其他社团法人名下（如“自然之友”就以“绿色文化分院”的名义挂靠在社团法人“中国文化书院”名下），或者在香港等地注册在内地开展活动，或者干脆不注册直接开展活动。实际上，现有法律并未阻止草根 NGO 获得法人身份，但是这种法人身份给它们带来了很多不便，也给它们的发展带来隐患。由于“法律失灵”，民政部门无法对这些非营利组织进行监管，而工商行政管理部门又不具备管理非营利组织的经验，形成了政府管理的缺位与错位。

（四）转登记非营利组织的治理困境

以企业法人注册的非营利组织也成为转登记非营利组织还面临一个独特的治理困境。① 以“农家女”为例，为了按照企业法人和非营利组织的双重身份开展活动，它不得不制定了两套章程，一个是按照工商注册要求，在注册时提供的股份合作制企业章程；另一个是根据非营利组织的特点制定的实际执行的章程。按照企业法人的模式设立的董事会等机构，尽管是名义上的，但是却有法律效力。实际运作中按照非营利组织的模式设立的理事会和管理机构并不受法律保护。不仅如此，“农家女”既为企业法人，其资产就归股东所有，其所有权受法律保护。同时，企业章程赋予了发起人过大的权力，使他们可以独断专行。这些都违背非营利组织的基本价值观，为组织发展埋下致命的隐患。

要完善我国非营利组织的治理机制，一方面要努力争取社会各界支持，一起推动法律环境改革；另一方面，又必须在当前环境下，更新治理理念和知识，努力完善内部治理结构，提升治理能力。事实上，一些非营利组织的先行者一直在朝这个方向努力。

复习思考题：

1. 什么是非营利组织的治理结构？
2. 理事会与秘书长如何分工协作？

---

① 谢丽华．工商注册 NGO 面临的困境——从农家女文化发展中心成立谈起．NPO 信息咨询中心《研究报告专刊》，2002（7）．

3. 我国非营利组织的治理结构有什么特点?

4. 与发达国家的治理经验相比，我国非营利组织的治理结构还存在哪些不足之处？如何改进?

案例5-1

湖北省浙江企业联合会的治理结构①

湖北省浙江企业联合会是一个治理构架比较完善的商会。其治理结构包括：会员代表大会；理事会；监事会和秘书处。

一、会员代表大会

会员代表大会是企业联合会的最高权力机构。会员代表大会的职权是：制定和修改章程；选举和罢免理事、监事，会长、副会长；审议理事会的工作报告和财务报告；制定和修改会费标准；决定终止事宜；决定其他重大事项。

会员代表大会须有2/3以上会员代表出席方能召开，其决议须经到会会员代表半数以上表决通过方能生效。

联合会每三年召开换届大会。因特殊情况需延期换届的，须由理事会表决通过，经业务主管单位同意后报社团登记管理机关批准。但延期换届最长不超过一年。

联合会每年召开一次会员代表大会。理事会认为有必要或经1/5以上会员代表提议的，可以临时召开会员代表大会。

二、理事会

理事会是会员代表大会的执行机构，在会员代表大会闭会期间领导本会开展日常工作，对会员代表大会负责。理事由会员代表大会选举产生，理事人数不超过会员代表数的1/3。

理事会的职权是：执行会员代表大会的决议；筹备召开会员代表大会；向会员代表大会报告工作和财务状况；决定会员的吸收、除名及奖罚；决定申请设立办事机构、分支机构、代表机构和实体机构；决定秘书长、副秘书长、各机构主要负责人的聘任；领导本会各机构开展工作；制定内部管理制度；决定其他重大事项。理事会须有2/3以上理事出席方能召开，其决议须经到会理事2/3以上表决通过方能生效。理事会每年至少召开一次会议。1/3以上的理事提议召开理事会的，可以临时召开理事会会议。

---

① 本案例根据作者对湖北省浙江企业联合会的调查所获得的信息编写而成。

常务理事由理事会选举产生。常务理事组成常务理事会，在理事会闭会期间行使理事会部分职权，对理事会负责。常务理事人数不超过理事人数的1/3。常务理事会须有2/3以上的常务理事出席方能召开，其决议须经到会常务理事2/3以上表决通过方能生效。常务理事会至少半年召开一次会议，1/3以上的常务理事提议召开常务理事会的，应当召开常务理事会会议。

会长办公会为联合会决策机构。设会长一人，副会长若干人（副会长人数不超过常务理事的1/3）。会长、副会长从理事或常务理事中经会员代表大会以无记名投票方式民主选举产生。会长、副会长每届任期三年。任期最长不超过两届，因特殊情况需延长任期的，须经会员代表大会2/3以上的会员代表表决通过，经业务主管单位审查后，报社团登记管理机关批准同意后方可任职。会长为联合会法定代表人，法定代表人不兼任其他团体的法定代表人。会长的职权：召集和主持理事会及常务理事会；检查会员代表大会、理事会及常务理事会决议的落实情况；代表本会签署有关重要文件；提名秘书长、副秘书长以及各办事机构、分支机构、代表机构和实体机构主要负责人，交常务理事会表决聘任。

三、监事会

监事会设主任一人，监事二人。监事会由会员代表大会选举产生。监事的任期与理事会任期相同。监事不得兼任会长、副会长、秘书长、理事及常务理事，不得与上述人员有近亲属关系。监事会的职权是：监督本会的业务活动及财务管理；列席常务理事会会议；向会员代表大会报告工作。

四、秘书处

秘书长为专职人员，由会长提名，常务理事会表决聘任。聘任的秘书长列席理事会、常务理事会会议。秘书长的职权：主持秘书处日常工作，组织实施年度工作计划；协调各分支机构、代表机构、实体机构开展工作；推荐办事机构、代表机构、实体机构专职工作人员的人选，报会长会议决定；处理其他日常事务。

思考题：

1. 湖北省浙江企业联合会的治理结构合理吗？为什么？

2. 根据本章所学知识，为湖北省浙江企业联合会编写理事长和秘书长的岗位职责说明书。

案例5-2

组织章程的比较分析

下面是两个环保组织的章程，《ABC组织的章程》是一个美国顾问为某家环保组织起草的章程，《自然之友章程》是我国著名的民间环保组织自然之友的章程，请仔细阅读这两个章程，比较它们有什么不同。

ABC组织的章程

第一章 组 织

第一条 ABC组织依照本章程之规定开展活动。本章程中的任何规定不得违背本章程和程序。

第二条 本组织的名称是ABC组织。

第三条 经本组织大多数成员同意，可以更改本组织的名称。

第二章 宗 旨

第四条 本组织的宗旨是通过保护与保持自然环境，促进人与自然的和谐。

第五条 支持公众环保行动以实现中央政府的环保目标。

第六条 教育公众了解自然环境的状况，为公众和有关机构与部门提供全球在保护和修复环境方面的最佳实践方面的信息。

第七条 为公众和有关机构与部门保护和保持自然环境提供相关报告和教育资料。

第三章 会 员

第八条 凡赞同本组织的宗旨和章程，身体力行地保护环境，并交纳会费者即可成为本组织会员。

第九条 本组织会费为100元/年，按规定缴纳会费并积极参加活动的会员称为合格会员，只有合格会员才能参加会议，并享有投票权。

第四章　会　　议

第十条　本组织一年召开一次年会。年会应于每年元月10日召开。如逢节假日，董事会应决定改期，延期最迟不得超过章程所规定年会日期之后第15天。

第十一条　年会的目的是选举董事会，并听取组织上一年度所有活动的报告。

第十二条　至少在年会召开60日前，董事长应任命一个由3名合格会员组成的提名委员会，提名委员会不得是董事会成员的候选人。提名委员会要提供一份不少于10人的名单提交给年会讨论。被提名的候选人必须是合格会员，提名委员会必须与候选人接触并征得其同意，方可将其提名。

第十三条　会员在年会上也可提名董事会成员候选人，前提是被提名者为合格会员，并且有一位合格会员附议。

第十四条　秘书必须将年会时间和地点以恰当方式按照本组织花名册上合格会员名单和通信联络方式通知每个会员。

第十五条　除年会外，本组织每年至少召开2次会员例会。会议时间和地点由董事会决定。会议通知必须在例会召开15日前以恰当方式按照本组织花名册上合格会员名单和通信联络方式通知每个会员。

第十六条　必须至少有25%的合格会员与会，才能就本组织有关问题做出决定。少于25%的会员参加可以延期举行。但延期最迟不得超过原定会期之后第15天。秘书必须将延期事宜以恰当方式按照本组织花名册上合格会员名单和通信联络方式通知每个会员。会议只可延期1次，延期举行的会议与会有效人数不得少于合格会员总数25%。

第十七条　经董事会决定或至少25%合格会员联名请求可以召开特别会议。召集特别会议必须要说明召开会议的目的。秘书必须以恰当方式通知所有合格会员，通知必须说明特别会议的目的、召集人、会议时间和地点。上述第七条原则适用。

第十八条　特别会议只讨论会议通知中所包括的事项。

第五章　投　　票

第十九条　所有会议，除了选举董事长和官员外，董事长可以根据自己的意愿要求举手表决以便计票。如果过半数与会者同意就某一事项采用无记名投票方式进行表决。选举董事会成员时，必须采取无记名投票方式。

第二十条 在投票表决时，会议主持人在投票开始前，应任命一个3人委员会担任监票员，在投票完成时，监票员向主持人报告选举结果，经3位监票员证实签字的记录选举结果的文件将会作为会议记录附件保存。与会人员可以现场查验选票。选票在会议结束之后即行丢弃。监票员不得是官员候选人或与所投票事项有任何个人利害关系。

第六章 议事顺序

第二十一条 例行会议的议事顺序如下：

1. 主持人宣布会议开始。
2. 秘书宣读上次会议的记录。
3. 宣读财务报告。
4. 委员会报告，如果有的话。
5. 官员报告，如果有的话。
6. 旧的未决事项，如果有的话。
7. 新的事项，如果有的话。
8. 宣布休会（经会员口头表决）。

第二十二条 董事会的议事顺序如下：

1. 主持人宣布会议开始。
2. 秘书宣读上次会议的记录。
3. 宣读财务报告。
4. 委员会报告，如果有的话。
5. 官员报告，如果有的话。
6. 旧的未决事项，如果有的话。
7. 新的事项，如果有的话。
8. 宣布休会（经会员口头表决）。

第七章 董事会

第二十三条 本组织董事会由11名成员组成，成员包括本组织官员，董事会负责管理本组织事务。所有董事会成员在当选时必须是合格会员，并在任期内保持合格会员身份。

第二十四条 每届董事任期2年，如果某届年会改选6名董事，则下届年会改选5名董事。董事必须在本组织年会上以无记名投票方式选举产生。任何董事连任不得超过3届。不过，若某位董事第1届任期是被任命填补董事职位的空缺，则该董事可以多任1届。在停止担任董事满1届之后，可以再次当选为董事。

第二十五条 董事会的职责是执行项目和监督以确保本组织各项活动遵守董事会的各项政策。

第二十六条 董事会负责控制和管理本组织各项事务。仅当董事会按照本组织章程召集会议并且依据章程作出决定之后，才可以本组织的名义采取行动。

第二十七条 董事会至少每月召开一次会议，会议时间和地点由董事会决定，三分之二多数董事会成员表决同意方为有效。

第二十八条 每位董事一票，不得代理投票，经与会董事过半数同意可以通过电话投票。

第二十九条 董事会决定会议规则和条例，倘若没有，可以参考罗伯特议事规则。

第三十条 董事出现空缺可以由余下董事采取无记名投票方式过半数同意。按照此方式选举的董事只可服务至下一次年会。

第三十一条 董事长应在年会之后10日内召开董事会会议。此次会议的目的是选举官员并通过本年度预算。

第三十二条 经董事会过半数同意，可以将违反下列事项之一（不仅限于以下事项）的董事开除出董事会：

1. 公开歪曲本组织的政策；
2. 未经董事会事先授权，以组织名义就某一事项或政策公开表达立场；
3. 对组织资金或资产的犯罪行为；
4. 未能保持合格会员身份；
5. 董事会认为的其他理由。

第八章 官 员

第三十三条 本组织的首任官员包括：董事长，副董事长，秘书，司库。

第三十四条 董事长职责如下：

1. 主持所有应当召开的董事会会议和会员会议。

2. 每年年会上做本组织年度工作报告。

3. 任命所有委员会成员，包括常任委员会和临时委员会。

4. 确保依据本组织章程和自然之友的规定应该保留的所有书籍、记录、报告、证书等等正确归档和保管。

5. 支票和汇票的签署人之一。

6. 董事长具有组织首席执行官的职权，可依据罗伯特议事规则。

第三十五条 副董事长在董事长缺席或不能履行职责时代行董事长职责，董事长必须在事前24小时内通知董事会。

第三十六条 秘书负责保管会议记录、年会及会员大会的记录、董事会会议记录，这些记录必须采用适当的记录本并按顺序记录。组织的记录可供任何合格会议检查，并且在提出请求之后的合理时间内提供。

1. 秘书要将本组织章程和自然之友章程所需各项报告、证书和记录归档。

2. 秘书应当准备和发送所有给会员和董事的通知。

3. 秘书是本组织所有记录的正式保管人。

4. 秘书是本组织支票和汇票的签署人之一。

5. 秘书必须保管本组织所有合格会员的准确名单，包括姓名、地址和其他联系方式，以便通知和联系。

第三十七条 司库要仔细保管本组织的资金，将资金存放在适当的金融机构。司库负责收取会费，并提供收据。

1. 司库是本组织支票和汇票的签署人之一。

2. 司库应当根据董事会要求定期，至少每月一次，提供本组织财务状况的书面报告，该报告必须遵守非营利组织会计准则，该报告是董事会会议记录的一部分。

3. 每年11月份，司库要准备来年预算，这个预算草案要在12月份的董事会上初步讨论。在此基础上，司库准备修正预算提供给元月份的董事会会议，这次会议将对预算作出表决。

第三十八条 本组织所有支票和汇票至少经2人签署，1000元以上需经3人签署。

第三十九条　所有官员不得以任何理由接受薪水或报酬，但是，官员和董事为履行职责完成任务所需花费应当得到补偿。官员和董事为履行职责完成任务所需补偿的范围的确定，应根据章程召开会议由董事会三分之二以上成员批准。

第九章　员　工

第四十条　根据有关法律法规的规定，经半数以上董事会成员同意，可以聘用员工或续约。

第十章　委　员　会

第四十一条　董事长应当任命所有委员会主席和成员，包括常任和临时委员会，任期为1年，董事长有权随时改变任命。

第四十二条　应当设2个常任委员会：

1. 审计委员会。审计委员会应当安排本组织年度审计工作，根据通行审计做法，审计工作可以由外部独立机构承担。

2. 长期计划委员会。长期计划委员会负责准备长期计划和政策建议书供董事会讨论，至少每年1次。

第十一章　附　则

第四十三条　本章程经60%以上合格会员同意，在年会或特别会议上，可以进行增删修改。

第四十四条　涉及修改章程的任何会议，会议通知必须包括建议作出修改的内容，并且至少在会议召开之前15日前通知所有合格会员。

自然之友章程

第一章　性　质

第一条　中国文化书院绿色文化分院又称自然之友（Friends of Nature）（以下简称自然之友），是中国民间环境保护团体。

第二条　自然之友依据《中华人民共和国社会团体登记管理条例》设

立，遵守并受《中华人民共和国公益事业捐赠法》、《中华人民共和国合同法》等相关法律、政策约束和管理。作为中国文化书院的分支机构，遵守中国文化书院章程，在书院院务委员会指导下开展活动并定期向其报告工作。

第三条 自然之友是非营利、非宗教的公益团体，经费来自会员缴纳的会费和社会各界捐助等。

第二章 宗旨与使命

第四条 自然之友以倡导生态文明，开展环境教育，促进中国社会的可持续发展为宗旨。

第五条 自然之友的愿景：在人与自然和谐的社会中，每个人都能分享安全的资源和美好的环境。

自然之友的使命：建设公众参与环境保护的平台，让环境保护的意识深入人心并转化成自觉的行动。

自然之友的核心价值观：与大自然为友，尊重自然万物的生命权利；真心实意，身体力行；公民社会的发展与健全是环境保护的重要保证。

第六条 自然之友的主要任务是：

开展多种形式的环境教育活动；

通过多种方式促进公众参与环境保护；

开展环境保护方面的国际（地区）间民间合作。

第三章 会 员

第七条 凡赞同自然之友的宗旨和章程，身体力行地保护环境，并交纳会费者即可成为自然之友会员；根据交纳会费的不同方式，会员分为终身会员和普通会员。

凡从事或热心于环境保护事业的企、事业单位和团体，赞同自然之友章程，支持和参与自然之友活动的，经申请并获同意后，可成为自然之友团体会员。

自然之友接受中国大陆以外热心环保事业的人士以“联系会员”身份参与活动。

第八条 会员的权利

选举权、被选举权和表决权；

参加自然之友的活动；

经授权以会员名义举办符合自然之友宗旨的活动并获得指导和协助；

分享自然之友的信息资源及对外交流机会；

对自然之友的工作提出建议、批评和实施监督；

推荐新会员。

第九条　会员的义务

身体力行并主动传播自然之友的宗旨；

遵守自然之友章程；

按规定交纳会费；

维护自然之友的权益和声誉；

为自然之友提供志愿服务。

第十条　会员大会

自然之友的最高权力属于会员大会。下述事宜须经会员大会审议并通过：

制定和修改章程；

选举或者解散理事会；

审议理事会的工作报告和财务报告；

决定更名、终止等重大事宜。

第十一条　会员大会的决议须经与会者半数以上表决通过后生效。会员大会可采取现场或通信等方式；投票可采用现场、邮寄、传真、电子邮件等不同方式。

第十二条　会员有退出自然之友的自由。会员不得从事与自然之友宗旨不相符合的活动。凡行为有悖本组织宗旨或违反国家法纪者，予以除名。

第十三条　会员管理细则见《会员手册》。

第四章　理　事　会

第十四条　理事会的构成：

自然之友理事会人数为 15～19 人，其中北京以外地区理事不少于三分之一。

理事会设理事长 1 人，副理事长 1～2 人。

理事会设荣誉理事。荣誉理事为具有较高社会声望、支持环保事业的人士。荣誉理事享有批评权和建议权，不具有表决权。

现任总干事为当然理事。

第十五条 理事会每届任期五年，理事最多可连任两届。

第十六条 自然之友理事的候选条件：

认同自然之友的宗旨和理念。

有意愿、时间和精力参与自然之友理事会的工作。

具备一定的社会影响力和资源，能够为自然之友的发展提供支持。

第十七条 理事会选举：

由上届理事会推举建立选举委员会主持选举工作。

理事会成员候选人由自然之友会员推荐或自荐，经选举委员会资格审核后，经会员大会投票后当选为理事。

每届理事会可根据工作需要每两年调整部分理事。由理事会成员提名候选人，经理事会全体表决后向会员公示。

荣誉理事由理事会成员提名、经理事会成员选举产生。荣誉理事任期和连任届数不受限制；荣誉理事不得为现任理事和现任工作人员。

理事会选举细则另文公布。

第十八条 理事会的主要职责：

选举和罢免理事长、副理事长；

聘任及解聘总干事；

向会员报告工作和财务状况；

批准内部管理制度；

重要公共关系维系；

协助筹款及专项活动；

对组织使命、重要项目和工作方向进行评估和指导。

决定其他重大事项。

理事会成员分为若干工作小组，与工作团队衔接，起支持和监督的作用。

第五章　会费和经费

第十九条 自然之友的经费来源：

会费；

接受捐赠；

政府购买服务；

在核准的业务范围内开展活动或服务的收入；

利息；

其他合法收入。

第二十条　自然之友接受的所有社会捐赠及申请的项目经费，均用于公益目的。

第二十一条　自然之友建立严格的财务管理制度；接受税务、会计主管部门依法实施的税务监督和会计监督；接受登记管理机关组织的年度检查；定期向会员及社会公布账目。

第二十二条　自然之友总干事换届、更换法定代表人以及清算时，须进行财务审计，并报送登记管理机关和业务主管单位备案。

第六章　终止程序及终止后的财产处理

第二十三条　自然之友完成宗旨或自行解散或由于分立、合并等原因需要注销时，由理事会提出终止会议。终止会议须经会员大会表决通过，并报业务主管单位。

第二十四条　自然之友终止前，在业务主管单位及有关机关指导下成立清算小组，清理债权债务，处理善后事宜。

第二十五条　自然之友经社团登记管理机关办理注销登记手续后即为终止。

第二十六条　自然之友清算完毕后的所有剩余财产，任何个人无权处置。该财产在任何情形下不以任何理由转为任何私人所有或者用于私人用途处置，应按照国家有关规定，捐赠给与自然之友目标类似的公益机构，用于发展与自然之友宗旨相关的事业。

第七章　附　　则

第二十七条　自然之友的办公地点设在北京。

第二十八条　本次章程修改于2009年10月征求全体会员意见，2009年12月13日经理事会讨论通过，并报登记机关备案。从2010年1月1日起生效。

第六章　项 目 管 理

基金会筹款固然不易，但要把钱花好也绝不是一件简单的事情。

——马昕

本章要点

非营利组织项目管理的概念及其重要性；

项目选择和申请；

项目计划书的编写；

项目运作管理和评估。

中国光华科技基金会的项目管理①

中国光华科技基金会成立于1993年，由共青团中央作为业务主管单位。该基金会是运作型基金会。近年来开展的公益活动有：书海工程、创新工程、新农村建设支持行动等。

基金会设计开展的项目，必须有影响力和号召力，否则就没有立足之地。项目定位上必须善于借势，做到乘风而上、顺势而为。“乘风”就是乘国家建设和经

① 孙建．顺势而为谋定位，推倒围墙做项目［C］．编委会：基金会内部治理与公信力建设．中国社会出版社，2010．更多信息可以参见该基金会网站。

济大局之东风，“顺势”就是顺社会发展和政治需要之大势。这样的定位就是高定位。如书海工程的定位就是顺应了党的十七大提出的兴起社会主义文化建设新高潮、实现科学发展之东风，借助了国家建立资源节约型社会的大势，迎合了农家书屋工程建设的需要。为此，共青团中央和新闻出版总署两次联合发文，使书海工程获得了有力的行政力量的支持，强化了项目的影响力和感召力，吸引了新闻出版行业组织和众多企业的参与。

社会创业往往以项目为依托。绝大多数非营利组织以项目的方式开展各种活动，甚至有的非营利组织就是为了运作项目而成立的。能不能申请到项目，能不能管理运作好项目，是关系到组织生死存亡的大事，也是实现其宗旨的重要手段。

项目管理贯穿在非营利组织工作的每一天，项目管理能力是决定非营利组织生存与发展的核心能力。在项目运作前，最重要的是做好项目申请工作，特别是写出一个好的项目建议书。在项目实施过程中，要做好项目计划、组织管理和风险控制，完成好这些工作的关键是有一位优秀的项目经理，非营利组织的领导人要给予项目经理充分的授权和支持。在项目结束后，要对项目绩效进行评估。项目管理的全过程，从申请、实施到评估，都要体现组织的宗旨和战略。

第一节　非营利组织项目管理概述

一、非营利组织项目管理的含义

非营利组织项目管理，是指非营利组织为了实现其宗旨，通过项目申请的形式获取资金、人力等社会资源，优化配置所获得的资源，有效地组织、计划、控制项目的运作过程，从而达到项目的既定目标，实现组织的宗旨。①

① 王名．非营利组织管理概论．中国人民大学出版社，2010：191.

香江社会救助基金会开展的项目

香江社会救助基金会是一家由民政部登记主管的非公募基金会。2005年，由香江集团初始捐赠5000万元人民币设立。香江社会救助基金会聚焦教育、扶贫、救助和赈灾等领域。围绕这些领域，香江教育基金会开展了以下项目：

1. 香江爱心图书室项目；
2. 大学生教育基金项目；
3. 捐建学校建设项目；
4. 助养1000名孤儿项目；
5. 举办特殊儿童慈善画展；
6. 资助社会困难群体；
7. 参与抗震救灾、支持灾后重建；
8. 关注社会医疗救助工作；
9. 开展义工活动，传递义工精神。

资料来源：程瑶．立足回报社会，引领慈善文化［C］．编委会：基金会内部治理与公信力建设．中国社会出版社，2010.

项目是指为完成特定目标而安排的一组任务或活动。通过项目的实施，为特定对象提供某种产品或服务。项目一般来说有六个特征：第一，项目有一个明确界定的目标；第二，项目的执行要通过一系列相互关联的任务，也就是许多个不重复的任务以一定的顺序完成，以便达到项目目标；第三，项目需要运用各种资源；第四，项目有具体的时间计划；第五，项目有明确的起点和终点；第六，项目包括一定的不确定性。项目不同于常规任务，项目有自己独立的目标、任务和资源，并且一般预先规定了开始和结束的时间。

项目管理作为一门学科最早出现在美国，是为了建设和管理大型项目的需要而产生的。项目管理的主要内容包括项目计划、项目控制和组织管理等三个部分。具体而言包括：范围管理、时间管理、成本管理、人力资源管理、风险管理、质量管理、采购管理、沟通和集成管理。

与一般的工程项目管理不同，非营利组织的项目往往是服务类项目，项目往往不是来自组织内部而是要向外部机构申请获得，项目管理的主要目的不是为了营利，而是为了实现组织的宗旨。

二、非营利组织项目管理的原则

根据非营利组织项目管理的特殊性，在实施项目管理的时候，需要遵循下列原则：

1. 紧扣组织宗旨

宗旨是非营利组织的最高行动纲领，项目的选择和运作都必须紧密结合组织的宗旨。一般来说，对于众多可行性项目，应该有限选择那些符合本组织宗旨和战略的项目。如果组织尚有运作项目的余力，对于企业或其他组织主动要求合作的项目，即便与宗旨关系不大，出于组织可持续发展的考虑，也可以适当参与。

2. 重视申请环节

非营利组织的项目通常向组织外部申请，例如各种基金会、政府部门、国际组织、支持机构、中介机构、企业等。做好项目选择、可行性分析、项目建议书等申请环节的工作，有利于提高申请成功率，保证项目的运作效果。

3. 注重项目运作效率

非营利组织开展项目虽然不是以营利为目的，但这并不表示项目管理可以不顾及效率。非营利组织项目管理也要注重成本控制，优化资源配置，提高工作效率。

4. 管理规范化

项目管理的规范化对于提高非营利组织项目管理的成效非常重要，因为非营利组织的领导层更换比较频繁。例如，理事长由换届选举产生，秘书长有的是由理事会聘任，也有的是换届选举产生，而且管理层经常要吸收组织外部的人士加盟。一套简单而高效的规范化项目管理程序，有利于保证项目管理的可持续性。

基金会的项目化管理

基金会的目标一般被描述为促进某项事业的发展或是某些社会问题的解决。既不是要实现多少利润率，也不是要占领多少市场份额。基金会的组织目标难以量化，但在实际管理过程中，制定各层次的计划又应当有一定的具体目标。因此，基金会的业务活动一般是以项目方式来运作的。以中国青少年发展基金会（以下简称青基会）为例，它的宗旨是：促进中国青少年教育、科技、文化、体育、卫生、社会福利事业和环境保护事业的发展。这么大的目标无论从长期看，还是划分为短期目标都无法量化。青基会是通过一系列公益项目的实施来使自己的工作与组织目标一致，以项目成果来实现组织的使命和宗旨。

不仅基金会的外部活动可以划分为一系列项目的组合，其常规性任务也可以项目化。基金会存在一些常规性任务，例如，长期开展的奖励活动，对某个贫困地区的长期资助等。这种常规性的任务也适宜于按阶段划分为项目，规定出每个项目的起点和终点，后一阶段的项目作为前一阶段项目的延续项目。常规性任务的项目化，从财务管理的角度来看，有利于进行预算管理，节约成本、提高效率，实现内部资源的优化；从内部控制的角度来看，有利于规划组织结构，确定岗位职责，评估绩效；从对外公开透明的角度来看，有利于外界了解和评价基金会的工作成绩，提高基金会的公信力。总之，基金会的特点决定了项目运作是其基本的活动方式，应当运用项目管理的思想来制订计划、组织资源、具体实施和评估计划。

基金会对项目的选择也十分审慎。项目的选择非常重要，首先要关注的是项目与基金会使命的匹配，其次要关注所资助项目的成效。基金会筹款固然不易，但要把钱花好也绝不是一件简单的事情。基金会要选择做什么项目，应当注重以下标准：项目的质量和重要性，受助对象对这笔捐赠的需求程度，受助对象有效使用资金的能力，基金会通过资助项目可以得到的成果等。

资料来源：马昕．基金会公益活动的项目化管理［C］．编委会：基金会内部治理与公信力建设．中国社会出版社，2010.

第二节 项目选择与申请

非营利组织的项目管理始于项目申请，终于项目评估，基于评估的结果，再开始下一轮的项目申请。项目申请包括项目设计、可行性论证、项目建议书书写三个部分。①

一、项目设计

设计项目就是要根据组织内外部的实际情况，策划、设计出一些可供选择的项目。在此过程中，应注意以下几个方面的问题：

（一）分析组织自身情况

分析组织自身情况包括分析近期战略目标和以往的项目经验两个部分。非营利组织的宗旨是通过一系列战略任务体现出来的，近期战略目标是实现其宗旨的重要一步，所以在设计项目的时候要充分考虑，力求和战略目标方向保持一致。一般来说，在已完成项目的基础上继续深入拓展是项目设计的重要方法，没有任何基础的新项目难度比较大。如果涉足新领域，则需要做更加详细的可行性论证。

在组织发展过程中，在坚持使命不变的情况下，由于环境的变化，战略目标也必须做出相应调整。

自然之友的工作目标

自然之友的使命有两个方面，一是回应社会环境的问题，二是培养公民的环境意识，或者叫培养绿色公民。环境教育是自然之友的传统项目，可以说是优势所在，而且在未来一段时间之内，都仍然将是自然之友的工作重点之一。但是近几年，环境教育也面临着一些质疑。在目前环境污染越来越严重、各种自然灾害频发、城市

① 王名．非营利组织管理概论．中国人民大学出版社，2010：193-200.

化飞速发展的背景下，每当有重大环境事件发生时，公众对环保组织都有一些期待，希望我们可以做一些有影响的事情。因此，自然之友单靠过去的环境教育是很不够的，不足以回应外部的需求和挑战。但是，我们需要思考，我们如何在时间和资源有限的情况下进行回应？我们不可能任何事情都回应，我们需要做出选择。那么，我们如何做出选择？我们应该回应哪些事情？在城市固废和可持续交通两个问题上，我们得到了很多启发。在整个过程中，“宜居城市”这个图景逐渐变得清晰起来。

我们意识到，中国目前所面临的环境问题，包括西部自然资源保育所面临的挑战，其根源都来自于城市。资源的过度开发、生态破坏和垃圾围城等，都和城市人对生活方式、消费方式的选择密切相关。因此，我们将宜居城市确立为自然之友未来三到五年的阶段性目标。在未来三到五年，我们和会员、志愿者一起讨论宜居城市指什么，在宜居城市下我们面临的主要的环境挑战有哪些，应该如何去解决，这些环境挑战和我们想象的宜居城市是什么关系。我们主要从两个方面开展工作，一是回应城市环境问题，比如垃圾危机、过度消费、家庭效能差、自然缺失症、出行困难等；二是推动信息公开与公众参与，培养有环境意识、有行动能力的绿色公民，进而影响政府决策。这两个方面也正好回应了自然之友的使命。

资料来源：窦丽丽．推动宜居城市建设是自然之友未来三到五年的工作目标．自然之友通讯，总第74期，2011（3）．

（二）分析合作方的情况

非营利组织运作项目一般需要找到合作方或资助方，向对方申请资金。充分分析对方的情况，显然能够提高申请的命中率。需要分析的有：以往的合作经历、高层领导变更情况、对方的合作意向等。分析合作方的情况，需要收集一些必要的信息，这些信息一般在公开的资料或网站上可以获得。

（三）结合当地的实际情况

结合当地的实际情况，是为了评估当地的服务需求，以便充分利用当地的各种资源来满足需求。每个地方情况和特色设计出来的项目才能更顺利地得到实施。根据中国国际民间组织促进会的经验，最好不要在项目设计阶段参考别的项目文件，因为这样会限制设计人员的主观能动性和创造力。当然，在撰写项目建议书（Proposal）时，尤其是撰写英文的项目建议书时，可以参考别的项目建议书的格式或形式。

（四）项目选题

项目选题通常有三种形式。第一种是命题式选题，主要特点是项目资助机构有明确的项目指南，项目选题必须在指南规定的范围之内进行，这时只要逐一考虑项目是否符合组织的实际情况即可；第二种是非命题式选题，许多国际资助机构的项目，往往没有明确的项目指南，但申请者和资助者都有明确的申请意向，选题的过程是双方相互磋商和调整的过程；第三种是合作式选题，特点是双方已经有明确的合作意向，但双方还没有明确的项目指向，选题的过程就是在合作的基础上逐渐明确项目指向的过程。

（五）注重效率

在项目设计上要坚持和体现少花钱多办事的原则。当非营利组织显示出自身良好的项目运作效率，用更少的资金就能达成较好的效果时，更容易获得项目资金支持。

（六）替代方案

对于一个项目的实现，可能不只一种方案，而应该有若干种不同的选择。这就需要在项目设计的时候，把各种思路都罗列出来，为项目的可行性论证提供最大的选择余地。

上述六个方面，是项目内容设计的基本原则。在项目设计过程中，还需要强调参与性，即让项目有关人员参与到项目设计过程之中。采用参与式的项目设计过程，有利于在项目设计阶段就调动项目参与人员的积极性，集思广益，使项目方案更加全面更加完善；项目有关人员参与设计，还有利于增强参与者的责任感，培养和提高参与者的能力，为组织培养后备的项目经理。

上述这些原则在实际应用过程中，项目设计人员可以灵活掌握、因地制宜，不必循规蹈矩、按部就班。

二、可行性论证

在设计项目的时候，项目设计人员已经进行了初步的分析和论证。但这往往还不够，必要时还需要对项目是否合理可行做进一步深入论证，为决策提供科学依据。做可行性论证的意义在于它的结论是决策的依据、项目建议书的依据和项目实施的依据。非营利组织项目的可行性论证一般涉及对项目背景、项目意义、组织内外环境、需要的资金、预期成果等方面的系统分析。

一般而言，可行性论证要回答下列问题：为什么需要开展本项目？组织内外部的有利因素有哪些？不利因素有哪些？需要多少资金？能不能筹到足够的资金？如何筹集资金？项目实施需要多少时间？需要多少人财物资源？需要组建多大的项目团队？项目完成之后，服务对象有何受益？可能存在哪些困难、问题和风险？如何应对？

非营利组织项目的可行性论证可以分为两个层次：一是项目管理人员自己做的论证；二是项目之外的人员做的论证。由于项目设计人员往往是将来的项目实施者，可行性论证可能会出现较强的主观性，为了避免这种情况，组织通常还会请项目之外的人员进行可行性论证。项目外人员不一定来自于组织之外，可能是由组织内其他项目主管或高层管理者来做，由他们对项目各项指标进行客观和科学的分析，并在此基础上做出支持或否定项目的结论。无论是谁，做可行性论证应遵循科学、客观和公正的原则。

非营利组织的可行性论证一般可分为四个步骤：

1. 准备阶段

落实参加可行性论证的人员，搜集项目有关资料，搜集组织内部信息，并做出初步分析和判断。

2. 论证阶段

对各个备选方案的优缺点、费用、效果等指标进行全面分析，比较各个备选方案，最后确定一个最优方案，或者否决所有方案。

3. 编制可行性报告

可行性报告的内容可供编写项目建议书时参考。

4. 资源筹集计划

包括选择资助方，确定组织内部项目小组，确定是否需要招募志愿者等。

在实际运作中，许多资助机构要求非营利组织在正式递交项目建议书之前，做好可行性论证，甚至有的资助机构直接派有关专家参与论证。

三、撰写项目建议书

项目建议书集项目申请前期工作之大成，是直接向资助方提交的正式文件。撰写项目建议书是非营利组织项目人员必须掌握的基本功。项目建议书的目的在于说服资助方，让资助方同意提供项目所需的资源。不同的资助机构对项目建议书的要求有很大差别。有的要求简洁、有的要求详细；有的要求宽泛，允许申请人自由发挥创造力，有的严格限定格式、要求填写统一的表格。

项目建议书的格式和内容与创业计划书相似。尽管不同的资助机构所要求的项目建议书有差别，但归结起来大多包含如下要素：项目名称和首页；项目书主体部分（包括背景和立项理由；项目内容；日程；预算；难点及不确定性）；参与人员；合作者；成果。

（一）项目名称和首页

选定项目名称是项目建议书的第一步，虽然经过项目设计和论证，项目的选题和方向都已经确定，撰写项目建议书的时候，还需要确认一下是否有一个更好的、能高度概括而又准确表达项目内容的名称。

出于方便读者的考虑，项目建议书的第一页通常要罗列最重要的信息，包括项目名称、实施地点、项目时间、资金需求额（包括申请资金和配套资金）、实施机构、项目负责人和项目简介。

（二）建议书主体部分

建议书的主体部分与可行性报告类似。通常包括如下五个方面的内容：

1. 立项背景和理由

需要阐明项目环境、项目背景和项目意义。项目环境阐明地理位置、面积、人口、民族构成、交通信息条件、生产力结构、人均收入水平、教育卫生状况，项目所在地的政治、经济、社会、文化和生态情况，只要是与项目有关的因素都要予以说明。项目背景描述项目需求出现的历史、发展与现状，市场需求分析，当前供给状况分析，实施项目的迫切性等。如果是科研项目，还要说明国内外研究现状。项目意义说明了通过项目的实施，受益人群将出现何种变化，项目所在地将出现何种变化。

2. 项目内容

包括项目目标，说明如何达成项目目标，选择项目运作方式，项目运作计划，与地方政府和其他机构合作的计划等。

3. 日程安排

项目建议书要求有详细的日程安排，包括何时启动项目？何时截止？划分为几个阶段？召开几次联络会？何时进行中期汇报？这些都需要有明确说明，最好建立一张详细的时间进度表。

4. 预算

所有的项目建议书都要求有预算计划，以便资助机构提供资金支持和对支出状况进行监控。预算内容要求尽可能具体，包括申请资助部分和配套资金部分。一般来说，预算项目包括：交通费、通信费、食宿费、资料费、设备费或设备使用费、会议费、劳务费、管理费和其他费用。

5. 难点及不确定性

分析项目运作中存在的难点及可能会碰到的潜在风险。在撰写项目建议书时需要阐明攻克难点的应对措施，以及如何应对不确定事件，降低项目风险。这部分对申请资助非常重要，它不但可以为资助机构的决策提供依据，而且也可以看出申请方对项目所采取的客观、科学和务实的态度。

（三）参与人员

项目参与人员包括主持人和执行负责人的个人简历，包括学历、职历、项目运作经验以及该领域的研究经历等。同时，还应包括项目小组直接参与人员的个人基本信息。

（四）合作者

有的项目要求各种不同类型的合作者，包括国际合作者、政府部门、其他非营利组织、大学或科研机构等。例如，联合国开发计划署在向仪陇县乡村发展协会提供项目资助的时候，要求在县政府成立项目办公室，把政府部门作为合作者。如果需要合作者，应该在项目建议书中列出合作者的基本信息、合作方式以及合作内容。另外，还需要合作者出具同意合作的承诺书。

（五）成果

成果部分要阐明项目运作成果，即期望获得的成果。如果需要，还要包括项目中期成果。有些项目，特别是国际项目要求在项目进行过程中进行一到两次中期汇报或总结。所涉及的主要内容包括：项目进展情况、已经取得的成果、财务中期报告、经费使用、结余情况等。这些都需要在撰写项目建议书时做出计划。一般在项目结束后，要求提交项目最终报告，对项目整个进行过程特别是取得的成果，要做出详细说明。

第三节　项目运作管理

各个组织的项目管理方法和程序各有不同，但其目的是一致的，都是为了优化项目资源的使用，加强项目活动管理，以便利用有限的资源实现既定的项目目标。项目运作管理是非营利组织项目管理的核心环节，主要包括项目计划、组织实施、控制与管理三个部分。

一、项目的启动和计划

在项目获得批准后，一般就应立即启动项目，并在项目申请工作的基础上，制定详细的项目计划。

（一）项目的启动

由于一般项目工作人员对于项目申请工作涉入不深，对于项目的具体细节并不很了解，所以在项目得到批准获得资助之后，需要有一个类似动员会性质的项目启动会。在项目启动时，要求每个参与项目的人员弄清楚下列问题：

选定此项目的动机，以及项目的申请过程；

项目要达到的预期目标和受益人群；

实施项目的初步计划，并讨论详细计划；

各个工作人员的分工；

项目的周期和投入资金的规模；

可能影响项目成败的外部因素。

通过对这些问题的了解，项目工作人员可以明确今后项目的实施方向，并对项目运作方式达成共识，为实施过程中的良好合作打下基础。

（二）项目的计划

虽然项目建议书阐述了项目的基本目标和实施战略，但是不可能详细说明将要实施的各项具体活动。因此，还必须制定必要的工作计划。在项目计划阶段，项目管理人员的工作是和各方协商，确定尚未明确的各项具体活动并制定实施计划。

项目计划包括项目总计划和年度工作计划。项目总计划由项目经理来完成。在编制计划时，首先应该再次明确项目目标、资金到位情况、各项活动和预期效果。一般说来，从项目设计到最终获得批准要经过很长一段时间，在此期间，很多情况可能发生变化，所以必须重新审定工作。然后，在项目人员充分参与讨论之后，制定出总计划。总计划通常包括项目总目标和分阶段目标、各项活动目标、各项活动设计和时间估算，并做出优先次序排列、资金预算、人员配备、设施要求和详细的工作进程。

对于大型项目来说，年度工作计划在项目执行的控制和管理中起着重要作用，也是项目管理部门批准各个项目活动所需经费的基本依据。年度工作计划在项目总计划和预算的基础上制定，主要内容包括工作任务、方法、工作量、时间进度、项目区域范围、参与人员的详细分工、预期效果、详细的报告程序、资金预算等等。编制年度工作计划需要考虑以下问题：

年内实施的各个主要的项目活动及其优先顺序如何？

这些活动是否能在一年内完成，是否需要延续到以后年度？

需要哪些支持？

是否需要合作伙伴？谁是合作伙伴？

要不要进行培训？

活动成本是多少？

如何确定各项活动的负责人？

最后的年度报告如何产生？

如何确定项目进程时间表？

哪些活动需要制定单独的分计划？等等。

二、项目实施过程中的组织与管理

项目一旦得到批准，并已经制定了项目计划，随之而来的就是组织实施的问题。项目的组织实施重点要考虑项目管理机构、项目进度控制、项目财务管理、项目监测评估以及项目风险管理等方面的问题。

（一）项目管理机构

一般而言，在项目设计或者启动之时已经基本确定了项目负责人和项目管理机构。一般由项目经理全面负责项目的实施过程。在项目实施过程中，项目经理至关重要。项目经理在项目具体运作中应该有足够的自主权，项目经理本身要具有项目运作的丰富经验和很强的组织运作能力。项目经理通常在资深员工中挑选，要求他们在项目相关领域工作过相当长时间，并且以项目助理的身份担任过类似项目的管理工作。当然，组织可以从外面聘请项目经理。

在非营利组织的传统管理结构中，秘书长直接领导所有职能部门和项目经理，项目经理再从各个职能部门抽调人员组成项目小组。这种结构虽然具有权力集中和资源集中的优点，但是等级森严、信息不畅的缺点也十分明显，各个项目经理容易陷入琐碎的事务协调之中，甚至出现争权夺利的矛盾。

现代非营利组织的项目管理往往采取网络式管理结构，秘书长仍然直接领导各个职能部门，但是增设一个项目主管，项目主管下面再设项目经理，项目经理不直接向秘书长报告工作，项目经理和各个职能部门之间更多的是合作关系。这种结构是单个的项目管理机构更为独立，自主权更大。

（二）项目进度控制

项目进度控制主要通过项目进展报告实现。项目进展报告没有固定格式，主要内容包括：

报告期间各项活动进展的具体情况；

实际情况与原计划之间的差异及其原因分析；

项目管理机构与人员配备情况；

项目现存问题的及时汇报；

项目实施成果、既定目标实现情况；

项目下一步工作安排。

报告应该有规范的封面，注明报告日期，最后由实施机构盖章，并由项目负责人签字。

（三）项目财务管理

健全的财务管理是项目顺利实施的基础。一般来说，资助方不会一次性地把所有项目经费都拨下来，而是根据项目进展情况和财务情况，逐笔汇到项目管理机构。因此，项目实施过程中必须做好财务管理工作。

项目一经批准，资助方即要求项目管理机构设立独立的账户，保证专款专用，并配备财务人员。根据要求，组织要及时提交财务报告，使资助方及时掌握项目的收支状况，确保资金及时到位。在项目运作过程中，要严格进行支出控制，严格按照预算执行，除非有特殊理由，不允许有超支现象。

（四）项目监测和内部评估

项目进展报告是自下而上的报告，项目监测和内部评估是自上而下的监督。项目监测是持续不断地对项目实施过程进行跟踪或监测的过程，旨在及时掌握项目的进展情况和财务执行情况，及时发现问题和解决问题。

内部评估是指项目管理机构对项目内容和战略所做的评估，旨在发现预见到和未预见到的项目活动影响因素，并提出调整意见。作为项目管理机构，内部评估应该是经常性行为。

（五）项目风险控制

在项目运作过程中，由于一些不可控因素和不确定性事件的存在，项目运作存在风险。完善的项目管理要求能够对项目风险进行有效管理。项目风险控制的常用办法有差异控制和应急计划两种方法。差异控制是对项目进度和支出实际情况与计划之间的差异进行分析，并及时采取措施进行调整的办法。应急计划应该未雨绸缪，为未来可能出现的情况预先做好准备。风险常常在毫无准备的情况下出现，这时应该把风险情况和应对风险的活动如实记录下来，为以后更有效地管理风险提供参考。

（六）项目评估

项目评估是指对已经完成的项目在目标达成情况、工作效率和项目管理能力等方面所做的客观、系统的分析和评价。

在正式的项目评估开始之前，应该编制评估提纲。评估提纲的主要内容包括：项目背景、项目概述、现阶段基本情况、评估目的、评估问题、评估成员、日程安排、评估报告的提交等。

项目评估的主要内容包括：项目设计评估、项目目标评估、项目成果评估、经济效益评估、组织实施评估、项目管理能力评估和受益人群评估等。

项目评估的方法有很多，有观察法、问卷法、文献法和访谈法等，项目评估往往综合运用多种方法。

项目评估的成果形成项目评估报告，评估报告的主要内容包括：摘要、项目概况、项目内外部影响因素、资料描述和分析、经验教训、最终结论和意见、评价方法说明、参考资料等。

复习思考题：

1. 社会创业者为什么应该重视项目管理？
2. 项目管理的基本任务是什么？
3. 项目计划书的主要内容是什么？如何撰写项目计划书？
4. 项目计划书与创业计划书有何异同？
5. 如何看待非营利组织承接和组织宗旨不直接相关的项目？
6. 项目总计划和年度工作计划应如何实现有机衔接？
7. 非营利组织的项目为什么必须体现其使命？

案例 6-1

基金会的资助方式[①]

基金会在选择怎样开展资助时有两种方式：一是直接运作项目，自己既扮演出资者又扮演运作者的角色；另一种是规划和设计项目之后，委托其他公益机构来完成。有些基金会目前比较倾向于自己直接行动，特别是一些老牌的、大规模的基金会已经形成了一套行之有效的运作模式。

但对于新成立的基金会来说，这种做法还有很大难度，因为基金会自己运作项目涉及复杂的管理流程。基金会首先要做好活动的规划设计、确定受助标准、组织挑选受助者、做好宣传和公关活动、项目结果的评估和公布等。这些工作对于新成立的基金会有限的人力、物力来说显然是过于沉重了。同时，直接深入自己所不熟悉的领域，工作效率也不可能高。成本高、效率低，获得的社会效益必然低于期望值。在这种工作压力下，有的基金会不得不削减项目规模。

如果依靠一些已经建立专门渠道、专门活动方式的专业公益慈善机构来做具体工作，效率可能会大大提高。比如，有些非公募基金会向中国青少年发展基金会、中国扶贫基金会和中国红十字会等知名的公益机构进行捐赠，合作完成一些项目，双方都比较容易对项目执行结果感到满意，并且可以共同提高知名度。现在，公募基金会与非公募基金会合作过程中，更多的是以公募基金会为主导设计项目，非公募基金会参与的模式；很少由非公募基金会设计或提出方向，其他机构来申请资助、具体执行这种模式。然而，这样的做法使得非公募基金会出了钱却未能直接体现自己的公益意愿，仍然不能满足需要。

国外的大型基金会，类似于我国非公募基金会的，一般倾向于只扮演出资者的角色。这是公益慈善事业进入成熟阶段分工协作体系日益细密的表现。在美国等公益事业发达的国家，社会上存在着足够数量的大大小小

① 马昕．基金会公益活动的项目化管理［C］．编委会：基金会内部治理与公信力建设．中国社会出版社，2010.

的使命非常具体的慈善机构，这些机构把基金会作为重要的资金来源之一，它们选择与自己使命一致、可能提供资助的基金会，提交项目标书，申请资助。基金会则对大量的项目申请进行筛选，以期筛选出来的项目形成一个体系，实现基金会的使命和目标。基金会也会在招标文件中公布自己在一段时间内感兴趣的工作领域和目标，以帮助申请者确定申请方向。一旦申请者中标或者双方达成协议，基金会将一定程度地介入项目运作过程，对项目实施严格的监管。对基金会和受助机构来说，这是对双方都有利的合作方式。例如，救助儿童会（Save the Children）是一家服务于儿童领域的国际慈善机构，它有时会向福特基金会申请项目。福特基金会关注的领域包括儿童福利，而救助儿童会在这个领域拥有专业能力和卓越表现，因此，二者很容易形成合作关系。救助儿童会具有直接深入最基层的办事机构和工作人员，直接和最终的受助对象建立联系；而福特基金会没有也不需要专门为了儿童项目向基层派驻机构和人员，它主要是依据双方合作协议、救助儿童会所提供的项目建议书、定期工作报告、财务报告，以及安排工作人员随访等这一类形式来控制和监督项目的运作情况。

这样的合作方式对于双方都有好处。一方面，资助型的基金会不必事事亲力亲为，投入较少的工作人员和精力就可以推动基金会的事业按计划进行；另一方面，作为具体领域运作型的专业机构，其工作效率比非专业机构更高，在得到了需要的资金以后，可以把事情做得更好。

目前，国内的非公募基金会和其他运作型非营利机构还没有形成这种成熟的分工合作关系。可以预料，这是一个对双方都有利的双赢模式，是我国公益事业未来的发展趋势。要实现这种分工协作机制，需要非公募基金会和其他运作型公益慈善机构的共同努力。非公募基金会负有培养专业的公益慈善机构的责任。

思考题：

1. 请对当前我国公募基金会与非公募基金会的合作方式做出评价，说明两者合作关系的未来演变趋势，并陈述理由。

2. 基金会与运作型非营利机构的合作关系的理想状态是什么？为什么？

案例6-2

ABC组织的“壹基金绿色家园”项目计划书

一、申请组织信息

基本情况

机构名称：ABC组织

成立时间：2003年12月　　登记号码：******

机构负责人姓名：李大同　　职务：主任

机构类别：民办非企业单位

已开展灾后重建领域：志愿服务

联系方式

联系人：王晓东　　手机：***********

电话：***—********　　电子邮件：********

地址：********************　　邮编：******

机构网站：http：//www. abc. org. cn

机构介绍：

鉴于汶川地震受灾严重，农村灾区急需重建村庄和住房，中央的建议是重建要结合新农村建设一起推动。我们机构工作人员有近10年以上的乡村建设经验，希望用我们的优势帮助灾区农村和农民开展重建工作，让更多的灾民重新过上正常的生活。

我们有能力做的是：

1. 帮助村庄制定村（组）规划设计，规划便于操作和实施，并具有地域性、实用性和农村田园风貌。

2. 帮助受灾农民设计简易、环保、经济和反映地域特色的住房和公共设施系统，供项目村重建，并作为农村灾区重建的样板。

3. 用参与式方法和当地村民一起共商重建家园和发展计划。

4. 组织重建村庄社区能力建设培训。

5. 建立民间、企业、政府三方合作的重建模式。

6. 在重建中，倡导“在生态系统平衡中进行乡村重建”，在项目地区进行生态、生产、环境、经济发展与地域文化为一体的新农村建设的实践。

二、项目基本信息

1. 项目名称：　壹基金绿色家园

2. 项目实施地点：四川省什邡市洛水镇渔江村

3. 项目设计方向：灾后社区重建及社区协作能力建设服务，针对灾区偏远地区贫困家庭的房屋重建

4. 项目负责人

姓名：李大同　　　职务：主任　　　学历：研究生

ABC组织主任，联合国教科文EPD教育项目北京可持续发展教育协会常务理事，中国环境文化促进会理事。

5. 项目团队介绍（团队成员姓名、学历、职务、主要负责事项）

ABC组织专职人员：

李大同：负责整体项目，负责项目实施和管理，协调政府、村民、设计、施工、培训等工作。

王方：四川规划和重建办公室主任、项目官员，沟通和协调工作。

方洪：项目官员，负责灾后重建的施工管理、技术指导、监督和协调工作。

规划与设计人员：（在招聘中）负责所有项目中的施工图和设计图的修改，辅助项目的设计和绘制。

6. 项目周期

从2009年4月1日开始，到2010年3月31日结束。

7. 项目概述

渔江村现有村民669户，耕地面积1866.42亩，非耕地539亩。地震前村庄农房建设分散，占地面积大，房屋全部倒塌。重建中，计划分片集中建房，结合什邡市政府灾后重建相关政策和区域规划，请专业设计单位制定整村总体规划方案。

本项目关注点为“农村房屋灾后重建”，以项目村村民按照本项目提供的专业规划和设计方案100%建成并入住新房为目标，并规划项目村的长期发展需求，包括生物多样性、文化多样性、乡村经济发展以及社区的可持续发展、实施村民自治等要素，以保障项目村的可持续发展。

三、项目目标

1. 项目目标

(1) ABC为渔江村提供完整的重建规划设计图（见附件一）（含规划设计图、施工图、管网、水电、交通、绿化、垃圾分类处理、污水处理、社区配套等），规划将融入生物多样性、文化多样性、乡村经济发展以及社区的可持续发展。

(2) 根据现有的八个组，设计八种文化主题并有地方特色的民居，每个组又设计五种永久性住房供村民选择。

(3) 以上规划设计完成后，政府将按项目设计施工，在不改变原有设计理念的前提下，征得壹基金、设计方及ABC的书面同意后，允许对图纸18%~22%的修订。规划中包括但不限于：整体规划、公共设施、管网、环保、生态系统、住房风格的八种文化等。

(4) 项目指标是70%的渔江村村民在本项目结束时点（2010年3月31日）能住进按本项目提交给政府的规划和设计而修建好的住房。在2010年6月前，100%的渔江村村民能住进按本项目提交给政府的规划和设计而建好的住房。

(5) 建设280平米的壹基金活动中心和50平米的废旧材料综合利用房两个样板房，作为灾区重建的样板。壹基金活动中心设计图需经过壹基金的审核后方能施工。

(6) 对农民和干部进行培训（805人次），包括重建中的规划、地域历史、建筑风格、目前农民建房中的问题、农民房子为什么在地震中倒塌、怎样组织农民参与重建、怎样在重建中恢复村民自治等。

(7) 本项目所建造和采购的固定资产，在项目结束后全部归渔江村村委会所有。

2. 项目计划

(1) 2009年4月—5月，进行村民住房的具体调研，与政府和企业进行讨论，与政府和规划设计单位进行进度讨论。为渔江村669户设计施工图和8个试点村组各设计5套不同风格和文化特色的住房样式组合供村民选择，完成施工图和基础性公共建设图纸。房屋设计抗震能力要符合国家颁布的《汶川地震灾后重建条例》。

(2) 4月20日—6月20日，举办参与重建家园的能力培训一次，宣传

“渐进式”重建理念培训三次，每次时间一天，培训对象为乡镇和村干部以及村民骨干。建造完成废旧材料综合利用房，作为ABC临时工作室和村委办公室。

（3）6月21日—9月20日，整个渔江村村民建房完成50%。宣传灾区培训四次。组织乡村重建工程互助组，培训互助组人员，指导施工小组监督重建工程的施工质量。在重建硬件设施基本完成和村民生活安定的情况下，搞好环境整治，推动垃圾分类工作。

（4）9月21日—12月25日，部分农民对新房进行装修，渔江村669户建成70%。

（5）2009年12月25日—2010年1月25日，部分农民对新房进行装修，保证有70%搬进新家过年。

（6）2010年1月25日—3月31日，100%的村民户建成新房。开始筹划产业结构调整工作，新的产业包括：产业化的生态农业、5·12地震文化、李冰故居农家乐、灾后新农村建筑文化和建设展示、重建后的村民自治等。280平米壹基金活动中心建成并交付使用（板砖结构）。

（7）本项目完成后一个月内向壹基金提交完整的工作报告、财务报告及壹基金需要的所有资料。

3. 风险及规避

（1）要为农民组织专业技术培训，也需要了解规划和设计的综合专业化队伍和懂农民又能理解乡村文化的专业施工队，这有一定困难，但ABC组织有相应的专家队伍和有10年以上农村施工经验的工作人员，可以开展培训和常驻施工现场就地解决施工中的实际问题。

（2）农民对重建住房的抗震要求非常强烈，目前ABC组织和相关专家已完成了重灾区乡村民房倒塌的调查和研讨，对灾区倒塌和没有破坏的房子进行了对比分析，由有相关资质的东南大学建设设计研究院承担农民住房的设计，能确保重建房屋的抗震性能符合要求。

（3）房屋重建中的建设资金是企业与政府政策资助，政府资金能否及时到位，存在一定的风险，会影响建房的进度。壹基金将根据政府重建进度分批给ABC组织拨款。

（4）灾区各种建材价格涨幅达30%～70%，因此要控制建房的成本，在政府补助资金范围内建成，争取就地取材、回收建材、集体购买建材、灾民互相换工来降低重建成本。有能力或想建更大一些住房的农户，政府有政策，可以凭在建房抵押向金融机构申请部分贷款，解决建房资金问题。

(5) 在项目周期内与本项目合作的政府工作人员和乡村干部有可能换届和调动工作，影响项目的持续性，为此我们已与政府部门联系好，待项目资金到位，就与政府签订合作协议，明确双方的责任和义务，并取得上级政府支持，化解因人员变动而影响项目的实施的风险。

4. 项目完成指标

(1) 渔江村70%的村民在本项目结束时能住进按本项目提交给政府的规划和设计而修建好的住房。在2010年6月前，100%的渔江村村民能住进按本项目提交给政府的规划和设计而建好的住房。

(2) 建成建筑面积为280平方米的标志性建筑“李连杰壹基金培训中心”一套，建成建筑面积为50平方米的废旧材料综合利用房一套。

(3) 推动渔江村垃圾分类收集和处理，污水处理，使环境改善。

(4) 在重建的过程中，形成了政府、村民、NGO的合作机制和乡村的参与空间，各种自组织在重建中开展活动，挖掘了村民的潜能，增强了基层干部和村民的参与能力。

(5) 编辑印刷了《5·12灾区渐进式重建建房图册》，为什邡市乡镇、行政村、社区居委会和村民小组的基层干部、村干部、村民进行了培训，他们成为了灾后重建的技术业务骨干，并制作宣传资料，由这些骨干把灾后住房重建的理念和技术推广到整个什邡市更广泛的地区。为灾后重建和今后发生各种类似的重大灾难提供了有价值的借鉴。

四、项目预算（按项目周期预算）

1. 项目所需硬件支出（请详细列出各类支出）共需人民币832,800元

1500平米“李连杰壹基金培训中心”培训中心：349800元

序号	名称	单价	数量	合计（元）
(1)	规划设计费（170亩）	20元/平米	3000平米群组建筑	60,000
(2)	建造280平米活动中心	700元/平米	280平米	196,000
(3)	活动中心装修			30,000

续表

1500 平米“李连杰壹基金培训中心”培训中心：349,800 元				
序号	名称	单价	数量	合计（元）
（4）	绿化和水电管线	10 元/平米	1500 平米	15,000
（5）	培训桌椅	130 元/套	120 套	15,600
（6）	培训水瓶茶杯黑板等			400
（7）	大会议桌 20 人座	5,000 元	1 个	5,000
（8）	会议桌椅子	120 元/把	40 把	4,800
（10）	“李连杰壹基金培训中心”字样和 LOGO（其中三个射灯 1500 元/个 * 3=4500；字体 80 * 80 和 LOGO 用银塑夜光材料）			23,000
废旧材料综合利用房：28000 元				
（11）	建造	400 元/平米	50 平米	20,000
（12）	工作室简易办公家具、门窗、绘图工作台、写字台、网络配置、电风扇、资料架、专业绘图仪、制图工作用具、简易床、生活用品			8,000
针对项目点 8 个村小组村民的实际住房（原为 7 个组，现增加了 1 个组，与设计单位协调，可以免费提供 1 个组的规划设计）：455000 元				
（13）	170 亩/组（约 11 万多平米）村小组产业、生活规划及施工图	5 万平米	7 个组	350,000
（14）	八个组中，每组五套文化风格的建房效果图（正房、厨房、庭园）	1.5 万/组	7 个组	105,000

2.《5·12 灾区渐进式重建建房图册》及培训班　需人民币 213,650 元（此刊物初稿经壹基金书面认可后，方能支付费用）

编辑印刷手册：147,800 元

序号	名称	单价	数量	合计（元）
(1)	专家赴灾区调研考察路费、住宿费和人工费、助手材料费等	4,000 元/人天	3 人 3 天 熊国平、宋庆华、孙君	36,000
(2)	防震结构、重建规划专家研讨会	1,500 元/人次	6 人 2 次	18,000
(3)	手绘图	450 元/张	40 张	18,000
(4)	灾后案例框架图	2,000 元/张	7 张	14,000
(5)	防震规划设计	4,000 元	1 套	4,000
(6)	民居	1,500 元/套	10 套	15,000
(7)	民居大门设计	500 元/套	6 套	3,000
(8)	民居庭院设计	550 元/套	4 套	2,200
(9)	样本打印核对	350 元/次	4 次	1,400
(10)	编辑设计印刷 10 套 32 开 151 页硬彩图册及 A3 彩色规划方案			9,200
(11)	印刷培训用图册（只发给什邡领导、村干部和村民代表）	3,000 本	8 元	24,000
(12)	邮寄图册	3,000 本	1 元	3,000
培训班（7 次每次 1 天）：65850				
(1)	培训租场地	1,000 元/场次	7 次	7,000
(2)	培训老师食宿和补助	300元/人次/天	7 人次 2 天	4,200
(3)	学员交通费往返	10 元/人次	115 人 7 次	8,050
(4)	中餐费	15 元/人餐	120 人 7 餐	12,600
(5)	投影仪	5,000 元/台	1 台	5,000
(6)	培训摄像及后期制作			15,000
(7)	制作光盘	7 元/张	2000 张	14,000

3. 人员及管理费用支出（请详细列出各类支出）

需人民币 164,200 元

序号	名称	单价	数量	合计（元）
(1)	项目人员人工费	2,400元/人月	4人12个月	115,200
(2)	短期劳动合作方（村盖章）	550元/人月	5人12个月	33,000
(3)	项目人员误餐补贴	20元/人天	4人200天	16,000

4. 通信费用（100元/月人＊4人＊12个月）　需人民币4800元

5. 参与式能力建设培训费用（1天）　需人民币7075元

序号	名称	单价	数量	合计（元）
(1)	专家费（培训40人）	4,000元/天	1天	4,000
(2)	专家助手	500元/人天	1天	500
(3)	培训资料	20元/人	45人	900
(4)	中午餐	15元/人	45人	675
(5)	场租	1,000元/天	1天	1,000

6. 差旅费用（除1）外是北京-成都往返机票和补贴等）需人民币35600元

序号	名称	单价	数量	合计（元）
(1)	当地交通费	1,000元/月	12个月	12,000
(2)	参与式培训人员（教师）	3,200元/人次	2人	6,400
(3)	渐进式手册培训人员（教师）	2,000元/人次	7人次	14,000
(4)	工作人员	800元/人次	4人次	3,200

7. 其他　需人民币29,300元

序号	名称	单价	数量	合计（元）
(1)	编辑通信（含设计印刷邮寄等）	2,500元/期	2期	5,000
(2)	图片宣传彩页	50元/本	150本	75,000
(3)	图纸施工图印刷	240元/份	10份	2,400
(4)	当地项目人员办公及住宿房租	1,200元/月	12月	14,400

8. 不可预见费用（以上全部费用1%取百位整数）　需人民币12,800元

备注：

1. 以上费用以节约为原则，实际发生为准。

2. 此预算为费用的上限，超出部分不予支持。

3. 此项目的财务预算周期为一年，考虑到政府建房进度的不可控性，ABC提出将项目完成周期延长至一年半。但壹基金对该项目的相关财务支持仍按一年计算。

项目支出合计人民币（大写）壹佰叁拾万零贰佰贰拾伍圆整

（小写）￥1,300,225元

五、是否与实施地人民政府有关部门达成协议

□是　√　　　　　□否

六、附件：

(1) 项目进度管理表.xls

(2) 培训内容、时间、教案

思考题：

从ABC组织的项目计划书来看，为了写好这个计划书，必须做好哪些准备工作?

第七章　财务管理

最好的慈善应该是不断地追求终极目标——去追根求源，去根除邪恶。

——约翰·D. 洛克菲勒

本章要点

非营利组织财务管理的内涵；
非营利组织的会计核算；
非营利组织的财务管理；
非营利组织的财务预算与控制。

美国私人基金会的投资管理①

拥有悠久历史的美国私人基金会（Private Foundation）期望能够永久从事慈善事业。基金会只留存少量流动资金用于慈善支出，其余资金全部进行投资运作。经过长期实践，逐渐形成了相对成熟完善的投资管理模式和投资运作方式，进行有效的投资管理，通过资产配置来保护其支付能力，使得私人基金会不断发展壮大，成为美国金融市场中最重要和最成功的

① 王崇赫，孙凌霞．非公募基金会投资管理模式选择：美国经验及启示．社团管理研究，2010（2）．

机构投资者之一，有力地推动了美国经济的发展。

投资管理是私人基金会实现资金保值增值的重要影响因素之一。美国大型私人基金会主要采用投资部、投资财务部、财务部、外部投资机构、基金会信托等五种投资管理模式实施投资管理。

美国私人基金会组织结构通常包括理事会（Board of Trustees）、理事会下设的委员会（Board Committee）、管理层（Office）。理事会负责制定组织宗旨和各种政策，包括捐赠项目、支付比例、投资、日常管理、组织治理、监督和审查财务及外部审计、绩效考核等。理事会成员一般包括创始人或家族成员以及企业界、学术界、金融界、公共组织的知名人士，很多成员是已退休的各公司高管。理事会下设各种专业委员会，包括执行委员会、审计委员会、财务委员会、投资委员会、薪酬委员会、提名委员会和项目委员会等，各基金会的具体配置情况有所不同。其中，投资委员会（Investment Committee）是协助理事会进行投资管理的机构。委员会成员一般由过去或现在任职于投资银行、基金公司、资产管理机构等具有丰富投资经验的理事会成员组成。投资委员会的职责主要包括：（1）制定基金会的投资政策和投资方针，包括选择资产配置（Asset Allocation）和投资限制等政策；（2）监督和审查基金会投资和再投资（Reinvestment），委员会可任命官员和员工以及外部投资管理机构执行投资工作；（3）在评估投资业绩时，评估其是否遵守投资政策和投资方针及风险水平。没有下设专业委员会或者投资委员会的基金会，通常由理事会或财务委员会承担相应职责。此外，基金会还可以根据自身投资情况进一步邀请其他顾问协助投资委员会。

基金会理事会制定了组织的投资政策和投资目标后，在具体运营上分为两类投资管理模式，一类由基金会内部管理层负责管理，另一种由外部的基金会信托管理。其中，内部管理模式又划分为投资部门管理、投资财务部管理、财务部门管理和委托外部投资机构管理等四种模式，他们各具特色，各有利弊，适应不同规模不同部门设置的基金会的需要。

第一节　非营利组织财务管理概述

非营利组织的财务管理是指对资金的筹集、分配、使用等财务活动进行的计划、组织、协调与控制工作的总称。本章主要讨论预算、会计和财务监督等内容，下一章专门讨论筹资问题。

一、非营利组织财务管理的目标和功能

非营利组织不是以利润为首要目的的组织，非营利组织财务管理的目标是为了实现其宗旨和使命，而不是像企业那样为了追逐高额利润。非营利组织实现其宗旨和使命的首要条件是组织的稳定和长期可持续发展，只有这样才能履行其对社会和受益人的责任。为了保持组织的稳定和可持续发展，非营利组织必须具备健全的财务管理，其财务收支最好能够实现“盈余”，至少也必须实现平衡，以保障组织发展和服务提供的可持续性，提高组织的社会公信力，得到捐赠者和社会的支持与认可，实现组织使命。

非营利组织的财务管理与企业财务管理在目标上存在很大差异。企业的财务管理目标依次是持有最多的股份、利益最大化、最大的边际效益、行为目标和社会责任。非营利组织的财务管理目标依次是组织稳定和可持续性、宗旨和责任、行为目标和社会责任。

财务管理的主要功能包括：体现组织性质；防止腐败；提高效率；有利监管，提高公信力。

一个非营利组织的收支项目体现着其活动是否符合组织的宗旨。在美国，税务部门通过对非营利组织的财务收支进行审计，来判断其是否具有非营利性质，从而决定是否给予其免税资格。在我国，2008 年开始实施的《企业所得税法》明确规定对非营利组织实行免税待遇。各级民政部门陆续开始对各类非营利组织开展评估工作，加强对财务状况的监督和审计，以此来确认非营利组织是否具有非营利性。

一个非营利组织的财务管理状况反映了该组织及其工作人员的工作规范和作风。混乱的财务管理背后往往隐藏着假公济私、滥用挪用善款和贪污腐败等丑恶现象。非营利组织和其他组织一样，不可避免存在腐败问题，有时候还很严重。严格而健全的财务管理将使组织的每项活动、每个环节都处于公开透明的状态，在制度层面有效遏制腐败的滋生。

非营利组织也应该以最小的投入来提供最大的产出，也就是说非营利组织也应该不断提高工作效率。一个好的财务管理制度，不仅能够组织获得与其支出相匹配的收入，而且能够通过财务分析和管理提高资源的使用效率和效果。

公信力是非营利组织的生命线。非营利组织公信力的建立有赖于内部和外部的有效监督。各方对非营利组织的监督在很大程度上依赖于组织提供的财务信息。非营利组织的理事会成员通过定期检查财务状况，对组织内部运作和管理情况进行监督；社会公众通过非营利组织的财务报告，了解组织的状况，决定是否对其进行捐赠。

此外，有效的财务管理还能使非营利组织的资产保值增值，保障组织资源的可持续性。

二、非营利组织财务管理的内容

非营利组织的财务管理包括财务会计、财务管理、财务预算与控制等三个基本层次。财务会计是财务管理的基础，主要记录一个组织过去所发生的财务收支事项，其中主要包括财务记录和财务报告两个部分；财务管理是财务工作的核心内容，主要包括筹资决策、项目投资管理、成本分析和财务分析等内容；财务预算与控制是实现非营利组织宗旨和目标的保证。①

非营利组织的收入是指非营利组织开展业务活动或其他活动依法取得的资金。非营利组织的支出是指非营利组织为了自身的生存发展和开展业务活动而发生的各种资金耗费。非营利组织的支出与企业的投资不同，企业投资是为了获得利润回报，而非营利组织支出所注重的是社会效益。

非营利组织的支出主要包括项目支出、日常办公支出、工作人员的工资福利以及基本建设支出等。非营利组织的支出管理应当按照支出的用途分为项目及活动支出与行政支出分别进行管理。项目与活动支出是非营利组织为了实现其使命直接发生的支出。项目及活动支出的管理应当从社会效益出发，通过规划与监督，保障最大限度地实现组织的使命。行政支出是非营利组织为了自身的存在和发展而发生的支出。行政支出的管理应当厉行节约，尽可能控制行政支出占总支出的比重。不过，行政支出并非越低越好，行政支出太低难以保证工作人员得到合理的报酬，使得组织缺乏能力建设投入，长此以往，不仅难以留住人才，而且组织的服务水平和服务质量难以得到保证。一般来说，非营利

---

① 北京志愿者协会编著．志愿组织建设与管理．中国国际广播出版社，2006.

组织的支出管理要做到四个坚持：坚持按照批准的预算和计划办理；坚持按照规定的定额和开支标准办理；坚持按照合法的原始凭证办理；坚持按照规定的资金渠道办理。①

第二节　非营利组织的会计核算

非营利组织的会计核算是以货币为计量单位，运用专门的会计方法，对非营利组织的业务活动或者预算执行过程及其结果进行连续、系统、全面地记录、计算和分析，定期编制并提供财务会计报告和其他一系列内部管理所需的会计资料，为组织决策和管理提供依据的一项会计活动。其基本方法主要有设置账户和账簿、复式记录、填制和审核凭证、登记账簿、成本计算、财产清查和编制会计报表等。《民间非营利组织会计制度》对我国非营利组织的会计核算做出了规定。

一、非营利组织的会计制度

会计是以货币为主要计量单位，采用一系列专门的方法和程序，对经济交易或事项进行连续、系统、综合地核算和监督，提供财务信息，参与预测决策的一种管理活动。会计可分财务会计和管理会计两大类。财务会计为企业内部和外部用户提供信息，其重点在于报告财务状况和运营状况，必须遵守会计准则。会计是财务管理的基础，是非营利组织不可缺少的管理工具。非营利组织的财务会计包括财务记录和财务报告两个部分。管理会计主要是对企业的管理层提供信息，作为企业内部各部门进行决策的依据。没有标准的模式、不受会计准则的控制。

2004 年，为了规范民间非营利组织的会计核算，提高会计信息质量，财政部根据《中华人民共和国会计法》以及国家有关法律法规制定了《民间非营利组织会计制度》。该制度于 2005 年 1 月 1 日起正式实施。该制度适用于我国境内依法成立的各类非营利组织，包括社会团体、民办非企业单位和基金会。这些非营利组织必须符合以下三个条件：第一，不以营利为目的；第二，任何单位或个人不因为出资而拥有非营利组织的所有权，其收支结余不得向出资者进行分配；第三，非营利组织一旦进行清算，清算后的剩余财产按规定继

① 北京志愿者协会．志愿组织建设与管理．中国国际广播出版社，2006：118.

续用于社会公益事业或与组织宗旨一致的其他社会事业。

二、财务记录

财务记录的基本方法主要有设置账户和账簿、复式记录、填制和审核凭证、登记账簿、过账、对账与结账。

账户是根据会计科目设置的，它是对各种经济业务进行分类和连续系统的记录，反映资产、负债和所有者权益增减变动的记账实体。

会计科目是对会计对象的组成内容进行科学分类而规定的名称。划分会计对象类别规定名称是必要的，但要全面、系统地记录和反映各项经济业务所引起的资产变动情况，还必须在分类的基础上借助于具体的形式和方法，这就是开设和运用账户。

账簿是由具有一定格式而又互相联系的账页所组成，用以全面、系统、连续记录各项经济业务的簿籍，是编制财务报表的依据，也是保存会计资料的重要工具。

原始凭证又称单据，是在经济业务发生或完成时取得或填制的，用以记录或证明经济业务的发生或完成情况的文字凭据。它不仅能用来记录经济业务发生或完成情况，还可以明确经济责任，是进行会计核算工作的原始资料和重要依据，是会计资料中最具有法律效力的一种文件。按照来源，原始凭证可以分为：外来原始凭证和自制原始凭证。外来原始凭证，是指在同外单位发生经济往来事项时，从外单位取得的凭证。如发票、飞机和火车的票据、银行收付款通知单、企业购买商品和材料时，从供货单位取得的发货票等。自制原始凭证，是指在经济业务事项发生或完成时，由本单位内部经办部门或人员填制的凭证。如收料单、领料单、开工单、成本计算单、出库单等。

记账凭证又称记账凭单或分录凭单，是会计人员根据审核无误的原始凭证按照经济业务事项的内容加以归类，并据以确定会计分录后所填制的会计凭证。它是登记账簿的直接依据。在实际工作中，为了便于登记账簿，需要将来自不同的单位、种类繁多、数量庞大、格式大小不一的原始凭证加以归类、整理，填制具有统一格式的记账凭证，确定会计分录并将相关的原始凭证附在记账凭证后面。

日记账亦称序时账，是按经济业务发生时间的先后顺序，逐日逐笔登记的账簿。日记账，应当根据办理完毕的收、付款凭证，随时按顺序逐笔登记，最少每天登记一次。

过账（posting）是指各项经济业务编制会计分录以后，记入有关账户，这个记账步骤通常称为“过账”或账簿登记。过账的具体做法主要有两种：一是在编制会计分录的基础上逐笔过账；二是定期汇总同类业务的会计分录，一次性过入有关的分类账户。过账以后，一般要在月终进行结账，即结算出各账户的本期发生额合计和期末余额。根据日记账中所确定的会计分录，分别记入分类账有关账户借方或贷方的工作。

对账就是核对账目，是指在会计核算中，为保证账簿记录正确可靠，对账簿中的有关数据进行检查和核对的工作。应当定期将会计账簿记录的有关数字与库存实物、货币资金、有价证券往来单位或个人等进行相互核对，保证账证相符、账账相符、账实相符，对账工作每年至少进行一次。对账的主要内容包括账证核对、账账核对和账实核对。账证核对，是根据各种账簿记录与记账凭证及其所附的原始凭证进行核对。核对会计账簿记录与原始凭证、记账凭证的时间、凭证字号、内容、金额是否一致，记账方向是否相符。账账核对，是指对各种账簿之间的有关数字进行核对。核对不同会计账簿记录是否相符。包括：总账有关账户的余额核对；总账与明细账核对；总账与日记账核对；会计部门的财产物资明细账与财产物资保管和使用部门的有关明细账核对等。账实核对，是指各种财产物资的账面余额与实存数额相互核对。核对会计账簿记录与财产等实有数额是否相符。包括：现金日记账账面余额与现金实际库存数核对；银行存款日记账账面余额与银行对账单核对；各种材物明细账账面余额与材物实存数额核对；各种应收、应付款明细账账面余额与有关债务、债权单位或者个人核对等。

结账，是在把一定时期内发生的全部经济业务登记入账的基础上，计算并记录本期发生额和期末余额。结账的内容和程序包括：检查本期内日常发生的经济业务是否已全部登记入账，若发现漏账、错账，应及时补记、更正；在实行权责发生制的单位，应按照权责发生制的要求，进行账项调整的账务处理，以计算确定本期的成本、费用、收入和财务成果；将损益类科目转入“本年利润”科目，结平所有损益类科目；在本期全部经济业务登记入账的基础上，结算出所有账户的本期发生额和期末的余额。计算登记各种账簿的本期发生额和期末余额。

三、非营利组织的账户和会计科目

账户是记录一个组织财务活动的基本单位，反映资产、负债、收入、费用和基金余额等内容，让组织对收入和费用项目的正确性更容易追踪和查询。非营利组织的会计账户设计要按照财政部《民间非营利组织会计制度——会计科目和会计报表》的规定进行，非营利组织的会计科目包括资产类、负债类和收入费用类等（如表 7-1 所示）。

表 7-1 非营利组织的会计科目

顺序号	编号	名　称
一、资产类会计科目		
1	1001	现金
2	1002	银行存款
3	1009	其他货币资金
4	1101	短期投资
5	1102	短期投资跌价准备
6	1111	应收票据
7	1121	应收账款
8	1122	其他应收款
9	1131	坏账准备
10	1141	预付账款
11	1201	存货
12	1202	存货跌价准备
13	1301	待摊费用
14	1401	长期股权投资
15	1402	长期债权投资
16	1421	长期投资减值准备
17	1501	固定资产
18	1502	累计折旧
19	1505	在建工程
20	1506	文物文化遗产
21	1509	固定资产清理

续表

顺序号	编号	名　称
22	1601	无形资产
23	1170	受托代理资产
二、负债类会计科目		
24	2101	短期借款
25	2201	应付票据
26	2202	预付账款
27	2203	预收账款
28	2204	应付工资
29	2206	应交税金
30	2209	其他应付款
31	2301	预提费用
32	2401	预计负债
33	2501	长期借款
34	2502	长期应付款
35	2601	受托代理负债
三、净资产类会计科目		
36	3101	非限定性净资产
37	3102	限定性净资产
四、收入费用类会计科目		
38	4101	捐赠收入
39	4201	会费收入
40	4301	提供服务收入
41	4401	政府补助收入
42	4501	商品销售收入
43	4601	投资收益
44	4901	其他收入

续表

顺序号	编号	名　　称
45	5101	业务活动成本
46	5201	管理费用
47	5301	筹资费用
48	5401	其他费用

对于会计科目名称，非营利组织可以根据自己的具体情况，在不违背会计科目使用原则的基础上，确定适合于自己组织的会计科目名称。非营利组织在填制会计凭证、登记会计账簿时，应当填列会计科目的名称或者同时填列会计科目名称和编号，不得只填科目编号，而不填会计科目名称。

例如，在资产类科目1001中“现金科目”核算库存现金，应当严格按照有关现金管理的规定收支现金，从银行提取现金，按照支票存根所记载的提取金额，借记本科目，贷记“银行存款”科目。将现金存入银行，根据银行退回的进账单第一联，借记“银行存款”科目，贷记本科目。因支付职工出差等事项所需现金，按照支出凭证所记载的金额，借记“其他应收款”等科目，贷记本科目。收到出差人员交回的差旅费余款并结算时，按实际收回的现金，借记本科目；按照应报销的金额，借记有关科目，贷记“其他应收款”科目；因其他原因收到现金，借记本科目，贷记有关科目；支出现金，借记有关科目，贷记本科目。其他科目应按照相应的序号根据借贷记账法进行登录。

在负债类科目2101短期借款科目核算非营利组织向银行或其他金融机构等借入的期限在1年以下（含1年）的各种借款。短期借款的主要账务处理如下：借入各种短期借款时，按照实际借得的金额，借记“银行存款”科目，贷记本科目；发生短期借款利息时，借记“筹资费用”科目，贷记“预提费用”、“银行存款”等科目；归还借款时，借记本科目，贷记“银行存款”科目。本科目应当按照债权人设置明细账，并按照借款种类及期限等进行明细核算。最后，本科目期末贷方余额是组织尚未偿还的短期借款本金。

在将资产类会计科目中，3101非限定性净资产核算非营利组织净资产中除了限定性净资产之外的其他净资产。非营利组织应当在期末将当期非限定性收入的实际发生额、当期费用的实际发生额和当期由限定性净资产转为非限定性净资产的金额转入非限定性净资产。本科目贷方余额反映非营利组织历年积累的非限定性净资产。3102 限定性净资产核算非营利组织的限定性净资产。如果资产或者资产的经济利益（如资产的投资收益和利息等）的使用和处置受到资源提供者或者国家有关法律、行政法规所设置的时间限制或（和）用途限制，则由此形成的净资产即为限定性净资产。非营利组织的理事会或类似机构对净资产的使用所做出的限定性决策、决议或拨款限额等，不属于限定性净资产。本科目期末贷方余额反映非营利组织历年积累的限定性净资产。

4101 捐赠收入核算非营利组织接受其他单位或个人捐赠所取得的收入。非营利组织因受托代理业务而从委托方收到的受托代理资产，不在本科目核算。非营利组织的捐赠收入应该区分为非限定性收入和限定性收入设置明细科目进行核算。如果资产提供者对资产的使用设置了时间或（和）用途限制，则所确认的相关收入为限定性收入；除此之外的其他所有收入，为非限定性收入。捐赠收入的主要账目处理如下：接受的捐赠，按照应确认的金额，借记“现金”、“银行存款”、“短期投资”等科目，贷记本科目“限定性收入”或“非限定性收入”明细科目。年终期末，将本科目各明细科目的余额分别转入限定性净资产和非限定性净资产，借记本科目“限定性收入”明细科目，贷记“限定性净资产”科目，借记本科目“非限定性收入”明细科目，贷记“非限定性净资产”科目。最后，在期末结转之后，本科目应无余额。

以上仅仅简单介绍了非营利组织的会计科目。在实际工作中，由于非营利组织的规模不同，有的组织可能并没有那么多科目。非营利组织可以根据自己的情况，在不违背《民间非营利组织会计制度》的情况下进行适当调整。

四、财务报告

财务报告是反映非营利组织的财务状况、业务活动情况和现金流量等的书面文件。非营利组织的内部管理者和利益相关者主要通过财务报告来了解组织的运行状况和效率。按照报告期的长短，财务会计报告可以分为年度财务会计报告和中期财务会计报告。以短于一个完整的会计年度期间（如月度、季度或半年度）编制的财务会计报告称为中期财务报告；以整个会计年度为基础编制的财务会计报告称为年度财务会计报告。

（一）三种主要的财务会计报告

财务会计报告主要由会计报表、会计报表附注和财务情况说明书组成。会计报表主要由资产负债表、业务活动表和现金流量表三种报表构成。

资产负债表是反映非营利组织在一定时点上财务状况的报表，因而也称为财务状况表。它反映着非营利组织在某一时点上占有和使用的经济资源、债务负担、偿债能力和净资产状况，是非营利组织的重要会计报表之一。资产负债表以会计恒等式“资产=负债+净资产”为基础，以组织整体为报告重点，按照资产、负债和净资产三类会计要素分别列示。

业务活动表也称收入支出表，是反映非营利组织一定时期内收入、支出及结余总体情况的报表。业务活动表可以帮助我们了解报告期内不同渠道资金的数量、支出方向和用途、组织预算执行进度、收支合理性等情况。业务活动以组织整体为重点，在全面反映非营利组织收入和支出情况的同时兼顾资金的使用限制，分别列示限定性资金和非限定性资金的变化情况。

现金流量表是考察非营利组织资产流动性的重要报表。现金流量表是业务活动与业务活动表在相同时间区间内，反映非营利组织现金流入与流出情况的财务报表。我国的《民间非营利组织会计制度》要求非营利组织主要从业务活动、投资活动、筹资活动以及汇率变动等四个方面考察其现金流动情况，分别列示现金的净流量，然后再加总，计算该组织以现金为基准的资产净值。如果该数值为正，说明非营利组织存在现金净流入，在报告期内积累现金；如果该数值为负，则表明该组织存在现金净流出，在报告期内耗用现金。

会计报表附注主要用于说明如下事项：主要会计政策及其变更；理事会等权力机构的成员、员工数量、变动及薪酬；会计报表的重要项目及其增减变动；资产提供者对相关资产所设置的时间或用途限制；受托代理交易；重大资产减值；公允价值无法可靠取得的受赠资产和其他资产的名称、数量、来源和用途；对外允诺和相关事项；接受劳务捐赠；资产负债表日后非调整的事项；有助于理解和分析会计报表所需说明的其他事项。

财务说明书则是对非营利组织的宗旨、组织结构以及人员配备情况、业务活动、年度计划和预算以及其他对组织的业务活动有重大影响的事项的陈述。

（二）编制财务报告的基本要求

为了保证财务报告的质量，编制财务报告要满足以下基本要求：第一，反映全貌，即财务报表的内容要完整；第二，客观真实，即财务报表要能够准确反映非营利组织的财务状况和运作成果，具有可验证性和公允性；第三，及时编报，即财务报表要按照规定期限和程序及时编制和报送；第四，统一规范，即在可行条件下，专用术语、分类和会计原则等尽量与行业统一，和国际接轨；第五，项目分类要清楚，应该从报告阅读和使用者要求出发来设计。此外，非营利组织的财务部门和财务人员必须了解有关政策法规，按照要求编制财务报告，争取享受各种减免税等优惠措施。

非营利组织应当做到财务收支透明并且每年编制财务报告，定期接受财务审计，公布财务报告与审计结果，并接受公众质询。然而，我国相当多的非营利组织财务管理制度不尽完善，甚至不做年度财务报告，或者虽做年度财务报告但无严格审计。还有一些组织的财务报告只是应付检查的一种形式。

第三节　非营利组织的财务管理

狭义的财务管理是有关资金的获得和有效使用的管理工作，包括筹资管理、投资管理、成本分析以及财务分析等内容。由于筹资对非营利组织的特殊重要性，筹资管理将在下一章专门论述。

一、投资管理

（一）投资原则

非营利组织为了实现资金的保值增值，也要进行投资管理。非营利组织的投资管理一般来说必须遵循三个基本原则：一是安全，二是有一定的投资回报，三是保证资金的增值。根据这三个基本原则，拟定投资策略时，需要考虑下列参数：投资目标、投资期、风险极限、回报率、流动性等等。

为了确保非营利组织在投资管理中遵守上述三原则，许多国家通过了相关立法。比如，美国允许基金会投资于股票和债券，但必须遵守《一般谨慎投资者法（*Uniform Prudent Investor Act*）》。按照这个法令，基金会的投资不是为了营利目的的投机活动，而是在确保操作稳健、风险合理基础上的投资，为此要求基金会的理事承担投资管理之责。为了减少风险，美国许多大的基金会通常将其资金的60%投资于股市，30%投资于债市，余下的10%作为存款。此外，美国税法禁止基金会的“内部交易”(Self-dealing)。内部交易指基金会与其“内部人”(Insiders) 发生的各种交易行为，包括买卖、租赁、借贷、资产及收益的转移和使用等。“内部人”包括主要捐助人或企业、基金会理事及其家庭成员等。因为内部交易违反公益事业的问责原则，会带来各种利益冲突。

我国非公募基金会投资管理现状

我国非公募基金会当前普遍存在投资管理水平较低、投资管理模式不完善等问题。首先，我国非公募基金会的投资比重不高，资金使用效率普遍偏低。26个全国性非公募基金会2007年资产总额达25.8亿元，但投资资产仅为12.5亿元，占资产总额的48.6%，其中13个基金会没有持有任何短期投资和长期投资资产。而国寿、凯风、腾讯、南航、陈嘉庚、苏天横河、孙冶方等7个没有投资资产的基金会，货币资金占资产的比例均在96%以上，这些基金会将8.7亿元的资金存放在货币资金账户进行管理。其次，投资收益过低，资产规模缩小。我国26个全国性非公募基金会2007年的捐赠收入和投资收益两项占总收入的比例分别为78.1%和21.1%，其他合法收入和政府补贴等仅占0.8%。捐赠收入和投资收益是非公募基金会最主要的两项收入，收入结构呈现出过分依赖捐赠收入而忽视投资收益的特点。很多基金会收支形势严峻，资产状况恶化，实际资产价值持续下降。在2007年，有9个基金会出现净资产负增长；而香江社会救助基金会作为首家全国性非公募基金会，原始资本为香江集团捐助的5000万元，2005—2007年期间的年支出额均在1000万元之上，年均收入（扣除原始资金）仅为220万元，资产额由最初的近5000万元降至2000多万元。再次，投资委托相对盲目，违约风险较高。由于非公募基金会自身投资意识和管理水平的不足，往往在投资委托中面临较大风险。例如，陈嘉庚科学奖基金会在2005年将3000万元原始资金全部交由中国银河证券进行投资，但因对方重组导致三年投资收益为零，险些无法收回本金。

造成上述问题的原因主要包括，一方面是由于政府在政策保障上尚不完善，与基金会管理条例配套的相关制度的制定还处于摸索阶段。例如，法定支出比例、投资限制和税收优惠制度等有待国家立法部门和主管部门不断规范。另一方面，也是最重要的原因，是非公募基金会投资管理水平较低。基金会普遍缺少正确的投资理念与有效的投资政策，缺乏专业性投资人才，这将直接关系到基金会的生存与发展。

资料来源：王崇赫，孙凌霞．非公募基金会投资管理模式选择：美国经验及启示．社团管理研究，2010（2）．

（二）投资回报

投资回报率（Return on Investment，ROI）是商业企业衡量财务成果的一个主要指标，是总收入（TR）减去总成本（TC）之后的净收入与企业净资产（A）的百分比。

$$ROI = (TR - TC) / A$$

非营利组织和社会企业也广泛采取这个指标来衡量运作效率。当然，非营利组织和社会企业的 ROI 远远低于商业企业的 ROI。2001 年，美国学者根据非营利组织在 990 表中提供的信息（IRS Form 990）对非营利部门 ROI 进行了研究，发现非营利组织的 ROI 一般都低于 3%，有的甚至是负值。同期另一项研究显示，美国跨国公司的平均投资回报率达到 17%。

表 7-2　**2001 年美国非营利组织的投资回报率（ROI）**

所属行业	非营利组织的数量	平均 ROI（%）
艺术	19,383	0.50
教育	31,918	2.46
健康	25,553	0.32
社会福利	27,878	2.63
环境	4,058	3.41
国际援助	1,707	-1.34
合计	187,944	2.33

资料来源：布鲁克斯（Arthur C. Brooks）. 社会创业 . 李华晶，译 . 机械工业出版社，2010：80.

商业企业与非营利组织在 ROI 上的差异可能会使人觉得非营利组织在某种程度上缺乏效率。针对这种观点，许多学者表达了反对意见。他们认为，仅就 ROI 而言，非营利部门并不需要更有效率。因为，对于大多数非营利组织而言，它们追求的目标首先是使命，而不是收益，“使命性”服务本身往往是无利可图的。非营利组织必须在净收入和使命之间找到一个最佳结合点，在这个结合点上，组织刚刚好能够筹到足够多的净收入来最大程度地实现它的使命。净收入太多意味着组织将主要经历放在了增加收入而不是完成使命上，净收入太少又意味着组织没有足够的资源来履行其使命。

二、成本分析

成本分析使非营利组织的各项成本一目了然，使成本控制有章可循，有助于降低成本，提高运作效率。非营利组织的成本分为直接成本和间接成本，直接成本是业务活动支出，间接成本包括筹款成本和管理费用等。

非营利组织所提供的服务往往难以量化，造成成本分析的困难。选择成本的计量单位是一个先决条件。下面是四种常用的服务计量单位：第一，受益者数量，计算非营利组织所提供服务的受益者人数。第二，服务种类，计算一个工作人员所提供的服务的种类，比如，巡回医疗、家访、特殊治疗、电话咨询和中介服务等。第三，服务数量，计算工作人员所完成的服务数量，例如一周内进行三次巡回医疗等等。第四，服务时间，计算受益者所获得的服务总时间。比如一个由七个人组成的小组为社区居民开支了一个小时的服务，可以折算成七个小时的服务时间。

行政管理费用一般按照项目所占费用比率，分摊到各个项目的成本中，计委间接成本，行政管理费用一般包括房屋租赁费、邮费、电话费、清洁费、差旅费、人员工资、筹资成本、营销费用等。我国的基金会由于担心向公众募集来的资金用作运营费用会引起外界的指责，因此，官办的非政府组织往往并没有专门的运营费用。希望工程在早期的运作过程中，采取的解决办法是用募集来的资金进行投资，用投资收益来支付运营费用。然而，这样做存在很多问题，包括资金在谁的名下运作以及投资失败的风险等，希望工程曾经因为这个问题一度受到公众的指责。

三、财务分析

非营利组织的财务状况和成果可以通过财务报表来反映，但是要对此做出评价，仅有报表上的数据是不够的。例如，花费 2 万元成本募集 10 万元资金和花费 2 万元成本募集 100 万元资金显然是不一样的。为了满足不同目的，需要对财务报表中的数据进行进一步加工，通过比较、分析得到我们需要的信息，帮助我们评价该组织的财务状况是否健全、组织的业务是否有效，运作是否有效率等。通常，非营利组织的年度报告要经过注册会计师的审计，因此，分析的时候，可以参阅会计师的审计意见，以确定数据的可靠性程度。

纵向分析和横向分析是财务分析的两种基本方法。纵向分析又称动态分析或趋势分析，是根据连续几期的财务报告，比较前后期各项目的增减方向和幅度，从而揭示财务和经营上的变化和趋势。横向分析又称静态分析，是将同一期财务报告上的相关数据进行比较，以说明财务报表上所列项目之间的相互关系。

财务分析有四种常用指标：第一种是比率分析，即两组数据之间的比较，表现为一定的百分比或数值比；第二种是动态趋势，也可以用以时间为横轴的折线图来表示；第三种是百分比，即部分占全部的百分比，也可以用圆状饼图来表示；第四种是差异指标，比较实际费用与预期费用之间的差异等。

非营利组织常用的几种主要财务比率包括：流动比率、速动比率、现金量可用日数、结余边际比率、工作资本可用日数、净资产比率和固定资产财务比率等。

流动比率=流动资产/流动负债

流动资产是指一年内可以变现的资产；流动负债是指一年内到期的债务。

速动比率=速动资产/流动负债

速动资产是指现金及可以迅速转换成为现金的资产，计算方法为流动资产减去变现能力较差且不稳定的存货、预付账款、一年内到期的非流动资产和其他流动资产等之后的余额。速动资产一般包括现金、短期债券投资、应收账款、应收票据等。

计算流动比率和速动比率的目的是计算非营利组织的偿债能力，一般认为，流动比率在2：1、速动比率在1：1比较合适。

净资产比率=净资产/总资产（净资产=总资产-负债）

固定资产财务比率=长期负债/固定资产净值

结余边际比率=（收入-支出）/总收入

工作资本可用日数=流动资产-流动负债/执行费用-折旧（执行费用指年度预算余额。）

第四节 非营利组织的财务预算与财务监督

一、非营利组织的财务预算

财务预算是非营利组织财务管理的计划环节，通过预算可以看出一个组织的发展蓝图。然而，不少非营利组织没有对财务预算给予足够重视，他们认为非营利组织不是为了谋利，只要搞好财务收支平衡就行了。这种观念既不利于非营利组织的财务稳定和财务控制，会影响组织的可持续发展，甚至导致组织的失败。预算管理可以帮助非营利组织了解未来资金需求的规模和时间，合理分配有限的资源，便于组织内部的沟通，为决策和评估提供依据。因此，财务预算对改善非营利组织的管理至关重要。

（一）非营利组织预算管理的过程

非营利组织的预算管理包括三个步骤：预算编制、预算核定和预算监控。预算编制往往与非营利组织的计划工作结合在一起进行，计划的结果就是数字化的预算。预算工作应该得到组织高层的重视，具体工作由专业人员来做，由董事会和高层管理者来审核。一旦预算被理事会批准之后，组织内部必须举办预算说明会，让组织的员工清楚明白预算涵盖的项目、组织的目标、各个部门的目标和执行活动的安排等待。对预算实施的监控就是看它对组织营运造成的影响程度。或者说，看它在决策者做出决策的时候是否起到关键作用。这是非营利组织最为薄弱的环节。有的组织虽然有很好的预算，但是却无法严格执行，所谓计划没有变化快。

一个非营利组织要制定出好的预算需要具备三个基本条件：

首先，组织的状况要相对稳定。也就是说组织的外部环境、组织的管理层以及内部运作状况都应该是相对稳定的，否则即使做出预算也用处不大。当情况不太稳定时，可以考虑采取弹性预算法。

其次，要有好的会计系统。对非营利组织而言，一个好的会计系统包括有专人负责会计工作，账目清楚，成本明晰。

最后，预算要纳入计划和决策之中。预算必须具有权威性和可行性，财务主管应该参与计划和决策过程。

（二）非营利组织财务预算的编制方法

财务预算有很多种方法，非营利组织可以根据自己的情况选择一种或几种方法。常用的预算方法有：递增预算法、项目预算法、零基预算法和弹性预算法等。

递增预算法是指在上一年度实际支出的基础上，考虑通货膨胀和员工加薪等因素，结合新计划所需资金，计算出下一年度的预算计划。这是一种粗略的方法，基本上只是用来预测开支，而没有考虑项目成果和需求变化，预测值和实际值往往有比较大的出入。尽管如此，因为递增预算法操作简单，在实际工作中被大量使用。对这种方法进行改进的话，可以上一年度的实际支出为基础，综合考虑上年度的预算、往年的预算和实际支出，做相应的修正。

项目预算法。即将现有资源按比例分配给不同的项目，并将预算过程与评估过程紧密结合在一起，借以考量项目运作是否有效，并检查组织是否达成其宗旨与目标。项目预算法主要根据宗旨符合程度、项目可行性、费用开支等三个指标来决定方案的优先顺序。

零基预算法。即把每个计划期的预算归零，从头开始考量预算的具体细节。

弹性预算法。指把未来的收支预算看成一个概率分布，准备若干种方案。在组织的内外部环境变化较快时，可以采用弹性预算法。

预算必须同时考虑项目的直接和间接成本，组织如果有多个项目，间接成本按照一定的标准分配给各个项目。

二、非营利组织的财务监督

非营利组织的财务监督是指根据国家有关方针政策和财务制度的规定，对志愿组织的财务活动和其他有关的经济活动所进行的监督，包括组织内部的财务审核和监督，也包括外部审计以及政府和公众的监督。加强财务监督，有利于提高非营利组织的财务透明度，提高组织的公信力，为组织的可持续发展打下良好基础。

对非营利组织的财务监督包括预算监督、收支监督、财产物资监督和资金监督等。对非营利组织的预算监督包括对单位预算编制的监督和对预算执行过程的监督。

对收入方面的监督主要包括：各项收费是否按照国家规定的范围和标准收取；应缴预算款和应缴财政专户是否按照规定及时足额收缴；是否按照国家规定划清各项收入的界限，并按规定进行管理和核算；各项应纳入单位预算的收入是否都纳入了单位预算；本单位正常的事业行政经费有无用于基本建设项目的情况。

对支出方面的监督主要包括：各项支出是否符合国家有关方针、政策和财务制度的规定，支出原始凭证是否真实合法；是否按照预算规定的范围、内容和开支标准办理各项开支；是否按照政策规定划清各项开支的界限；对于大宗商品的采购，是否按照采购管理办法具体实施和操作；对于资产的支出和存货的支出是否严格区分、管理，有无违章购买的现象。

对财产物资方面的监督主要包括：固定资产的购置、验收、进出库、保管、使用、清查盘点、报废、报损、转让是否符合国家规定；存货或库存材料的采购有无计划；库存是否合理、有无超储备积压；财产物资的领用出库是否符合财务制度的规定；材料的管理制度是否健全；无形资产的取得与转让是否符合国家规定；无形资产评估价值与开发成本是否得到真实完整的确认与计量等。

对资金方面的监督主要内容包括：现金管理是否符合国家规定；各种存款是否按照国家规定开立账户，办理有关存款、取款和转账结算等业务是否手续完备、数字准确等。

此外，非营利组织要积极主动地向社会各界公布自己的财务状况，项目资金使用情况，接受社会的监督，使捐款人了解组织的运行状况，为组织的持续健康发展打下基础。

复习思考题：

1. 非营利组织财务管理的主要内容是什么？
2. 非营利组织的财务管理与企业财务管理有何不同？
3. 非营利组织的财务报告有哪几种？
4. 如何做好非营利组织的财务预算？
5. 非营利组织的会计核算包括哪些工作？
6. 非营利组织财务监督的主要内容是什么？
7. 非营利组织如何做好投资管理？
8. 非营利组织的投资回报率是不是越高越好？

案例 7-1

中国青少年发展基金会的财务报告①

资产负债表

编制单位：中国青少年发展基金会　　2010 年 12 月 31 日　　单位：元

资产	行次	年初数	年末数	负债和净资产	行次	年初数	年末数
流动资产：				流动负债：			
货币资产	1	254,649,621.16	81,598,718.71	短期借款	23		
短期投资	2	200,000,000.84	422,905,344.43	应付款项	24	10,755,659.67	6,513,473.61
应收款项	3	16,033,324.20	13,452,840.49	应付工资	25		
预付账款	4			应交税金	26	147,690.76	42,426.58
存货	5	1,948,094.16	1,940,259.46	预收账款	27	241,246.70	
一年内到期的长期债权投资	7			预计负债	29		
其他流动资产	9	472,631,040.36	520,006,352.30	其他流动负债	31		
				流动负债合计	32	11,144,597.13	6,555,900.19
长期投资：							
长期股权投资	10	28,85,190.91	28,920,330.02	长期负债：			
长期债权投资	11			长期借款	33		
长期投资合计	12	28,885,190.91	28,920,330.02	长期应付款	34		
固定资产：				其他长期负债	35		
固定资产原价	13	3,199,591.23	2,715,474.79	长期负债合计	36		
减：累计折旧	14	1,142,644.32	1,121,059.46				

① 本案例引用数据来源于中国青少年发展基金会网站：http：//www. cydf. org. cn/shiyong/html/lm_104/2011-04-19/092638_4. htm.

续表

资产	行次	年初数	年末数	负债和净资产	行次	年初数	年末数
固定资产净值	15	2,056,946.91	1,594,415.33	受托代理负债：			
在建工程	16		1,023,480.78	受托代理负债	37	20,42,258.62	42,939,361.16
文物文化资产	17			负债合计	38	31,565,855.75	49,495,261.35
固定资产清理	18	-701,862.78	-729,024.78				
固定资产合计	19	1,355,084.13	1,88,871.33				
				净资产：			
无形资产：				非限定性净资产	39	93,944,020.00	105,836,291.23
无形资产	20			限定性净资产	40	410,694,619.63	447,874,267.80
				净资产合计	41	504,638,639.63	553,710,559.03
受托代理资产：							
受托代理资产	21	20,421,258.62	42,939,361.16				
长期待摊费用		12,911,921.36	9,450,905.57				
资产合计	22	536,204,495.38	603,205,820.3.	负债和净资产总计	42	536,204,495.38	603,205,820.38

单位负责人：顾晓今　　　　制表：陈航　　　　复核：姚文

业务活动表

编制单位：中国青少年发展基金会　　　　2010 年　　　　单位：元

项目	行次	上年数			本年数		
		非限定性	限定性	合计	非限定性	限定性	合计
一、收入							
其中：捐赠收入	1	17,859,758.93	233,909,507.99	251,769,266.92	16,353,470.55	251,891,714.58	268,245,185.13
提供服务收入	2						
商品销售收入	3						
政府补助收入	4						
投资收益	5	4,966,754.42		4,966,754.42	12,375,802.55		12,375,802.55

续表

项目	行次	上年数			本年数		
		非限定性	限定性	合计	非限定性	限定性	合计
其他收入	6	2,285,887.71		2,285,887.71	5,419,118.51		5,419,118.51
收入合计	7	25,112,401.06	233,909,507.99	259,021,909.05	34.148,391.61	251,891,714.58	286,040,106.19
二、费用							
(一)业务活动成本	8	208,530,600.61		208,530,600.61	220,586,547.97		220,586,547.97
(二)管理费用	9	6,322,165.05		6,322,165.05	13,146,700.71		13,146,700.71
其中:工作人员工资福利支出		4,167,519.85		4,167,519.85	4,389,960.77		4,389,960.77
行政办公支出		1,621,383.22		1,621,383.22	8,482,449.54		8,482,449.54
其他		533,261.98		533,261.98	274,290.40		274,290.40
(三)筹资费用	10	2,607,672.45		2,607,672.45	3,135,858.39		3,135,858.39
(四)其他费用	11	7,904.44		7,904.44	595,137.64		595,137.64
费用合计	12	217,468,342.55		217,468,342.55	237,464,244.71		237,464,244.71
三、限定性净资产转为非限定性净资产	13	205,750,266.96	-205,750,266.96		214,929,188.44		237,464,244.71
四、调整净资产		30,535.98	312,388.78	342,924.76	278,935.89	217,122.03	496,057.92
五、净资产变动额(若为净资产减少额,以"-"号填列)	14	13,424,861.45	28,471,629.81	41,96,491.26	11,892,271.23	37,179,648.17	49,071,919.40

现金流量表

编制单位:中国青少年发展基金会　　2010 年　　单位:元

项　　目	行次	金　　额
一、业务活动产生的现金流量:	1	
接受捐赠收到的现金	2	267,831,427.96
收到会费收到的现金	3	
提供服务收到的现金	4	
销售商品收到的现金	5	
政府补助收到的现金	6	

续表

项　目	行次	金　额
收到的其他与业务活动有关的现金	7	374,022,064.68
现金流入小计	8	641,853,492.64
提供捐赠或者资助支付的现金	9	215,760,169.41
支付给员工以及为员工支付的现金	10	7,011,884.08
购买商品接受劳务支付的现金	11	
支付的其他与业务活动有关的现金	12	358,333,767.57
现金流出小计	13	581,116,821.06
业务活动产生的现金净流量	14	60,736,671.58
二、投资活动产生的现金净流量	15	
收回投资所收到的现金	16	312,501,760.46
取得投资收益的所收到的现金	17	10,247,093.05
处置固定资产和无形资产所支付的现金	21	1,202,040.78
对外投资所支付的现金	22	533,878,104.05
支付的其他与投资活动有关的现金	23	
现金流出小计	24	535,080,144.83
投资活动产生的现金流量净额	25	-211,259,560.97
三、筹资活动产生的现金流量	26	
借款所收到的现金	27	
收到的其他与筹资活动有关的现金	28	
现金流入小计	29	
偿还借款所支付的现金	30	
偿付利息所支付的现金	31	
支付的其他与筹资活动有关的现金	32	
现金流出小计	33	
筹资活动产生的现金流量净额	34	
四、汇率变动对现金的影响	35	-9,910.52
五、现金及现金等价物净增加额	36	-150,532,799.91

单位负责人：顾晓今　　　　制表：陈航　　　　复核：姚文

思考题：

请根据案例提供的信息，分析中国青少年发展基金会的财务状况。

案例 7-2

MBC 的财务报告[①]

匹兹堡的曼彻斯特·彼得维尔公司（Manchester Bidwell Corporation，以下简称 MBC）是 2000 年成立的控股公司，是匹兹堡市曼彻斯特地区的社区艺术教育和职业培训中心，是一个非营利组织。MBC 旗下有 5 个成员：MCG，BTC，曼彻斯特彼得维尔发展信托委员会（Manchester Bidwell Development Trust Board，以下简称 MBDTB），彼得科公司（Bidco）以及彼得维尔食品服务有限公司（Bidwell Food Services Inc.，以下简称 BFS）。其中，前三项业务都是非营利性的，第四个机构有部分营利性业务，第五个成员是营利性机构。MCG 和 BTC 成立于 1968 年，是 MBC 旗下两个成立最早的机构，也是 MBC 的基石与核心。MCG 为匹兹堡市公立中学的高中生提供免费艺术教育，员工由艺术家和导师组成，教学设施及课程水准可以与美国最好的私立学校和专业学院媲美。BTC 主要面向内城区的低收入居民提供免费职业培训和就业指导。学生包括福利妈妈、单亲妈妈、吸毒者、失业者和有犯罪前科者。培训项目包括信息技术、烹饪、园艺、化学技术员、音乐录制等。下面是 MBC 公司 2006—2007 财年财务报表（Financial Statements）。

表 1　　**净资产活动与变化表（Activities and Changes in Net Assets）**

财年截止于 6 月 30 日（For the years ended June 30）　　in USD

	2007 年	2006 年
支持和收入（Support and Revenue）		
拨款和捐赠（Grants and Contributions）	$ 10,401,791	$ 8,686,746
经营和其他收入（Earned and Other Incomes）	$ 2,440,843	$ 2,150,769
支持和收入总额（Total Support and Revenue）	$ 12,842,634	$ 10,837,515

① 本案例引用的财务报告来源于 Manchester Bidwell Corporation，Annual Report 2007.

续表

	2007 年	2006 年
费用(Expenses)		
培训和教育项目(Training and Educational Programs)	$ 6,871,135	$ 6,353,439
其他(Other)	$ 4,578,322	$ 4,424,201
总费用(Expenses)	$ 11,449,457	$ 10,777,640
净剩余/(赤字)Net Excess/(Deficit)	$ 1,393,177	$ 59,875
净资产/权益变化 (Changes in Net Assets/Equity)	$ 1,393,177	$ 59,875
净资产和权益(Net Assets and Equity)		
年初额(Beginning of the Year)	$ 17,962,703	$ 17,902,828
年末额(End of the Year)	$ 19,355,880	$ 17,962,703

表 2　**MBC 的收入来源表 (MBC Revenue by Type)**

Type	Amount(in USD)
总收入(Total Revenue)	$ 12,842,634
联邦拨款(Federal Grants)	$ 461,748
州和地方拨款(State and Local Grants)	$ 7,010,125
基金会拨款(Foundations Grants)	$ 2,307,179
公司捐赠(Corporate Contributions)	$ 307,014
个人捐赠(Individual Contributions)	$ 181,434
实物捐赠(In-kind Donation)	$ 134,291
投资收益(Investment Income(net of fees))	$ 537,986
所得收入(Earned Income)	$ 1,902,857

表3　　**2006—2007 财年财务状况表（Financial Positions）**

财年截止于6月30日（For the years ended June 30）　　in USD

资产(Assets)		
流动资产(Current)	$ 5,731,113	$ 4,350,311
固定资产(Fixed Assets(net of accumulated depreciation))	$ 16,354,742	$ 17,213,023
其他资产(Other Assets)	$ 5,651,822	$ 4,862,849
总资产(Total Assets)	$ 27,737,677	$ 26,426,183
负债及净资产/权益 (Liabilities and Net Assets/Equity)		
负债(Liabilities)		
流动负债(Current)	$ 1,051,500	$ 936,368
长期负债(Long-term)	$ 7,330,297	$ 7,527,112
总负债(Total Liabilities)	$ 8,381,797	$ 8,463,480
净资产及权益(Net Assets and Equity)		
不限定用途(Unrestricted)	$ 14,183,131	$ 14,231,472
暂时限定用途(Temporarily Restricted)	$ 4,030,395	$ 2,564,293
永久限定用途(Permanently Restricted)	$ 2,367,250	$ 2,356,000
累积赤字(Accumulated Deficit)	$ 1,224,896	$ 1,189,062
总净资产/权益(Total Net Assets/Equity)	$ 19,355,880	$ 17,962,703
总负债及净资产/权益(Total Liabilities and Net Assets/Equity)	$ 27,737,677	$ 26,426,183

思考题：

试比较本章两个案例中的财务报告，分析两者有何异同？

第八章 筹款管理

基金会就是被一伙人团团围着的一大堆钱，这些人都想从中得到一些。

——麦克唐纳：《福特基金会：人与万贯财富》

本章要点

筹款的概念及重要性；
非营利组织的收入来源；
筹款方式。

巴尼斯先生的遗嘱难题

阿尔伯特·巴尼斯（Albert Barnes，1895—1950）先生是费城人，早年因为发明了一种药品而发了财，后来对艺术品收藏发生了兴趣。20 世纪 30 年代巴尼斯从欧洲购买了一大批塞尚、马蒂斯等人的作品，现在这些收藏价值若干亿美元。

巴尼斯和费城的博物馆和画廊的关系都不好，因为他不认同这些专业机构的理念。他最终选择在一个偏远的小镇上修建了自己的博物馆，以他自己的欣赏趣味来展示这些作品。巴尼斯的博物馆就像一个小型的美术学院，他聘请了艺术家来帮助参观者学习和欣赏艺术。然而，由于小镇的地理位置偏僻，参观者寥寥无几。1950年，巴尼斯遇上一场车祸死了。他在死前留下遗嘱，要求这些收藏品按照他的方式永久保存在这个博物馆里，这些收藏品永远不和其他机构交流，也不外借。巴尼斯先生去世后，他的一个女同事遵照这个遗嘱来管理博物馆。1990年，这个女士也去世了。

最后，费城的艺术界接管了这批宝藏，但是没有严格遵循巴尼斯的遗嘱来管理它们，把其中一些画转移到了费城的博物馆。有人以这个故事为题材拍了一部电影《盗画记（Story of Steal）》。这部电影引起了广泛的争议。支持者认为这是不尊重私人产权的行为，是违法行为。另外一些人则认为，在巴尼斯死后，这些东西已经不再是私人财产，而是变成了公共财产。巴尼斯的博物馆本身就是公益事业，现在的接管人为了公众更好地享用这笔财富而违背不合时宜的遗嘱，是合理的。尽管巴尼斯生前也许曾经拥有过这批艺术品，但从长期来看，他不过是个临时保管员。

你认为接管者应该严格执行巴尼斯先生的遗嘱吗？

政府靠税收获得收入，企业靠销售产品和服务获得收入，非营利组织则依靠筹款（Fund Raising）获得收入。筹款也称筹资，是非营利组织基于宗旨和使命，向政府、企业、基金会、公众和服务对象募集资金、物资或劳务的过程。狭义的筹款指劝募、募捐，广义的筹款则除了传统的劝募之外，还包括创收、公益创投等所有能够为非营利组织带来收入的活动。与公众对社会服务的需求相比，资源总是短缺的，几乎每个社会创业者都面临资金不足的困难。

尽管社会创业植根于创业精神的土壤，关注机会而非资源，但是拥有稳定的资金来源对任何组织都是至关重要的，社会创业也不例外。社会创业者必须具备良好的筹款能力，将分散的社会资源动员起来才能保证事业的可持续发展。

第一节　筹款渠道

与商业企业的发展离不开资本市场的支持一样，一个成熟完善的慈善资本市场是社会创业的关键性基础设施。慈善资本市场提供了公益事业所需的资金。各国公益事业的资本市场结构或收入来源渠道不一样，主要收入来源大体可以分为：慈善捐赠、政府资助、外国资助、创收收入、会费和服务收费等。

非营利组织的收入来源

根据约翰霍普金斯非营利部门比较研究项目的估计，全球范围来看，非营利组织的收入53%来自收费，35%来自政府购买合同，12%来自慈善捐赠。发展中国家NPO收入的62%来自收费，菲律宾为92%和墨西哥为85%。收入来源渠道会直接或间接影响其行为。美国的非营利组织以会费、服务收费和经营收入为主，在获取收入的过程中，非营利组织普遍采用了商业模式；法国、德国以政府拨款为主，非营利组织的商业色彩与美国相比要淡得多；转型国家和第三世界国家的公益机构以境外捐助为主。

资料来源：王绍光．多元与统一：第三部门国际比较研究．浙江人民出版社，1999.

一、慈善捐赠

慈善捐赠属于传统的慈善资本市场。尽管社会创业者不断开辟新的资金来源和渠道，但慈善捐赠仍然是公益事业的主要资金来源之一。慈善捐赠的主体分为个人/家庭和企业。

（一）个人/家庭捐赠

个人和家庭捐赠是重要的筹款渠道。在我国，个人和家庭每年为“希望工程”、“幸福工程”和抗洪救灾等捐赠了大量资金。

罗伯特·夏普（Robert F. Sharpe）根据人们所处生命周期阶段和资助形式的不同，把个人/家庭捐赠者分为三类：①

① Robert F. Sharpe, Jr.. Successful Fundraising in Challenging Times, Presentation to American Cancer Society National Fundraising Conference, Orlando, Fl, 1994-09-23. 转引自：王名．非营利组织管理概论（修订版）．中国人民大学出版社，2010：235-236.

第一类群体是早年捐赠者。这个人群的年龄在50岁以下，他们一般还忙于工作，需要应付各种压力，比如支付孩子的教育费用、赡养老人等，他们可以自由支配的收入受到较大限制。因此，这个群体的捐赠数额较小。在美国，这个群体通常是做一些经常性的小额捐赠。

第二类群体是中年捐赠者。中年捐赠者年龄在50~70岁，他们处于比较稳定的时期。小孩学业已经完成，没有了赡养老人的负担，主要的资金支出已经完成，他们自己一般在这个时期退休，他们有较为充裕的时间来考虑各种问题，参与公益活动。在美国，这个群体会保持经常性捐赠，并开始为公益事业捐赠较大数额。

第三类群体是晚年捐赠者。晚年捐赠者年龄超过70岁，夏普称他们是“最后的礼物”。在美国，这个群体因为收入逐渐减少，不再像一般的捐助者那样做经常性的捐赠，但他们往往以遗赠或其他方式做大额的捐赠。美国遗产税很高，这可能是激励晚年捐赠的重要原因。由于遗产捐赠一般数额较大，而且捐赠对象一般是捐赠人自己看重的领域，如艺术团、博物馆、大学和公园等，只有经过长期交往与合作，赢得捐赠人的信任才会放心地将财产遗留给某个非营利组织。遗产捐赠的形式多种多样，最简单的方式是通过遗嘱把财产捐赠给特定的非营利组织。

个人或家庭捐赠的动机多种多样，既有内在原因也有外在原因，既有积极因素也有负面因素。根据米克瑟（Mixer）的研究，美国人的捐赠动机总体上如表8-1所示。

表8-1　　捐款人的动机

内在动机	外在动机
个人的或“我的”因素 自我承认或自尊 成就感 认知上的乐趣 成长 减少内疚 生活意义和目标 个人利益 神圣使命	回报 认知上的回报 个人的实质回报 社会的期待

续表

内在动机	外在动机
社会的或“我们的”隐私	刺激
地位的需求	人类基本需求的刺激
联盟力量的驱使	个人需求的刺激
团体力量的驱使	理想
相互依赖的关系	野心（社会或政治层面）
利他主义	避税
家庭及父母的影响	
权力（社会、政治等）	
负面的或“他们的”因素	特定情境
安抚挫折感	个人本身参与组织
降低不安全感或危险性	参与计划及决策
减少害怕或焦虑心理	同行压力
	家庭参与压力
	传统文化
	传统习惯
	个人角色定位的压力
	高收入

资料来源：王名．非营利组织管理概论（修订版）．中国人民大学出版社，2010：238.

（二）企业捐款

与个人/家庭捐赠不同，企业捐赠更注重回报。一般而言，企业参与公益事业的动机主要有以下几种：一是为免税；二是为树立和维护企业形象；三是履行企业社会责任带来的长期回报；四是促进销售；五是为改善企业内部关系。

对非营利组织而言，必须要弄清楚谁是潜在的捐款企业。一般来说，潜在的捐款企业包括有地缘关系的企业、有业务关系的企业、有个人关系的企业以及形象定位与非营利组织的宗旨相符合的企业。和非营利组织处于同一个城市或者同一个社区的企业，往往很难拒绝非营利组织的捐款建议。企业如果与非营利组织有业务关系或业务关联关系，也有可能成为该组织的捐款者。比如，一所学校往往能够从雇佣它的大量毕业生的公司得到捐款。非营利组织的筹款人利用他们的私人关系也可以筹到款。非营利组织的理事会成员负有筹款之责，这些理事大多都是有影响的人，他们具有敲开公司大门的关系。此外，支持公益事业的慷慨大方的大公司往往是潜在的捐款人。能够满足特殊募捐要求的公司也是潜在捐款人。比如，一个非营利学校需要油漆维修校舍，它可以向一家生产油漆的公司提出捐赠申请。

当组织向潜在捐款企业寻求捐赠的时候，应该首先制订周详的募款计划，明确捐赠的意义、数额和用途以及能够给予企业何种回报。

美国的慈善捐赠

Indiana 大学每年出版有关美国慈善市场的研究报告 Giving USA。根据该报告，美国每年 7000 多亿美元慈善收入主要来源于捐赠、创收和政府购买合同。

美国人对慈善事业的捐赠与经济增长同步，即使根据通胀系数调整之后，1954—2004 年，美国人对慈善事业的捐赠除了 10 个年份略有下降之外，一直在上升。1954 年，慈善捐赠总额 54 亿美元，2004 年达到 2485 亿美元。个人捐赠占主体，以 2004 年为例，70%～80% 的美国家庭为慈善事业捐款，59% 的捐赠来自年收入 10 万美元以下的家庭。基金会是主要的机构捐赠者，占 11.6%；企业捐赠只占 4.8%，沃尔玛是最大的现金捐赠者，它的捐款总额达到 1 亿 7 千万美元。

美国善款运用也有所变化。2004 年，宗教机构占了 35.5%，但总体上看，慈善市场的增长快于 NPO 的增长，1954 年，美国有 50 万家 NPO，2004 年达到 140 万家，每个 NPO 的年均收入由 7.5 万美元增加到 18 万美元。几大部门主导慈善市场，但较小的部门增长更快。教育占 29.5%，健康占 19.1%，人类服务占 16%，艺术文化和人文占 12.2%，公共社会福利 11.3%，环境 6.6%，国际事务 4.6%。

传统慈善捐赠是慈善资本市场的主要资源提供者，但这种传统渠道也有一些缺点：其一，短期年度导向，使得公益组织资金缺乏持续性。其二，来源分散，不便管理；由于一个慈善组织的资金往往来源于多个不同的捐赠者，在项目申请和报告要求方面各不相同，用途被严格限定在项目或直接服务而不是加强组织能力上。然而，组织的成长在管理能力和直接服务两方面的资金需求都会增加，如果现金流跟不上，增长对公益组织而言是致命的。其三，合理的资本结构对于任何类型组织而言都是至关重要的，在高度分散的慈善资本市场寻找资源非常费时而且成本高昂。许多 NPO 的 CEO 超过 50% 的时间花在筹款上，筹资成本高达 18%，相较而言，企业的筹资成本只有 3%。

资料来源：Wei-Skillern，Austin，Stevenson. Entrepreneurship in the Social Sector. Sage Publication Inc.，2007：63.

（三）中国慈善捐赠现状

近几年来，中国公益慈善捐赠发展很快，捐赠额稳步上升，捐赠主要流向民政部门和政府背景的基金会，捐赠款的使用主要集中在少数几个领域。

2010 年 11 月 2 日，由中国社会科学院社会学所和社会科学文献出版社、公益时报社共同发布 2010 年《慈善蓝皮书》指出，近年来中国慈善捐赠稳中有升，各个省市捐赠差距加大。2009 年，中国慈善捐赠总额为 332 亿元，其中捐助主体企业占 58.4%，个人占 30.4%。2009 年 19 个省市捐赠的总量超过亿元，排在前四的是山东、浙江、广东、湖南，总体来说经济越发达，捐赠的总量越大。蓝皮书对中国、美国、英国、巴西、印度等五个国家的捐赠额占各个国家 GDP 百分比进行了计算分析，结果发现中国慈善捐赠规模最少，所占 GDP 比例最低。2009 年，社会捐赠占中国 GDP 的比例为 0.01%，美国这一比例为 2.2%。

中国的捐款流向通常只有两个方向，一个是到当地政府民政部门，另一个则是到政府背景的全国或地方性公募基金会。

“股权捐赠”挑战传统方式

2009年，福耀玻璃集团董事长曹德旺提出了总额达40余亿元的股权捐赠计划。这个捐赠计划，不仅数额巨大，而且还向基金会注册登记的现行制度发出了挑战。按照现行《基金会管理条例》，非公募基金会的原始基金必须为到账货币资金。由于我国还没有通过股权捐赠成立非公募基金会的先例和相关法规流程，曹德旺的“河仁基金会”面临着注册、纳税等诸多障碍。但是他仍坚持股权捐赠形式，并表示要以此推进制度破冰。曹德旺家族持有福耀玻璃10.8亿股，7成便是7.56亿股，按照最近的市价，这部分股份现值超过40亿元。①

（根据以下资料改写：东方愚．风暴中的“慈善大王”曹德旺．南方周末，2009-03-03.）

中国慈善捐赠呈现出两个特点：大额捐赠关注发展领域，平民慈善关注救助。关注发展领域，是现代慈善事业区别于传统慈善救助活动的一个显著特点。众多经济实力雄厚的企业和企业家捐助发展领域，意味着他们的慈善投资具备了一定的战略性。与大额捐赠重发展领域的趋势相比，普通人的小额捐赠更重视对身边困难人群的救助，主要用于资助贫困生、大病救治、救灾、社会服务、农村建设等领域。其中，救助色彩最明显的是通过媒体呼吁而发起的各类大病救助募捐事件。仅2009年上半年，经慈善信息捐助中信监测的这类救助活动就有132起，平均每个案例捐款3.3万元。在这些救助案例中，最为典型的是白血病患儿李瑞，自2月16日获温家宝总理救助的消息经媒体曝光后，6天时间内，社会各界就向其捐款48.4万元用于支出治疗费用。②

---

① 中民慈善捐助信息中心，捐赠特点分析与未来展望，2009-08-07. http://www.hbydf.com/showarticle.asp?id=1377.

② 中民慈善捐助信息中心，捐赠特点分析与未来展望，2009-08-07. http://www.hbydf.com/showarticle.asp?id=1377.

二、基金会和专业筹款机构

基金会（包括国际资助组织）在公益事业领域的角色类似商业领域的金融机构。他们之间的不同之处在于，企业向金融机构融资必须还本付息，而基金会对非营利组织的拨款不要求偿还。正因为如此，基金会对拨款及其使用管理更加严格。

在美国，资助型基金会往往以项目的方式向运作型非营利组织提供拨款，非营利组织必须寻找与自身定位相符的基金会，通过项目建议书的申请资助。基金会首先规定了与自己的使命和宗旨相符的资助领域和资助项目范围，然后识别并寻找合适的非营利组织作为拨款对象。比如说，一些小型的非营利组织经常给福特基金会提交项目建议书，但是很少得到福特基金会的资助。这是因为，这不符合福特基金会的资助方式，它对小型非营利组织的支持远不及一些地区性或专业性的基金会。

非营利组织要根据基金会的兴趣寻找与自己的领域相匹配的资助者。所以，非营利组织必须要准确判断各种基金会的关注领域和运作方式，以增加获得资助的成功率。在分析研究这些基金会时，不妨直接与他们联系向他们咨询。大多数基金会会对咨询电话和邮件做出迅速反应，并直接表明他们对项目是否感兴趣。筹款管理是日常工作的重要内容，临时抱佛脚的做法往往不能奏效。这就需要非营利组织平时做好功课，让所在领域的基金会知道和了解自己，保持与它们的联系，即所谓“修筑桥梁”和“关系营销”。如果与基金会或国际资助组织通过长期交往，双方形成了相互理解和信任关系，那么项目建议书就很容易得到批准了。

非营利组织在确定了本组织的项目与某个基金会的兴趣相匹配之后，撰写一份优质的项目建议书就成为成功获得资助的关键因素。关于项目建议书的撰写参见本书第五章有关项目管理的内容。

到2011年年初，我国的基金会数量已经达到1843家，其中，非公募基金会有846家，占到43.4%。[①] 我国的基金会大多是运作型基金会，资助型基金会还在发育过程之中。如南都公益基金会和壹基金就为运作型非营利组织提供资助。

---

① CCTV《对话》节目．慈善的力量．2011-03-25.

草根NGO遭遇"断粮"危机

继2009年有NGO（非政府组织）组织因税务问题被处罚后，部分以企业形式注册的公益组织遭遇新的财务难题，它们不再能像以前一样顺利地从银行取出来自国外的捐赠。这个困难源起于国家外汇管理局2010年3月1日开始实行的捐赠外汇管理的新规定，新规定对境内机构捐赠外汇进行了分类管理，其中最为严格的是，按照新规定的要求，境内企业接受或从国外非营利组织获得捐赠，除须提交申请书外，还应提交经过公证并列明资金用途的捐赠协议。

因双重管理难题，许多国内民间NGO选择在工商部门注册为企业，这一数量远远超过在民政部门登记的社团。虽然近年国内基金会的兴起为国内民间社团提供了部分资金来源，但是仍有许多机构严重依赖于境外资金。这个规定实行近三个月来，在保障外汇安全的同时，也让这些工商"企业"性质的NGO面临"断粮"之危。

资料来源：谭翊飞．草根NGO遭遇"断粮"危机．南方周末，2010-05-26.

三、政府资助

非营利组织提供的是公共服务，开展的是公益活动，从一定程度上是帮助政府做了部分工作，要求政府给予一定的资助是合情合理的。国内外研究都表明，政府的资助是非营利组织的主要资金来源之一。在我国，政府不仅在慈善资源动员方面具有强大的号召力，在善款使用和管理方面也起着主导性作用。

政府推动慈善募捐

2008年12月5日，胡锦涛总书记、李克强副总理等党和国家领导人会见出席中华慈善大会的代表，胡锦涛总书记发表重要讲话，回良玉副总理出席中华慈善大会并作重要讲话、向社会传达了党和国家对慈善事业高度重视的信号后，上海、山西、山东、湖南、海南等各地政府部门也召开了相应的慈善大会，进一步推动了社会各界的捐赠积极性。如山东省借助慈善大会东风，于5月发起“慈心一日捐”活动，几乎动员了所有政府机关、事业单位、国有企业、非营利组织和大多数民营企业员工和工商个体户捐款。其中，137家单位的42479名个人向山东省慈善总会捐款476.47万元，人均捐112.17元，这个数字远远高于我国人均捐赠水平。

根据以下资料改写：中民慈善捐助信息中心．捐赠特点分析与未来展望，2009-08-07.

政府对非营利组织的资助有直接拨款、税收减免、奖励、项目委托和购买服务（Contract Out）等多种形式。一般来说，直接拨款并不是一种最有效的形式。因为直接拨款容易使得非营利组织对政府产生过度依赖，从而丧失自主性，甚至成为政府的附属机构。通过税收减免、奖励、项目委托和政府购买服务等方式更能推动非营利组织的健康发展。近年来，政府采购服务在深圳、上海等城市进行了试点，非营利组织有望纳入政府采购对象的范畴。奖励的方式也很常见。比如，民政部从2005年起在原来的“爱心捐助奖”基础上设立“中华慈善奖”，每年评选一次，按爱心捐赠、志愿服务、慈善项目三类分别评选，表彰在赈灾、扶老、助残、救孤、济困、助学、助医以及支持文化艺术、环境保护等方面做出突出贡献的个人、机构以及优秀慈善项目。

在我国，政府在慈善资源管理中居于主导地位。2008年，汶川地震之后，社会各界捐款总额中，约2/3流向了民政部门，约1/5流向了慈善总会，约1/10流向了非营利组织。2010年玉树地震之后，国务院五部委联合下发了《青海玉树地震抗震救灾捐赠资金管理使用实施办法》。办法规定，各捐赠接收机构须将捐赠资金全部拨付到青海省财政，由政府统筹安排使用。①

慈善资源向政府方面汇集，主要有以下几个方面的原因：

首先，民间资金参与慈善的入口很窄，通常只限于几家全国性公募基金会，他们通常都带有浓厚的政府色彩。2004年颁布的《基金会管理条例》规定公募基金会是公共筹款型基金会，可以面向公众筹集资金；非公募基金会属

① 慈善，政府必须靠边站．南方周末，2010-08-04.

于独立型，不得面向公众筹集资金，主要依靠发起人的捐助资金以及资金的理财增值来活动公益性活动所需资金。

其次，政府对公益组织的资助难以流向民间慈善组织，而又集中于有政府背景的基金会和民办非企业单位，真正的草根组织很难得到政府资助。有一些非营利组织不满足民政登记条件，而以工商登记的方式存在。其中不乏业界颇有影响的组织，如爱知行、农家女等草根民间组织都是工商登记性质。这样的身份就得不到政策和资源支持，也因为它们无法提供免税凭证，企业都不愿意捐给它们。①

此外，非营利组织在吸收、配置、管理捐款的能力方面与政府有差距，公众还是更信任政府机构而不是民间公益组织。②

比如，有一些非营利组织打着政府的旗号或者借助政府力量，对单位和个人实行“摊派”或“强捐”。针对这样的问题，广东省副省长刘昆在广东省慈善总会召开的研讨会上提出了批评，并提出在今后工作中不允许下达个人、单位捐款数额；不允许从个人或单位的账户中直接扣款；政府机构、事业单位办证和学生入学等，不允许以捐款为条件，也不允许同时举办捐款活动。③

四、创收（Earning Revenue）

当非营利部门的增长速度超过慈善资本市场的增加速度时，在总体上就会出现慈善资源紧张的状况，资源动员效率会呈现边际效率递减的趋势。这种情形反过来又会进一步加剧非营利组织之间获取慈善资源的竞争。在慈善资源短缺和竞争加剧的情况下，非营利组织开始更多地依赖政府和市场机制来获得资源，这些方式也被称为创收。④ 有些非营利组织依靠出售产品和服务获得大部分乃至全部收入，比如剧院和交响乐团出售门票，医院“出售”药品和诊疗服务，学校出售教育服务。还有一些非营利组织将出售产品和服务视为辅助性业务，其目的是为了完成更多的基本社会使命。比如，女童子军（Girl Scout）

---

① 李梦堃．中国捐赠三问．南方周末．2010-09-30．http：//www.infzm.com/content/50637.

② 中民慈善捐助信息中心，捐赠特点分析与未来展望，2009-08-07，http：//www.hbydf.com/showarticle.asp？id=1377.

③ 吴渤．广东副省长刘昆指省慈善总会账目不细要求整改．南方都市报，2011-07-21.

④ 高丙中，等．规制与发展：第三部门的法律环境．浙江人民出版社，1999：123.

出售饼干，山岳俱乐部（Sierra Club）出售日历，美国红十字会出售急救包，博物馆出售各种各样的纪念品、复制品、食物和饮料等。这些生意并非仅仅是无足轻重的小生意。比如，女童子军出售的饼干占美国全部饼干销售的10%，1986—1987年度，纽约大都会艺术博物馆（New York's Metropolitan Museum of Art）出售商品及版税收入5300万美元，营利920万美元，占博物馆营运收入的14%。①

非营利组织创收的主要方式包括服务收费、经营性收入、政府采购合同以及与企业合作等。②

1. 服务收费

直接为社会弱势群体提供符合他们购买力的产品和服务；提供的产品和服务涵盖社会弱势群体，然后通过分级收费来服务弱势群体。如南宁安琪之家、天津鹤童老年福利协会。

2. 经营性收入

鉴于目前非营利组织的经济压力，一些机构开始尝试在服务范围之外开拓一些经营性产业，通过这些产业的收益来支持机构的可持续发展。如北京太阳村特殊儿童救助中心、青海吉美坚赞福利学校。

3. 政府采购合同

政府通过合同外包的方式购买非营利组织的产品和服务，非营利组织提供服务，政府来买单。比如，广东省近两年共有95家全省性行业协会承担了政府转移的379项职能，共获得政府补助2,183.6万元。

4. 与商业企业合作创收

非营利组织还可以通过与商业企业的合作获得资金和捐赠，缓解资源紧张的状况。如与企业合作开展项目以节约成本，或者允许企业使用自己的无形资产而收取一定的费用等。比如，1997年美国医学学会（American Medical Association，AMA）与生产家电产品的阳光公司（Sunbeam Corporation）签署了一份许可证协议。根据协议，美国医学学会授权阳光公司在其加湿器、血压监测仪和其他特定设备上使用其认证标识（Seal of Approval），作为交换，阳光

① 菲利普·科特勒，艾伦·安德里亚森．非营利组织战略营销．孟延春，等，译．中国人民大学出版社，2003：18-19.

② 严中华．社会创业．清华大学出版社，2007：259-261.

公司在5年内付给美国医学学会100万美元的特许权使用费。①

尽管越来越多的公益机构通过销售产品和服务来获得收入，但目前我国仅有极少数组织（3.7%）提供完全有偿的服务，另有39.5%的组织提供具有一定补偿的服务活动来补偿经费不足，其余大多数的公益组织基本上是无偿提供服务。就服务形式来说，绝大多数组织（79.0%）都是通过小型团体活动来提供服务的，其次是“一对一的服务活动（27.2%）”、“大型服务活动（14.8%）”以及“其他（3.7%）”。②

非营利组织的创收活动存在一定的风险，也引起了不少争议。自然之友在成立之初因为经费困难曾经开展创收活动，结果对组织的声誉带来了一定的负面影响，以至于后来不再考虑创收问题。在美国，一些健身俱乐部在享受免税待遇的情况下提供收费服务，引起了营利性健身机构的强烈不满。还比如，美国最大的非营利组织——基督教青年会（Young Men's Christian Association，YMCA）1844年成立于英国伦敦，是一个收费服务型组织，收入主要来源于保健与减肥、儿童看护、野营等服务领域。YMCA在美国的2500个成员组织为10000个社区的1900万人服务，YMCA全球则为120个国家的4500万人服务。YMCA的年收入超过40亿美元，但它近年来被许多营利性机构指责为不公平竞争。本书第十章将详细讨论非营利组织与政府和企业合作的问题。

五、会费

除了上述收入来源之外，一些非营利组织还通过会费获得收入。有两种类型的非营利组织拥有会员和会费收入：一种是为会员服务的组织，比如各种行业协会和学会组织；另一种是拥有会员的公共服务组织，比如一些拥有会员的环保组织向会员收取会费，但向公众提供服务。③ 在美国，专业协会和行业协会是非营利领域增长最快的一个领域。在我国，协会和学会等各种会员类组织在非营利组织中占了很大比例，而且发展很快。

---

① 布鲁克斯（Arthur C. Brooks）. 社会创业．李华晶，译．机械工业出版社，2010：99-100.

② 丁元竹．非政府公共部门与公共服务——中国非政府公关部门服务状况研究

③ 布鲁克斯（Arthur C. Brooks）. 社会创业．李华晶，译．机械工业出版社，2010：101-103.

第二节　筹资方式及其创新

考虑到筹款效率和不同筹款方式之间的差异，针对不同的收入来源和渠道，社会创业者应该采取不同的筹款方式。在欧美国家，资源动员主要采取市场化方式。在我国，各级政府对慈善捐赠氛围的营造和动员在慈善劝募活动中扮演重要角色，作用十分明显。近年来，由于受到商业模式以及互联网发展的影响，出现了公益创投和电子慈善等新的筹资理念和方式。

一、传统筹资方式

过去几十年以来，非营利组织已经积累了丰富的筹款经验，形成了多种多样的筹款方式。

（一）常见的筹款方式

具体来说，常见的筹款方式包括利用私人关系、电话劝募、信函或邮件劝募、媒体劝募、举办筹款活动等。

私人请求是一种成功率比较高的劝募方式，非营利组织的理事会成员或者高层管理人员在筹款时经常采用这种方式，直接向潜在的捐赠者募捐。私人请求这种筹款方式成本较高，对筹款人的要求也高。

电话劝募是一种常用的方式。在电话募捐时，根据收集好的筹款对象的名单，给他们一一打电话进行募捐。电话募捐的关键是要对募捐对象的了解，因此，搜集整理潜在捐赠人的信息是一个重要准备工作。电话募捐的技巧也很重要，在短短几分钟之内向募捐对象说清楚募捐的目的，并说服对方捐款是一项有很大难度的工作。电话募捐的成本介于私人请求和信件募捐之间，成功率也介于二者之间。

信函或邮件募捐在国外是常用的筹款方法之一。这种方式成本比较低，但是效果也比较差，经常出现发出很多信件却泥牛入海无消息的情况。采用这个方法时，要尽量保证募捐对象的名字和地址准确性，确保他们能够收到信函；精心设计信函的内容和形式，以打动捐赠者的心。经常使用信函劝募的组织往往会收集整理非常详细的捐赠者资料库，这是长期坚持才能做好的工作，这些信息对非营利组织来说是宝贵的资源。

非营利组织还可以利用平面和电视媒体进行募捐。在我国，希望工程、抗洪救灾、抗震救灾等项目中采用过这种方法。筹款机构通过电视台，制作长时间的募捐节目，在节目播出的同时开通多条认捐热线，由志愿者接听捐赠人的电话，同时在电视节目中向社会公布捐赠情况。这种方式的关键在于捐赠人切实履行在电话中的认捐承诺。

义演义卖是常见于文化、艺术、体育、娱乐类机构的筹款活动。2011 年，美国流行歌手 Lady Gaga 通过义演义卖筹集了几百万美元善款，捐赠给日本遭受海啸和福岛核电站事故的灾民。慈善晚宴也是常见的筹款活动。

小型项目筹款。非营利组织为了解决突发的紧急事件，而临时设立一个小型项目进行募款的方式，一般专款专用，时间比较短。例如，一个贫穷家庭的小孩得了重病，急需治疗资金，需要通过社会募捐解决问题的时候，往往由一家非营利组织通过小型项目的方式进行筹款。

大型公益工程方式筹款。采用这种方式募捐的公益项目，为了取得巨大的社会效果，往往需要动员大量人财物力，花费很长时间来运作。例如，20 世纪 90 年代开展的希望工程就属于此类项目。希望工程声势浩大，救助了大量失学儿童，主持这一公益项目的中国青少年发展基金会也因此声名大噪，成为家喻户晓的公益事业典型形象。

“一对一”捐助活动。在筹款中，有些捐赠者为了直接看到自己的捐赠所发挥的作用，产生的效果，提出捐给具体受赠对象，这种捐赠方式称为“一对一”捐助。在公益慈善事业运作监督机制尚不够成熟和完善的情况下，这种捐助活动比较常见。

（二）筹款活动的运作过程

不管采取何种筹款方式，一次筹款活动一般包括五个步骤：成立筹款小组；筹款市场分析；制定筹款计划；实施筹款计划；筹款活动总结评估。

非营利组织一般每年都必须完成一定的筹款任务，以保证组织的持续运作与发展。成立筹款小组是筹款活动的第一步，也是最重要的一步。筹款小组一般由组织的主要领导人牵头，大部分高层管理者都应该参与，以保证最大限度地动员组织资源。

筹款小组要对筹款市场进行分析，然后制定合理的筹款计划。筹款市场分析的核心内容是细分市场分析，包括在哪些细分市场进行筹款、如何进入每个细分市场、在每个细分市场付出多少成本等。

确定筹款细分市场之后，才能够制定筹款计划，包括组建多大规模的筹款队伍，投入多少时间，多少成本，筹得多少资金等。常用的计划方法包括增减法、需求法和机会法等方法。增减法就是根据组织上一年度的收入，考虑通胀因素，然后根据预期变化有所增减。需求法是根据组织下个年度的资金需求情况制定筹款额目标。机会法是对各个细分市场的筹款潜力做一个初步估算，然后结合组织自身情况，确定一个合理的筹款目标。筹款计划还要根据成本与收入相匹配的基本原则，针对不同细分市场设计相应的筹款方式。比如小额捐赠可以采取平面广告、电子邮件和短信等联系方式，对于大额捐赠则采取电话联系甚至登门拜访的方式。

筹款结束后，要对本次筹款工作进行全面的评估，对是否完成筹款目标、员工的努力程度和工作绩效、筹款效率做出评价，撰写筹款活动报告，总结得失，并对员工和志愿者进行适当奖惩。

二、筹款方式创新

筹款活动本质上是非营利组织在慈善资本市场开展的营销活动，这是一个变化很快、极具创新性的领域，公益创投和电子慈善等是近年来的各种筹款方式创新的几个典型代表。

（一）公益创投

在20世纪90年代末，发达国家的慈善市场出现了一种新的理念，尝试将商业领域的风险投资模式引入到社会创业领域，为社会创业提供资金并且深度介入社会创业活动，这种新方式被称为公益创投（Social Venture Philanthropy 或 Social Venture Capital）。

公益创投是为了弥补传统慈善资助方式的不足而产生出来的。传统慈善资金和资助方式存在以下几个方面的缺点：传统慈善资助往往是短期的，一般是按年度来申请和拨付，这使得非营利组织的资金来源缺乏连续性，很不稳定；传统上非营利组织的资金来源于多个资助方，每个资助方的项目申请和报告要求各不相同，这些资金往往要求用于项目或服务，而很少用于非营利组织的能力建设。这些问题深深地困扰着非营利组织的管理者们，他们不得不花费大量的时间、精力和成本来处理筹款问题。事实上，美国非营利组织的筹款成本高达18%，而企业的资金成本仅为3%。① 公益创投模式试图解决这些长期以来

① Wei-Skillern, Austin, Stevenson. Entrepreneurship in the Social Sector. Sage Publication Inc., 2007: 67.

存在于非营利部门的难题。在公益创投模式下，风险投资者深度介入到接受投资的非营利组织之中，而且持续多个年度，投资者将资助资金看做投资而不是拨款。他们注重加强组织的能力建设，亲自投入大量时间和精力帮助投资对象解决困难和问题、提升管理技能、获得服务合同、建立良好信誉。这种方式的核心是持续学习，并根据新情况不断进行调整，帮助 NPO 进入下一个成长阶段。一般来说，风险投资者的参与程度越高、参与时间越长，越能够与投资对象进行诚恳而透明的沟通，从而避免传统捐赠模式的问题：传统捐赠者只是要求所捐助的项目符合自己的兴趣，而不了解承担项目的非营利组织的实际情况。非营利组织可能为了迎合捐赠者的要求而偏离自己的战略，甚至由于害怕失去资助而掩盖问题。

实际上，许多历史悠久的基金会在公益创投这个概念发明之前就采取了类似做法。如福特基金会（Ford Foundation）在 1979 年就成立了全国性社区发展金融机构——地方创业支持联盟（Local Initiatives Support Coalition，LISC），在 LISC 的支持下建立起全国性社区开发公司（Community Develop Corporation）网络，在改善低收入家庭的住房条件方面做出了重要贡献。

2002 年，美国已有 42 家公益创投机构，资本总额达到 4 亿美元。① 社会投资伙伴（Social Venture Partners，SVP）是这个领域的先驱之一。这家位于西雅图的公益创投机构由网页制作者（Pagemaker）软件的发明者和阿尔德斯公司（Aldus Corporation）的创始人保罗（Paul Brainerd）创办。保罗对慈善很感兴趣，但不满足于传统方式，他想在慈善领域引入风险投资技术。保罗找到几个志同道合的朋友作为合伙人，建立了 SVP。根据 SVP 的规则，每个合伙人在 3 年内每年投入 5000 美元形成资本金，由合伙人共同选择非营利领域的投资对象。这一模式被美国加拿大的很多地方所复制，吸引了 1500 多个风险投资合伙人。SVP 的宗旨不仅是动员资金，更重要的是教导年轻的专业人员如何深度参与慈善事业，起到了社会创业孵化器的作用。另一家公益创投机构新利润公司（New Profit Inc.，NPI）开发了另外一种风险慈善模式。它在小范围的个人捐赠者中筹集了 1000 万美元，找到了一些运作很成功并且愿意复制其经验的非营利组织，连续几年对其进行投资，并且提供管理咨询服务，包括提供董事会服务。这个领域的另一个先锋是发现慈善伙伴（Venture Philanthropy

① Wei-Skillern，Austin，Stevenson. Entrepreneurship in the Social Sector. Sage Publication Inc.，2007：68.

Partners, VPP), 它动员30个IT企业的领导人捐出3000万美元成立了儿童学习基金 (Children's Learning Fund), 致力于加强华盛顿地区非营利组织的能力建设, 以便他们为该地区低收入家庭儿童的发展和教育提供服务。盖茨基金会 (Bill and Melinda Gates Foundation) 也在一定程度上借鉴了风险投资的理念。该基金会选择少数几个关键的顽固的社会问题, 然后长期投入巨额资金以期取得重大突破。

在公益创投领域, 风险投资家们创造了多种运作形式, 创业大赛和小额贷款就是典型的例子。加州大学伯克利分校的哈斯商学院与哥伦比亚大学商学院、伦敦商学院和高盛基金会合作创办了"全球社会风险投资大赛" (GSVC), 为潜在的社会创业者寻找投资人。纽约的"绿色回声" (Echoing Green) 举办的"社会企业家"竞赛模仿美国当红的电视真人秀节目《学徒》来甄选"社会企业家", 每一位成功胜出者将获得从5000～10000美元的启动资金, 这个节目在美国几乎家喻户晓。两个美国青年马特 (Matt Flannery) 和普里马尔 (Premal Shah) 创办了一种新的在线小额贷款机构——吉娃 (Kiva)。马特在一次去乌干达、坦桑尼亚、肯尼亚等国拍摄农村创业事迹的活动中萌发了创办吉娃的想法。几个月后, 在支付宝工作的普里马尔加入了马特的计划。普里马尔在斯坦福大学毕业后曾获得奖学金去印度研究小额贷款, 是硅谷小额金融网络 (Silicon Valley Microfinance Network) 的联合创办人。马特和普里马尔看到生活在贫困线上的穷人每天只是想办法填饱自己的肚子, 他们认为借给穷人创业资金, 让他们把目光挪到稍微远一点的未来, 才可能真正地摆脱贫困。吉娃通过网站把钱借给那些急需资金的穷人, 目前为止已经给41个国家提供了3万多项、总额超过2000万美元的无息贷款。他们的客户可能是一位农民, 需要200美元买一套更好的农具, 也可能是一位五个孩子的母亲, 需要2000美元开一家商店以供孩子读书。而这些钱, 对于那些没有任何资产可供抵押的穷人来说, 是不可能在商业银行里借到的。

公益创投不仅在北美迅速发展, 而且很快扩展到世界各地。2003年成立的东京社会投资伙伴 (Social Venture Partners 东京) 是一家社会企业支援性机构, 开创了日本公益创投的先河, 这家机构为具有创新性的非营利组织和社会企业提供资金和管理经验等方面的支援。至2008年3月, SVP东京已经拥有62名会员, 他们以30多岁的职业人员为主, 来自金融投资公司、咨询公司、政府机关、IT企业、制造业等社会各个行业。卢旺达、刚果、尼泊尔等国在接受国外援助的过程中也采取了风险慈善投资模式, 更多的强调受益人的参与和自己动手。①中国非营利组织也对风险慈善表现出兴趣，越来越多机构认同并且采取这一理念。比如，南都公益基金会副理事长兼秘书长徐永光，他曾经是中国青少年发展基金会的创办者，成功地运作了“希望工程”。从中国青少年基金会来到南都基金会后成为一名社会风险投资家，“新公民学校”是他的第一个社会投资项目。旨在改善农民工子女成长环境的新公民计划，被誉为“第二个希望工程”。

上海的公益孵化器组织——恩派

2006年，恩派（NPI）在上海浦东非营利组织发展中心的基础上成立的公益孵化器，宗旨是以“助力社会创新，培育公益人才”为己任，为初创期和中小型民间公益组织提供支持。

NPI每年在全国范围内孵化30个左右的民间公益组织，为他们提供能力建设、场地设备、小额补贴、注册协助等多方面的帮助。2007年，恩派开发了“社区服务平台”业务模式，通过从政府手中托管社区服务中心等公共空间，整合政府、企业、居民等各方力量，为各类服务型NPO进社区开展业务提供帮助和便利。恩派（NPI）最先托管的上海最大的社区服务中心——三林世博家园市民中心已成为上海乃至全国社区服务平台的示范窗口。目前，NPI已通过其发起的屋里厢社区服务中心等机构将该模式推广复制到上海、四川等地的二十多个城乡社区中心。

从2007年起，NPI引入公益创投，NPI先后与企业、基金会、政府合作开展了若干“公益创投”和“公益大赛”项目，掀起了一个个民间公益创业的热潮。至今，由NPI托管的公益创投资金已超过5000万元，资助的公益项目近300个。

资料来源：http：//www. npi. org. cn/npi_about_01. html.

① Nicholas D. Kristof. D. I. Y.：Foreign-Aid Revolution. New York Times，2010-10-20.

（二）电子慈善

20世纪90年代以来，电子慈善（E-Philanthropy）在西方国家兴起。出现了一批网络社会企业（Web-based Social Enterprises，简称 Web SEs），它们采取了 .com 或者 .org 等各种形式，业务内容包括在线捐赠、网上慈善购物广场、在线慈善拍卖、点击捐赠网站、校友门户网站、NPO 信息中枢等。在世纪之交互联网泡沫破灭之后，电子慈善经历了一段下滑之后又恢复增长。尽管网上捐赠的份额目前小于传统捐赠，但增长率比传统捐赠要高得多，具有巨大潜力。我国的青少年基金会等机构也开始尝试手机捐赠、在线捐赠等新方式。

复习思考题：

1. 慈善资本市场一般由哪些渠道构成？
2. 中国慈善捐赠有何特点？政府在其中扮演什么角色？
3. 传统筹款方式有哪些？
4. 筹款方式创新有何趋势？
5. 许多基金会的运作是靠眼泪指数很高的实践、活动来募集资金和物资的。所谓眼泪指数是指事件本身充满悲情，容易感动人，唤起同情心，从而产生义举。比如希望工程的“大眼睛”，母亲水窖的干旱缺水场景，1998年的洪水，尤其是2008年的汶川特大地震等，通过这种渲染灾情苦景、呼唤爱心奉献的运作方式，是非常简明有效的，有时可以短期内形成突发的巨大效果。但从长远看，很难具有可持续性。对这个问题，你怎么看？

案例8-1

“农家女”的三次筹款实践①

北京农家女文化发展中心（简称“农家女”）的前身是《农家女》杂志社项目中心。《农家女》杂志社由原《中国妇女报》主编谢丽华创办，创刊于1993年，是我国第一份面向农村妇女发行的月刊，由全国妇联主管、行政上隶属于中国妇女报社。1995年第四次世界妇女大会在北京召开，在大会的鼓舞下，《农家女》杂志项目中心开始接受妇女发展的新理念和非营利组织的项目运作方式，在国际基金会的支持下，结合我国农村妇女的需求，在全国范围内开展了扫盲、小额信贷、妇女参政培训、生殖健康等一系列推动农村妇女发展的扶贫项目。1996年，杂志社创办了我国第一个为进城务工女性提供服务的非营利组织“打工妹之家”。1998年创办了农家女使用技能培训学校，这是一所专门为农村妇女提供培训的民办非企业单位。2001年9月，《农家女》杂志社注册成立了北京农家女文化发展中心，将非营利性项目从杂志社独立出来。

“农家女”成立之初就遇到了资金困难。当时，“农家女”的资金来源主要有两个：一是来自海外机构的资助，二是来自国内的各种捐赠。其中，海外机构的资助占到资金来源的90%以上，国内捐款只占很小比例。“农家女”决定尝试在扩大国内资金来源渠道，开展筹款活动。2003—2005年，“农家女”连续3年开展了国内筹款实践。

一、第一次筹款实践

2003年，“农家女”第一次开展筹款活动。怎么样取得公募筹款资格呢？这成为摆在面前的第一大难题。“农家女”想到与具有合法公募身份的基金会合作的方式。经过谢丽华主任的多方联系与沟通协调，最终中国妇女基金会答应与“农家女”合作开展筹款，并免掉相应的管理费。

随后，“农家女”成立了筹款委员会，并决定采用国内较为新颖的晚

---

① 根据以下资料改写：王名．非营利组织管理概论（修订版）．中国人民大学出版社，2010：248-258.

餐会的形式举办。在准备过程中，“农家女”在自己的网站和《中国妇女报》发布了通知，农家女的领导和员工充分利用个人的社会和人际关系网络，利用打电话、发邀请函、当面邀请等多种形式，联系到了农家女学校的毕业学员、学员的工作单位、全国妇联、基层妇联的领导和员工、媒体、本单位员工亲属、朋友和其他非营利组织代表等人员。志愿者和员工家属也参与到晚餐会的筹备工作中。

2003年7月18日，在谢丽华、吴青和农家女其他领导人的共同策划下，以“筹资路上，农家女一路同行”为主题，为“打工妹紧急救助资金”筹资的晚餐活动在北京全国妇联妇女活动中心举行。除了特邀嘉宾外，每人购买餐券入场，每张餐券100元，将近300人参加了晚餐会。中央电视台著名节目主持人倪萍担任主持，成为会场的亮点，参会人员可以与主持人合影留念。晚餐会同时举办了晚会，晚会以“成功打工妹”为主轴把节目串联起来，“农家女”挑选了12位成功打工妹，将她们的照片放大到1.1米，旁边写上她们的成功故事和人生格言，展示在会场入口极为醒目的地方。在节目进行过程中，倪萍分别访问了3位打工妹代表，她们讲述了各自的经历以及农家女的帮助给她们的生活带来的变化。晚餐会上，农家女的领导和多位嘉宾发表了演讲。最后为紧急救助基金现场募捐，当场宣布了募捐数额。晚餐会筹款收入为49,305元，餐券收入18,400元，捐款30,905元。除捐款外，晚餐会还获得其他形式资助，其中捐助的玩具折合人民币16,000元，部分作为礼物送给到会嘉宾；企业提供免费培训名额折合人民币75,000元。筹款支出18,476元，其中餐费11,000元。

二、第二次筹款实践

农家女第一次筹资会的成功使大家备受鼓舞和启发，决定每年至少举办一次类似的筹资活动。

2004年夏天，距离筹款日还有2个月的时候，紧张的筹备工作就开始了。经过筹款委员会策划，2004年的筹款活动主题为“改变生活从识字开始”。为“农家女扫盲班”筹资，用于为国家级贫困县甘肃漳县的妇女办扫盲班。筹资形式为午餐会，每张餐券200元。此次活动还是与中国妇女发展基金会合作，经过谢丽华与中国妇女发展基金会的协商，在其内部设立了“农家女扫盲基金”。

为了拓展筹资对象，农家女向上次所有捐款人都发送了邀请函，还给北京一些知名企业打电话联系。筹款活动充分动员领导和员工的资源，谢丽华、吴青等领导利用私人关系联系到几名大额赞助者，鼓励中层干部每人邀请3～5名参会人，杂志社的同事为参会联系演出人员，“农家女学校”和“打工妹之家”排演节目，志愿者也纷纷支持。同时，邀请到“半边天”节目主持人李潘担任主持人，还在网站和媒体以各种形式对筹款活动进行了宣传。

筹款午餐在西单某酒店举行，该酒店为此次筹款活动以优惠的价格提供了场地和午餐，以及免费的音响设施。200多人参加了午餐会。在午餐会上，两位文盲妇女代表讲述了她们不识字的烦恼和痛苦。曾经12次到过漳县的“农家女”项目负责人饱含热泪介绍了她在漳县的所见所闻。书法家袁守启现场留下墨宝，歌手孙浩、米娜等表演了节目，“农家女学校”和“打工妹之家”的学员也表演了节目。现场捐助过后，主持人宣布了一个激动人心的消息，为了表彰“农家女”为农村妇女扫盲所作的贡献，世界推动扫盲组织将2004年度“全球推动扫盲奖”颁给“农家女”，奖金1000美元，并再次给予“农家女”1万美元的支持。全国妇联和《中国妇女报》的领导也出席并讲话。

此次筹款活动一共募集资金人民币122,980.7元，其中比较大额款项包括：餐券收入11,115.6元，香港股评家曹仁超先生捐赠一年的稿费33,630元，原农家女副秘书长郭慧玲在台湾休假期间募集到台币82,120元（折合人民币20,479元），手工艺品义卖648.1元。此次募捐共支出49,440.25元，其中筹款午餐会成本11,000元，甘肃扫盲班项目初期开办费用支出38,440.25元。此次筹款所得款项全部用于贫困地区妇女扫盲，能够举办30个扫盲班，让900名文盲妇女脱盲。

三、第三次筹款实践

经过两年的探索实践，“农家女”深刻感受到公募活动筹款的数额在增加，但是筹款也越来越困难。这是为什么呢？负责“农家女”筹款工作的办公室主任这样解释，“三次筹款我们感到越来越难。第一次筹款晚餐会是一种创新，请来的嘉宾基本都是圈子里的，开了一个先河。第二次筹款午餐会在内容、形式上别人都知道了，再在圈子里请人就比较难了。第三次就要增加内涵，更丰富一些。不仅仅是吃饭、演节目、介绍我们自己。我们更需要向社会宣传，跳出这个圈子，第三次我们的参与者群体要打开，加大宣传的力度和广度”。

第三次募款活动由“农家女学校”负责组织实施。采取什么形式更具有吸引力呢？大家想到了邀请大学生志愿者参与到筹款活动中来，先请大学生志愿者随同“农家女”工作人员参与甘肃、贵州的妇女发展项目，拍摄大量当地农村妇女的生活实况，然后在筹资会上展出并现身说法。

为了这次筹资会，“农家女”做了大量准备工作。通过北京广播电台的宣传，来自不同高校的11批北京大学生志愿者自费参与了“农家女”的妇女发展项目。为了加大宣传力度，除了《中国妇女报》和《农家女》杂志及网站外，还在《北京晚报》和《新京报》上刊登了此次活动的消息。

经过周密准备，2005年9月10日，“农家女”在北京市东城区文化馆开展了“见证贫困、改变贫困——我能做什么”为主题的专项筹款会，筹集资金用于发放“农家女助学金”。“农家女助学金”是美籍华人储荟芸捐出自己陶艺作品义卖所得32万元设立的。筹款会由“农家女”、北京市慈善协会、北京广播电台新闻台共同举办。北京市慈善协会接受筹款，并减免“农家女”5%的管理费。

筹款会开始之前，就有不少人在会场外饶有兴致地观看“农家女”工作人员义卖的鞋垫等手工制品，工作人员向大家介绍“农家女”的情况，发放宣传小册子。在筹款会现场，展出了大学生志愿者拍摄的70多幅极具震撼力和感染力的大幅照片和百名受助农家女的情况简介。中央电视台节目主持人张越主持筹款会。谢丽华、吴青、储荟芸发表演讲倡议大家捐款，“农家女学校”学员合唱校歌“我们是自豪的农家女”。捐赠活动进行了三轮，还推出了新的捐款方式：借鉴香港乐施会的做法，每人捐助700元（或每月捐助60元），连续捐助3年，就可以成为“农家女”之友，也可以采取“一对一”捐助模式资助一位西部地区辍学的大龄女童到“农家女”学校进行短期培训。

2005年专项筹款会共筹得善款191,757元，筹款费用13,400元。

思考题：

1. “农家女”的三次筹款活动有何异同？
2. “农家女”如何解决筹款活动的合法性问题？依据是什么？
3. 针对“农家女”的实际情况，你认为它还可以采取哪些筹款方式？

第九章　人力资源管理

志愿组织愿意承担某些风险，而不是固步自封、限制志愿者的行动，这对社会更有益处。

——北京志愿者协会

本章要点

非营利组织的人力资源管理；
受薪员工的管理；
志愿者管理。

"协作者"的年终晚会①

"协作者"是北京的一个志愿组织，目前已经形成了非常完善的组织网络。到2005年年底，"协作者"的志愿者总人数达到200多人，开展的各种活动受益人数达到10多万人。它的工作对象主要是针对进城民工，工作范围包括关怀外来民工孩子就学、民工维权尤其是工伤保护和追索欠薪、激励农民工中的志愿者参与社区关怀、动员社会志愿者向民工提供职业知识和技能培训、与国外NGO和政府组织合作进行民工公共政策倡导和交流活动。

① 北京志愿者协会．志愿组织建设与管理．中国国际广播出版社，2006：162-163.

从“协作者”2005年的一场新年晚会可以看到典型的内部激励模式。在这场新年晚会上，10名优秀志愿者受到表彰，其中包括来自民工群体的志愿者、大学生、城市专业人士等群体的志愿者。5名志愿者新秀受到表彰。5名来自出版单位、政府部门、律师事务所、大学的专家被聘为新的专家团成员。另有15名专家为志愿者颁奖，协作者专家库有38名专家。1名特别志愿者得到鼓励奖，她24岁，来自山东，是某个社区孤寡老人的义务照料者，她在这个晚会上度过了一个隆重的生日。1对新婚夫妇收到了特别的祝福和礼品。1名资历最长的志愿者受到特别表彰。1名优秀全职工作人员受到表彰。中华女子学院的学生NGO组织作为优秀合作团队受到表彰。主要来自志愿者的演员们表演歌舞、小品和魔术等节目，其中一位演员是“民工歌王”。“协作者”的主要领导人发表了热情感人的讲话。晚会的主持人是民工志愿者，主要观众90%是志愿者，另外10%是关心协作者事业的各类人士和单位代表。晚会现场有协作者介绍材料、出版的书籍及捐助计划公示。在过去两年，“协作者”筹款230多万元，支出221万元，筹款能力相当突出。

第一节　非营利组织的人力资源管理概述

社会创业者要高度重视人力资源管理。人力资源管理的对象是人，人是非营利组织最宝贵的资源，对人的管理是一切管理的核心。非营利组织的人力资源管理与企业人力资源管理有许多共同之处，运用到许多相同的基本原理和方法。但非营利组织的人力资源管理更具有挑战性，非营利组织的领导者既要激励大家的工作热情，又要赋予工作以意义。尤其是目前在我国非营利部门工作人员的收入和保障普遍低于政府机关和企事业单位的情况下，招募与留住优秀人才是非营利组织面临的最大挑战。

现代人力资源管理突出“人”的核心地位，强调以刺激、激励和引导人的行为为主要任务，促使组织的人力资源发挥出最大的效能。与企业和政府机构一样，非营利组织的人力资源管理过程涉及组织人力资源规划、招聘和选拔录用、培训、激励与考核等几个方面。

非营利组织的人力资源包括受薪员工和志愿者两大类，受薪员工又包括专职员工和兼职员工。受薪员工的管理与企业人力资源管理比较接近，志愿者管理则是非营利组织特有的任务。本章第一节主要论述受薪员工的管理，第二节专门讨论志愿者的管理。

我国非营利机构的员工状况

2001年清华大学NGO研究所对1508家非营利机构的问卷调查显示，我国非营利机构的员工包括三个部分：专职工作人员、兼职工作人员和志愿者。其中，就专职人员来说在1313个回答了此项问题的非营利组织中，6.9%没有专职员工（但一般都有兼职人员），33.5%有1～4人，38%有5～9人，19.4%有10～39人，只有2.2%的非营利组织专职人员在40人以上。就兼职工作人员而言，回答了此问题的691个组织中，4.6%没有兼职人员，44.4%有5～9名兼职人员，19.8%有10～39名兼职人员，4.5%非营利组织有40人以上兼职人员。就志愿者而言，在有回答此项问题的416个组织中，34.4%没有志愿者，17.5有1～4名志愿者，11.8%有5～9名志愿者，18.3%有10～39名志愿者，18%的有40名以上的志愿者。最多的一个组织，其志愿者人数多达3万人。

资料来源：王名．非营利组织管理概论（修订版）．中国人民大学出版社，2010：157.

一、人力资源规划

人力资源规划（Human Resource Planning，简称HRP）是人力资源管理工作的起点。人力资源规划将组织战略和目标转化成人力需求，以全面核查现有人力资源、分析组织内外部条件为基础，以预测组织对人员的未来供需为切入点，内容包括晋升规划、补充规划、培训开发规划、人员调配规划、工资规划等，基本涵盖了人力资源的各项管理工作，人力资源规划还通过人事政策的制定对人力资源管理活动产生持续和重要的影响。

人力资源规划包括五个方面：其一，人力资源战略规划。根据组织总体发展战略目标，制定人力资源开发和利用的方针、政策和策略。人力资源战略规划是各种人力资源具体计划的核心，是事关全局的关键性计划。其二，组织规划。组织规划是对组织整体结构框架的设计，主要包括组织信息的采集、处理和应用，组织结构图的绘制，组织调查，诊断和评价，组织设计与调整。其三，人力资源管理制度规划。制度规划是人力资源总规划目标实现的重要保证，包括人力资源管理制度体系建设的程序、制度化管理等内容。其四，人员规划。人员规划是对人员总量、构成、流动的整体规划，包括人力资源现状分析、组织定员、人员需求、供给预测、人员供需平衡等。其五，费用规划。费用规划是对组织人工成本，人力资源管理费用的整体规划，包括人力资源费用的预算、核算、结算以及人力资源费用控制。

人力资源规划又可分为战略性的长期规划、策略性的中期规划和具体作业性的短期计划，这些规划与组织的其他规划相互协调联系，既受制于其他规划，又为其他规划服务。

组织的人力资源规划要与员工的职业生涯规划结合。职业生涯，从客观上看，是一个人在其生活中所经历的一系列职业、职位和职务的总称；从主观上来说，是指一个人一生中的价值观、态度和动机的变化过程。个人职业生涯的成败关系到个人的自我概念、尊严和满意感。职业生涯规划是指一个人通过一定的方式和途径对自己的职业生涯进行规划，以实现所选定的职业目标的过程。

职业生涯的本质是就是人们的自我概念与外界环境的现实合为一体的过程。人们之所以为非营利组织服务，在于他们或多或少赞同组织的宗旨和目标。非营利组织应该帮助员工进行职业生涯规划，提供员工进行职业生涯规划所需的知识和信息，指导他们进行合理的职业生涯规划。

二、招聘与录用

通过招聘，非营利组织将那些服从组织宗旨和文化，并能在组织中施展才华、实现自身价值的人们吸引到组织中来。招聘同时也是一个在人力资源市场上与竞争对手的竞争过程。成功的招聘可以减少离职率，为组织输入新鲜血液。招聘的渠道包括内部招聘和外部招聘。外部招聘工作一般包括发布招聘信息、报名应聘、初步审查、考试、面试、体检、通知等程序。内部招聘主要通过提升、工作调换和内部人员重新聘用等形式。

一旦应聘者收到录取通知，即被确认录用为该组织的员工。组织一般都与新员工协商一定的试用期，我国劳动法对试用期有明确规定。在试用期间不签订劳动合同，代之以合约形式的临时合同。在试用期之后，在双方同意的情况下，非营利组织要与员工签订劳动合同，告知员工的权利与义务。根据我国《劳动法》规定，组织和员工一旦形成劳动关系，必须签订劳动合同。劳动合同应该以书面形式订立，并具备以下条款：（1）劳动合同期限；（2）工作内容；（3）劳动保护和劳动条件；（4）劳动报酬；（5）劳动纪律；（6）劳动合同终止的条件；（7）违反劳动合同的责任。

三、培训与开发

培训是开展能力建设、提升员工素质的重要手段，是非营利组织人力资源管理的核心环节之一。所谓培训是指向员工传授胜任和完成其本职工作的知识、技能和态度。员工培训的主要目的有两个方面：一是向员工传授知识和技能，二是强化组织宗旨并塑造组织文化。

培训通常包括四个基本步骤：第一步是评估培训需求。评估培训需求有多种方法：（1）循环评估模型，即对员工培训需求提供连续反馈，周而复始地评估员工的培训需求；（2）任务—绩效评估模型，即根据员工即将承担的工作任务的要求，来判断员工的培训需求，根据现有员工的实际工作绩效与绩效目标之间的差异来评估培训需求；（3）前瞻性培训需求评估模型，即根据预期的工作技能，对那些技能不足的员工进行培训。此外，还有与员工面谈、员工行为观察、问卷调查、技能测试、过去项目评估、态度调查和顾问委员会等办法。第二步是制定培训计划。非营利组织应该根据培训需求评估结果拟定培训计划。培训计划包括长期培训计划、年度培训计划和单位培训计划。第三步是实施培训计划。通常培训计划有两种实施方式，一种是脱产配脱产培训，另一种是在职培训。第四步是对培训工作进行评价。对培训的评价有助于改进培训工作。对培训工作进行评价的内容包括：培训内容是否满足需要？培训方式是否合适？员工是否积极参与培训？员工是否掌握了培训内容？员工在培训前后态度和行为是否发生改变？员工是否将培训所学运用于实际工作、效果如何？

非营利组织的培训大体分为四种形式：新员工上岗培训、内部培训、外派培训、员工终身教育。

新员工上岗培训是指为使新员工熟悉组织、适应环境、进入角色，掌握基本知识和技能而进行的培训活动，一般在新员工报到之后进行。通过新员工上岗培训，有助于新员工进入群体，消除现实冲击造成的不确定感和焦虑，有助于培养员工对组织的归属感。上岗培训的主要内容一般包括介绍组织和行业的历史和现状，介绍所在部门基本情况，介绍具体工作的特点和要求等。

内部培训指组织内部举办的各种培训，包括工作轮换培训、外聘专家讲课、接受管理咨询等。

外派培训主要分为两种，一种是到大学学习取得学位，二是参加培训班。外派培训所学知识较为系统和规范，但费用高，而且有时还要脱产培训。

员工终身教育。终身教育和终身学习是知识社会的要求，非营利组织的员工也要以多种方式开展终身学习，包括自学和组织培训。

除了面向所有员工的培训之外，管理人员的开发也很重要，因为管理人员是组织最为宝贵的人力资源。管理人员开发指通过培训管理人员的组织领导技能，培养管理人才，提升组织绩效。

四、绩效管理

在非营利组织的管理过程中，要确定组织的使命和战略，将战略目标分解为各部门和团队的业务目标，每个部门和团队的目标又要落实为各个岗位上员工的具体工作目标。只有员工实现了自己的岗位工作目标，部门和团队的业务目标才能得以实现，各部门和团队业务目标的实现又是实现组织战略目标的保证。因此，如何激发每个员工和团队的积极性和创造性，持续地提高他们的绩效水平，是组织取得成功的关键。

那么，什么是绩效呢？一直以来，关于绩效有两种代表性的观点，一种观点认为绩效是结果；另一种观点认为绩效是行为。伯纳丁（Bernardin）等人认为“绩效是在特定时间内，在特定工作职能和活动上产生的结果”，他们认为，以结果为核心的绩效管理从顾客的角度出发，将个人努力与组织目标联系在一起。墨菲（Murphy）、施耐德（Schneider）和坎贝尔（Campbell）等人则认为绩效是个人或组织的与战略目标有关的行为，这些行为可以被他人观察到并被评估。综合起来看，绩效既包括工作结果也包括工作行为。对于不同的员工来说，行为和结果在总体绩效中所占的比例不同。对于从事简单的、结构化程度高、工作结果容易量化的工作的员工而言，工作结果在其总体绩效中所占比例较大；对于从事较复杂的、结构化程度低、工作结果不易量化的员工来说，工作行为在其总体绩效中所占的比例较大。

根据不同的标准，绩效可以分为不同类型。① 按照绩效主体可以分为组织绩效、部门或团队绩效以及员工和管理者个人绩效。按照绩效的性质可以分为任务绩效（Task Performance）、关系绩效（Contextual Performance，也译为周边绩效）和管理绩效（Management Performance）。任务绩效是与工作目标、职责和工作结果直接相连的绩效，包括完成工作的数量、质量、时效和成本等方面的内容。关系绩效是当员工主动帮助工作中有困难的同事，努力保持与同事间良好的工作关系或通过额外努力而完成某项工作任务的取得的绩效。关系绩效包括工作主动性、纪律性、服务意识、沟通与协调以及个人发展，各个绩效领域在考核时以典型行为来描述和评价。

绩效管理是实现组织战略目标，提升部门和个人业绩的有效工具。为了保证绩效管理在组织目标实现过程中发挥应有的作用，必须围绕绩效管理过程建立战略导向的绩效管理体系。绩效管理过程是一个首尾相连的管理闭环，包括绩效计划、绩效实施与辅导、绩效评估和绩效反馈等四个环节。

绩效计划是绩效管理过程的起点。绩效计划是管理者与下属或员工根据组织目标、本单位或本人的工作任务和工作职责共同讨论，确定本单位或个人的绩效目标的过程。这个环节的主要任务是根据组织战略和年度计划，围绕部门业务重点和关键绩效指标（KPI）制定部门工作目标，然后将部门目标分解到每个员工，形成员工绩效目标，最终形成上下左右相互连接的绩效目标体系。

绩效实施与辅导在整个绩效管理过程中处于中间环节，也是绩效管理循环中耗时最长、最关键的一个环节。这个环节强调管理者与下属和员工之间形成绩效伙伴关系，进行不断的绩效沟通，管理者要对被管理者的绩效工作进行指导和监督，并根据实际情况对绩效计划进行调整。另外，在这个过程中管理者还要收集有关绩效数据以形成绩效考核的依据。

在绩效评估阶段，管理者要根据绩效计划目标所确定的标准和绩效实施阶段收集的数据对评估对象在考核期内的绩效进行评估。绩效评估分为三个层面，包括对组织绩效的评估、对部门和团队绩效的评估以及对员工和管理者个人绩效的评估。以个人层面的绩效评估为例，个人绩效评估是指收集、分析、评价和使用员工和管理者个人绩效信息的过程，简而言之就是对员工在一段时期内对组织的贡献做出评价的过程。在企业人力资源管理过程中，已经发展了丰富的绩效评估方法，非营利组织可以借鉴使用这些方法。常用方法包括评级

---

① 王怀民．绩效管理．山东人民出版社，2004.

量表法、个体排序法、配对比较法、基准人物比较法、关键事件记录评价法、强制分布法和行为锚等级评级法等。本书第十一章将专门讨论非营利组织的组织层面绩效评估问题。

无论使用何种评估方法，绩效考核结果都应该以合理方式反馈给员工。评估结果出来以后，管理者应该与被管理者进行面谈沟通，就评估结果取得共识，分析工作绩效有待改进之处，明确下一个绩效周期的绩效目标，制定切实可行的绩效改善计划。这样，通过绩效面谈，使员工也参与到绩效管理过程中，使得管理者与员工对考核结果达成一致看法，总结工作取得的成绩和经验，明确工作中的问题和不足，增强工作的内在激励，提高员工对绩效管理制度的满意度，并鼓舞士气，进一步改进和提高工作绩效。

为了保证绩效管理过程的顺利进行，组织必须建立一套与之相应的管理制度和支持体系。相关的管理制度包括员工参与制度、沟通协调制度、员工申诉制度、奖惩制度和培训制度等。支持体系包括高层领导的支持和绩效导向的组织文化建设等。

五、报酬与激励

非营利组织的报酬与企业大致相同，包括工资、福利和其他。工资包括基本工资、奖金和津贴补贴。基本工资是根据劳动者所提供的劳动的数量和质量，按照事先规定的标准付给劳动者的劳动报酬，也可以说工资是劳动力的价格；奖金是对员工超额劳动的报酬；津贴和补贴是对员工在特殊劳动条件、工作环境中的额外劳动消耗和生活费用的额外支出的补偿，通常把与生产相联系的补偿称为津贴，把与生活相联系的补偿称为补贴。工资、奖金、津贴等是直接以货币形式支付的报酬，此外还包括各种带薪假期、各种保险、住房、交通等间接支付的报酬，称为福利。对于非营利组织的员工来说，他们在非营利组织工作，往往不仅是为了谋生，而且是为了实现某种价值和意义，追求精神上的愉悦和满足。因此，对非营利组织的员工提供精神激励也是非常必要的。

随着非营利部门的发展壮大，非营利组织日益向着专业化、职业化的方向发展，为了吸引和留住越来越多的优秀人才，必须提供合理的报酬水平。

第二节　志愿者管理

志愿者是非营利组织重要的社会资源，志愿者是非营利组织的精神之所在。如果受薪员工的管理与其他组织并无显著区别的话，志愿者管理则鲜明地体现了非营利组织的个性，它是非营利组织所特有的人力资源管理。2004 年，美国 1.09 亿人（占成人总人数的 56%）提供了 200 亿小时的志愿劳动，价值 2250 亿美元。① 近年来，我国也有越来越多的人加入志愿者的行列，他们在 2008 年北京奥运会和 2010 年上海世博会中获得了全世界的瞩目，他们更多地是在社区默默地提供服务。

志愿者的服务往往是免费的或者是低报酬的，但是他们绝不是廉价劳动力。只有在深刻理解志愿精神的基础上，对志愿者进行良好管理，才能体现出非营利组织的使命和价值。

一、志愿精神、志愿服务与志愿者的概念

志愿精神是非营利部门的精神旗帜，志愿者在这种高尚精神的激励下为公众提供志愿服务。

（一）志愿精神

志愿精神（Volunteerism）是一种利他主义和慈善精神，是个人或团体出于自由意志与兴趣，本着协助他人、改善社会的宗旨，不求私利与回报的理念。② 联合国秘书长安南先生曾经说过，“志愿精神的核心，是服务和团结的理想，是共同使这个世界变得更好的信念。”③ 志愿精神是个人对生命价值、社会、人类和人生观的一种积极态度。志愿精神是一种自愿地、不为获取报酬而参与推动人类发展、促进社会进步和完善社区工作的精神，是公众参与社会生活的一种非常重要的方式，是公民社会和非营利组织的灵魂。志愿精神有三个特点：第一，必须是志愿；第二，不为报酬；第三，是利他。中国志愿者协会对志愿精神的定义是：奉献（Dedication）、友爱（Fraternity）、互助（Mutual-aid）、进步（Progress）。

1970 年，联合国志愿者服务组织（UNV）和国际志工协会（IAVE）成

① Wei-Skillern, Austin, Stevenson. Entrepreneurship in the Social Sector. Sage Publication Inc., 2007: 76.

② Ellis, S. J. &Noyes, K. K.. By the People: A History of Americans as Volunteers. San Francisco: Jossey-Bass Publishers, 1990.

③ 北京志愿者协会．志愿组织建设与管理．中国国际广播出版社，2006，序言．

立，并将每年12月5日确定为国际志愿者日。1991年12月20日，联合国通过决议，宣布21世纪的第一年为国际志愿者年，并在100个国家启动。2001年又通过了全球志愿者宣言。联合国的行动对志愿精神在全球的传播发挥了重要的推动作用。志愿精神已经跨越国界，超越社会制度、意识形态、文化背景、宗教信仰，成为全人类的共同价值，是衡量一个社会文明程度、文化道德水准和经济社会发展水平的重要标尺。①

（二）志愿服务

志愿精神的最佳展示就是为开展社会公益活动提供志愿服务。志愿服务是指人们出于自由意志而非基于个人义务或法律责任，不以获取报酬为目的，以自己的知识、体能、劳力、经验、技术、时间等为邻里、社区或社会提供服务的行为。志愿服务可能是有组织的，典型的方式是通过参与非营利组织的活动提供志愿服务。也可能是无组织的，比如我们熟悉的学雷锋做好事。现代社会更加关注有组织的志愿服务。

人们参与志愿服务的动机不仅是锻炼自己的人际交往、公众表达和领导能力，还在于追求人生价值，追求心灵的满足和更完善的人生。同时，参与志愿服务是公民的责任，是社会的需要。对于职业人士来说，仅仅工作好和家庭美满还不够，通过志愿服务，可以帮助自己实现工作、家庭和社会三者之间的平衡。德鲁克说，志愿服务的本质和特点，在于改善人类生活、提升生命品质，它使服务者获得新知，使空虚者获得充实，其精神是仁爱的、利他的、公益的。

（三）志愿者

1. 志愿者的概念

志愿者（Volunteers）是一个没有国界的名称，来自于希腊文valo或velle，意思是“希望、决心或渴望”。② 志愿者是指对社会提供志愿服务的人。在西方，志愿者被认为是职业之外，不受私人利益、物质报酬或法律强制所驱使，为改进社会、提供福利而付出努力的人们。我国志愿者协会给志愿者的定义是，不为物质报酬、基于良知、信念和责任，志愿为社会和他人提供服务和帮助的人。在不同的地方，志愿者有不同的称谓。例如，志愿者在香港被称为

① 志愿者服务手册．中国社会出版社，2010：8.

② 志愿者服务手册．中国社会出版社，2010：3.

“义工”，在台湾被称为“志工”。志愿服务被称为义务工作。他们是志愿精神的实践者，能够做到不计报酬、主动帮助他人和积极承担社会责任。小到社区里的邻里互助服务，大至国际人道主义援助活动，志愿者的身影无处不在，全世界千百万志愿者为人类和平与发展贡献了巨大的力量。越是发达的国家，志愿者在人口中所占的比例越大。

在我国港澳台地区志愿服务开展得比较早，而且成效显著。在内地，有组织的志愿服务活动始于20世纪80年代。经过20多年的发展，目前我国大部分地方建立了比较规范的社区志愿者组织，如青年志愿者协会、义工协会等，很多地区成立了省级志愿者组织，并在市、区、街道和社区成立了四级志愿者服务网络。截至2008年年底，我国有社区志愿者组织43万余个，社区志愿者2600多万人。①

志愿精神、志愿服务和志愿者的内涵受到历史文化、政治环境与宗教的深刻影响，各个国家和地区对它们的定义不尽相同。比如，献血在一些国家被认为是志愿行为，而在有些国家则不是。一些人以不取报酬或者低报酬来界定志愿活动，而另外一些人则更加强调自愿特征。

上海青年志愿者协会在上海所做的调查表明，大多数人认为志愿活动不应当收费。这反映了我国居民对志愿活动的普遍看法。也有不少人主张成本服务和低偿服务。在上海，多数志愿活动采取了无偿与低偿相结合的服务方式。

韩国21世纪志愿者协会的调查显示，69.3%的韩国人捐赠是为了避免缴税，65.1%的人从事志愿活动是迫于老板的压力。不管动机如何，韩国人普遍认为志愿活动是一种非常重要的社会活动。

一般来说，非营利组织应该向志愿者提供基本的生活费用，并报销开展活动所需的基本开支。例如，欧洲青年志愿服务组织规定：志愿者可以得到资助、食物、住宿以及基本开支的报销，包括旅行、保险和培训。联合国开发计划署在其专题报告《志愿精神在中国》一书中规定：招募单位向志愿者提供以下费用和保险：基本生活费、招募地和服务地之间往返旅费、人身意外伤害保险、大病医疗保险和住院附加保险。

2. 志愿者的类型

目前，中国有组织的志愿者可以分为四类：青年志愿者、社区志愿者、国际组织在中国的志愿者、NGO志愿者。② 他们主要集中在北京、上海、广州

① 志愿者服务手册．中国社会出版社，2010：13.

② 北京志愿者协会．志愿组织建设与管理．中国国际广播出版社，2006：185.

和深圳。这些志愿者各具特色，比如北京的国际组织比较多，各大国际志愿组织都在北京设有分支机构，上海的社区志愿者较多，而广州的NGO志愿者比较活跃。他们默默无闻地在环境保护、社区服务、社会治安、慈善、国际援助、国际合作、扶贫等领域开展志愿服务。

根据工作性质，可以将非营利组织的志愿者划分为管理型志愿者、日常型志愿者和项目型志愿者三种类型。管理型志愿者加入理事会或担任顾问，是非营利组织领导层的成员，参与组织的决策与治理。日常型志愿者参加组织日常工作并担任一定角色，包括策划、管理、协调等，和领薪员工一样能够坚持全职工作。项目型志愿者主要参加各种项目或活动，为之提供支持，主要集中在项目或活动开展期间，一旦项目或活动结束，志愿服务也将告一段落。

3. 志愿者的权利

在非营利组织中，无论是哪种类型的志愿者，都和普通员工一样享有一定的权利并履行一定的义务，他们是不拿工资的员工。志愿者的基本权利包括：

与其他员工平等共事的权利；

按照需要适当分配工作的权利；

尽量全面地认识和了解组织的权利；

在工作中接受训练的权利；

对其工作表现获得正常评估的权利；

接受指导和领导的权利；

获得晋升和各种必要的专业训练的权利；

表达意见的机会和权利；

被组织赋予一定地位的权利；

必要时掌握便于使用的一定数额的现金的权利，等等。

相应的志愿者也要履行一定的义务：

真诚地提供服务，相信所从事工作的价值；

忠于所服务的组织；

在公众面前维护组织的尊严和诚实；

迅速可靠地执行任务；

接受组织中相关负责人的领导、决策和工作安排；

学习和参与工作训练，参加有关项目的讨论和会议，积极在工作中学习；

和同事沟通，与他们建立平等的关系。

二、志愿者的招募

志愿者的招募包括确定招募目标、确定潜在招募对象以及招募准备与实施等步骤。

（一）确定招募目标

对于志愿组织而言，招募志愿者组建自己的团队是实现组织使命的重要保证，因此成功的志愿者组织非常重视志愿者的招募工作。

确定招募目标之前要研究和弄清“为什么要使用志愿者?”，这个问题非常重要，因为它决定了：服务对象需要哪些帮助？需要为志愿者设计和创造什么样的工作机会？如何确定志愿者的责任？要回答上述问题，需要评估服务对象的需要，设计志愿者岗位。

评估服务对象的需要应该首先确认“为何”及“为谁”来提供服务，志愿组织的管理者必须对服务对象的需求有根本的了解：他们需要什么？不喜欢什么？另外还要明确志愿者的要求，这对于避免麻烦是非常重要的。需求评估可以帮助管理者明白服务对象和志愿者希望从项目中得到什么。一个好的评估会提高志愿组织员工、志愿者和服务对象之间以及社区成员之间的相互了解。

志愿者岗位的设定必须与目标及项目计划相协调，必须使志愿者和服务对象都从中受益，从而使招募目标与服务要求相互配合，以达到最佳效果。志愿组织对于工作类型的选择和确定非常重要，因为类型不同，目标、活动方式选择、资源配置、志愿者与项目关系的定位就不一样。下表是对不同性质的服务及志愿者在其中角色的一个简单列举和基本分析。

表 9-1　**志愿服务的相关范畴**

服务性质	志愿者角色
助理	很多机构欢迎和需要志愿者为他们担任部分日常文书工作，如打字、邮件整理、图书管理和翻译等。
扶贫支教	服务对象通常都是一些青少年，志愿者深入偏远山区，在中学担任任课老师。
义务劳动	任何涉及运用体力的志愿服务都属于这类活动，其服务对象包括社会福利机构，需要援手的小区和协助家居清洁维修等工作。

续表

服务性质	志愿者角色
心理咨询	志愿者与成长中的儿童或青少年接触，替他们树立良好的榜样，使其身心获得适当的辅导和发展。
社会调查	通常是实地为机构搜集所需的资料，范围多为社会环境方面，但也有为机构编排已有的数据或档案的工作。
会务接待	不少机构在筹办活动时需要人手协助联络，以便使计划能够按期举行；而在正式举行期间，更需要人手接待以便活动程序能够顺利进行。
策划大型活动	该类活动通常为大规模的综合晚会、游艺会或志愿服务计划。
专业服务	在筹办和提供服务的过程中，志愿者提供专业知识可有助于提高服务的质量。如参与医疗义务工作协会，给伤残人士制作合适的康复用具；以顾问身份给服务机构或对象提供所需的专业知识，如涉及计算机程序、影音制作等任务。

（北京志愿者协会．志愿组织建设与管理．中国国际广播出版社，2006：51.）

目前，中国志愿者服务的主要领域有三个：环境保护、社会服务和大型活动。下面分别举例说明。①

1. 环境保护——中国青年志愿者

1995 年 6 月 5 日“世界环境日”，全国 21 万名铁路青年志愿者统一行动，在京广、京沪、京哈、京陇四大干线上的 500 多个车站，拉开了大规模清理“白色垃圾”活动的序幕。在四万多公里的铁道线上，已经形成了 3000 余个责任承包污染严重区段，每年都有上百万人次的铁路青年志愿者参加保护活动，铁路沿线的“白色垃圾”受到了一定程度的遏制。

2. 社会服务——浦东新区社区服务行业协会

浦东新区社区行业协会成立于 1993 年 8 月，是一个接受浦东新区社会发展局民政处委托、直接承担浦东新区社区服务行业管理的社团。由于志愿服务是社区服务的一个重要组成部分，在推动和发展浦东新区社区服务的同时，新区社区服务行业协会成为浦东最早的志愿服务倡导和管理机构。社区服务行业协会的工作主要包括：指导和帮助街道办事处和居委会建立了浦东新区第一批社区服务项目和社区服务机构；在浦东城区 300 多个居委会建立了有几万群众参与的社区服务队伍；在行业协会支持下，以“999”市民求助热线服务项目为基础，成立了以几十名志愿者为骨干 100 多位应急志愿者组成的队伍，使

① 丁元竹，江汛清．志愿活动研究：类型、评价与管理．天津人民出版社，2010.

"999"热线得以运转，保证了对居民提供随叫随到服务，为居民解决急事、难事增加了一个帮手。

3. 大型活动——北京志愿者协会

北京志愿者协会在组织志愿者为大型活动提供服务方面具有光荣传统，先后为第11届亚运会，第7届全运会，第3届远南残疾人运动会、第4届妇女大会、新中国成立60周年庆典、2008年奥运会提供服务。

（二）确定潜在群体

在确定招募目标之后，下一步就是确定潜在群体。这个工作通过市场细分、角色划分以及保证参与等环节，实现招募工作的有的放矢。

首先，通过市场细分，找到愿意参与的志愿者。志愿组织和一般社会团体一样，由于参与的志愿者具有一定的特质，因而构成一个特有的市场。典型的志愿者市场细分可以从人口基本信息（年龄、性别、教育程度等）、地理位置和族群特质（种族、文化等）等几个方面进行划分。

志愿者的参与动机也非常重要，如能探知志愿者参与志愿服务工作的动机及原因，就能针对招募对象的需要，选择更有效的沟通及宣传办法。香港义务工作发展局对人们参与志愿工作和不愿意参与志愿工作的动机进行了分类：

表9-2　**人们参与和不愿参与志愿工作的动机**

参与志愿工作的动机	不愿参与志愿工作的动机
1. 帮助有需要的人，响应社会需要	1. 没有空余时间参与
2. 参与改善社会问题	2. 以自我为中心，对其他人和事不感兴趣
3. 尽公民之责，回馈社会	3. 对没有薪酬的工作不感兴趣
4. 希望发挥一己之长	4. 认为做志愿者意义不大
5. 感觉自己的存在价值	5. 不知道怎样参与志愿工作
6. 学习新技能	6. 对志愿服务缺乏认识
7. 善用余暇时间	7. 认为志愿服务是某些热心人的活动
8. 扩大社交圈子	8. 认为志愿服务是消闲玩意儿
9. 取得他人认可及群体归属感	9. 没有信心去应付工作
10. 丰富经验、自我成长	10. 志愿服务的种类不适合自己
11. 培养组织能力及领导才能	11. 认为志愿者是廉价劳工，没地位
12. 丰富自己的个人履历	12. 志愿工作太投入影响学业和家庭生活
13. 为未来升学/工作做准备	13. 没有得到家人和朋友的支持
14. 寻求新刺激及扩大生活体验	14. 害怕接触一些困苦的人和事
15. 赢取机构的嘉许和奖励	15. 害怕别人误会自己爱出风头

资料来源：北京志愿者协会．志愿组织建设与管理．中国国际广播出版社，2006：31.

招募志愿者时，应聘人员自己要在组织中扮演的角色认知也值得重视。凯瑟琳．海德里希提出了志愿者的四种角色：

1. 领导者

许多年轻人担任了志愿组织的领导者职位，担任志愿者领导角色的经历可以帮助他们将来在企业或其他领域的发展。志愿者感兴趣的领导职位包括业务主管、理事、委员会主席、项目负责人以及募款人员。

2. 直接服务

提供直接服务的优势在于直接接触服务对象，并从帮助对方使其受益中获得成就感。比如，某位企业人士志愿为盲人阅读书报，某位律师每周抽出一个晚上为残疾儿童服务，都属于这一类直接服务的志愿者。

3. 一般支持

有些人愿意提供的服务既不是志愿者领导，也不是直接服务，他们可能在某些项目中协助电话沟通、文字处理、打扫卫生、维护楼层清洁和环境清洁等。

4. 赞助会员

赞助会员愿意从外围提供方便性服务，随机行事，但是并不愿意从事持续性经常服务。

在考虑实际情况及落实执行时，需要考虑志愿者的需要，在机构所能提供的有限资源条件下做出弹性的处理和改善。人与人之间的关系、工作上的默契、部门之间的协调，往往很容易因为缺乏沟通而产生摩擦和冲突，造成推进服务的障碍。志愿者与志愿组织如果能够清晰地了解彼此的期望、角色与责任，积极地开展志愿服务工作，这项工作才会是一项有意义的工作。

（三）招募准备与实施

在正式招募之前，应该做好基本物资、人员装备以及流程安排方面的准备工作。

一个完整的基本物资及人员装备包括以下内容：人员需求清单，包括招募的工作方向、志愿者人数、应聘资格等；招募信息发布时间和渠道；招募工作组人选；应聘者考核方案；工作时间表；招募费用预算；招募公告样稿；一般的行政工作，如器材、交通等。

招募工作的策划者还需要制定一个详细的工作流程与分工表，列出各个阶段所需执行的工作，制定招募工作进程与分工，并不断跟踪工作进度，在有必要时做出调整和修改。在安排人手分工时，必须按照工作性质的要求，以配合志愿者的专业和能力，适当地安排工作。每部分的具体工作必须授权组长负责协调和统筹安排，组长可由工作人员或富有经验的志愿者担任。

在完成了细致的准备工作之后，方可正式启动招募工作。在招募方案的实施阶段，行之有效的宣传、选取恰当的招募方法和及时评估是最重要的环节。

在招募正式开始启动之前就要开始宣传，以便有意参与活动的潜在志愿者们对活动进行基本了解并报名。在媒体上刊登招募公告是一个常用的手段。招募公告的内容一般包括：简单介绍志愿组织的基本情况；详细介绍工作要求；明确应聘者需要准备的材料；注明应聘方式和联系方式。在前期工作一切准备就绪之后，在有必要时进一步扩展宣传及招募活动。比如设计与活动相关的标语及徽号，制作海报及宣传单，撰写宣传稿及制作宣传品，邀请有关专家讲座，运用互联网和电子邮件，以及由现任志愿者引荐等。

志愿者招募可以形容为一个“漏斗”，通过一定的程序在应聘者中选择最适合组织目标和项目目标的志愿者。通过这个“漏斗”进行筛选通常有两种不同的方式：第一种是一般招募，即招募岗位简单、技术性不强的志愿者。这种志愿岗位可以由大部分人来担任，没有特殊的技术要求，或者经过简单训练就可以胜任工作。具体招募方式一般是：散发机构宣传品、张贴招募公告；利用电视、广播、报纸和互联网等大众传媒；口头宣传等。第二种是目标招聘。这种志愿者需要一定的技能，不是任何人都能胜任的。非营利组织的领导者要对目标招聘的岗位、应招者、招募方式、沟通方式、激励机制等进行认真考虑和权衡，然后选择合适的宣传方式，发掘有潜质的志愿者。

在招募工作完成后，组织者应该从应聘者、招募成本和招募工作过程等几个方面对招募工作的效果进行评估。

三、志愿者的选拔

当招募公告发布之后，也许会有很多人积极报名想要参加志愿活动。志愿组织只有挑选出合适的志愿者，才能满足具体服务对象的不同要求，从而使具有不同特长的志愿者发挥出自身优势，对志愿者进行筛选的主要方式就是面试。

面试的过程是面试官和应聘者双向判断评价的过程，为了保证面试顺利进行，并让应聘者心目中形成对组织的良好印象，管理者必须做好以下准备工作：首先是选择面试官，面试官应该了解组织的状况，具有广博的学识，具备良好的个人品格和修养，丰富的社会经验、熟练的面试技巧和公正的态度。其次，要对应聘者进行初步筛选，以招募计划中的工作分析和服务要求为标准，阅读所有收集到的应聘者的申请材料，选择符合志愿服务要求的应聘者。初步筛选只是把符合组织要求的应聘者挑选出来，把那些明显不符合要求的应聘者提前排除，提高志愿者选拔的工作效率。再次，确定面试方式，面试方式的安排应视组织规模和应聘岗位的性质而定。一般规模志愿活动或普通志愿者面试时采用个人面试，高级专业志愿者招募时采用组合式面试。最后，还要涉及面试评价量表、面试问话提纲，选取面试场地和时间。

面试过程是在连续的提问和对话中进行的，为了保证面试按计划顺利进行，并获取足够的、准确的应聘信息，一般分为五个阶段：

1. 预备阶段

在面试开始时多以社交话题为主，主要是帮助应聘者消除紧张戒备心理，建立和谐、宽松、友善的面试氛围，当应聘者情绪平稳后，就也进入下一阶段——引入阶段。

2. 引入阶段

这个阶段围绕应聘者履历提出问题，逐步引出面试正题。在这个阶段，要给应聘者真正发言的机会，面试官开始对应聘者进行实质性评价。在此阶段，一方面要了解面试对象的情况，判断其是否符合组织需要；另一方面要让面试对象对组织及服务对象有所了解，作为其是否被应聘的参考。

3. 正题阶段

它是面试的实质性阶段，是面试过程最重要的一环。面试官通过广泛的话题从不同侧面了解应聘者的心理特点、工作动机、能力、素质等面试评价表所列的各项要素。

4. 确认阶段

这是面试的尾声阶段，此时面试的主要问题已经谈过了，面试官可以提一些更加尖锐、更加敏感的问题，以便能够更深入了解应聘者，但要注意尊重应聘者的人格和隐私。在面试的最后阶段，双方可以就志愿活动本身进行讨论，面试官可以给应聘者一份有关该活动的详细说明，并回答面试对象的提问。

5. 结束阶段

在这个阶段，面试官应该给应聘者留下自由提问的时间。最后是面试官对应聘者的评价。每个面试官的评价是独立完成的，最后综合众人的意见，给出是否录用的建议。

整个面试过程中，面试官与应聘者的距离保持 1 ~ 1.5 米为宜，面试官的目光大体在应聘者的嘴、头顶、脸颊这个范围内，给对方一种你对他感兴趣、在认真听他回答的感觉，同时伴以和蔼的表情，柔和的目光与微笑。

当志愿组织通过面试选拔出合适的志愿者之后，下一步可以考虑进行岗位和人员的匹配工作。

四、志愿者的培训

志愿者正式上岗之前，应该要对志愿服务相关知识、岗位情况有所了解，以便志愿者更好地完成任务。因此，对志愿者的培训是志愿者团队建设的重要环节。通过培训，可以让志愿者了解机构与服务的目标与期望；保障志愿者的素质；让志愿者掌握足够的知识与技能，有信心提供服务；让志愿者感受被尊重以及工作受重视，增强对机构的归属感和对服务的投入感；增强志愿者与员工之间的合作关系和相互信任。

志愿者培训工作也必须符合管理的闭环原则，从分析培训需求，到制定培训计划、开展培训，再到评估反馈一个环节都不能少。

（一）分析培训需求

在进行培训之前，组织者要科学地分析志愿者的培训需求，设计出完备的培训课程，这是成功培训的起点。这项工作包括：建立志愿者培训档案，记载志愿者素质、工作变动和培训历史等信息；了解志愿者培训现状，以前是否受过培训，喜欢哪些培训形式等；从志愿者、服务对象和组织长期发展需要等角度分析志愿者培训需求。

（二）制定培训计划

根据培训需求分析结果制定培训计划。培训计划的内容一般包括：培训原因；培训目标；培训对象；培训规模；培训时间；培训地点；培训内容；培训教师；培训方式和培训费用等。

培训小诀窍

培训内容根据培训需求而定；

订立目标必须具体（实际）、可衡量（评估成效及进度）、可行（资源配合）及符合机构宗旨（服务素质）。

培训形式必须考虑志愿者的能力、兴趣及成效发挥而设计；

可考虑使用正式（课程、研讨会）与非正式（交流、分享聚会）的培训形式；

编制志愿者服务手册和其他参考资料作为培训辅助；

培训必须与实际工作情况相配合，加强实践学习与跟进训练；

制定培训效果指标和评估方法。

资料来源：北京志愿者协会．志愿组织建设与管理．中国国际广播出版社，2006：89.

（三）开展培训

志愿者培训包括通识培训、专业技能培训、素质拓展培训和管理方法培训等形式。

1. 通识培训

通识培训主要是有关服务机构、志愿服务和具体工作等方面的培训。有关服务机构的内容包括机构的历史、管理构架、宗旨、政策、经费及资源等；有关志愿服务的内容包括志愿服务的概念、志愿服务的意义和价值，志愿者的角色与责任，志愿服务的目的与内容，志愿者的职权范围等；有关具体工作的内容包括本次活动的具体计划、工作设备以及有关人事安排等。

2. 专业技能培训

专业技能培训是建立在通识培训基础上的，对当次活动所需的特殊技能所做的培训，是对志愿者的进一步要求。另外，还需要志愿者根据不同活动的需要了解不同服务对象的需要差异（精神病患者、伤残人士、行动不便的老人、小孩及长期病患者）。比如，香港义务工作发展局编写的《香港义工培训手册》就对志愿者与服务对象的关系做了明确的指导。

与服务对象建立关系的要诀

接受个人不同特性。每个人有不同的背景、生活习惯、性格、长短处、喜恶、自我表达的方式等，需要对服务对象的个人独特性及生活状况多作了解，避免主观标签作用。应首先接受每个人的自我生活模式，然后正确引导服务对象在认同的基础上做出选择的改变，切忌太快妄加判断并强迫他们改变。

弄清楚建立关系的目的。志愿者必须清楚明白自己与服务对象之间建立关系的目的；应让服务对象明白志愿服务的目的，了解及认同彼此的关系；志愿者应与服务对象保持适当的关系，采取客观的态度，不宜过分投入或冷淡；志愿者与服务对象建立一种相互信任和平等的关系。

非批判性服务态度。由于彼此关系平等，志愿者必须避免采用施与的服务态度；对服务对象的困难和处境，应设身处地为对方着想，去慰藉对方；志愿者不宜太快妄下断语，或未经仔细思考就提出种种解决问题的方法；志愿者应尽量对问题采取客观态度作分析和建议，并须得到服务对象的理解与认同。

尊重自我决定权。服务对象有权选择接受服务与否；是否愿意接受改变，须由服务对象自行决定；志愿者须鼓励服务对象以开放的态度积极处理问题，并从旁加以引导和协助。

保密。服务对象所有数据只可作该项服务的用途，不可用作其他活动用途；志愿者对服务对象的个人隐私，不可公开和随意泄露；志愿者亦不可将自己的个人信息如住址电话随便让服务对象知道，一切联络可以依照服务机构的通讯方法；该项服务完结之后，志愿者与服务对象的关系亦终止，服务以外的联络属于双方私人协议，如有任何意外或麻烦，服务机构恕不负责。

资料来源：香港义务工作发展局：《香港义工培训手册》.

3. 素质拓展培训

素质拓展培训有利于志愿者服务和沟通能力的进一步提高，可以按照个别需要在服务过程中进行培训。训练专题包括：解决基本问题的技巧、沟通及聆听技巧、建立关系技巧、社会资源的运用、自我了解及自信心提升等，目的是使志愿者面对各种突发情况都能有效地开展工作。

4. 管理方法培训

管理方法培训包括管理者和志愿者两方面。

一是对管理者的训练，志愿服务管理问题丛生，主要是因为大部分管理者未能认识到志愿者参与的重要性，并缺乏相应的技巧和知识来有效地任用志愿者。因此，志愿组织的管理者需要学习与志愿者合作和有效沟通的技巧。

二是对志愿者领导人的训练。这是对志愿者素质的进一步提高，一般活动中不须作此要求，可以对部分有能力而且有兴趣的志愿者提供此项训练，学习分析问题、解决问题的方法、团队合作及互动技巧、志愿活动程序设计。这种训练对培训老师的要求很高，要求培训老师对所传授的知识和信息有足够的掌握，熟悉内容并有信心在传授过程中运用自如，说话与修辞的运用与掌握须具有准确性与逻辑性，个人气质与形象，表达方式有感染力容易令受众产生共鸣，尽量投入现场环境，对受众反应感知灵敏并作适当响应等。

（四）培训工作评估

并非所有组织都能在培训后取得显著效果，许多组织往往只关注培训前期和培训过程，而忽略了对培训的评估，做了很多工作，最终效果却不好。

志愿者培训评估可以分为四个层次：

表 9-3　　**志愿者培训的不同层次与评估内容**

评估的四个层次	评估内容
反映	培训对象对培训计划及实施过程的评价如何？
学习所得	培训对象从培训中获得了哪些知识和技能？
行为表现	培训对象在工作表现上与以往相比有了哪些积极的变化？
效果	从降低成本、提高工作质量等方面来看，培训为组织带来什么影响？

资料来源：北京志愿者协会．志愿组织建设与管理．中国国际广播出版社，2006：123.

培训评估工作的主要指标包括：受训人员合格率、受训人员的社会贡献、受训者参与情况、受训者满意度等。受训人员合格率是合格人数除以培训总人数得到的百分比。受训人员的社会贡献主要从社会使用合格率、社会职务聘用等方面进行评估。受训者参与情况包括受训者在培训期间是否专注、主动发文、投入讨论或者积极响应。受训者满意度是受训者对训练内容、训练形式、训练实用性、培训老师的表现以及培训各项安排的满意度。

五、志愿者的日常管理

志愿者的日常管理首先要建章立制，根据组织和志愿者特点选择适宜的管理模式，加强领导与沟通，并且要树立风险意识，做好风险管控。

（一）志愿组织的管理制度

组织如果想要有条不紊的运作，清晰的管理制度必不可少。围绕组织章程建立的志愿者管理制度，是组织内部结构和成员行为规范以及行为准则。通过各项制度安排，可以保证志愿组织的规范性，协调内部成员的意志，保证组织宗旨和使命的实现，保证组织内部民主程序、原则的贯彻，同时也保证各项工作的连续性，避免由于人事变动而造成的脱节和随意性改变，以及出现管理独裁的问题。志愿组织的基本管理制度包括志愿者注册管理制度、内部责任制度和财务制度。

志愿者注册管理制度是志愿服务发展到一定程度之后，与国际志愿服务接轨的必由之路。志愿者注册就是要让那些想要参与志愿服务的青年和社会各界人士能够找到合适的志愿组织，及时获得参与志愿服务的机会与渠道。参照《中国青年志愿者注册管理办法（试行）》的规定，志愿者注册管理制度一般包括志愿者注册机构、程序、管理培训的相关规则，以及志愿者的基本条件、权利和义务的规定，志愿者的权益保障、制度保障等基本条款。志愿者注册是将志愿者与志愿组织联系起来的开放的工作平台，是志愿者队伍建设的核心工作，是志愿者服务项目建设、组织建设和机制建设的基础。

内部责任制度是为了提高工作效率、防止工作中的疏漏，并及时处理一些违反法律法规、违背章程和制度的行为而建立的，让志愿者清楚自己承担的责任，在职责范围内做好本职工作。管理者也可以依照制度规定，及时与志愿者沟通并解决问题。在一些特定情况下，管理者还要采取惩罚措施，情节严重的可以采用罢免法定代表人、撤销理事资格等措施来追究责任。

透明度和公信力是志愿组织的生命线。健全的财务制度对外可以保证国家的资助、社会捐赠的财产依法得到管理与使用，主动积极的对外公布组织的财务信息可以增加组织的透明度，提高组织的公信力；对内可以保证各项费用合理开支，防止个人侵吞、挪用和非法占用等损害志愿组织财产的行为发生，增加组织员工和志愿者对管理层的信任，增强组织的凝聚力和有效性。

（二）志愿者管理的四种模式

非营利组织一般通过建立以下四种管理模式来对志愿者进行管理：

1. 自主管理模式

在这种管理模式中，志愿者拥有全部的工作决定权，他们可以自主处理他们认为应当处理的事情。一些组织在实际开展活动中，倾向于在活动中发动志愿者，在志愿者中培养志愿者领袖，实现志愿者的自我管理。

2. 定期报告模式

这种管理模式可以发挥志愿管理者的监督作用，使他们能对志愿者进行经常的监督和管理，从而保证工作沿着既定的目标进行。如何确定志愿者向管理者报告的时间间隔，取决于管理者对志愿者的信任程度。

3. 监督工作模式

在这种管理模式中，志愿者也是工作的责任人，但在采取行动前，须向管理者报告行动的建议并获得非营利组织管理者的认可。这样，管理者便可在工作进展上有较大的控制权。

4. 指令工作模式

在这种管理模式中，志愿者无须为工作提出建议，也不能自行作出决定，他们只需按管理者的指令工作。这种管理模式，一般是在如下两种情况下采取：一是志愿者并无相关的工作经验，对工作没有足够的认识；二是发生紧急情况，没有足够的时间去聆听志愿者的建议。

（三）志愿组织中的领导与沟通

志愿者群体与其他工作群体相比较，有一些明显的特点：志愿者选择从事志愿服务往往基于爱好和热情，但热情的维系和持续是一件有挑战性的时期。由于刚性约束力相对不足，志愿组织经常会遇到志愿者无故退出、积极性下降、与其工作或其他安排相冲突而不能遵守志愿工作安排等问题，加强领导与沟通是志愿组织解决这些特有问题的重要途径。柔性主导的领导沟通术是志愿组织的最大特点。

志愿者的领导与沟通工作要结合志愿者参与志愿服务的各个阶段的特点和需求来进行。志愿者开始从事志愿服务的时候往往很有新鲜感、热情和意愿，但很难自始至终都保持这样的状态。志愿者参与志愿服务的过程一般可以分为六个阶段：起始介入期；分工与承诺期；实施与推进期；问题与挑战期；疲劳与思退期；重振期。其中后几个阶段在较长时间的志愿服务中可能会反复出现。

1. 起始介入期

在起始介入期，志愿组织中的发起人和协调者最重要的工作是进行动员、遴选和初始形象的树立。有一些志愿组织的雏形是建立在已有的社会网络上的，这时候网络内原有的权威模式仍然可以发挥作用。如果是新建立的社会网络，那么发起人需要将志愿工作的目的、资源和机会以及相关规章制度向参与者做出说明，同时发起人需要进行一定的宣传鼓动工作。在比较理想的情况下，如果实际参与者数量超过需要的数量，可以对参与者进行遴选，而且使人选者产生优越感，从而在以后的工作中发挥更加出色。

2. 分工与承诺期

由于志愿者之间关系比较松散，明确分工非常重要。在分工与承诺期，开始涉及具体工作问题，涉及志愿者的爱好、长处、资源分配、权责分配和协作关系等方面。管理者应当引导志愿者首先开展如何分工的程序讨论，在就程序达成一致意见后，应用该程序进行如何分工的讨论。管理者应该担当规则制定发起者及规范权威维护者的角色。在难以就程序达成一致的情况下，可以在众多意见中达成相对多数的共识。在明确分工的基础上，管理者应该要求责任人做出明确清晰的个人承诺，经过审核批准之后在组织内公开，并用作指导、检查和评价志愿者工作绩效的标准。

3. 实施与推进期

在实施与推进期，志愿者要努力动用自己的各种资源，并与团队协同开展工作。志愿服务是团队工作，许多志愿者以个人热情参与志愿服务，对很多情况并不了解，因此也非常容易遇到困难。因此，在这个阶段，管理者应该对志愿者进行培训。在有条件的情况下，可以安排资深志愿者担任教练，或者与新志愿者一起工作。在这个阶段，管理者要高度关注大家的工作进展，及时给予帮助和指导，肯定大家的工作成绩，培养大家的工作信心，和大家一起总结经验教训，积极思考逐步推进工作的办法。

4. 问题与挑战期

在工作进行了一段时间之后，必然会遇到一些问题，甚至是非常困难的情况，志愿组织进入到一个问题与挑战期。一个孤立无援的志愿者会产生挫折感，甚至在问题严重时会考虑退出。因此，志愿组织的管理者要对可能出现的问题有充分的心理准备，在事前搜集资料，在出现问题之前及时提醒志愿者。在遇到问题的时候，管理者要与志愿者一起面对问题、分析问题、解决问题，不能简单责怪和给予压力。管理者应当积累过去及他人解决类似困难的经验，同时也注意发挥有经验的资深志愿者或外部专家的辅导与支持作用。

5. 疲劳与思退期

大部分志愿者可以承受短期的志愿工作，但长期的、日复一日的工作会使他们在某个阶段形成疲劳与思退现象，在遇到某个困难或者家人的压力时，随时都可能爆发出来。志愿组织的正式约束力有限，志愿者一旦出现心理疲劳或思退心态，往往会退出工作，离开志愿组织。因此，管理者要努力通过日常沟通预防这一现象，以及在这一现象出现时及时与志愿者沟通。另外，从工作内容安排来说，管理者要注意虽然有日常分工，但志愿工作的分配要保持一定弹性，使大家不至于对工作本身产生疲劳或感到枯燥。同时，管理者也要给予志愿者一定的休整和调节时间，使其在身心方面得到适度调节。当然，尽管做了种种努力，仍然会有不少志愿者不能顺利渡过疲劳期而退出。志愿组织的管理者对此要有必要的心理准备，并做好必要的人才储备计划。对于离开的志愿者应该以友好、热情和肯定的方式，尊敬而且欣赏志愿者付出的努力，可以举办一个有意义的告别活动或聚餐等。

6. 重振期

不少志愿组织对定期或不定期的进行组织成员士气重振工作深有体会。有影响力的杰出志愿者、志愿组织管理者、志愿服务研究者、社会活动家、受益群体中的积极分子的演说与鼓励活动，与其他社会组织合作进行工作价值研讨活动、对志愿者的表彰活动，都对士气重振起到很大作用。除了积极开发资源以外，志愿组织的管理者也需要了解与分析成员所存在的问题，并设计有针对性的士气重振计划。如果管理者能够在组织内部或外部联络中与志愿者进行互动，结合上面所说的公开互动，可以使重振效果更佳。

（四）志愿组织的风险管理

纪录片《可可西里》是一部描述一群可可西里藏羚羊保护群的志愿者巡山队的生活和命运的电影。这部影片展示了恶劣的环境、偷猎者的麻木以及志愿巡山队员绝望的呼喊和牺牲。这部电影表明了志愿服务的风险性。

所谓志愿服务的风险就是在志愿项目或活动中，可能产生负面影响的不确定性。例如，在志愿服务过程中，志愿者的身体或心理可能受到别人的伤害；志愿者的财务可能被偷盗、滥用或者损坏；志愿项目可能因为不恰当的设计、操作或者管理，产生消极后果或者不能达到预期效果；组织可能被谣言伤害或者因为某次意想不到的错误引起服务对象不满，或者激怒组织内的员工和志愿者，造成志愿者的流失，引来社会舆论职责，严重影响志愿组织的社会声誉等。

对于志愿组织的管理者而言，在行动之前必须考虑志愿服务的风险问题。在志愿服务过程中，志愿者的人身安全、服务对象的权益、志愿项目的推进都可能受到不确定因素的威胁。尤其在我国目前相关立法不太完善、舆论环境不太健全的情况下，志愿组织的管理者更是要牢牢树立风险管理的意识，了解风险管理知识，掌握风险管理基本规律。

任何志愿项目开展过程中都会存在风险，但风险管理常常被志愿组织的管理者所忽视。很多管理者在招募志愿者、规划志愿项目时几乎从未考虑过进行必要的风险预测和评估，在组织志愿服务活动的过程中，也没有起码的规避风险的意识，常常在风险发生以后才追悔莫及。

1. 志愿组织的风险类型

从理论上讲，风险可以分为两类：已知——未知型风险和未知——未知型风险。已知——未知型风险是指在支援项、活动实施过程中，已知有些风险可能发生，但何时发生，可能造成何种影响是人们所不知道的。比如对在地震带上的人们来说，有可能发生地震是已知的，但何时发生、多大烈度是不知道的。由于这类风险出现的可能性是可以被预见的，所以这类风险又被称为可预见性风险。所谓未知——未知型风险，是指那些既不知道此类风险的存在，也不知道风险何时发生以及造成的影响程度。比如对于处于非地震带的人们来说，在发生地震时，事先根本不知道会有地震发生，也不知道发生的时间和烈度，这种风险是难以控制和防范的。

在实践中，目前我国志愿组织经常会遇到的风险有五大类，这些风险可能是已知——未知型风险，也可能是未知——未知型风险。

（1）志愿项目本身可能存在的风险

每个志愿组织都有责任和义务保证自己所从事的志愿服务活动能安全和健康地进行。但实际情况是，我们的志愿组织面对和处理的多是那些最困难、最危险的社会问题。例如，深入艾滋病高发地带宣传、调研甚至义务服务；深入条件恶劣的地区保护环境、保护动物；致力于身体和心理残疾儿童的教育，千方百计为他们提供培训和服务。志愿组织的使命始终与消除疾病、发展教育、战胜贫困、保护环境、消除歧视、预防犯罪等工作紧密联系在一起。在这些工作中，“风险”是志愿服务的一部分。

比如，某志愿组织招募组建交通疏导志愿者服务小队，安排志愿者身穿制服走上街头，协助交通警察疏导交通。一般来说，交通指挥是交警的专业活动，需要经过严格的技能培训才能上岗，让仅仅通过简单培训毫无指挥经验的志愿者疏导交通，无疑有很大风险，既使志愿者的人身安全面临危险，也威胁到疏导对象的安全。

(2) 志愿者受到伤害

志愿者遭伤害事件被公认为是最普遍发生的风险事件。例如，在某大型展览会上，一些外地游客频频光顾志愿者的义务导游点，引起一些无证导游的不满，结果有的志愿者导游点被掀掉，有的志愿者导游甚至挨打。还有一些志愿者在举报制作贩卖假证件的不法分子或者对精神病人服务的时候，遭到不同程度的伤害。在有些情况下，志愿者被当做廉价劳动力使用，合法权益也得不到保障。

因此，必须把志愿者服务纳入政府和社会保障体系及法律体系，为志愿者创造一个良好的法律环境，才能有效保护志愿者的权益，消除他们的后顾之忧。一些志愿组织通过为志愿者购买保险的方式来尽量减少损失，这日益成为通行的做法。

(3) 志愿者对他人的伤害

志愿者在服务过程中也可能引发一些意外事故，对他人造成伤害，这种情况特别集中在那些帮助关爱弱势群体的领域。志愿者对服务对象的伤害更常见，影响更严重，可能影响到志愿组织的声誉以及资金的筹措。例如，国内某家为智障儿童提供特殊教育的志愿组织由于看护不周，造成对一位智障儿童的伤害，惹来刑事附带民事纠纷，极大地损害了该组织的声誉。

(4) 志愿者的流失

如果志愿者对项目失去兴趣，或者由于其他个人负面的原因，可能会离开志愿组织。志愿者流失严重，是令很多志愿组织管理者头痛的问题，尤其是在许多大学生志愿者组织中。对此，应该采取一系列有效的激励措施进行补救。当然，管理者也要做好心理准备，接受总是会有一定比率的志愿者可能流失这个事实。比如，骨髓捐献志愿者20%的流失率是正常的，因为骨髓捐献需要一个较长的等待周期，这期间志愿者极有可能改变当初的想法。

（5）财务风险

在我国，志愿组织的资金来源十分有限，常常面临资金困难的状况。草根组织很难得到政府财政支持，社会力量对志愿组织的捐助有限，会费等来源也不稳定。很大一部分注册的社区志愿者依靠志愿服务所得到的基本生活津贴维持生活（众多的社区志愿者是下岗职工）。不仅如此，志愿组织的管理者和工作人员对志愿组织的资金管理也存在风险，资助方突然抽离资金也可能会对志愿项目的实施带来极大困难和阻碍。

志愿组织面临的不确定性因素太多，除了上面五种常见风险之外，可能还面临其他负面的风险。

2. 志愿组织的风险规避

志愿组织要进行系统性的风险管理，主要包括三个关键步骤：风险评估、制度保障和过程监督。

（1）风险评估

所有的志愿组织都应该对自己的组织、对所开展的志愿项目进行风险评估。风险评估涉及风险可能发生的所有领域，包括一般运作风险、对志愿者和员工的风险、对合作单位的风险、对他人及社会的风险、对财产及设备的风险等。

风险评估之后，志愿组织应该要把这些风险列出清单，并对其破坏性或者危害作适当的预测，形成风险规划书。如果可能的话，志愿组织可以安排专人负责风险规划，并定期检查组织的风险规划书是否符合组织情况。

（2）制度保障

除了要为某些具体风险考虑应对措施之外，风险规划书中最好能包括志愿组织的危机应对机制。唯有形成制度保障，志愿组织才能够面对危机做到随机应变。

如果遇到紧急意外或者突发危机，志愿组织必须保证有一套及时报告的问责机制和有效沟通的渠道，让志愿组织的管理者、志愿者和社会做出处理决定；同时要安排有风险应对知识和经验的督导指导志愿者冷静处理。

危机事件发生之后，志愿组织的管理者应该采取一系列补救措施，通过规章制度对事件处理做出规定：第一，对志愿者或服务对象进行慰问；第二，尽快向相关保险机构提出赔偿申请，减少损失；第三，向上司汇报情况和处理方法，并积极征求专家的意见和建议；第四，细心分析及检讨风险发生的原因，寻找改善方法和预防方案。

另外，要在组织制度建设中渗透风险管理意识，将风险消除在萌芽状态。具体措施包括：严格执行志愿者申请审查和筛选工作，要求申请者提供是否有犯罪记录的证明；向志愿者提供职责和岗位说明书，并进行相关安全培训；志愿组织开展活动之前与志愿者签订服务协议书；为志愿者购买保险，并在招募公告和服务协议书中予以说明。

总之，制度层面能够从两方面促进志愿组织的风险管理：其一，形成相关规定防患于未然；其二，形成制度性、规范化的补救措施，及时反应减少损失。

（3）过程监督

在开展志愿服务的过程中，志愿组织应该对整个过程进行密切监控，防止风险事件的发生。很多年轻父母为了培养子女的爱心，都非常支持未成年子女帮助他人、参加各种形式的志愿服务活动，这就更需要志愿组织安排专人监控、看护。否则，一旦发生问题，将会得不偿失。

香港社会福利署出于风险规避的考虑，对不同志愿服务活动所需志愿者与活动人数的比例做了规定，非常值得借鉴，参见表9-4。

表9-4　**香港社会福利署有关志愿者与参加活动人数的比例之规定**

活动类型	家庭	成人	青年	儿童	长者	失聪
参观	1∶25	1∶25	1∶20	1∶10	1∶16	1∶8
旅游	1∶20	1∶20	1∶16	1∶10	1∶14	1∶8
宿营	1∶16	1∶16	1∶16	1∶8	1∶8	1∶8
远足	1∶16	1∶16	1∶16	1∶8	1∶8	1∶8
野外露营	1∶12	1∶12	1∶12	1∶6	1∶8	1∶8
水上活动	1∶8	1∶8	1∶8	1∶4	1∶4	1∶8
攀山	1∶6	1∶6	1∶6	1∶4	1∶4	1∶8

（资料来源：香港义务工作发展局）

总的来说，志愿组织的风险管理关系到志愿者及服务对象的人身安全以及志愿组织的声誉。志愿组织的管理者应该把它放在重要地位，牢固树立风险意识，认真编制风险规划，积极探索和建立风险规避与应对机制。

复习思考题：

1. 你如何理解非营利组织的志愿服务和志愿精神？
2. 什么是志愿者？人们为什么要做志愿者？
3. 非营利组织的志愿者分为几种类型？志愿者有哪些基本的权利和义务？
4. 试述志愿者管理的特点。
5. 如何招募与筛选志愿者？
6. 非营利组织如何进行风险管理？

案例 9-1

志愿团队建设基础训练课程

以下课程选自香港《义工管理训练手册》。通过这些或者类似的基础训练课程，志愿组织可以培育志愿者的服务理念和志愿精神，加强志愿者的能力建设与团队建设，形成融洽的组织文化。

一、训练课程的目的

1. 介绍志愿工作的基本概念，使志愿者明白参与服务的正确观念与价值意义。

2. 协助参加者了解作为志愿者应有的态度与责任，能认真地装备自己去面对志愿工作的期望与要求。

3. 提供对社会问题与社会资源的认识，让志愿者了解自己在其中的作用与角色，认同自我的参与价值。

4. 提供基本服务技巧训练，加强志愿者参与服务的信心。

5. 培育志愿者的沟通能力与团队合作能力，加强志愿者团队的建设。

二、基础训练课程期望达成的指标

1. 每次参与课程人数不少于 20 人，不多于 80 人。

2. 在课程进行中，须观察受训者：专注/留心程度；积极发问及解答问题；在小组讨论中踊跃发言；愿意分享经验及意见；对其中的观点表示认同。

3. 80% 的受训者表示满意课程内容及安排。

4. 受训者知识掌握测试合格。

三、课程大纲

第一节　志愿工作的基本概念

1. 热身游戏　5 分钟

2. 通过录像介绍机构服务　10 分钟

3. 通过分组讨论/提问方式定义志愿工作　20 分钟

4. 通过分组讨论/小组游戏研讨志愿工作的意义及价值　30 分钟

5. 与志愿者分享志愿者应有的态度、责任及基本装备　30 分钟

6. 让志愿者做出参与服务的承诺　15 分钟

第二节　了解服务对象的需要及沟通方法

1. 热身游戏　10 分钟

2. 通过个案分析引导志愿者认识服务对象的需要　30 分钟

3. 讲授参与志愿服务的基本原则及方法　30 分钟

4. 讲授与服务对象建立关系的要诀　20 分钟

5. 有效沟通、团队建设的方法和技巧　30 分钟

6. 课程总结　10 分钟

四、教案范例：志愿工作的意义及价值

志愿工作可以说是一项表达爱与关怀的行动。把社会、服务机构及个人（志愿者与服务对象）串联起来，通过服务为社会作出贡献。贡献大致可以分为四个方面：

社会方面

建立和谐社会（爱与关怀得以表达）；促进社会进步（解决及预防社会问题）。

机构方面

加强及改善服务（服务素质提高）；了解服务对象的需要（紧密接触及协助反映需要）；加强机构与小区的沟通（担任桥梁角色传达信息）；提高机构员工工作士气（支持、鼓励、分担及激励作用）。

志愿者方面

贡献社会（履行公民责任、贡献社会）；丰富生活体验（深切体验社会的人和事及价值判断）；学习新知识和技能（领导才能、工作责任心的培养）；扩大生活圈子（促进人际关系、结交朋友）。

服务对象方面

接受个人化服务（获得更高质量的服务）；加强对社会的归属感（协助受助者建立自信与自信心）；提高生活质量（丰富人力资源、加强预防及发展性的工作）。

进行方式建议——分组讨论：可将组员分成四组，先简介志愿工作的价值意义，可分为几个方面探讨——社会、机构、志愿者、服务对象（5 分钟）。四组的组别分别为社会组、机构组、志愿者组、服务对象组，并依下列指引作讨论。每组讨论时间 10 分钟，另 10 分钟做汇报及总结。

社会组

试想象一个完全没有志愿者及没有志愿精神的社会会变成怎样？请列出志愿者的参与对整体社会可做何贡献（如人际关系、社会问题、社会风气、团结稳定等）。

机构组

假设你是服务机构的受薪工作人员，您认为招募志愿者对机构有何好处？请列出你们要找志愿者帮忙的五大理由。

志愿者组

请每位组员先各自想出参与志愿工作将会为自己带来的三个最大收获，然后各自与组员分享，并选出五个组员列举最多的收获。

服务对象组

个案一：一名独居及体弱多病的长者；个案二：一群残疾坐轮椅的人士；个案三：一个心理有问题的边缘少年。就以上三个个案，志愿者的协助可以令他们有什么改善？

汇报方法

小组汇报方式不限，可以选用较灵活的方式进行（如角色扮演）。在小组进行汇报时，工作人员可将内容提纲用投影仪或大号纸张贴出来，如果各小组所说出的答案相似，可在相应内容后打勾或做其他标记，以加深印象并作总结。

五、团队建设游戏范例

游戏：“有缘人”

目的：在培训刚开始时使大家相互认识

流程：参加者首先将随身携带的物品放于教室内一角，让自己感觉轻松一点，然后全部人站立在一起。主持人会发问，例如：请找出与您衣服颜色最接近的一位朋友，握握手，然后互相介绍；各参加者须向四周的人主动寻找。主持人再问：请找出与您发型最接近的一位朋友，握握手，互相介绍姓名，互道所住区域。主持人可以预算时间及气氛，决定何时终止发问。

提示：主持人可观察参加者的共同处，然后再决定问题，而开始的两道问题以容易寻找为佳。

六、沟通技能游戏范例

游戏一：以讹传讹

目的：了解沟通的重要性

(1) 复杂的信息若口头一次性传递很容易有错漏，须由其他交友保障的传递方式替代。

(2) 错误信息传递可能导致误会和恶果，接受者须细心观察和不断澄清。

流程：将参加者分为四组（约10人1组），排列成4个直行。主持人要求每行的第一位组员站起来，并将一句密语写在纸条上，限时10秒让他们记熟。然后让每人轻轻地在耳边将所记密语传给下一位组员，接收者不能发问或澄清，再由第二位传给第三位……直至最后一位将密语大声说出或写在白板上，然后由主持人读出原来的密语去印证哪一组最为准确。

游戏二：有效沟通的技巧和方法

(1) 让志愿者（带路者）尝试体验用何种方法（包括说话和身体接触）才能容易取得服务对象（盲人）的信任。

(2) 扮演盲人的志愿者要尝试体验服务对象受助的感觉及其需要，并从带路者的带领技巧上反映自己的应有装备。

流程：首先将参加者2人一组作配对，A为盲人，须蒙上眼罩（如人数太多可闭上眼睛），另一方B为带路者，须带领A走路，A、B角色可调换。主持人预先设定一条路线，可走到教室以外的地方，如走廊、楼梯，沿途可设置路障或其他障碍物（注意安全保障），令引领者带领盲人时增添困难。在行走期间，引领者须尽量利用各种方法安全地完成路程，回到教室。然后，由主持人引导参加者表达感受，建议有效沟通方法。

提示：完毕后可提示参加者引导盲人走路的正确技巧（即引路者在盲人旁边，由盲人主动扶着引领者的臂弯行走，沿途与障碍时引路者须预先加以提示），意即如果志愿者能掌握一些基本技巧时，对信任关系的建立上事半功倍。

七、评估问卷范例

志愿团队建设基础训练课程，检讨问卷

1. 您对课程的意见

	满意————————————不满意				
内容丰富性	5	4	3	2	1
内容实用性					
授课方式					

2. 您认为此课程是否对您有帮助？
3. 你对课程的其他意见？
4. 您是否愿意继续参加志愿服务？
5. 您对日后举办训练课程/活动的期望及建议？

第十章 合作关系管理

社会创业的根本目的就是：造就更好的人。

——德鲁克

一个业务如果能够采取商业模式来做，就不应采取非营利模式。

——德鲁克

本章要点

建立和管理公共关系对于非营利组织开展工作的重要性；

与不同机构合作的方式。

上海市政府购买服务①

在完善社会主义市场经济、深化政府职能改革的过程中，上海市政府尝试以政府购买服务的方式来建立政府与民间组织之间的新型互动合作关系。据不完全统计，自2000年以来，上海市各区县政府和市政府各部门用于购买民间组织服务的资金从几百万元到数亿元不等。

① 张钟汝，范明林．政府与非政府组织合作机制建设．上海大学出版社，2010：135-136.

上海市政府用于购买服务的主要领域涉及三大类，第一类是行业性服务与管理类，其中包括行业调查、统计分析、资质认定、项目评估、业务咨询和技术服务等。第二大类是社区服务与管理类，涉及如助老、助残、社会救助、职业介绍、技能培训、外来人口管理、矛盾调解和公益服务等。第三大类是行政事务与管理类，其中包括民间组织成立咨询、现场勘察、年检预审、日常管理、再就业教育培训、婚介机构监管、家庭收养评估、民办学校委托管理、退伍军人就业安置等。

在上述领域中政府用于购买服务的形式也多种多样，概括而言分为以下几种：

“费随事转”的形式，将原来由政府承担的部分职能和原来直接提供的服务委托给民间组织承担，由政府转移支付或者提供相应的经费保障或补贴。

项目发包的形式。对于政府承担的阶段性任务、课题研究、重大活动等，采取整体或部分发包的形式，协议委托相关的民间组织来承办或运作，政府付费。

公开招标的形式。对于一些可以量化且具备市场竞争条件的项目，政府采取面向社会公开招标、竞标的形式，民间组织通过竞标获得项目。

对于购买服务所需资金，政府主要采取了几下几种方式：一是专项业务基金，上海市各个政府职能部门大多在年度业务经费中安排购买服务的资金，比如上海市经委从2005年其每年设立专项基金1000万元，用于购买行业协会服务，并以年均10%左右递增。二是预算外资金，上海市许多街道、镇大多在本级政府支配的预算外资金中解决购买服务的经费。三是财政预算，上海市浦东新区专门制定了政府购买公共服务的政策，将政府购买民间组织服务的资金纳入财政预算。

第一节　合作关系管理概述

几乎解决所有社会问题所需的资源都超出了单个组织的能力，在很多情况下，社会创业者往往通过与其他组织合作以创造更大的社会影响和社会价值。非营利组织之间、非营利组织与企业或/和政府机构之间建立起创新联盟，已经成为社会创业的重要发展战略。社会创业者要学会建立和管理合作关系网络，让这个网络为创业提供必要的资源和支持。

一、合作的重要性

通过建立合作关系，社会创业者及其合作伙伴都能够更有效利用各自的资源。① 对于社会创业者而言，与其他组织合作至少有以下几个方面的好处：

1. 获得合法性

在我国创办非营利组织必须要有业务主管单位才可能获得民政部门的登记注册，取得合法身份。近年来，在行业协会和协会等的设立上，广州深圳等一些城市开始取消业务主管单位要求，直接由民政部门登记注册的做法。然而，不管是否有业务主管单位的要求，社会创业者如果能够与政府部门进行良好沟通，得到政府的信任与支持，对于取得合法身份是十分重要的。

2. 获取资源

社会创业往往面临资源缺乏的难题，如果能够想出好的创意或者利用自己的品牌与无形资产，与企业进行合作，将能够获得创业所需的资源。如果能够在政府招标购买服务的项目上获得合同，也是重要的资金来源。比如，世界健康基金会（American Schools and Hospitals Abroad，简称 ASHA）主要为美国的海外院校和医院等机构的发展提供硬件方面的资助，该项目每年申请一次，必须由一家美国本土机构和一个海外机构共同申请完成。2008 年，美国世界健康基金会（Project HOPE）与武汉大学 HOPE 护理学院联合申请的护理教育远程教学系统获得批准，该项目总金额为 71.2 万美元，其中 ASHA 项目将资助 40 万美元用于购买远程教学设备，武汉大学将配套 31.2 万美元，用于项目的执行。这套远程教学系统将帮助武汉大学 HOPE 护理学院建立起远程教学中心，使更多的护理人员和学生能享受到高等护理教育，提高护理教学质量和护理人员的操作技能，还可以帮助护理学院增进与国外院校的交流与合作。②

3. 获得公众的信任与支持

公众的信任是非营利组织的生命线，获得公众的信任不仅需要好的管理和服务，而且需要有效的沟通与宣传。非营利组织可以借助合作伙伴的力量来扩

---

① Wei-Skillern, Austin, Stevenson. Entrepreneurship in the Social Sector, Sage Publication Inc., 2007: 3.

② http://www.projecthope.org.cn/News/show.asp?id=128.

大宣传和影响，推动自己事业的发展，促进使命的达成。

4. 获取经验和能力

通过与合作伙伴的合作，还能够分享合作伙伴的经验和能力，提升自己的管理与服务水平。

鑫飞达的公益自行车项目

鑫飞达公共自行车运营服务有限公司（www. whggzxc. com）是武汉鑫飞达集团的一个公益机构，在武汉经营便民自行车公共服务系统。鑫飞达的公共自行车项目于2009年、2010年、2011年连续三年列入市政府“十件实事”，在武汉市“两型办”、城管局等部门的支持下，由鑫飞达集团投资运营，采取“免费+诚信”的运营模式，目前投入使用的自行车将近7万辆、站点1000多个，遍布在武汉大街小巷，深入到学校、社区，为武汉市民提供租车服务。

鑫飞达不仅与政府合作，而且与企业合作。2009年，鑫飞达与农业银行合作推出新的租车卡。租车卡与信用卡合二为一，具有租车、诚信账户代扣、骑车意外保障、公益资助及一般的信用卡功能。只要持身份证等有效证明、无银行不良记录即可办理。市民成功申办一张租车卡，农行即向公共自行车项目资助10元钱，市民每使用此卡消费一次，农行即再存1分钱至该项目账户。所有办卡且激活使用的持卡人，发卡机构均为其购买了一份骑车过程中的人身意外保险，最高保险额度为1万元。此外，该卡还预留了丢失、损坏车辆的诚信账户代扣功能。

资料来源：文雯．武汉市公共自行车10日恢复办卡198个站点全运行．荆楚网，2009-6-9，http：//www. hbtv. com. cn/web/content/2009-06/09/content_1639926. htm.

二、合作对象

社会创业的合作对象可能是其他非营利组织，也可能是政府、企业、媒体或其他机构。在实际运作中，非营利组织往往同时与多个组织合作。比如，盖茨基金会与默克公司（Merk）以及博茨瓦纳政府合作以阻止艾滋病在这个国家的蔓延。再比如，“中国环境 NGO 在线”(www. greengo. cn）是由福特基金会资助，自然之友来执行的一个项目，旨在建立一个全面的中国本土的环境 NGO 的在线数据库，从而推动环境 NGO、环保人士和政府机构之间的相互理解和信息交流，同时也为研究者、记者、政府关于和有意参与环境保护行动的普通百姓提供便捷的信息指南。

（一）非营利组织之间的合作

非营利组织的有效性取决于其专业化程度，而一个非营利组织所能够达到的专业化程度取决于整个非营利部门乃至整个社会分工达到的水平。非营利组织之间的分工首先是资助型组织、服务型及平台型组织的分工，然后是各类组织在服务领域和服务对象上的进一步分工。非营利组织之间的分工不仅可以使各个组织更加专业、更有效率，而且可以使服务覆盖地区、覆盖人群、覆盖领域更加符合现实需求，更加公平。

慈善“联合”是大势所趋

慈善“联合”是近年慈善事业的关键词之一。2009 年慈善界的一个关注点是联合救助和联合劝募。在温家宝总理救助白血病儿童李瑞后，全国联合救助平台的建设加快了步伐。在政府的推动下，以“大病救助”为切入点，由政府部门与慈善机构、捐助方共同搭建的全国性联合应急救助平台雏形已经形成，各部门的联合业务也在探讨之中。这象征着中国慈善事业正由分散救助向联合救助方向发展。与此同时，联合劝募也成为慈善界最热门的话题。始于 2003 年浦东的“慈善联合捐”劝募活动已经成为上海公益事业的一个品牌活动。2007 年底成立的首都公益慈善组织联合会也在 5 月份的年会上探讨联合劝募机制。另外，一些活跃的慈善组织也在协调有公募资格的基金会筹划网络联合劝募平台。这些均是慈善联合的萌芽，慈善界的联合已成大势所趋。

资料来源：中民慈善捐助信息中心．捐赠特点分析与未来展望，2009-8-7.

近年来，我国非营利组织开始意识到分工协作的重要性，开始进行初步的分工协作。比如，公众与环境研究中心（IPE）为方便公众了解身边的排放不达标企业，与北京“绿家园志愿者”、甘肃“绿驼铃”、河南“淮河卫士”和安徽“绿满江淮”等环保组织携手，将当地公布的污染企业和超标污水处理厂进行定位。根据采集到的经纬度，IPE将把这些不达标企业标注到数字地图上，以便社区公众能够了解身边的风险源，共同参与污染源的监督治理。

但总体上看，我国非营利组织之间的专业化分工还有待深化。目前，我国非营利部门尚未形成资助型、服务型和平台型组织的合理分工。在社会部门发达的国家，基金会往往扮演资助型组织的角色，由它们资助服务型组织直接为会员或公众提供服务，而平台型组织则为资助型组织和服务型组织提供人力资源、能力培训、信息服务以及评价监督等服务。其中，基金会与服务型组织之间的分工是第一步。然而，目前来看，我国基金会的功能分化程度还很低。大部分基金会的主要精力仍然用在自己运作项目上，而不是资助其他运作型组织上。比较而言，2008年，美国共有75,595家基金会，其中运作型基金会数量仅为4,762个，只占总数的6.3%。美国不仅有基金会这样专业化的筹款机构，还有专业化的人力资源供给机构。我国的基金会也应该逐步由运作型向资助型方向发展，功能应该定位在筹款、理财、项目资助和监督评估等方面，减少直接项目运作，通过资助其他服务型非营利组织来推动它们的可持续发展，成为社会部门的金融机构和服务型非营利组织的“孵化器”。①

“中国”字头基金会的转变

“中国”字头基金会的理念与工作方式都在逐步发生变化，开始关注草根组织的建设和发展，由运作型向资助型转变。如中国法律援助基金会逐步将资金转赠给“打工妹法律援助工作站”等一些有业务能力的草根组织和各地方的法律援助工作站，以推动法治社会的进步和公民社会发展。中国残疾人基金会和中国扶贫基金会也开始做同样的转变。尤其是中国扶贫基金会率先放弃了工作人员的行政级别，脱离了国家公务员系列，开始全面向民间基金会转型。

资料来源：葛道顺，等．中国基金会发展解析．社会科学文献出版社，2009：197.

① 高功敬，高灵芝，等．中国非公募基金会发展现状、困境及对策研究．民间组织管理局编．2010年非营利组织理论研究文集，时事出版社，2011：489.

由于我国非营利组织分工程度太低，使得一些个人采取亲力亲为的慈善捐助行为。比如著名慈善家陈光标就采取了直接给受助人发钱的行为。这种行为具有很强的慈善倡导功能，但没有充分利用专业化分工的优势。如果陈光标能够通过基金会和其他非营利组织分工合作来实现其慈善意愿，将会大大提高其善款的使用效率和有效性。

另外，我国同类非营利组织内部分工程度也还很低。仍然以基金会为例，目前我国基金会的宗旨和资助取向比较单一，功能分化程度与趋势还不明显。现有基金会主要关注领域集中于教育和扶贫领域，对健康、医疗卫生、文化艺术、环保、社区发展、政策倡导以及公益支持等领域的资助则较少。2008 年在民政部登记的非公募基金会中，宗旨和活动集中在教育与扶贫助残领域的非公募基金会所占比重为 74.4%。① 与之相较，2008 年美国基金会的捐赠资金主要流向和所占比例为：健康（22.9%）、教育（21.8%）、文化艺术（12.5%）、人类服务（12.5%）、公共事务（10%）以及环境和动物保护（8.6%）。基金会活动领域过于集中很容易招致批评。因为，它没有客观地识别社会需要，并根据社会对服务的需求状况来分配资源，而是集中偏向对公众关注度高的领域和地区投入资源，忽视其他同样需要服务的领域，从而造成服务的不均衡与不公平。

非营利组织之间合理分工的实现还有赖于行业服务组织或支持性平台的建设。美国就有为数众多的基金会行业服务机构，如以提供信息服务为主的美国基金会中心（Foundation Center），以促进行业自律为主的美国基金会联合会（Council on foundation）和美国慈善信息局（National Charities Information Bureau），以专业化开展公益资金投资活动为主的美国共同基金（Common Fund）以及其他众多专业化的研究机构。这些行业服务机构为美国基金会的繁荣提供了必不可少的专业化支持。我国可以通过行业整合、内部协调及外部联合等方式积极推动各类行业服务组织的建立与发展，为非营利组织和公益事业的可持续发展提供支持平台。比如，中国 NPO 信息咨询中心、中国国际民间组织促进会等机构就扮演了支持平台的角色。

① 高功敬，高灵芝，等．中国非公募基金会发展现状、困境与对策研究．民间组织管理局编．2010 年非营利组织理论研究文集，时事出版社，2011：476-477.

赛德商学院对社会创业的支持

吉姆·阿尔特（Kim Alter）是牛津大学赛德商学院斯科尔社会创业中心访问研究员。18年来，她致力于将商业工具和市场方法引入社会部门。阿尔特在企业营销部门工作过，也在国际组织如救助儿童（Save the Children）和天主教济贫服务机构（Catholic Relief Services）等地方工作过。2000年，阿尔特创办美德风险投资有限责任公司（Virtue Ventures LLC），这是一个小型的咨询公司，通过行动研究、技术服务和首创精神来服务于社会创业。她在35个国家开展工作：欧洲、亚洲、非洲、东欧、拉美和中东。她还写了《管理双重底线》(2000)、《社会企业类型》(2004) 和《社会创业：可持续性社会创新的新模式》(2006) 等有关社会创业和社会企业的书籍。

资料来源：http：//www. virtueventures. com/about/team/kim-alter.

另外，由于民政部门尤其是基层民政部门的人财物资源有限，难以对非营利组织的日常活动和运作情况进行有效的监控。通过行业组织建立有效的行业自律机制，可以弥补政府监督之不足。比如，可以建立社会创业者互助网络。社会创业者所面临的主要问题之一是他们的孤立和小型化。社会创业者网络可以将分散孤立的社会创业者连接起来，建立一个广泛的人际网络，可以使社会创业者分享创意和资源、交流信息和人才、相互学习经验和教训。在美国，社会企业联盟很快，社会创业者通过网络联系在一起，网络为他们提供技术支持和学习机会。在中国，2005年10月成立的企业公益伙伴网络为中国的民间公益组织和有志于企业社会责任服务的企业提供信息与资源交流的平台，举办促进民间公益组织和企业合作的各种培训交流活动，帮助企业实施民间公益组织能力建设支持活动。

（二）与媒体的关系

媒体是促进社会创业者实现目标的重要工具，同时也是非常重要的监督工具。①

① 菲利普．科特勒，艾伦．安德里亚森．非营利组织战略营销．孟延春，等，译．中国人民大学出版社，2003：575.

社会创业者与媒体的关系主要有两种情况，第一种情况是主动的可控的，非营利组织通过付费促销与目标顾客进行交流，影响顾客的选择与行为；第二种情况是不由非营利组织控制的公共媒体主动进行的传播。

公共媒体是支持社会创业者完成目标的重要正面力量，但它也可能为组织带来负面影响。总体上来看，目前我国的公共媒体对非营利组织的报道频率不高，但主要是正面信息。① 仅以《人民日报》和《新京报》2006—2009年新闻报道为例，非营利组织在两报中出现的频率很低，1000篇文章中只有4～8篇有关非营利组织的报道。虽然报道的数量少，但96%的新闻是正面报道。就内容来看，介绍性消息占主体，这说明两报对非营利组织的报道还停留在很浅的层面。半官方的非营利组织如中国红十字会、中国慈善总会、中国扶贫基金会获得了媒体最多的关注。与传统媒体相比较而言，新媒体在动员人员参与非营利组织行动上更有成效，腾讯公益慈善基金发起的"月捐计划"和网易发起的"网聚爱希望工程365爱心行动"是其中较有影响力的代表性活动。同时，社会创业者也应该注意，媒体的负面报道可以使组织遇到困难甚至陷入危机。比如，"郭美美事件"就给红十字带来了严重的信任危机。又比如，2010年，比尔·盖茨与巴菲特来北京召集慈善晚宴，一时间，大小媒体纷纷报道和评论这一消息。然而，很多富豪出于顾虑不愿参加晚宴，他们不怕慈善怕媒体。富豪们担心的是，假如晚宴上记者云集，拍照提问如电闪雷鸣，现场的每一盏杯、每一句话都会被记录在案。此后一旦有重大灾难发生，他们的捐款数目将被对照排名，倘若未有出现，或者排名靠后，就可能会被骂得狗血喷头。②

由于认识到公共媒体的影响力和控制力，社会创业者应该十分重视并管理好与媒体的关系。社会创业者要积极主动地与媒体互动交流，借助媒体力量传播公益理念、开展社会动员、树立良好声誉和组织形象。很多成熟的非营利组织往往设立公共关系经理职位，由专业人员来处理与媒体的关系。

非营利组织除了利用公共媒体之外，还可以自办媒体，如创办自己的网站和刊物等。通过自办媒体不仅可以自己发出声音，而且可以实现电子办公，方便组织内部沟通，提高行政管理和服务效率。创办于2007年4月的"壹基

① 罗建晖，许向东．非营利组织的舆情监测以及传媒议程引导研究．国家民间组织管理局编．2010年非营利组织理论研究文集，时事出版社，2011.

② 卞乐．媒体如何报道慈善，南方周末，2010-9-9.

金”是一个典型例子。作为公众人物，“壹基金”的创办者李连杰具有丰富的媒体经验，“壹基金”在创办之初就运用了一套纯熟的媒介推广模式：定期联合主流媒体开展活动；联合学界创办公益研究机构；积极参与重大灾害救助。与此同时，“壹基金”还建立了自己的网站，定期发布组织的动态，以“自己发出声音”的方式提升影响力。

除了与其他非营利组织合作，与媒体合作之外。

三、合作关系的推动与管理

非营利组织、大学、政府机构、基金会都可以成为合作关系的推动者。比如，加拿大社会企业家中心（Canadian Centre for Social Entrepreneurship，CCSE）致力于加强志愿部门、政府和企业界之间的联系与合作，共同创建一个鼓励社会创新的基础，传播社会创新的知识，促进社区发展。该中心建在阿尔伯塔大学（the University of Alberta）商学院。他们的目标是：成为创造和分享社会创业知识和实践的信息中心（e-hub）；提供对话机会；鼓励并支持加拿大的社会企业家；使阿尔伯达大学商学院定位为公益企业的领导者。

合作关系管理必须解决许多困难和障碍，如组织自身利益的考虑，专利知识的分享等。中国肝炎防治基金会在实际工作中，是这样管理与合作伙伴的关系的：一是请他们当家作主，对捐助数量较大而且比较稳定的捐赠人聘为基金会理事；二是经常征求他们的意见，遇到重大活动或换届时，召开合作伙伴座谈会，及时通报情况、汇报工作、争取支持；三是请他们监督指导，让他们参与项目的决策和实施过程，尤其是资金的管理和使用，并适时进行项目阶段性汇报，做到公开透明。①

第二节　与政府的合作关系

政府是公共产品和服务的最大供给者，也是民间公益事业的资助者和规制者。在发达国家，公私部门的合作伙伴关系正在成为一种新的治理模式。进入21世纪以来，在社会福利社会化政策的推动下，我国政府通过举办非营利组织，或者通过购买服务、外包、签订协议等多种方式支持非营利组织开展公益

① 杨希忠．努力提高和维护公募基金会的公信力［C］．编委会．基金会内部治理与公信力建设，中国社会出版社，2010.

事业。政府在这些合作过程中出于主导地位。在中国当前的体制环境下，社会创业者如果懂得并且善加利用与政府的关系，对于创业成功具有重要意义。

一、政府与非营利组织关系的类型

非营利组织与政府的合作更是取得成功的关键因素。例如，2009 年 11 月，李嘉诚基金会捐资五千万人民币与民政部合作，在青海、甘肃和宁夏三省推行“贫困家庭疝气儿童手术康复计划”，免费帮助区内所有贫困家庭中患疝气的儿童解除疾患。这是继李嘉诚基金会与民政部合作开展“重生行动——全国贫困家庭唇腭裂儿童手术康复计划项目”后的另一个社会公益项目。该项目首年约可治愈六千个病例，整个项目预计可令区内数万名年龄在二至十四岁的疝气儿童得到救助。① 另外，很多民间环保组织如自然之友，通过与国家环保总局合作，取得了独立行动所不能实现的成绩。

美国学者科斯顿（Coston）建立了一个从国家层面理解政府——非营利组织关系的框架，提出一个由八种关系模式组成的连续图谱，见图 10-1。②

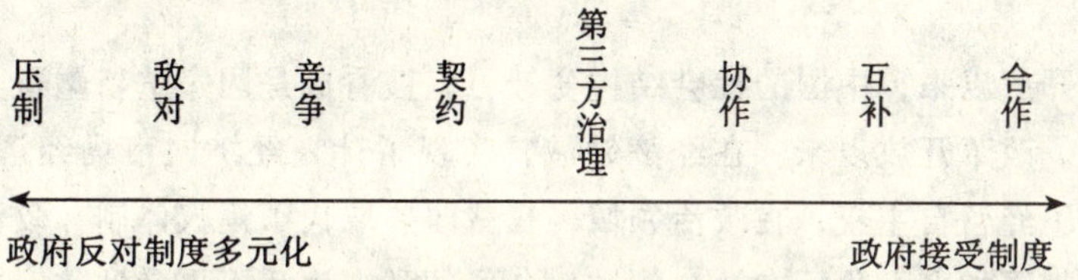

图 10-1　政府与非营利组织关系连续图谱

台湾学者江明修认为政府与非营利组织之间究竟是分离的关系还是整合的关系，在实际中并非是泾渭分明和截然两分的。恰恰相反，它们是关系谱上的一个阶段或一个过程，并且始终处于变化和演进之中。这个过程与科斯顿的模式结合起来，形成政府与非营利组织互动过程图谱，见图 10-2。③

“分裂型关系”向“整合型关系”的演变显示了支持这两种不同关系的理

---

① 参见：http：//www. lksf. org/gb/media/press/20091105. shtml.

② 詹少青，胡介埙．西方政府-非营利组织关系理论综述，外国经济与管理，2005（9）.

③ 姚泰山．社会化治理下非营利组织的协力策略．台湾东华大学硕士论文，2003：51.

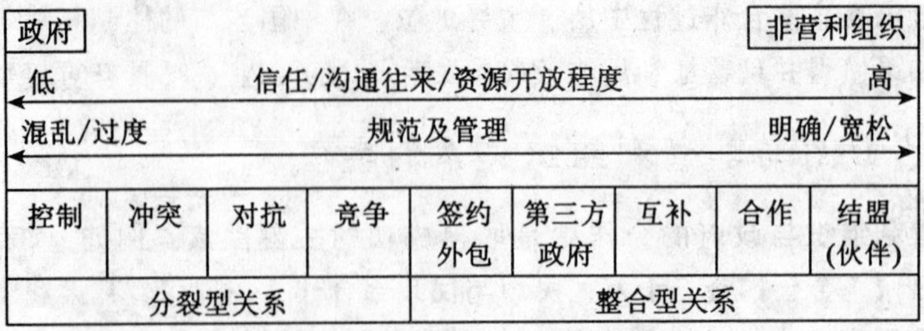

图 10-2　非营利组织与政府的互动过程

论基础的变化。“分裂型关系”分为控制、冲突、对抗和竞争几种关系类型，这些类型的关系受“国家中心”观念的影响较大。在“国家中心”观念的影响下，政府习惯于主导与非营利组织的关系，将这种关系视为“官民关系”而不是平等关系。政府以其法定地位和丰富资源，扮演“社会福利分配者”的角色。政府与非营利组织之间呈现出自上而下的控制关系，并引发出在观念和价值上的对立与冲突，并且在经费及公共服务提供方面呈现出彼此竞争的关系。

改革开放以来，中国的社会结构变迁可以被看成是国家重新塑造其社会控制的过程。改革开放以来，在经济领域，实现了计划经济向市场经济的转型，企业获得了经营自主权；在政治领域，权威政体取代了集权体制，政治控制放松了，思想更加多元化；在社会领域，公民的私人生活不再受到政府控制，私人领域基本上实现了自治。但是，国家仍然有意愿也有能力对公共领域实施严格控制，所以取代旧的国家支配体制的不是社会自治，而是一套新的国家支配体制，这一新体制可以被称为“分类控制结构”。① 按照非营利组织挑战国家政治权力的能力大小可以将非营利组织分成政治反对组织、功能性团体、重要的社会服务型组织和次要的社会服务型组织四大类。政府根据各类非营利组织与政治权力的关系分别采取不同的管理措施：坚决禁止政治反对组织；把工会、妇联、共青团、工商联和残联等功能性组织直接纳入国家体系；对重要的社会服务型组织通过双重管理体制实施严格控制；对次要的社会服务组织则采取放任式管理。可以说，中国的非营利组织是“政府领导下的非政府组织”，

① 丽莎·乔丹，彼得·范·图埃尔．非政府组织问责：政治、原则与创新．康晓光译．中国人民大学出版社，2008：139.

非营利组织要想更好地开展工作，发挥更大的社会作用，就必须和政府机构建立良好的关系。①

随着“国家中心论”向“社会中心论”的转变，政府与非营利组织的关系逐步由“分裂型关系”向“整合型关系”演变。在“整合型关系”模式下，政府与非营利组织的沟通往来增加，政府对非营利组织的信任度和资源开放程度提高，逐步构建起功能互补、彼此合作的新型关系。在这种关系模式下，非营利组织可以进一步参与公共政策制定过程并影响公共服务决策，非营利组织不仅作为公共服务的提供者而且具有参与决策的机会。理想状态是政府与非营利组织结成公共服务的合作伙伴，共同治理公共事务。②

从这个关系图谱的视角来分析，中国非营利组织与政府的关系是政府主导型关系，属于一种“被动合作中存在一定竞争”的关系。我国公共物品的提供通常采取政府支配模式，即由政府提供资金，由非营利组织负责配送的合作模式。许多非营利组织尤其是具有政府背景的非营利组织，其运作过程与政府部门复杂地交织在一起，以至于很多时候我们难以区分它们究竟是非营利组织还是政府部门。③

有的学者将中国非营利组织与政府的这种关系描述为“依赖性自治”（Dependent Autonomy），意思是这些非营利组织在官方机构或官员的庇护下，一定程度上获得了自由行动的能力。④ 总体上看，“依赖性自治关系”以依赖性为主，而自治空间的大小取决于庇护人的意志。“依赖性”体现在合法性、执行力、资源以及信息的获得等方面，非营利组织都高度依赖于政府。以中国青少年基金会为例，由于其创办者徐永光曾经担任共青团中央的组织部长，深得团中央的信任，中国青少年基金会由此而获得了事实上的自我管理的权力。这种“依赖性自治”与一般意义上的“自治”之间的区别在于非营利组织是否拥有法定的独立的治理机构，如果一个非营利组织拥有法定的独立的董事会，由董事会赋予管理层决策和管理权限，它就是自治的。如果一个非营利组织的重要权能高度依赖于业务主管单位或其他政府部门，那么尽管它有一个名

---

① 丁元竹．非政府公共部门与公共服务——中国非政府公关部门服务状况研究．

② 张钟汝，范明林．政府与非政府组织合作机制建设．上海大学出版社，2010：71-72．

③ 张钟汝，范明林．政府与非政府组织合作机制建设．上海大学出版社，2010：48．

④ Yiyi，Lu. Non-Governmental Organizations in China. Routledge，2009.

义上的董事会，它仍然不是一个独立的自治单位。

二、非营利组织与政府合作关系管理

官方背景的非营利组织与政府有着天然的密切关系，比较容易建立和维护合作关系。尽管如此，非营利组织要在与政府的合作中长期保持良好关系并且保持自身的独立性，在依附性和自主性之间取得平衡，也不是一件容易的事情。而草根组织要想建立与政府的合作关系更有挑战性。

官方背景的非营利组织，其创办人和管理者往往曾经担任政府官员或者在政府部门任职，熟悉政府的运作方式，建立了政府部门的人脉关系，取得了各个政府部门的信任。这样的非营利组织与政府的合作过程往往比较顺利。但合作的代价可能是牺牲组织的独立性和自主性，有的甚至发展成为官僚机构，被公众称为“二政府”。

中国华侨经济文化基金会与侨联和政府的合作

中国华侨经济文化基金会是民政部登记主管、中国侨联业务主管的全国性公募基金会。2003年以来，该基金会通过与政府各级侨联部门合作实施“侨爱心工程”，接受海外侨胞、港澳台同胞、归侨侨眷和社会爱心人士捐赠15亿多元人民币，捐建“侨爱心小学”1350多所，资助科教项目600多个，资助贫困学生20多万人。

他们的经验是：一是组织机构和队伍建设，如同青少年基金会当年为团组织注入了活力一样，“侨爱心”项目带动了侨联基层组织建设，许多省市侨联的基层组织借助这个项目得以恢复或重建。14000多个基层侨联组织成为实施“侨爱心”工程的“手”和“脚”，使基金会的5个工作人员变成了成千上万人。在项目执行过程中，“侨爱心工程”坚持“侨胞捐一点、地方政府配套一点、当地百姓献功献力一点”的“三个一点”，避免了“侨爱心工程”因为捐赠款提前用完而使工程无法完工的“钓鱼工程”。基金会坚持政府配套资金必须提前到位并首先使用的原则，待工程进度情况及照片逐级报到基金会之后，才将捐赠款下拨给省侨联，由省侨联具体监督管理好善款的使用。

资料来源：刘奇．建设侨爱心工程、倡导华侨回馈祖国［C］．编委会．基金会内部治理与公信力建设．中国社会出版社，2010.

缺乏官方背景的草根组织与政府的合作也越来越广泛。一般来说，草根组织与政府的合作要注意几个基本原则：首先要理解我国政府在与非营利组织关系中的主导地位，懂得与政府合作的重要性，清楚自己在合作关系中的地位与角色；其次，非营利组织要积极主动地与政府沟通，掌握公共政策导向，赢得政府的信任；最后，要掌握与政府沟通的技巧。“草根大哥”徐文财的经历就是很好的例子。2006 年，徐文财在杭州创办了致力于提高农民工素质、维护农民工权益的“草根之家”网站，尽管没有在政府部门工作的经验，但他十分明白争取政府支持的重要性。他参加了中国社科院主办的“第三届社会政策国际论坛暨系列讲座”论坛，论坛上有关民间组织如何与政府良性沟通的内容令他大开眼界。他积极与政府沟通，取得杭州市团委、工会和文明办等机构的支持，于 2007 年春节前成功举办了第一届“草根文化节”。①

“草海农民发展协会”与政府的合作

贵州威宁草海是国家级自然保护区。草海保护区周边共居住着 7000 多户 3 万余人，人均仅有 2 分左右耕地，甚至有部分是无地农民。但是由于人多地少，保护区一直存在人鸟抢地的矛盾。1994 年，邓仪作为中方代表之一参加了国际鹤类基金会与草海自然保护区的合作项目。2002 年，他扔掉铁饭碗，创立“草海农民发展协会”。

创办之初，邓仪为了使协会获得合法身份而绞尽脑汁。“我让农民一拨拨到镇里闹，找保护区闹，到民政局闹，每天去一拨人。”后来，虽然各个管理部门经不住农民们的折腾给予了注册，但也把邓仪搞得身心疲惫。

在协会运作过程中，他逐渐认识到要采取更加积极主动的态度与政府沟通，这对于双方都有好处。后来，在运作古胜村的项目之前，邓仪先去找了当地的镇政府。“我给他们讲我们只是在村里做环保项目，帮助村民种经济林，建沼气。”镇里的领导明白了他的意图，专门安排了一位镇领导出面协调各方面的关系，结果这个项目开展得很顺利。

资料来源：高胜良，项开文．贵州威宁成立草海农民发展与保护协会，http：//ac. agri. gov. cn/ac/ViewContent. do？ id = 4affaa201bd4d97d011c08908c9a00d0；草海自然半保护区网站：http：//www. caohaibhq. com/NewsView. asp？ ID = 20.

① http：//www. lm. gov. cn/gb/employment/2008-06/10/content_240878. htm.

第三节 与企业的合作关系

20世纪90年代以来，非营利组织与企业之间在利益方面的联系越来越多。一方面非营利组织为资源缺乏所苦恼，需要开辟新的资金来源；另一方面，由于社会上逐渐形成关注和参与公益事业的氛围，企业发现与非营利组织一起工作能给它们带来许多好处。在这种背景下，越来越多的非营利组织通过与企业合作来获得资金、技术和经验，以及公众对社会问题的关注。企业可以获得更高的销售额、更好的公众形象、更高的士气。同时，合作各方还可以建立更好的关系。当然，除了诸多好处之外，非营利组织与企业合作也存在风险。

一、非营利组织与企业合作关系的类型

在美国，社会创业的研究者们在过去10年花费了大量精力探索非营利组织与企业之间的关系和合作，它们之间的合作关系主要包括以下几种基本类型：

1. 交易

当企业从非营利组织购买或出售商品、服务或技术设备时，两者之间的交易就发生了。

2. 许可经营

非营利组织可以公开出售自己的名称或商标的使用权或者按销售额的一定比例提成来获得收入，类似于许可经营。例如，一家生产戒烟产品的公司——史密斯·克莱恩公司与美国癌症协会合作，在广告中介绍它们作为合作伙伴来帮助人们戒烟，克莱恩公司为此付给美国癌症协会250万美元商标使用费。

3. 联合推广

联合推广也被称为事业关联营销（Cause-related Marketing）。事业关联营销是企业为了增加销售收入而向非营利组织进行捐赠的营销活动。事实上，许多营销活动并不能马上刺激销售，但是可以通过提高企业或品牌的形象、鼓舞员工士气而产生长远影响。事业关联营销与传统的慈善捐赠不同，在传统捐赠中，企业并不通过大张旗鼓的宣传来获得利益。区分传统捐赠和事业关联营销的重要标准是看捐赠是否出于企业的营销预算。事业关联营销始于1982年，当时美国运通公司（American Express Company）的首席营销官威尔士（Jerry Welsh）推出一项促销活动，承诺每当顾客使用一次美国运通卡就为旧金山的

艺术界捐赠5美分，每增加一名新卡使用成员就捐赠2美元。3个月内，该活动筹集了10.8万美元。这个方法很快被其他公司模仿，在全球范围流行开来。1983年，美国证券交易所为每一个新开的账户捐赠1美元并为每笔交易捐赠1美分给一家基金会，用于翻新爱丽丝岛和自由女神像。1年后，美国证券交易所的业务量增加了28%，它履行诺言给修复工程捐赠了170万美元。①

4. 伙伴关系

非营利组织与企业结成伙伴关系，一起开展活动，非营利组织实现使命，企业增加利润，不涉及资金流动。这也是一种双赢的合作模式，能够发挥非营利组织和企业各自的比较优势。

为了寻找持续性的解决社会问题的方法，在医疗、教育和人类服务等传统上由政府和非营利组织主导的领域，非营利组织与企业建立起伙伴关系，兼顾社会目标和商业目标。比如，全球营养改善联盟（GAIN）是一家致力于改善发展中国家人们健康、营养水平的国际性非营利组织，即通过与发展中国家的生产商合作，帮助他们改进工艺技术，提高产品的营养成分，达到改善消费者福利的目的。该机构在中国就有“铁强化酱油项目”和“面粉强化营养项目”，都是与国内一些地方的酱油厂、面粉厂合作实施的。GAIN如此积极地与企业合作的原因并不复杂。如果GAIN不与企业合作，要完成同样的项目，它就需要自己建设厂房、引进生产线、雇用生产工人，最后还要将产品通过市场渠道卖给需要的人。这个过程相当复杂，对于GAIN来说，这样做显然需要付出更高的成本。对于企业来说，这一合作能够让他们免费得到更好的技术，而且经过改良的产品可以有更好的销路。此外，提高消费者的健康水平还能够帮助企业塑造良好的形象。

再比如，一些企业帮助青少年发展基金会免费在社区设立募捐箱，作为回报，企业可以在募捐箱上设电子显示屏播放广告。

基金会与企业合作的形式

基金会与企业的合作大致有三种形式：第一种形式是与公司业

① 菲利普·科特勒，艾伦·安德里亚森．非营利组织战略营销．孟延春，等，译．中国人民大学出版社，2003：321.

务关联的公益推广活动，公司将销售收入的一定比例捐赠给非营利组织。目前很多企业单方面开展这种活动。如农夫山泉宣称每销售一瓶饮料就将一分钱捐献给贫困儿童。如果基金会与企业合作的话，基金会接受捐赠，获得资金，而企业也赢得公众的信任和好感。第二种形式是共同主题营销，公司与公募基金会合作，通过分发产品和宣传资料以及广告等形式，共同解决某个社会问题。采取这种形式，双方之间不一定有资金流动。医疗卫生方面的基金会就很合适采取这种方式开展项目。比如，致力于癌症防治的基金会与生产女性化妆品的公司合作，在其产品中附赠介绍乳房保健和防治乳腺癌知识的宣传品，既能完成基金会的宣传和扩大影响的任务，有帮助企业塑造关爱女性的形象。这种形式不一定能够给基金会带来收入，但可以使其在不付出或减少付出成本的前提下完成公益项目。第三种形式是基金会授权某些企业使用它们的名称。这是基金会最容易获得企业经济回报，但是也最具风险的一种合作方式。国内有些基金会因为这种合作而受到消费者质疑，信誉扫地。国外的慈善组织也因此遭受过异议。因此，采用这种形式合作开展项目，一定要注意是否合法，注意在合作中确保自己的公益形象不受损害。

资料来源：国家民间组织管理局编．2010 年中国非营利组织理论研究文集．时事出版社，2011：345.

二、非营利组织与企业合作关系的发展阶段

美国学者奥斯汀认为，非营利组织和企业的关系发展过程可以分为三个阶段：

1. 慈善阶段

在这个阶段，企业向非营利机构捐钱捐物。慈善阶段的特点是合作双方参与水平较低，活动领域较窄，互动不频繁，对双方的使命和战略不起重要作用。常见的方式是拨款、捐赠、赞助和利润分享等。

比如，中海油与中国宋庆龄基金会合作助学基金项目就是一个成功的例

子。2003年7月，出于对公益事业的关注，中国海洋石油总公司（以下简称中海油）领导层决定将原本用来支付北京市主要道路边的巨幅广告牌的费用1086万元人民币一次性捐给中国宋庆龄基金会，设立了“中海油大学生助学基金项目”，在4年的项目周期资助全国30所重点高校的家庭经济困难的大学生3622人次。该项目运作取得了成功。在对这一项目的管理运作高度认可的情况下，中海油公司在4年周期尚未结束的时候，提出了新的合作意向，在下一个为期5年的项目周期中，向宋庆龄基金会捐赠1500万元继续开展大学生助学公益项目。2005年，合作双方被《公益时报》等媒体评为“社会公益示范项目最佳合作伙伴奖”；2006年，中海油被评为全国慈善排行榜十大企业之一。①

2. 交易阶段

在这个阶段，利益在合作者之间流动。这个阶段主要特征是商业性关系，双方都关注特定交易。在这个阶段，合作各方的使命和战略有所重叠，有了资源的交换互惠。常见方式就是买卖交易。

3. 整合阶段

在这个阶段，合作各方的行动相互影响，通过交流的增加和资源的共享，各方注重使命和价值观的协同。常见的方式有品牌合作、许可经营、联合推广和伙伴关系等。

三、非营利组织与企业合作关系的风险管理

非营利组织与企业合作可能存在风险，社会创业者对此要有充分的认识和衡量，通过风险管理来降低风险。

（一）风险类型

非营利组织与企业的合作可能存在合作失败的风险，即使合作成功，也可能面临收入减少、活动受限的风险，最严重的风险是声誉受损。

1. 合作失败的风险

如果合作失败，非营利组织将损失付出的时间、金钱和精力。同时，与一家企业合作，就意味着丧失与该企业的竞争者合作的机会。

① 杨小强．我国基金会的项目管理——以中海油助学基金项目为例．中国基金会发展解析，97-116.

2. 收入方面的风险

与企业的合作可能会使非营利组织获得的传统捐赠收入减少。因为，企业会因为非营利组织在合作过程中已经获得了收入，而减少或不再进行传统捐赠。其他捐赠者也可能会认为非营利组织已经开辟了新的收入来源而减少对其捐赠。

3. 活动受到限制

企业可能通过合作较多地限制非营利组织的活动，因为企业希望“控制”慈善活动，或者只是对非营利组织提出要求而不承担风险。

4. 声誉方面的负面影响

合作行动的商业味道太浓或者合作企业的过度宣传行为，都可能会给非营利组织的声誉带来负面影响。当合作企业出现问题或丑闻时，非营利组织可能会受到牵连，使自己的声誉受到严重打击，不仅妨碍组织完成其使命，甚至危及组织的生存。

例如，1999 年烟草业巨头飞利浦 · 莫里斯向慈善事业捐款 7,500 万美元，同时花了 1 亿美元来宣传这一捐赠。还有一些企业捐款给研究机构，要求研究机构发布对企业的商业活动有利的研究结果，影响公众的认知，帮助企业在市场上获利。有很多企业建立基金会来管理它们的慈善事业。按理说，这些基金会必须独立于企业单独运作。但在很多情况下，这些基金会的独立性值得怀疑。比如，壳牌基金会就坐落于壳牌石油公司总部，使用着壳牌石油公司的信息技术和管理系统，其委员会中有壳牌雇员，并且使用相同的标志。值得质疑之处在于：壳牌基金会享受了捐赠税收优惠，但是却为壳牌石油公司的营利性业务具有明显的影响作用。例如，1993 年，美国一家乳腺癌基金会与珍妮克雷格公司进行了联合推广活动。珍妮克雷格公司宣称每增加一人参加其减肥项目，就捐 10 美元给这家乳腺癌基金会，基金会用这笔钱来做宣传加强公众对乳腺癌的了解。但是，就在活动开展之前，珍妮克雷格公司被美国联邦贸易委员会点名，指责其减肥项目有问题，其广告活动具有欺骗性。乳腺癌基金会决定，在珍妮克雷格公司解决所有问题之前，不会与之开展合作。①

（二）风险管理

非营利组织在与企业合作时，应该建立一套风险管理机制，通过有效的风

① 菲利普 · 科特勒，艾伦 · 安德里亚森．非营利组织战略营销．孟延春，等，译．中国人民大学出版社，2003：322.

险管理，可以降低或避免合作可能带来的风险，真正实现双赢。一般来说，非营利组织在管理合作风险时，应该坚持以下基本原则：

1. 审慎选择合作伙伴

非营利组织首先要评估组织自身的实力和不足，了解能增加合作伙伴价值的所有途径，考虑机会成本，谨慎选择并严格审查合作伙伴，采取有利于合作双方长期战略的合作途径。非营利组织要确定企业合作伙伴在理解社会问题和解决办法方面与自己具有相似的兴趣和利益，明确各自在合作中扮演的角色。不要选择兴趣和利益与组织相冲突的合作者。

2. 坚持坦诚对待顾客和公众

合作双方应该与公众进行坦诚的交流，避免让公众以为企业在利用非营利组织的正面形象掩盖其劣质产品。企业必须坦诚地在合作开展的活动中公布投入了多少，捐赠了多少，获得了多少。只有坦诚对待顾客和公众，才能赢得他们的信任，合作双方才能真正获益。

3. 不要过分受制于企业合作者

企业一般喜欢控制和利用慈善活动，有时甚至超出了双方约定的合作范围。因此，非营利组织一定要在合作协议中严格界定清楚双方合作的领域和时间范围，避免陷入到企业与对手的竞争活动之中。否则，非营利组织自身的运作将会受到很大牵制。

基金会与企业的平等合作关系

公募基金会可以与企业合作建立以公益为目的的营销联盟。非公募基金会往往也要与主要捐赠企业联合开展活动。然而，基金会应该清醒地认识到，对于合作方企业来说，扶助公益事业的营销活动不仅是在做善事，更要为提高企业的利润服务。基金会的公益形象是其最宝贵的资源，为了避免自身的公益形象在合作中受损，基金会应当与合作者建立平等的伙伴关系，而不是作为一个求助者。

资料来源：艾伦·埃德瑞森．非营利组织的利润：寻找企业合作伙伴．哈佛商业评论，1996 年 3-4 月号.

4. 公正地评估合作成果

对合作成果进行客观公正地评估对于从每次活动中吸取经验、改进未来绩效具有重要意义。仔细地评估工作也为将来吸引和选择合作者奠定基础。具体的评估方法可以参考项目评估和组织绩效评估等有关章节的内容。

案例 10-1

南都基金会的“新公民学校”①

南都公益基金会是民政部登记主管的非公募基金会，成立于 2007 年，原始基金 1 亿元人民币，来源于上海南都有限公司。南都公益基金会的使命是支持民间公益，关注转型时期的中国社会问题，资助优秀公益项目，推动非营利组织的社会创新，促进社会平等和谐。

一、以公益创投模式实施“新公民计划”

中国城市化进程中，大量农民工进城。农民工子女教育面临两大难题：进城读书难和融入城市难。这两难如果得不到妥善解决，不仅对农民工子女个人成长及其家庭产生不良影响，而且对整个社会也将带来严重后果。解决这个问题，不仅需要政府公共政策的改善，而且需要全社会的积极关注。因此，南都公益基金会实施公民计划。该计划旨在改善农民工子女的成长环境，帮助农民工子女获得更好教育，发展其潜能，培养他们的公民意识，未来能够承担其公民责任，成为高素质的新公民。

新公民计划包括两方面的内容：一方面资助非营利组织开展为农民工子女服务的公益项目，资助范围包括：农民工子女道德辅导项目、课业辅导项目、健康成长指导项目、就业服务项目、生活方式辅导项目、社会交往指导项目以及改善农民工子女成长环境的政策推动项目，所有项目都是为了让农民工子女得到更好教育。另一方面，为了让更多无法进入公立学校的农民工子女获得更高质量的教育，南都公益基金会捐资兴办新公民学校，探索办公益农民工子女学校的模式。新公民学校是新公民计划的资助重点，是南都公益基金会支持农民工子女教育的重要方式。学校以“新公民学校”命名，寓意孩子们在这里励志学习、健康成长为社会主义新公民。南都公益基金会计划用 5~10 年实践捐建 100 所民办公益的新公民学校，每所学校资助 150 万~200 万元。南都希望探索出一条社会捐资、公

① 刘洲鸿．培育城市新公民，让人人怀有希望［C］．编委会．基金会内部治理与公信力建设，中国社会出版社，2010.

民参与、民办公助的新公民学校办学新路子，为更多企业和公众参与农民工子女教育提供借鉴。

南都公益基金会的新公民学校项目采取了公益创投的模式。南都公益基金会与上海浦东非营利组织发展中心合作建设公益组织孵化器（Non-Profit Incubator，NPI），为被孵化的NPO提供场地设备、能力建设、注册协助、小额补贴等创业初期最急需的帮助，支持和培育有志于投身公益领域的社会企业家和公益职业经理人。南都为新公民学校的品牌所有者，开发与建设新公民学校品牌，为每所新公民学校提供150万~200万元种子资金。基金会委托新公民学校发展中心负责学校筹建、品牌管理以及为学校提供服务。

二、通过招标方式与NGO合作

南都公益基金会采取公开招标的方式决定新公民计划公益项目的资助，让市场为公益项目、公共服务定价，寻求最合理价格与最优服务，使资金发挥最大的社会效益。

新公民学校办学成本将由政府补贴、社会捐助和家庭分担（学费）三部分组成。南都公益基金会通过招标的方式，寻找有能力的NGO来举办新公民学校。申请举办的NGO必须有较强的动员社会资源的能力，与政府有很好的沟通能力，能够争取到政府补贴。新公民学校采取校董事会领导下的校长负责制，每一所新公民学校都将成立校董事会，校董事会负责学校的可持续发展。南都公益基金会每捐建一所新公民学校，就相当于资助创立了一个教育NGO。

截至2010年年底，通过招标南都公益基金会与160多家关注农民工子女教育的NGO建立了联系，已经接受250多个项目申请书，批准70多家机构的116个项目，已经完成项目79个，已建和在建新公民学校7所，教师培训中心1个，资助资金1485万元。项目实施范围设计北京、上海、广东、黑龙江等将近20个省（市、自治区）。

南都公益基金会只有8个专职工作人员，人力资源和机构能力都相当有限，如果不是采取招标资助的方式，而是自己运作的话，实施这么多项目是不可能完成的任务。

三、与政府和其他机构广泛开展合作

作为一个资助型基金会，南都公益基金会的人力和能力都很有限，因此，除了与NGO合作之外，南都还广泛开展与政府、企业、媒体和学界的合作。

政府的支持对新公民学校的发展至关重要。在各个省市自治区各级政府的支持下，新公民学校才能够在这些地方落地。以银川新公民学校为例，南都公益基金会捐款200万元，撬动了宁夏自治区各级政府2000多万元资金，政府还将给予学校后续支持。学校的举办方——银川教育促进会也为学校筹资50万元，并将与其他非营利组织一起，继续动员社会资源。温州市政府承诺为新公民学校配备不少于1/3的公办教师，并提供不少于1/3的公办经费和生均补贴。

南都与众多企业开展了合作。麦肯锡为新公民学校项目开发提供战略咨询服务。奥美公司无偿为新公民计划进行品牌设计，新公民学校、新公民之友、新公民园丁奖、新公民杯等一系列新公民项目子计划的品牌形象都是奥美公司设计的。奥美的高水平设计，加深了公众对新公民计划品牌的印象，对于品牌推广起到了很大作用。奥美还为新公民计划设计了多幅公益广告作品。在2009年亚太广告节中，奥美的《新公民计划：难以触及的课本》获得了户外类全场大奖及银奖，这也是华文广告圈本年度在亚洲范围内的广告节中获得的最高奖。与摩根大通公司合作，摩根大通公司支持新公民学校社工服务，组织企业志愿者为农民工子女服务。君合律师事务所提供志愿法律服务。温州市青年企业家协会为温州新公民学校捐款30万元。百年新公民职业学校在2008年以慈善晚会的方式筹资400多万元。

与媒体合作。南都公益基金会与央视《春暖爱心总动员》节目举行了“关爱城市新公民晚会”，进城农民工子女就是城市新公民的理念得到央视认可与传播。

与学术界、教育界合作。南都公益基金会与中央教科所合作开展了“进城务工农民工子女教育问题研究项目”，与北京市教育研究院合作开展了“捐资举办民办学校办学模式研究项目”，通过研究、提案等方式，提出政策建议，推动政策制定，通过研究成果的发布，获得农民工子女教育领域的话语权。与人大附中合作，从进京读书的农民工子女中选拔初中“新公民班”学生，免费入学，为公办名校如何为教育公平做贡献做出榜样。

南都公益基金会与中国社工协会志愿者工作委员会合作开展新公民之

友志愿者服务支持计划。按照我国法律规定，作为非公募基金会，南都公益基金会不能向社会募集资金，但是可以向社会招募志愿者，为农民工子女教育和融入城市寻求志愿者支持。新公民之友为新公民计划的理念推广和资源动员都起到了重要作用。

南都公益基金会还与中科院心理所、宋庆龄基金会、芳草地小学等合作开展新公民超常儿童教育项目。该项目对教育和培养流动儿童中的尖子人才，改变弱势群体中超常儿童的受教育状况，提升他们的自信心具有重要帮助。

南都公益基金会还与福特基金会、腾讯公益基金会以及21世纪研究院一起，共同实施“新公民奖”评选活动。通过表彰对农民工子女教育做出突出贡献的政府、NGO、企业、学校、媒体、学者、老师等，推动社会对农民工子女教育问题的关注。

总之，通过公益创投模式，南都公益基金会以少量资金撬动大量社会资源和政府资源，用于新公民学校的建设，使之可以复制和推广，并且可持续发展。通过多方合作开展公益项目已经成为南都公益基金会理事会审批项目的一个基本原则，只有通过合作，整合各方力量，才能更好地推动项目实施，也更有利于品牌建设。

思考题：

1. 南都公益基金会的“新公民计划”与哪些方面开展了合作，如何开展合作的？

2. 如果你是南都公益基金会的管理者，你会如何设计基金会与其他机构合作的政策？

案例 10-2

霍岱珊与淮河卫士①

一、霍岱珊的创业过程

霍岱珊走上民间环保之路纯属偶然，此前他曾是《周口日报》一名摄影记者。1994 年 7 月，当霍岱珊将镜头对准沙颍河时，一层层翻肚的鱼让他手抖心惊。实际上，改革开放以来，淮河遭受的污染日益严重。在 20 世纪 90 年代，有关淮河治污的话题备受关注，而流经周口沈丘县的沙颍河则是淮河最大支流。从此，霍岱珊开始了走上了一条不悔的人生路——将镜头对准淮河，记录淮河的污染状况。1997 年，淮河水质达标的谎言被戳破。1998 年，时年 45 岁的霍岱珊从报社辞职，专事环保，并加入“自然之友”。

辞职前后，霍岱珊独自走过淮河沿线 20 多个县市，自淮河源头、支流到尽头共 4000 多公里，自费拍摄了 15000 多张有关淮河流域水污染的作品。他的目的只有一个——借照片揭露污染、揭穿谎言、保卫家园。

2001 年，霍岱珊成立了一个民间环保组织——淮河卫士。2003 年，“淮河卫士”的正式注册，标志着他在治理淮河过程中从个人行为到组织行为的转化。

二、淮河卫士在行动

“淮河卫士”(淮河水系生态环境研究中心，简称“淮河卫士”）属于民办非企业单位，下设 8 个观测站（分布于沈丘、蚌埠、漯河、周口等地)，主要资金来源是项目竞标。

淮河卫士的成员起先以当地受害农民、退休老干部和教师为主，后有一些专家学者、律师和大学生自愿加入，现有注册志愿者 1000 余名，专职人员 4—5 人。霍岱珊的两个儿子也成了环保志愿者。

---

① 本例由马晴、廉莲、蒋秀娟根据以下信息编写：CCTV，河南省淮河水系生态环境科学研究中心主任霍岱珊，http：//www. yonglian. gov. cn/articleContent. asp？ id=4784；淮河卫士，淮河卫士项目总结及财务报告，http：//www. greengrants. org. cn/read. php？ id=309.

"淮河卫士"以拯救淮河为宗旨，十几年来致力于淮河污水治理，霍岱珊把"淮河卫士"的工作归纳为"一个项目、三件事"。所谓一个项目就是拯救淮河希望工程。三件事就是：一项监督（监督水质的状况）和两项救助（饮水救助和医疗救助）。

8年来，"淮河卫士"取得了令人瞩目的成果。从2003年开始，他精选自己拍摄的淮河生态图片120多张，制作成105块展板，以"淮河家园的呼唤"为主题，先后在北京、河南、安徽、江苏、湖北等知名高校和沿淮城市进行了70多次展出。同时举办了"淮河——两亿人生命之所系"的演讲，受众超过100万人次，有力地推动了淮河环保教育事业。因"淮河卫士"不断上书，2005年，国家为沈丘县打深水井46眼，井深150米至400米之间。由此，13万人喝上清洁水。环保总局更是将淮河卫士称为"总局放在淮河的一双眼睛"。

三、淮河卫士的困境

"淮河卫士"目前面临三个方面的困难，一是资金，二是安全，三是政府的理解。

"淮河卫士"无法从政府部门或者民间企业得到资金上的支持，只能从项目竞标上寻找资金。这部分资金远远不够。十多年来，霍岱珊为了有关淮河的各项环保活动，用尽了20多万元的家庭积蓄。因为辞职没有了固定收入，很长一段时间他竟然靠"零活"维持生活。除此之外，因为招致部分被曝光的企业主仇视，在考察中他还多次遭人殴打，被人砸坏相机，甚至还接到匿名的威胁电话。

"淮河卫士"和地方政府的关系曾经很紧张，近年来有所好转。比如说，淮河治污达标后，曾有中央政府官员在沈丘视察治污效果。于是，地方政府就从上游的水库大量放水，冲走淮河的污染物，使河道"变清"。但是，第二天考察团走后，淮河水又恢复到臭气熏天的状况。"淮河卫士"揭露事实之后，被地方个别官员认定是"滋事分子"。近年来，随着环境污染问题的日趋严重，人们对环境的关注度也很高。"淮河卫士"与政府的关系也不断改善。霍岱珊说："作为一个非政府组织，只是淮河上面的一双眼睛，把实时监测到的污染情况以及受污染的村民们的情况反映给政府，然后让政府去解决。"

思考题：

1. “淮河卫士”该如何改善与政府的关系？
2. “淮河卫士”如何克服当前面临的资金与安全方面的困难和问题？

第十一章　非营利组织的评估

慈善和经商不同，慈善事业即便出了错，也没有顾客出来抗议，更没有股价涨跌来及时反映你的业绩。

——比尔·盖茨

本章要点

非营利组织评估的定义与作用；
非营利组织评估的类型；
非营利组织评估的主体与客体；
非营利组织评估指标体系；
非营利组织评估持续和信息获取方式。
非营利组织绩效评估方法。

民间组织评估指标体系①

2006年，国家民间组织管理局认识到民间组织评估的重要性，成立了"中国民间组织评估体系课题组"，在全国十多个城市开展了民间组织评估的试点工作。

课题组在大量调研的基础上，根据社会团体、民办非企业单位和基金会的特点，制定了评估框架和指

① 邓国胜．民间组织评估体系．北京大学出版社，2007：109-110.

标体系。这个评估框架包括四个方面的内容：

第一，民间组织的基本条件；

第二，民间组织的管理和能力建设；

第三，民间组织的业务活动；

第四，民间组织的社会影响。

第一节　非营利组织的评估概述

社会创业者应该认识到，社会创业从良好的意愿出发，但最终是否达成意愿实现使命要靠评估来做出评价。从现代非营利组织评估发展过程来看，在非营利组织发展的早期阶段，政府、捐赠者、公众等利益相关方都不太关心非营利组织的评估，这实际上给非营利组织提供了一个宽松自由的发展环境。然而，随着非营利组织数量和规模的增长，社会影响力的扩大，利益相关方越来越关心非营利组织的诚信与绩效，评估因此被提上议事日程。

一、评估的定义与作用

一般而言，评估是评估主体对评估对象价值的评价和判断活动。罗西认为，评估的广义定义包括所有探讨事件、过程或人的价值的努力。① 巴比认为，评估研究是一种应用性研究，它研究的是社会干预的效果。或者说，评估是一项研究，其目的是帮助人们评价某一评估对象的优点和价值。② 总的来看，评估的核心内容是评估主体对评估客体的价值进行判断和评价，或是对社会干预的效果进行考察和研究。

对非营利组织进行评估既有激励作用又有约束功能，理想的非营利组织评估工作应该至少达到以下三个目的：第一，通过评估对非营利组织进行引导、监督和约束。评估所采用的指标体系可以引导非营利组织的发展方向。世界各国的实践经验表明，对于评估对象而言，评估是个指挥棒，具有立竿见影的导向功能。一般来说，评估采用什么指标，非营利组织就会朝着指标所指示的方

① 彼得·罗西，等．项目评估：方法和技术（第6版）．邱泽奇，等，译．华夏出版社，2004：4.

② 艾尔·巴比．社会研究方法．邱泽奇，等，译．华夏出版社，2005：356.

向而努力。第二，通过评估促进非营利组织的学习成长和能力提升。如果评估指标设置科学合理，非营利组织将可以从评估过程了解组织当前的状况，诊断组织存在的问题，与评估者一起探讨解决问题的方案，促进组织的学习成长和能力建设。第三，通过评估实现非营利组织与利益相关方的良好沟通，提高非营利组织的公信力。当前，公众对我国非营利组织的信任度不高，缺乏支持和参与的热情。如果有一个值得公众信赖的客观公正的评估机构对非营利组织进行评估，公众就可以根据评估信息做出判断，哪个组织做得好，哪个组织做得不够好，并进一步做出是否支持和支持谁的决策。

在没有评估信息的情况下，个别非营利组织发生丑闻事件就会影响公众对整个非营利部门的印象。如果有了可靠的评估信息，公众就会将优秀的组织与糟糕的组织区别看待。因此，评估不仅可以帮助社会创业者和非营利组织改进工作，而且可以帮助维护和提高非营利部门的公信力，提高公众的参与意愿和捐赠水平，促使非营利组织提高工作效率和服务效果。

二、评估的类型

根据不同的标准，可以将非营利组织的评估分为多种类型。① 根据评估内容不同，可以分为形成性评估（Formative Evaluation）和累积性评估（Summative Evaluation）；根据项目所处的阶段，又可以分为过程评估和结果评估；根据评估相对于项目所处的阶段，可以分为前评估、中期评估和后评估；根据评估者的来源，又可以分为自我评估和外部专家评估。

（一）形成性评估和累积性评估

根据评估内容的不同，学界将评估方法分为两大基本类型：形成性评估和累积性评估。形成性评估是对项目进展情况进行的评估，旨在通过提供有关项目进展状况的信息，促进非营利组织的发展和项目改进。累积性评估的目的是考察项目完成情况，对项目的结果做出评价，有助于资助机构和捐赠者决定是否继续对该非营利组织或项目进行投资。

---

① 金斯伯格．社会工作评估——原理与方法．黄晨熹，译．华东理工大学出版社，2005：18.

（二）过程评估、结果评估和效率评估

根据项目所处的阶段，非营利组织的评估可以分为过程评估和结果评估。① 过程评估对项目的操作、实施以及服务提供等进行评估，结果评估是对项目实施结果及其造成的影响进行评估。过程评估致力于解决和项目运作相关的问题，包括服务与项目目标的一致性程度、项目资源使用情况以及其他类似情况。结果评估是对项目的影响进行评价，包括项目是否取得了预期的结果，项目对社会环节产生了何种影响及其影响程度等。

效率评估建立在过程评估和结果评估的基础之上，即便项目执行无误并且取得了预期效果，仍然要评估其资源使用效率。效率评估对项目成本和收益之间的关系进行分析，试图回答以下问题：相对于付出的成本而言，项目是否产生了足够的收益？项目产生的收益所花费的单位成本与其他类似项目相比是高一些还是低一些？效率评估最适用于成熟稳定的项目，即高度组织化并且有很多可比经验的项目。

（三）前评估、中期评估与后评估②

根据评估相对于项目所处的阶段，非营利组织的评估可以分为前评估、中期评估和后评估。前评估是指、计划或政策开始实施之前所进行的评估，也称预评估、事先评估。由于是在实施之前进行，由此实际上是对项目、计划或政策可行性分析的评估。主要依据是历史资料和经验性资料以及相关行业标准等。

中期评估是指在项目、计划或政策开始后到完成前之间的任何一个时点进行的评估。其目的是检查项目、计划或政策的设计和实施质量，或者评估实施过程中的重大变更及其影响，或者诊断实施过程中遇到的困难和问题，寻求解决办法。

后评估是指在项目、计划或政策实施过程结束后，将实际情况与计划目标相比较而进行的评估。评估主体往往是外部专家。

---

① 彼得·罗西，等．项目评估：方法和技术（第6版）．邱泽奇，等，译．华夏出版社，2004：49-51．

② 邓国胜．民间组织评估体系．北京大学出版社，2007：47-49．

（四）自我评估与外部评估

根据评估者的来源，非营利组织的评估可以分为自我评估和外部专家评估。自我评估是非营利组织内部的项目、计划或政策的实施者进行的自我评估，外部专家评估是指非营利组织聘请科研机构或独立评估机构的专家进行的评估。

自我评估的优点在于评估者对组织内部结构、运行机制、项目实施过程等方面的信息较为熟悉，对当地的社会经济背景、文化风俗习惯较为了解；评估成本较低；评估结果或建议容易在以后的工作中得到应用。缺点是评估结果往往缺乏客观公正性，评估专业性不强，较为简单粗略，难以得到公众的信任。

外部专家评估的优点和缺点几乎正好反过来。因此，有条件的非营利组织在进行评估时往往将两种方式结合起来使用。

三、评估主体和客体

（一）评估主体

从评估类型可以看出，评估主体包括非营利组织自身、政府、行业评估机构或其他机构。① 有人认为非营利组织属于私人部门，应该主要依靠组织自律和行业自律，只有当其触犯了法律，政府才可以介入。不过，近年来越来越多的人认为，在非营利组织自律失灵的时候，政府有必要对非营利组织进行评估。事实上，不仅发展中国家，而且很多发达国家和地区的政府也经常介入非营利部门，只不过不同法系的国家，公权力介入的方式有所不同。例如，日本政府对社团法人和财团法人实施现场检查；香港特别行政区政府对社会福利机构进行质量评估；德国政府通过资助中介性机构对非营利组织进行评估等。

从全球发展趋势看，政府对非营利组织的评估有一个发展过程，一开始往往借助政府的力量直接推动非营利组织的评估，然后发展为政府通过资助中介机构进行间接评估，最后发展成为行业性独立评估机构的评估。例如美国很早就建立了独立的评估机构即“慈善信息局”，要求慈善组织将所有信息按标准先进行自我评估，然后提供给该局组织相关专家进行审查评估，并将评估结果定期上网公布。由于该局属于独立的评估机构，评估结果往往客观公正，对非

① 邓国胜．民间组织评估体系．北京大学出版社，2007：38-40.

营利组织形成了有效的约束与激励机制。

从世界范围内非营利组织评估的实践来看，由于政治法律制度的不同，历史文化传统的差异，处于不同的社会经济发展阶段，占主导地位的评估主体也不一样。总的来看，有三种模式：一是美国式的民间主导的评估模式；二是日本式政府主导的评估模式；三是介于二者之间的英德评估模式。

美国是一个发达的自由市场经济国家，政府对非营利组织的干预最少。非营利组织的评估也基本遵循自愿、自主和自律的原则。美国的非营利组织评估往往以需求为导向。某个行业或领域的非营利组织出现了较大的丑闻，使得该行业或领域的非营利组织为了维护自身或行业发展不得不组织起来，对该行业或领域的非营利组织进行评估，以期维护或重获利益相关方的信任。美国式非营利组织评估模式的优点是以非营利部门对评估的需求为导向，存在多个相互竞争的评估机构，评估客观公正、透明度高、评估效果好，对公众的捐赠意愿影响很大，而且不会因为评估导致政府过多干涉非营利组织的内部事务。但是，美国式评估是有条件的，要求非营利部门十分发达、分工细密、资源雄厚能够负担评估成本并支持专业评估机构的生存与发展，要求媒体客观公正，要求评估机构具有很高的公信力，事实上美国一些评估机构的公信力甚至超过政府。对于大多数国家来说，目前并不具备采取美国式民间主导型评估的基本条件。

日本虽然也是一个市场经济国家，但同时也是一个政府主导的国家。1995年阪神大地震之后，日本政府于1998年通过了支持非营利组织发展的法律，至此之后，非营利组织才在日本迅速发展起来。在这样的背景下，日本无论对社团法人还是财团法人都是以政府的现场检查和评估为主。我国的台湾地区和香港地区基本借鉴了日本的做法。在台湾是由内政部门和各自的事业主管机关对社会团体进行评估；在香港则是由社会福利署对社会福利机构进行评估。日本式政府主导型评估的优点是评估的权威性高，评估经费有保障；缺点是公开性透明性差、客观公正性受影响。政府容易通过评估干预非营利组织的内部事务，甚至借评估来寻租，出现腐败现象。正因为如此，日本式政府主导型评估模式日益受到诟病，改革呼声越来越高。最近，日本正在对非营利组织的管理体制进行改革，比如，将公益法人的认定委托给由不同利益群体代表组成的公益委员会来负责，而不再由政府承担。

英德模式介于美国模式和日本模式之间。一方面，政府积极介入非营利组织的评估，另一方面，又采取民间评估机构来具体实施评估。民间评估机构独立于政府，但得到政府的授权，并由政府提供经费支持。一般来说，评估委员会是评估机构的最高权力机关，由政府、非营利组织、社区和学术界的代表组成。英德式评估模式的优点是既有政府的授权和权威性，有经费保障，同时又具有民间机构的独立自主性和客观公正性。

对于中国的非营利组织评估来说，当前并不具备实施美国模式的充分条件。主要原因是，国内民间评估机构缺乏权威性和公信力，非营利组织不愿意参加民间评估机构的评估。而且，民间评估机构本身还处于发展初期，缺乏稳定的资金来源。日本式政府主导模式存在太多缺点，本身也在改革。相比较而言，英德模式更值得中国借鉴，邓国胜提出，现阶段中国非营利组织评估体系应该是一个多元多层次的混合体系。第一个层次是改革民政部门的年检，完善年检内容与标准，加强随机或重点的现场检查，逐步扭转年检流于形式的弊端；第二个层次是建立政府授权和财政支持的独立第三方评估机构开展评估；第三个层次是鼓励兴办民间评估机构，作为前两个层次的补充；第四个层次是业务主管单位对其主管的非营利组织进行评估。这种多元多层次评估体系的优点是评估主体之间具有竞争性，兼顾权威性和客观性，但缺点也很明显，可能会出现重复评估，多头评估，加大评估对象的负担，也使得公众不知道该相信谁。一般来说，除了民政部门的年检是强制性以外，其他几种评估应该是自愿性的。

（二）评估客体

从评估客体来看，国外非营利组织的评估主要分为两类：第一类是对劝募机构比如基金会的评估。这是国外开展最多，也是最为普遍的评估；第二类是对那些直接提供社会服务的机构开展的质量评估，比如对非营利性社会福利机构、学校和医院进行的质量评估。一般来说，国外对于互益型的行业协会、学会和其他社团组织较少开展评估。对我国来说，评估的重点首先可以放在对慈善总会、红十字会、青少年发展基金会等公募基金会。

另外，从国外非营利组织的经验来看，评估可以分为强制性和自愿性两类。一般来说，政府主导型的评估，如日本政府对非营利组织的评估大多是强制性的；而民间主导型的评估，如美国对非营利组织的评估大多是自愿性的。从另外一个角度来说，劝募机构的评估大多是自愿性的，而社会服务机构的评估大多是强制性的。

四、评估理论和指标体系

评估理论是对非营利组织评估的目的、作用和内容的系统性知识，评估理论决定评估指标体系的设计。各国在评估研究和实践中发展出了很多理论，较为流行的理论有“3E”评估理论、“3D”评估理论和“APC”评估理论。

“3E”评估理论是当前国际上最为流行的公共组织评估理论之一。所谓“3E”即经济（Economy）、效率（Efficiency）和效果（Effectiveness）。经济是指以最低可能的成本供应与采购维持一定服务品质的公共服务，它关心的重点是投入的数量，而不是产出与服务品质，例如，某个项目在特定时间内究竟花了多少钱？工资成本应该是多少？花费与预算是否一致？等等。效率是指投入与产出之比，效率指标通常包括服务与活动的单位成本，比如某个项目单位成本带来的产出是多少？效果则是组织实现使命和目标的程度，效果指标关注的重点是目标和结果。

“3D”评估理论的“3D”是指诊断（Diagnosis）、设计（Design）与发展（Development）。诊断是指非营利组织或项目的管理者能够正确识别组织或项目所面临的新的管理问题，能够考虑到主要的利益相关方的需要与利益。设计是指组织或项目的管理者能够通过适当的策略解决这些问题，能够设计解决这些问题所需要的恰当的结构与战略。发展是指一种解决组织运作或项目实施过程中所遇到的问题的能力，以及推动管理变革与创新的能力。“3D”评估理论的优势在于它特别注重通过评估提升非营利组织的能力建设，通过评估帮助非营利组织不断学习与成长。然而，这种评估理论的缺点在于它难以客观定量，难将不同组织进行比较，因此也无法根据评估结果进行分类排名或者实施奖惩。

邓国胜等学者根据我国的实际情况提出了问责（Accountability）、绩效（Performance）和组织能力（Capacity）的全方位评估理论，简称为“APC”评估理论。① 问责评估是对非营利组织公信力的评估。问责是指非营利组织对其使用的公共资源的流向及其使用效果的社会交代。通常，非营利组织问责性评估包括对组织的治理结构、组织的活动是否符合组织的宗旨、组织的信息披露、组织的财务透明性等方面。绩效评估是对非营利组织的适当性、效率、效果、顾客满意度、社会影响及其持续性的评估。绩效评估吸收了“3E”理论

① 邓国胜．非营利组织 APC 评估理论．中国行政管理，2004（4）．

和顾客满意度理论的优点，增加了适当性、社会影响和持续性等维度。组织能力是指组织开展活动和实现宗旨的能力，组织能力评估包括非营利组织的基本资源、组织内部管理能力、组织外部公共关系与动员资源的能力等。总的来说，“APC”是一个全面的综合性的评估框架。在实际操作中，评估机构可以根据评估目的和需求对评估对象进行综合性评估，也可以就问责性、绩效和组织能力做单项评估。

五、评估程序和信息获取方式

从各国实践来看，非营利组织评估的程序大同小异。一般来说，包括以下几个步骤：

第一步，在自愿性评估中，非营利组织向评估机构提出评估申请得到批准后，开始评估准备工作；在强制性评估中，根据评估者的要求开始评估准备工作。非营利组织在评估准备阶段，根据评估指标体系与评估标准进行自我评估。非营利组织成立一个评估委员会，根据指标体系与标准，逐项进行打分，并将证明材料作为附件附在评估材料当中。

第二步，评估机构收到非营利组织的自我评估材料后，由工作人员进行形式审查，检查自我评估材料是否齐全，证明材料是否充分。如果有不完整或不清楚的地方，由工作人员与被评估机构进行沟通。如果条件许可，评估机构可以将非营利组织的自我评估报告的全部或部分内容放到网站上，接受公众监督。

第三步，有利益相关方和专家组成一个综合评估小组。

第四步，由综合评估小组对重要的大型非营利组织或有不良记录的非营利组织进行现场检查，也可以进行随机抽查。评估小组对非营利组织提交的评估材料进行审查，结合现场检查和抽查得到的信息，做出初步判断，形成评估意见。

第五步，综合评估小组将评估结果告知评估机构，并通过专门渠道接受非营利组织对评估结果的申诉。在与非营利组织进行交流沟通的基础上，由评估委员会做出最终评估结论。

第六步，发布评估结果。

在评估过程中，评估机构可以运用多种方法获取信息，常用的方法包括文献法、访谈法、焦点小组法、问卷调查法和观察法等。

文献法是任何一种评估都要用到的方法，也是成本最低的方法。非营利组织在日常工作中应该将有关各种活动的信息和财务信息保留下来，建立完备的文献档案资料，包括文字、照片和音像资料等，在自我评估时将这些资料作为附件提供给评估机构。评估机构在检查时，如果方法文献资料还不能充分说明问题，可以采取其他方法。

访谈法是现场评估中最常用的方法之一。访谈对象可以根据评估需要来选择，包括非营利组织的理事会成员、管理者、工作人员、受益群体和社区代表等。

焦点小组法又称小组座谈法，在绩效评估和能力评估中经常使用。焦点小组法采用小型座谈会的形式，由一个经过训练的主持人以一种无结构、自然的形式与一个具有代表性的小组人员交谈，获得对有关问题的深入了解。焦点小组法比个别访谈更节约时间和成本。

问卷调查法也是常用方法之一。与访谈法相比，问卷法的优点是便于定量、相对客观，缺点是难以保证问卷填写质量和回收率。

观察法是获取一手评估信息的不可替代的方法。观察法的优点是能够获得比较真实的信息，缺点是成本较高，评价结果较为主观。

第二节　非营利组织的绩效评估方法

由于评估主体、评估客体、评估目的和评估内容的不同，在非营利组织的评估实践中出现了很多方法。这里主要介绍两种最为常用的非营利组织绩效评估方法，在本章所附的背景材料中介绍了一种行业评估所用的标准，可以看出其评估的内容比组织绩效评估要全面得多。

一、逻辑模型法①

逻辑模型法既可以用于社会创业者用于对自身绩效的评估，外部评估主体也可以运用这个方法评估非营利组织执行的某个项目的社会影响。

（一）逻辑模型法的含义与作用

逻辑模型法根据非营利组织在项目实施过程中各个环节的内在因果关系，

① Wei-Skillern, Austin, Stevenson. Entrepreneurship in the Social Sector. Sage Publication Inc., 2007.

对项目实施结果和社会影响做出评价，是一种分析事物内在因果关系的方法，它不但提供评估结果而且还对评估结果做出解释（参见图 11-1）。

逻辑模型法实际上构建了一个绩效提升和评价系统。一个评价和提升绩效的系统起源于组织对其特定价值和目标的清晰理解，这就回到了组织的价值定位或者社会影响。较之企业家以利润来评估经营成效，社会企业家则以造成的社会变化作为绩效评估的基础。

尼采说，人类最常见的愚蠢是忘了自己想要做什么。如果一个组织对我们究竟要做什么提出了一个简洁有力的答案，所有人都分享并且相信它，这个组织才能建立一个绩效管理系统。如果没有明确定义组织的宗旨，即组织期望在长期取得何种成果和绩效，我们就不能建立起管理过程，不能保证组织系统地产出成果和改进绩效。一旦定义了绩效，组织自身或他人才能够就绩效水平对组织进行问责，组织才能够取得高绩效并且不断提升绩效。

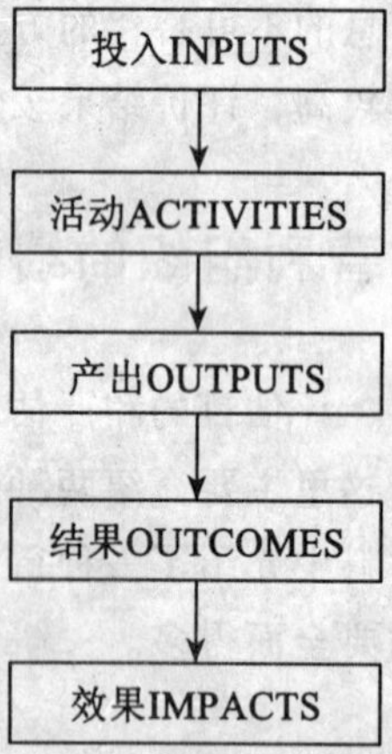

图 11-1　非营利组织的逻辑模型或价值链

资料来源：Wei-Skillern, Austin, Stevenson. Entrepreneurship in the Social Sector. Sage Publication Inc., 2007, p. 326.

从图 11-1 可以看出，逻辑模型是一个因果链。以扫盲项目为例，项目起始于“投入”，如资金、劳动等，“活动”是开办扫盲班，“产出”就是参与者人数、时间，假定产出产生“结果”，即学员读写水平得到明显提高。但是，结果还不是最终目的或项目宗旨，扫盲项目的最终目的可能是鼓励并帮助学员找到工作或者找到更好的工作，提升他们的生活质量，这个遥远的目的就是“效果”或者是社会影响。

在这个因果链中，越往下越具有以下特点：所需的时间越长；距离组织的中心越远；越来越脱离组织的控制，组织可以控制投入，但是不能控制效果；越来越难以衡量；越来越抽象；越来越难以确定因果关系。

我们可以从两个方向来运用这个模型，可以从“投入”出发，循着“活动”和“效果”这个顺序，这是执行工作的顺序。我们也可以从“效果”开始，这个逆向过程是计划工作的顺序——寻找新的活动以便更可靠更高效地并且是连续性地实现所要的“效果”。我们用执行的顺序来研究和评价我们的活动造成的影响或效果，我们用计划的方式来寻找新的更好的活动或过程来得到我们所想要的效果。一些组织同时连续使用两种方式，另一些组织则主要使用“执行”逻辑，中间阶段性地进行“逆向计划”式反省。

逻辑模型在用于计划过程时，一开始就要想到结果，从结果开始制定计划。登山者和军事计划人员将这种计划方法称为“逆向计划法（Reverse Planning）”，工程师则称之为“末端视图（End State Vision）”。以登山为例，如果计划30日登顶，30日到达山顶并且拥有充足的食物和装备以便返回；那么29号应该在5号营地，两个人一顶帐篷足够的氧气、食物和装备；以此类推，做好每一天每一步的计划。下面着重讨论如何按照执行的顺序来建立绩效评估体系。

（二）运用逻辑模型法建立绩效评估体系

逻辑模型给出了价值链中各个环节之间的逻辑因果关系。一旦建立了合理的模型，我们就可以开始测试假设和前提条件，通过开发对因果链条每个环节的衡量方法，来找到最佳的绩效评估办法。逻辑模型包含了一系列假设：如果我们做了X，就会得到Y。但是在实践中，如果我们做了X，我们会得到Y吗？绩效评估对我们当前的行动究竟如何做出评价，而绩效管理在于运用绩效评估得到的信息来改进工作流程，使之更可能产生我们想要的结果。然而，没有一个组织可以详细记录所有投入品或每个活动的所有方面，因此，我们必须确定需要记录哪些投入品或者哪些活动，然后再设计恰当的办法来衡量它们。由于我们往往也不可能直接衡量投入、活动或结果，所以不得不通过指标来衡量它们。

由于绩效存在于组织的边界之外，在收集绩效评估数据的过程中，我们会遇到数据地平线（Data Horizon）。在数据地平线之外，我们难以对组织绩效进行客观的评估，而进入到宝贵理论的领域（Domain of Cherished Theory）。

组织内部发生的各种活动其最终影响总是超出组织的边界。一般而言，投入发生在组织内部，直接运用投入产生的各种活动也发生在组织内部，但是产出可能在组织内部或外部。比如，一个旨在帮助青少年避免风险行为（如吸烟）的教育项目，工作流程包括设计、印刷和分发一些小册子，让青少年不要吸烟。设计和印刷小册子是组织内部活动，印好的小册子就是“内部产出”，这个生产过程组织完全可以控制，这些小册子被放到电话亭、车站等地方，被人们取阅，这些被取走的小册子是“外部产出”，组织对此很难控制。人们取走并阅读了这些小册子，知道了吸烟的危害，这是“结果”，然后如大家所愿减少了吸烟行为，这才是“效果”或“影响”。

绩效管理的核心特点是认识到成果发生在组织之外，如果我们只关心发生在组织内部的事情，我们就只是关注流程，而不知道工作究竟产生了什么成果，创造了什么价值。在一个成果管理系统中，成果要由组织之外的效果来定义。

绩效管理系统的一个重要特征是能够及时准确的收集到有关活动和效果的数据。站在组织中间，顺着价值链往下看，你能看清楚多远？你看到了“数据地平线”吗？在数据地平线之外，组织内部活动所产生的外部成果脱离了我们的视线。在地平线以内，组织可以获得描述活动及其结果的实际数据，但是越过地平线之后，就很难找到客观的衡量标准或指标来描述组织的工作所取得的成果。

内部收集到的数据只是行政管理的数据。仍以上述例子来说，我们可以得到多少小册子被取走的信息，但我们没有可靠的方法来衡量有多少小册子被读过了，难以衡量其中多少信息引起了阅读者的重视，更难以衡量这些信息在多大程度上影响了读者的行为。

无论我们多么努力，所有项目都有数据地平线。在地平线以内，我们能够可靠衡量，越靠近地平线，数据的数量和准确性都趋于下降。超过数据地平线，我们主要只能依靠理论和假设来相信我们确实取得了想要的效果。数据地平线之外是“宝贵理论领域”（参见图 11-2）。称之为“理论”是因为除了理论，我们没有经验数据来支持我们的理解和判断。理论之所以“宝贵”，原因主要有两个：其一，理论解释了我们的行动和我们希望达成的效果之间的关系。如果青少年参与风险行为的比率不能直接衡量，我们就只有从理论上假设，我们所提供的有关信息能够帮助他们懂得并且避免风险行为；其二，我们非常希望我们的工作具有目的，我们不希望我们的力量受到挑战。如果我们辛勤工作，而项目可能没有什么效果，这会让我们不安甚至害怕。

一旦越过了数据地平线，我们的行动只是基于一个信念：我们的项目一定能够取得期望的效果。这本身不是一个问题，任何项目或活动达到因果链某一点之后，我们就不再能够衡量效果。而只是基于信念采取行动。我们被信仰所激励，尽管我们不能从经验上证明它。任何绩效管理系统都必须决定我们能够走多远，能否将数据地平线推得更远一点。然而，将数据地平线推得更远一些不仅涉及技术难题，而且意味着我们花费的努力可能会超过成本，而且要等待很长时间才能得到数据。因此，日常管理更多地关注在组织边界内的活动所产生的直接成果。当然，我们也可以检验“宝贵理论”是否正确，但这是一个研究项目而不是日常管理所应该关注的重点。

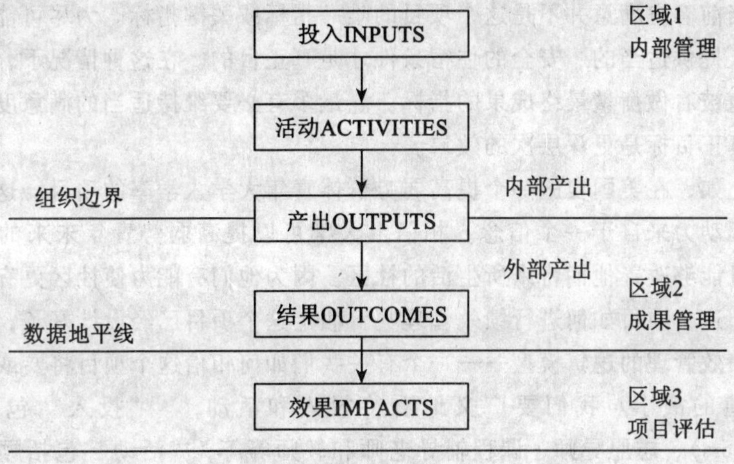

图 11-2　价值链的三个区域图

资料来源：Wei-Skillern，Austin，Stevenson. Entrepreneurship in the Social Sector. Sage Publication Inc.，2007：332.

我们能够将数据地平线推多远呢？公益组织可以将“客户满意”作为组织有效性或成功的衡量标准吗？许多社会导向型组织收集“客户满意”数据来衡量服务绩效。但是，这个指标有局限性。总体来说，公益组织的目的不仅是满足当前客户，而且是通过为特定客户服务来满足更高更大的社会目的。尽管客户的福利是一个重要指标，但其满意度并不必然与项目所追求的更大的影响有直接的相关性，也不必然很准确地反映这些影响。

满意度作为绩效衡量指标是有条件的。如果项目的目的是为某个客户群提供服务，并且这个群体处于有利的情境可以判断他们所获得的福利的质量和价值，那么满意度可以视为一个效果衡量指标。然而，倘若客户不处于有利的可以判断项目质量和服务的情形，比如说，某个项目是为了阻止某种坏的后果而不是为了产生一个好的结果（比如预防青少年犯罪），以至于项目对某个特定群体取得的成功，其受益人不一定看得见。也就是说，服务于客户的利益仍然是项目追求的效果，但客户满意度并不是反映项目绩效的非常可靠的指示剂。在很多案例中，服务某个客户只是达成更大目标的手段，项目并不追求客户满意感最大化，而是将其维持在一个恰当的水平。比如，在应急住宿项目中，许多客户对服务表示不满意，他们说如果房间更宽敞舒适一些会更令人满意。但是，如果让现有客户满意度最大化就势必消耗本可以为更多客户服务的资源。因此，当前客户满意并不是这个项目的唯一指标或关键指标。为尽可能多的有需要的人提供适当的、安全的住宿条件才是真正目的。在这种情况下，客户满意不应该被看做衡量最终成果的指标。它最多有必要维持适当的满意度，这种项目的真正目标是更深层次的效果。

再比如，在美国实施一个提高弱势群体青年大学入学率的项目。这个项目的内在驱动力来自于一个信念，相信上大学可以提高弱势青年未来的生活质量，并且能够改善他们将来所生活的社区。因为他们有能力使社区更有效地发挥功能。这个项目如何进行绩效管理呢？假定这个项目已经设计好了，第一步是确定绩效管理的逻辑模型——一个有关我们如何相信这个项目将要或者正在创造价值的故事。我们要广义地看待投入和活动，“投入”包括顾问(Counselors)、志愿导师、课程辅导老师和教师等等；“活动”包括顾问服务(Counseling Sessions)、考试准备（Test-preparing Sessions)、如何申请大学的各种课程和咨询、寻求帮助的课程以及如何运用各种渠道筹集学费的课程。紧接着，还要弄清楚这些活动如何变成了产出。比如，考前培训班是否提高了学员的大学入学考试成绩，以及帮助学生提高了申请质量等。下一步，要将这些产出与预期的结果——大学录取率联系起来。然而，项目的最终成果只是美好愿望或假设：学员大学毕业后，过着更为充实幸福的生活，成为对社区有贡献的人。

无论如何，一个有效的绩效管理系统最大的好处是能够清晰地系统地提出关于项目创造价值的理论。我们可以检验这个理论的有效性，并且能够在实践中提高理论的有效性。

二、平衡计分卡

平衡计分卡（Balanced Score-Card，简称 BSC）也是非营利组织常用的一种绩效评估方法，它是一种从组织最终目标开始的逆向计划法。平衡计分卡的评价指标分为一系列维度，每个维度与一套行为和活动相联系。在工商企业中，财务目标往往是顶层目标。在非营利部门，财务结果通常与其说是一个独立的目标，毋宁说是一个组织用以达成目标的约束条件。马来西亚的非营利组织 E-Veritas 是一家为穷人服务的机构，它建立了一个基于平衡计分卡理论的绩效评估框架（参见图 11-3）。

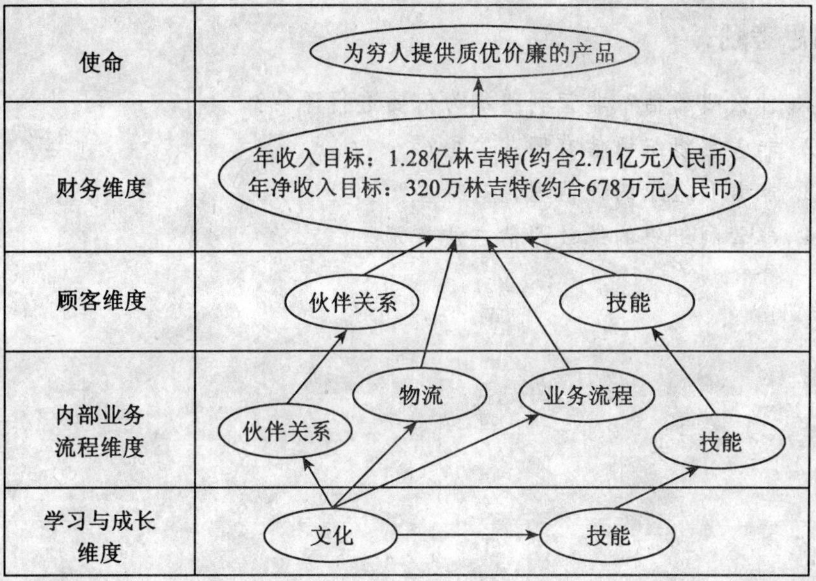

图 11-3　E-Veritas 基于 BSC 的绩效评估框架

资料来源：E-Veritas 提供。

为了运用这个框架，非营利组织要定义每个维度的衡量指标，并且要表明每个维度内部的各个指标与其上一个维度之间的关系。为了明确这些维度之间的关系，要回答以下问题：组织如何跟踪使命的实现过程？组织需要何种新技能来实现或提高运作流程？如何将创造使命价值和活动财务资源连接起来？在回答这些问题的基础上，设计出描述各个维度的衡量指标。

社会创业的一个主要困难是保持资源、行动与组织目标之间的一致性。非营利组织生存于一个复杂的世界之中，各种利益相关者在不同目的和方法的优先次序上存在不同看法，管理者常常感到这些力量要将他们引向各自不同的方向，不得不承受着将有限资源运用到不同目标领域的压力，保持合理的专注程度因此成为一项持续性的挑战。平衡计分卡是一个很有用的工具，可以使社会创业者、董事会成员和其他利益相关方理解、评价和改进组织资源、行动与使命之间的一致性。它清楚地显示了一个组织如何将资源和行动转变为绩效，而且不怕审查、测试和检验，鼓励组织内外就效率、效果、专注领域和目标进行坦诚的交流和对话。

复习思考题：

1. 什么叫评估？非营利组织为何要进行评估？
2. 非营利组织评估有哪些类型？
3. 非营利组织的评估理论有哪些？
4. 非营利组织的绩效评估方法有哪些？

案例 11-1

通向卓越的非营利组织标准[①]

下面是美国马里兰州非营利组织联合会于1998年提出的《通向卓越的非营利组织标准：非营利部门道德与诚信守则》。

导言

马里兰州非营利组织联合会致力于公共服务。通过在全州所有社区内的努力工作，非营利组织正在服务于并满足公众的需求，加强社区建设。

马里兰州非营利组织的成功取决于公众的信任和广泛的支持。个人、公司和基金会以慈善捐助和志愿服务的方式予以支持，政府通过合同和拨款来给予支持，消费者通过购买和付费予以支持，最广泛的公众则间接通过州和联邦政府的税法予以支持。

马里兰州非营利组织联合会致力于提高公众对非营利部门的信心与支持，因此，建立了如下标准来促进全州非营利组织的道德与诚信。

非营利组织必须遵守地方、州和联邦的相关法律。本标准在此基础上更进一步，体现了一些基本的价值观，例如诚实、正直、公平、尊重、信任、责任和诚信等，并且描述了非营利组织应如何在项目运作、管理、人力资源、财务管理和筹资等方面保证道德与诚信。以下提供了8条指导原则和55条标准，及一些具体的行为准则，以指导非营利组织的运作。

联合会本身遵循这些标准，其会员也被要求保证遵循这些指导原则和标准。会员们通过联合会提供的培训与技术支持来实施这些标准，同时通过一个志愿的自律项目来评估组织是否符合那些业绩指标。联合会也欢迎非会员的非营利组织遵循这些标准。

制定“通往卓越的标准”旨在展示了那些管理得当并且有责任心的组织应当并且正在如何运作。它也为评估一个组织是否履行了其对其受益人、捐助者以及公众的责任提供了标准。

---

① 资料来源：http：//www.marylandnonprofits.org/，中文翻译引自：邓国胜．民间组织评估体系．北京大学出版社，2007：219-225.

通向卓越的标准

Ⅰ使命和项目

成立非营利组织是为了从事公益活动，即通过具体的项目活动来达成预期目标。非营利组织需要有一个明确的使命。非营利组织有义务确保其项目的有效性，并将组织的资源用于达成既定目标。

A. 使命

即组织的目标。目标经过董事会提出和决议通过之后，应有正式而明确的阐述，组织的所有活动都应该与该目标保持一致。

B. 组织评估

非营利组织应该定期审视自身的使命，以决定是否有必要继续开展该项目。非营利组织应该评估组织的使命是否需要根据社会变化而进行调整，还应该评估是否需要修正其现有项目或开展新的项目。

C. 项目评估

(1) 非营利组织应有明确且成本合理的程序，采用定性和定量方法评估其项目与使命的关心，这些程序应涉及项目的有效性、效益与成本之间的关系，以及项目参与者的获益情况。

(2) 评估应公正，并能够加强组织的有效性，必要时有助于项目的改进。

D. 项目服务

在提供项目或服务时，非营利组织应具有高度的专业性，尊重服务对象，适当的时候应事先制定制度保护个人隐私，并提供投诉的方法和程序。非营利组织需要定期监测项目参与者的满意度。

Ⅱ治理机构

非营利组织应由一个选举产生的、志愿性的董事会来管理，董事会由若干致力于完成组织使命的个人组成。一个有效的董事会应确定组织的使命，建立管理制度和程序，确保恰当的人力（志愿人员与领薪员工）和财力资源（收益、政府合约和拨款以及慈善捐助）供应，积极地监督组织财务和项目运作。

A. 董事会职责

董事会应参与制定持续的行动计划，确定组织使命，阐明相关目标或目的，以及评估项目成果等活动，同时还应制定能有效地管理本组织的制度，包括财务和人事制度。

（1）董事会应参与确定组织的使命、制定长期和短期活动计划、阐明相关目标以及评估项目超过等活动。

（2）董事会应制定有效的管理制度，包括财务和人事制度。

（3）董事会应每年讨论通过预算，并依据预算定期评估财务状况。在审核预算的同时，董事会还应审核并明确组织资源分别使用于项目、行政和筹资上的比重。

（4）董事会应该聘任执行主任，制定其待遇标准并评估其业绩。

（5）董事会定期检查组织总体薪酬结构的合理性。

B. 董事会的构成

（1）董事会由致力于达成组织使命的个人组成，但当组织中一名员工同时也是拥有投票权的董事会成员时，董事会应保证他不会滥用职权。董事会成员应由不少于5人的无亲缘关系的董事组成，最好有7人以上。

（2）组织应设立规定限制董事的任期。

（3）董事会成员应反映所服务社区的多元化特征。

（4）董事不领薪，但与董事职务直接相关的开支可以获得一定补偿。

C. 董事会的行为

（1）董事会对组织的运作负责，包括对其成员的教育、培训和发展，对自身年度业绩的评估，以及在恰当的时候选举新成员等。

（2）董事会应明文规定对董事会成员的期望，包括对他们参与筹资、委员会服务和项目等活动的期望。

（3）董事会按组织发展的需要定期召开会议，最少每年4次。

（4）应明文规定对董事会成员参加董事会会议的要求，同时还包括对不服从此规定的董事会成员的处理办法和程序。

（5）应撰写董事会活动的会议纪要，包括董事委员会的报告，并应存档及向董事会和委员会成员发放。

Ⅲ利益冲突

非营利组织的董事会和员工都应为实现组织利益最大化而努力，不应追求个人或第三方利益。一个非营利组织应事先制定出制度，然后定期地、系统地实施这些制度，以防止事实存在的、潜在的和预感到的利益冲突。

A. 利益冲突政策

董事会应制定明确的利益冲突政策，该政策适用于董事会、员工和对组织资源拥有相当大自由决定权的志愿者。该政策应明确定义那些引起利益冲突的行为和交易，制定相应程序来解决已存在和潜在的冲突，并由无关联的董事来检查个人交易。

B. 利益冲突申明

组织应向董事会、员工和志愿者提供一个关于利益冲突的申明，说明组织制定利益冲突政策的基本要素。该申明应留有余地，使董事会成员、员工和志愿者可以终止任何涉及其本人或直系亲属利益的转移支付行为。本申明应在董事会成员、员工和志愿者加入组织时，以及之后每年一次向他们展示并签名认可。

Ⅳ人力资源

组织与其员工和志愿者的关系决定了其能否达成使命。志愿者因参与管理、行政和项目运作而在组织中占有特殊地位，一个组织的人力资源制度应同时包括领薪员工和志愿者，应公正并清楚地建立对他们的期望，提供有意义和有效的绩效评估。

A. 人事政策

(1) 经董事会批准，非营利组织应拥有成文的人事制度和程序来管理员工和志愿者的工作及行为。除涵盖雇佣关系的基本要素外（如工作条件、员工利益、假期和病休），人事制度还应包括员工的评估、投诉的办法、员工隐私的保密、客户与组织的记录和信息，以及员工的成长发展等的内容。

(2) 对于志愿者，组织的政策和制度同样应包括初级评审、岗位分工、相应的岗位职责培训、持续的监督和评估，以及发展的机会等内容。

B. 绩效评估

组织应制定一套体系，使相关负责人可以对其员工每年至少做一次书面考核。

C. 员工定位

新员工应获得各自的定位，包括熟悉组织的制度和程序，并应收到一份关于绩效标准的介绍。组织应提供给员工一份关于人事制度和绩效标准的文件的副本，并要求书面回执。

Ⅴ财务和法律

非营利组织必须建立合理、健康的财务管理制度，并遵守各种法律法规。非营利组织的财务系统应该确保账目详实，资源被有效地用于达成慈善目标。组织还应进行定期检查以符合自律与诚信方面的要求。

A. 财务诚信

(1) 非营利组织应根据每年董事会通过的年度预算开展工作。

(2) 非营利组织应建立和保持及时的财务报告制度，以准确反映组织的财务状况。

(3) 年收入超过300,000美元的组织，其财务报告须经注册会计师审核。

(4) 内部财务报告应至少每季度准备一次，并提交给董事会，确认和解释实际的收入和支出与预算不符的任何重要变化。

(5) 应为员工举报财务上的不正当问题和资源滥用现象提供保密的渠道。

(6) 组织应制定书面的财务监管制度，包括：组织的资产投资；内部控制程序；采购和资金储备制度。

B. 守法和诚信

(1) 组织必须了解和遵守所有联邦、州和当地法律，这些可能包括但不局限于如下行为：遵守有关筹资、执照、财务诚信、人力资源、游说和政策倡导，以及税收方面的法律、法规。

(2) 组织应定期根据其活动和财务能力的性质和程度审核保险方面的需求，超出一般责任保险范围或董事、官员责任保险范围的决定只能由董事会做出，并记录在会议备忘录中。

(3) 应定期进行内部检查，看组织是否遵守现有法律、法规和财务报告的要求，并向董事会成员提交调查总结。

Ⅵ公开性

非营利组织是利用公共资源提供公共服务的私人组织。因此，它们必须向公众提供有关其使命、项目和财务等方面的信息，非营利组织应对所有来自对组织事务表示兴趣的公众的问询做出回应。

A. 年度报告

非营利组织需每年向公众公开包括组织使命、项目活动和基本财务数据等信息的年度报告，在这份报告上应注明董事会成员和管理层成员的姓名。

B. 公众获取信息的渠道

非营利组织应为对组织事务感兴趣的公众提供机会，使其能与组织的相关代表进行交流，并应安排至少一名员工，专门负责使组织按照联邦、州法律在字面要求和隐含要求向公众公开信息。

Ⅶ筹资

慈善筹资为大多数非营利组织的工作提供重要的财务支持，组织的筹资项目应以真实和责任为基础，其筹资行为则应与组织的使命和能力保持一致，尊重捐赠者与潜在捐赠者的利益。

A. 筹资活动

(1) 筹资成本要合理。一般情况下，一个组织每5年从筹资活动筹得的资金总额应达到筹资成本的3倍以上，比例小于3∶1的组织应向公众展示它们正朝此方向稳步前进的证据，或证实为何3∶1的比例对某个组织不合理。

(2) 劝募或公开宣传时使用的材料应真实准确，正确反映组织状况，包括使命和对所筹资金的使用意向。

(3) 组织应该兑现在筹资诉求中提及的如何使用所筹资金的所有声明。

(4) 组织应当尊重已知的捐赠者对所捐赠资金的使用意图。

B. 捐赠者关系和隐私

(1) 应尊重和保护捐赠者，为其个人隐私信息保密。

(2) 应给捐赠者选择匿名捐赠的机会，他们的姓名、捐赠数量或其他信息等将不会被公开。

(3) 捐赠者有权要求其姓名不会出现在任何出售、出租或交换的邮寄名单上。

(4) 尊重捐助者的要求，减少重复的邮件或电话劝募。

(5) 不应在劝募过程中给予募捐对象太大压力，应尊重捐赠者和潜在捐赠者的需求和意愿。

C. 接收捐助

非营利组织应当制定制度，明确如何接收和处置通过常规筹资活动获得的慈善捐助。制度应包括如下内容：如何决定是否从个人或机构那里接受捐赠；如何决定是否对个人或机构的捐赠给予任何限制；接受捐赠的使用目的；接受捐赠物的种类；是否接受不寻常和与组织使命及能力不符的捐赠等。

D. 筹资人员

（1）包括员工和独立顾问在内的筹资人员不应按所筹资金的一定比例或其他协议提成。

（2）非营利组织只能使用在马里兰州秘书处注册过的咨询顾问所提供的服务。

（3）组织对任何代表组织进行筹资的员工、志愿者、顾问、合同工、其他组织以及商业组织应当拥有监督和控制能力。

Ⅷ公共事务和公共政策

非营利组织提供了一种形式，它可以使大家团结和组织起来为改善社区而共同工作。非营利组织应代表其所服务人群的利益，进行公共教育和政策倡导，并鼓励董事会成员、员工、志愿者和委托人参与社区的公共事务。

A. 公共政策倡导

非营利组织应就倡导问题建立书面制度，以明确组织决定在哪些特殊事务发挥倡导作用。

B. 公共教育

非营利组织应确保所有提供给媒体和大众的教育信息都是准确的，并有足够的背景信息帮助理解。

C. 促进公共参与

致力于提升社区参与度的非营利组织应努力工作，确保组织本身的活动不受任何党派的影响和控制。

思考题：

1. 马里兰州的非营利组织行业标准包括哪些内容？你认为这个标准体系内容是否全面？是否有必要增加或减少有关内容？

2. 你认为这个标准可以应用于中国非营利组织的评估吗？为什么？

第十二章　非营利组织的问责

慈善事业要有玻璃做的口袋。

——比扬（卡耐基基金会主席）

要识别、揭露那些披着慈善外衣的恶魔，把他们从慈善领域中驱逐出去，同时使真正的天使得到应该得到的支持。

——德鲁克

本章要点

非营利组织问责的含义和必要性；
非营利组织问责的理论基础；
非营利组织问责的前提条件；
非营利组织的外部利益相关方问责；
非营利部门的行业自律；
非营利组织的自律。

西雅图非营利组织的信息公开①

2010年9月，西雅图基金会（The Seattle Foundation）启动了一个新项目，这个项目向公众提供该地区700多家本地非营利组织的数据、研究资料以及评价信息。过去，这些信息只向当前捐赠者提供，现在任何人都可以通过西雅图基金会的网站免费获得这些信息。

① Stephanie Strom. Data on Seattle Nonprofits Is Public Now. New York Times, 2010-09-08.

西雅图基金会认为，如果公众了解本地区的状况和非营利组织的有关信息，人们将会捐赠得更多。因为捐赠者和投资者一样需要信息来帮助他们做出明智的决策。通常，尽管慈善组织的税务表格是公开的，但人们很难读懂这些表格中的信息，而且这些表格也很少提供有关组织绩效的信息。因此，那些有品牌影响力的非营利组织获得了绝大多数捐款，比如美国红十字会比那些在一线从事救灾的非营利组织获得了多得多的捐款。如果捐赠者获得更多有效信息的话，他们就可能做出更为明智的决策。

非营利组织的问责包括两个方面的内容，一方面是非营利组织作为问责主体，对政府和企业等组织的问责；另一方面是非营利组织作为问责对象，接受利益相关方的问责。本章所讨论的是后面一种问责。

非营利组织问责始于20世纪80年代。在过去30年里，国外对非营利组织问责的研究由财务问责逐渐转向绩效问责，进而发展到对组织内部治理结构和自律机制的研究，试图建立内部和外部共同发挥作用的问责机制。

社会创业者应该了解和把握这一趋势，不仅要关注组织的使命，提高内部运作效率，而且要提高管理运作的透明度，主动接受问责，赢得公众的信任和支持，实现组织的可持续发展，提升行业整体形象和社会影响力。

第一节　非营利组织的问责概述

一、非营利组织问责的含义

“问责”(Accountability) 这个概念是个典型的舶来品。2003年春，SARS事件引发了中国政府两位部级高管被免职，“问责”这个概念首次进入中国公众的视野。在西方国家，“问责”并不是什么新概念，政治问责和行政问责早已有之。所谓“问责”，从字面来看就是“追究责任”的意思，所谓“非营利组织的问责”就是“追究非营利组织的责任”。“问责”是一个过程，通过这个过程，问责对象就其决策、行为和行为结果向问责主体进行说明、解释或辩护，并据此接受问责主体的奖励或惩罚。①

① 丽莎·乔丹，彼得·范·图埃尔．非政府组织问责：政治、原则与创新．康晓光，译．中国人民大学出版社，2008：1.

那么什么是非营利组织的责任呢？从责任的性质来看，由于非营利组织在公共领域开展行动，非营利组织的责任应当属于公共责任的范畴。哈奇把非营利组织的公共责任分为高、低两个层次。① 低层次的公共责任意味着避免违法和违规，避免不当行为，保持完善的财务管理；高层次的公共责任体现为有效利用资源以实现所追求的使命和目标。可以看出，低层次公共责任的重心是服从和遵守规则，具有被动性；高层次公共责任要求结果导向和创新意识，具有主动性。在哈奇看来，低层次公共责任虽然可以避免丑闻和不当行为，但不足以证明组织的工作效率和效果。非营利部门的关注重点正在从低层次公共责任向高层次公共责任转移。因此，雄心勃勃的社会创业者绝不会满足于仅仅履行低层次公共责任，他们会不懈努力承担高层次责任。

利特则将非营利组织的责任分为财务责任、过程责任、项目责任和导向责任四个维度。第一，财务责任。财务责任要求非营利组织正当利用资金，确保资金花在预先确定的领域，资金支出遵守适当的规则。第二，过程责任。过程责任要求非营利组织积极作为以确保职责的履行，在行动过程中严格遵守规则和程序。第三，项目责任。项目责任关注组织的工作质量，确保行动和资源投入取得预期的效果，因而也被称为效益责任。第四，导向责任。导向方面的责任要求非营利组织在设置优先项的时候优先考虑服务对象的需求，坚持顾客导向，科学测定顾客的需求并有针对性地满足顾客的需求。利特所说的四个维度中，财务责任和过程责任相当于哈奇所说的低层次责任，项目责任和优先项设置方面的责任相当于哈奇所说的高层次责任。

在实践中，不同的问责主体往往根据特定的情景和需要来定义问责对象的公共责任，并据此开发设计自己的问责模型。比如，同一世界信托（One World Trust，OWT）在对 18 家政府间组织（Inter-Governmental Organization，IGO)、跨国公司和国际非政府组织（International Non-Governmental Organization，INGO）的问责状况进行了评估的时候开发使用了 GAP 问责模型(参见表 12-1)。GAP 模型包括四个核心维度，即透明度、参与、评估、投诉与赔偿。这个问责模型把透明度放在了首要位置。

① 吴东民，董西明．非营利组织管理．中国人民大学出版社，2003：352-353.

表 12-1　**同一世界信托（OWT）的 GAP 问责模型**

问责维度	维度描述
透明度	透明度是指信息的自由流动：利益相关者可以方便地获得足够充分的信息，以实现对组织的了解和监督。该维度包括组织向公众提供信息的程度，公众通过掌握有关组织使命、活动和财务信息，了解组织内部决策情况。
参与	参与指组织内部和外部的利益相关者参与组织决策制定的程度。它不仅包括内部治理问题，如代表性、透明度以及对治理与执行部门的控制程度，还包括如何使外部利益相关者通过咨询和合作方式参与组织决策。
评估	评估指组织是否存在进行绩效评估的工具和程序，有效性如何。评估包括内部评估和外部评估。
投诉与赔偿	投诉与赔偿是指组织使其内部和外部利益相关者能够投诉组织的决策和行动，并且确保这些投诉得到适当的回应并用于组织的改进。

（资料来源：丽莎·乔丹，彼得·范·图埃尔．非政府组织问责：政治、原则与创新．康晓光，译．中国人民大学出版社，2008：202.）

又比如，“国际人道主义问责合作机构”（HAP-I）提出了一个简明的“五点”问责框架：① 谁来问责，即问责主体是谁？向谁问责，即问责对象是谁？为谁问责，即问责活动本身向谁负责？如何问责，即采取什么方式和方法进行问责？问责结果如何，即如何根据问责结果对问责对象实施奖惩？该机构认为，任何一个问责机制都必须回答上述五个问题。

二、问责的理论基础

有关非营利组织问责的基本理论试图解释为什么要对非营利组织问责？谁有权利对非营利组织进行问责？问责权利的依据又是什么？与非营利组织问责有关的基本理论主要有产权理论、委托—代理理论、管家理论和制度理论等。

新制度经济学认为，产权是一种权利，是一种社会关系，是规定人们相互行为关系的一种规则，并且是社会的基础性规则。产权实质上是一套激励与约束机制。产权的一个基本功能是影响和激励人们的行为，一个社会可以通过产

① 丽莎·乔丹，彼得·范·图埃尔．非政府组织问责：政治、原则与创新．康晓光，译．中国人民大学出版社，2008：6.

权安排直接影响资源配置效率。问责主体对非营利组织的问责权归根结底来源于产权。捐赠者拥有捐赠财产的所有权，通过将财产权利捐赠给非营利组织而获得对非营利组织的问责权；政府也是非营利组织的重要资助者，因此也应享有对非营利组织的问责权；非营利组织的资产享受了税收优惠，而税收属于社会公共资源，社会公众由此获得相应的问责权；另外，当公益项目的受助者确定之后，这部分公益资源的产权就转化为受助者所有，受助者获得享受这部分资源提供的产品和服务的权利，同时也获得对就这部分资源使用状况的对非营利组织进行问责的权利。①

委托—代理理论是分析非营利组织问责问题时最常使用的理论之一。在委托—代理理论的分析框架中，问责主体被视为委托人，非营利组织被视为代理人。按照这个框架进行分析，有两种不同的观点。第一种观点主要是从委托人的角度出发，假设代理人应该忠诚地去实现委托人的意志和目的，而不是去实现它自己的意志和目的。该理论假设，由于代理人可能存在与委托人不同的目标、利益及动力，作为代理人的非营利组织可能会选择牺牲委托人的目标而满足自身利益。为了确保委托人的权利，委托人有必要对非营利组织进行监督和问责。然而，委托人和代理人之间存在着信息不对称，非营利组织处于优势地位，为了获得资助或合约，他们会向委托人不真实地陈述自己能力，而且有逃避或不履行已达成协议的风险（道德风险），所以需要非营利组织的利益相关者作为委托人共同对非营利组织进行问责。另外一种观点则认为，从代理人的角度来看，委托人的目的是有缺陷的，非营利组织的委托人并不是一个有着共同诉求的单一群体，而是多个有着不同目的和动机的利益相关者群体，它们的要求可能并不是相互一致的，同时也不完全与非营利组织的目的相一致。情况如果是这样的话，非营利组织的领导者必须选择满足或拒绝特定利益相关者的要求。那么，这就可能威胁到这种合作关系的道德诚信和效率。为了解决这个问题，需要建立一种问责机制，使得利益相关者和非营利组织通过沟通与协调，建立信任与合作。

管家理论假设委托人与非营利组织事实上有共同的目标、类似的利益以及“从善”的本能动力。根据这个观点，委托人要求非营利组织报告结果及其他绩效信息，问责成为一种交流机制，它使得该部门的整体绩效与效率得到提

① 陈赞．我国非营利组织问责问题探析——基于产权理论的思考．管理观察，2010(10).

高。根据管家理论，绩效信息可以帮助建立诚信，确保双方利益一致性，这反过来又促使资助方与高绩效的、有诚信的非营利组织保持长期合作关系。

制度理论认为外部环境塑造着组织的行为及结构，外部环境对非营利组织内部治理有着显著影响，良好的外部环境能促使非营利组织加强自律。外部环境的规范性及强制性的压力使得组织与传统的标准和观念保持一致，这种标准与观念进一步又将被环境中的制度力量得以加强。因此，我们可以看到，许多非营利组织采取绩效评估措施，从而将会被外部组织视为成功的、合法的组织。

从总体上看，在委托—代理框架下，非营利组织要对许多不同的利益相关者负责。管家理论认为绩效导向的问责机制会帮助资助方与服务提供方建立更紧密的关系，并努力达成对方的目标。根据制度理论，随着利益相关者对问责越来越重视，越来越多的非营利组织会采取这些机制并将其制度化，使之成为日常行为的一部分。

三、非营利组织问责的必要性

随着非营利组织的数量迅速增加，规模日益扩大，掌握和支配的社会资源越来越多，其社会影响力越来越大，以及不时暴露出的负面消息和丑闻，都使得对非营利组织问责变得越来越重要，越来越迫切。

非营利组织在数量和规模上的快速增长要求实现问责。① 改革开放之初，中国只有大约 6000 个非营利组织，2010 年这个数字已经达到 43 万多个。2001 年，非营利组织得到的社会捐赠总额为 11 亿多元，2010 年这个数字达到了 479 亿元。随着非营利组织的快速发展，其吸纳资金的能力越来越强，拥有和支配的资源也越来越多，要求问责的呼声也因此越来越高。

中国人的捐款哪去了?

中国的捐款流向通常只有两个路径，一个是到当地政府民政部门，另一个则是到政府背景的全国或地方性基金会组织。但捐款时，

① 李水金，侯静．中国非营利组织问责中存在的问题及对策．国家行政学院学报，2009（6）．

没有人会告诉你这笔钱最后到底会去哪里。中国关心下一代健康体育基金会2005年度工作报告显示其当年全年现金流入为62万余元，但其列示的接受捐赠款仅为8 208元；而中国牙病防治基金会2005年度向民政部提交的年度工作报告显示，该基金会“工作人员工资福利和行政办公支出占总支出的比例”达到73.42%，严重违反《基金会管理条例》第29条之规定。

资料来源：李梦堃．中国捐赠三问．南方周末，2010-09-30.

非营利组织在公共领域的影响力日益提高也要求实现问责。非营利组织在公共生活中承担着越来越重要的公共责任，甚至参与到了政府的核心决策日程。非营利组织在参与公共生活中获得了更大的权力，也必然要承担着更大的责任。如何定义非营利组织在公共领域的权力与责任？如何确保非营利组织有效地使用公共资源？如何使非营利组织在公共议程中真正代表利益相关者特别是弱势群体的利益？这些都要求对非营利组织进行问责。

非营利组织的志愿失灵和非法活动问题也要求对其进行问责。非营利组织本来是为了弥补政府失灵和市场失灵而存在的，但非营利组织一样也会出现失灵，即志愿失灵。志愿失灵的主要表现是：第一，慈善不足，即社会对公共服务的需求远远超出非营利组织拥有的资源和能力，使得非营利组织只能满足部分特定群体的需求，难以充分满足社会需求。第二，慈善组织的家长作风和官僚化，非营利组织可能存在个别或少数人对组织的资源配置拥有太大发言权，造成独裁专断的情形。非营利组织长期运作过程中可能会惰性增加，变得越来越官僚化。第三，和人类的其他任何组织一样，非营利组织也可能出现腐败问题。例如，2006年爆光的“全国牙防组”借评比之名“乱收费案”，2007年揭露的“中国妈妈”利用“丽江妈妈联谊会”法定代表人的身份盗用慈善组织的名义“牟取私利案”，2008年汶川地震中“某红十字会强收5%募捐管理费案”等，都严重影响了非营利组织的公信力，社会公众加强对非营利组织进行问责的呼声越来越高。此外，当非营利组织参与违法活动或恐怖活动时，对其进行问责的必要性是显而易见的。

奴工背后的"善人"

四川渠县残疾人自强队自成立15年以来，通过强迫残疾人和智障人士从事苦力为自强队的创办者曾令全家族谋取利益。丑闻曝光之后，调查渠县官方声明强调："渠县收养所系渠县农民曾令全个人行为"，没有得到任何审批，属于非法组织，政府对此一无所知。然而，曾家出示多份当地政府官员慰问照片、媒体正面报道、政府盖章证明和民政局批复文件，证明"残疾人自强队"，一直获得当地有关部门的许可甚至支持。

资料来源：冉金、朝格图．奴工背后的"善人"—四川渠县残疾人自强队调查．南方周末，2010-12-23.

加强问责也是非营利组织和行业自身发展的迫切要求。非营利组织越来越认识到有效的问责能够促进组织和行业的健康发展。非营利组织比以往任何时候都更加关注绩效的改善，也希望其他非营利组织都来关心这个问题，从而从整体上提升非营利部门的绩效，加强公众对这个部门的信任，促进这个部门的发展。

在市场和政治领域都有退出机制，而非营利部门还没有建立起有效的退出机制。企业在市场经营失败可能会破产倒闭或者被兼并收购从而退出场，民选官员对选民负责，政府官员必须接受行政问责。然而，一些非营利组织管理不善，绩效不佳，却继续留在这个行业，造成公共资源的浪费。通过问责，可以给非营利组织改善绩效的压力和动力，并将不合格的组织识别出来甚至从非营利部门清除出去。

非营利部门的竞争机制问题

社会部门没有退出机制（Turnover)，正是这种优胜劣汰的竞争机制使得企业保持竞争力。2002年，美国20家最大的非营利组织中（不包括政府和宗教组织），有12家成立于1920年以前，17家成立于1960年以前，没有1家成立于1980年以后。与之相比，2002年道琼斯30家工业指数公司中，一半以上是1980年以后取代其他公司进入指数的，1/3以上是1990年以后进入的。从短期来看，在社会部门提高绩效的最佳办法是改善“资本配置”。

然而，说起来容易做起来难。即便是在美国，绝大多数资助者尤其是个人捐赠者很少关心非营利组织的绩效状况。人们做慈善捐赠往往受印象、个人关系或社会地位的影响。基金会（占12%的捐赠额）往往比个人捐赠者更加程序化，他们在拨款时很少系统地考虑社会创业者的品质。绝大多数人包括政策制定者，没有意识到我们在解决社会问题方面可以做得更好。

资料来源：伯恩斯坦．如何改变世界．吴士宏，译．新星出版社，2007：27.

四、非营利组织问责的挑战性

非营利组织是公共服务机构，但却不像政府那样有正式的问责机制。非营利组织问责的实践和研究表明，这是一个极具挑战性的任务。不仅在我国这样慈善公益事业制度环境不够完善的国家对非营利组织实行有效问责目前还面临着很多困难，即使是在非营利部门相当成熟的发达国家乃至国际非政府组织中也面临着问责难题。

一般来说，非营利组织的问责主要面临如下几个方面的挑战。其一，非营利组织的主要业务往往不是生产提供有形产品，而是提供服务或倡导权利，其产出的数量与质量都难以测度与衡量。其二，服务的间接性，即服务的购买者不是最终消费者或使用者，服务的间接性导致信息获取困难，从而导致问责的困难。其三，问责主体的需求多样化。非营利组织要面对多个利益相关群体，这些群体的需求可能存在不一致或相互冲突，使得非营利组织陷入众口难调、莫衷一是的窘境。比如，捐赠者的要求很可能与服务对象的需求不一致，如果非营利组织采取顾客导向或者需求导向原则，很可能失去捐赠者的信任和支持；如果非营利组织尊重捐赠者的意愿，又会招致服务对象的不满和抱怨。其四，问责主体缺乏动力。在非营利组织的利益相关者中，捐赠者和服务对象是重要的问责主体。但捐赠者往往没有足够的动力来扮演问责主体的角色。小额捐赠者缺乏监督动力和信息，大额捐赠者往往忙于自己的事业无暇顾及，遗嘱捐赠者的捐款在捐赠者去世之后才生效，问责主体自然缺失。其五，非营利组织难以负担过多的外部问责产生的成本，担心问责可能带来一些负面影响使自己处于不利的境地，而不愿意及时搜集整理和提供准确完整的信息，从而使问责主体处于信息不对称的地位，难以做出客观准确的判断，削弱问责的有效性。通常，非营利组织提供的信息大多是积极的，掩盖问题和不足，缺乏批判性分析。这是因为，非营利部门担心诚实透明地公布信息会导致捐赠者的惩罚。没有哪个非营利组织愿意成为第一个暴露潜在问题和不足的组织而被审查，甚至受到惩罚。

对于处于制度转型时期的中国来说，非营利组织问题面临一些特殊的困难。这些困难主要表现在以下几个方面：

第一，非营利组织登记管理制度不完善造成问责困难。我国对非营利组织实施双重管理体制，但是，双重管理体制并不能保证对非营利组织的有效问责。一方面，业务主管单位往往缺乏动力对非营利组织进行问责；另一方面，民政部门也难以对数十万非营利组织进行有效监管和问责，即使常规进行的年检、抽查等监督活动也容易流于形式。此外，由于达不到登记条件，还有许多非营利组织处于一种“法外生存”的状况，更谈不上有效问责。

第二，非营利组织的独立性不强造成问责的困难。许多非营利组织在人事和资金方面严重依赖政府部门，在履行责任时难以受到有效的外部监督和约束，甚至受制于利益集团而违背非营利组织的公益使命。

第三，非营利组织产权界定不清造成问责的困难。对于非营利部门来说，其资金既不是像企业那样来源于市场运作，也不是像政府那样来源于税收，而是从多个渠道募集到的社会资金。因此，就非营利部门的产权来说，不存在一个单一的产权拥有者。也就是说，非营利组织的捐赠者、受赠人和受助者三个主体是分离的。我国法律尚未对捐赠者、受赠人和受助者的权利和义务做出明确规定，这就使得问责主体对非营利组织的问责缺乏法律支持。

第四，非营利组织问责制度的不完善造成问责困难。主要是信息披露制度不完善和法律制度不完善造成非营利组织问责的困难。

联合道路的丑闻

美国联合道路（United Way of America，UWA）的前任秘书长威廉．阿拉莫尼（William Aramony）被指控挪用巨额善款过着奢侈的生活。他在UWA这个全美最大的非营利组织做了22年的负责人，年薪369,000美元，另有养老金和健康保险等福利。他的两名高级助理参与并试图为其掩盖该丑闻，他的前任秘书（和他保持了三年的情人关系）在7年间为其挪用善款在账目上做手脚。阿拉莫尼最终被判入狱7年，并返还挪用的552,000美元善款。这一丑闻使得整个联合劝募系统的捐赠率显著下降，还使得美国兴起了一场为慈善机构CEO和高级官员购买责任保险的浪潮，以及对理事会成员连任及任期的反思。

资料来源：杰里·G. 史蒂文森，罗伯特·T. 戈伦比威斯基. 非营利组织管理案例与应用. 中国人民大学出版社，2004.

非营利组织问责是一个世界性的难题，问责问题也困扰着国际非政府组织（INGO)。在全球层面缺乏有效问责机制，导致INGO与受它们的行为所影响的个体之间出现断层。人们越来越感受到全球组织对自己的日常生活产生的影响，但是却又感觉没有能力发出声音，更不用说表达他们的困苦了。

INGO的问责

出于对受灾地区缺少问责的担心，尤其是受到卢旺达大屠杀和美国“9.11”袭击给人道主义机构带来的沉重打击之后，一些人道主义机构共同发起了国际人道主义问责项目（Humanitarian Accountability Project International，HAP-I)，其目的在于全面解决该部门所面临的问责变化及挑战。问责的目的是：保证人道主义权力在一个公正、尊重和公平的框架中实施。受危机影响的群体不是救助配给卡上的编号，也不是录取救济的队列中的影子或者愤怒的乞丐。他们有权被告知、被咨询、参与讨论和参与影响其生活的决策的制定，有权提出他们的关注和抱怨并得到回应。妇女和小孩不应该受到歧视，他们应该受到保护以防止被歧视。

资料来源：Agnes Callamard. NGO 问责与人道主义问责之合作：走向变革议程［C］. 丽莎·乔丹，彼得·范·图埃尔. 非政府组织问责：政治、原则与创新. 康晓光，译. 中国人民大学出版社，2008：182-193.

五、问责的前提：透明度与信息披露制度

透明度是监督与问责的基本前提，只有在问责主体及时、准确、全面了解有关信息的基础上，才能够对非营利组织的运作状况做出判断和评价，并据此做出正确的决策。

所谓透明度是指非营利组织及时公开组织的有关信息，尤其是项目和财务信息，以便政府和其他利益相关者了解其运作状况和工作绩效，判断其行为是否符合法律、章程和规定，决定是否承认其合法性，是否给予其优惠政策和待遇，是否购买或接受该组织的服务，是否对其进行捐款或支持该非营利组织的活动等。非营利组织的信息披露是反映其运营状况的主要信息，如所提供服务状况、筹资进展、财务与投资报告、治理结构变动、年度重大事项等信息，真实、准确、及时、完整地向出资人、政府、受助者及其他利益相关者予以公开的过程。可见，透明度与信息披露是两个密切相关的概念，一个组织的信息披露及时、准确、充分，就可以说这个组织的透明度高，否则就是缺乏透明度。目前，我国公益基金会的募捐能力还不强，其原因是多方面的，其中信息披露制度不健全、不透明可能是最主要的原因。目前公益基金会信息披露面临的主要问题是：信息披露的内容太少，质量欠佳，渠道太窄，时间滞后。①

许多国家都用法律的形式规定了非营利组织的信息披露制度。总体来看，非营利组织信息披露主要有两种模式：一是完全披露式，主要为英美法系国家所采用，以美国为代表。美国联邦国内税务署要求非营利组织每年填报统一的

---

① 颜克高. 基金会信息公开监管制度的适应性——一个制度经济学视角的分析. 财经理论与实践，2010（7）.

990 表（Form 990）,① 详细报告年度经费来源及支出情况。990 表信息是向公众公开的，公众可以随时向国内税务署申请查阅。除了国内税务署之外，一些第三方机构（它们本身也是非营利组织）如美国慈善信息局、美国基金会中心、美国基金会协会、导航星、慈善导航者（CharityNavigator. org）等也向公众提供信息和资料，并对非营利组织进行评级。美国联邦税法规定任何人都有权向非营利组织要求查看它的原始文件及前三年的税表，人们也可写信给国税局以了解某个非营利组织的财务情况和内部结构。英国的《慈善法》规定只要交付合理的费用，公众中的任何成员有权获得慈善组织的年度账目和财务报告。此外，美国还有地方性信息平台提供本地非营利组织的信息。如西雅图基金会（The Seattle Foundation）向公众提供该地区 700 多家本地非营利组织的数据、研究资料以及评价信息。② 二是不完全披露式，主要为大陆法系国家所采用，以德国为代表。德国并没有规定非营利组织一定要公开披露信息。非营利组织主要向监督机关披露财务报告等信息，监督机关向公众负责。

目前，民政部建立了社会组织网，各地民政部门也已经建立或打算建立社会组织网。同时，民政部门正在逐步推进非营利组织网上年审工作，非营利组织的年审信息将会形成电子数据库。如果把这两个系统连接起来，通过非营利组织网来向公众发布非营利组织年审信息，将不失为一条简便可行的办法。在此基础上，研究机构、媒体和公众可以利用这些信息来做出合理的决策，并监督非营利组织的行为。同时，民间机构也在着手建立信息披露的平台，比如徐永光发起的中国基金会中心网（www. foundationcenter. org. cn）就是一个信息披露公共平台，覆盖了全国 2400 多家基金会。

不过，即便非营利组织建立了完善的信息披露制度，及时提供了各种信息，人们在如何使用这些海量信息做出明智的决策方面仍然面临很多困难。信息的披露只是解决问题的开始。大量信息的公开披露很可能会带来信息过剩，不仅使捐赠者难以简便有效地利用信息，而且专业的评级机构也可能出现信息过载。为了有效利用信息，有人建议模仿证券市场的专业分析师制度，在社会

---

① 990 表（Form 990）是美国所有非营利组织必须提交给国内税务署的报税表，该表的信息也在行业自律机构导航星（GuideStar）的网站免费向公众提供。参见本章后面所附案例“非营利组织的信息平台—导航星”。

② Stephanie Strom. Data on Seattle Nonprofits Is Public Now. New York Times, 2010-09-08, http: //www. nytimes. com/2010/09/09/business/09nonprofit. html? _r=1&emc=eta1.

部门建立研究分析师制度，让专业人员研究不同领域的非营利组织，公开发布谁做得好、谁做得不好的信息。①

CAI 为何问责失灵

在慈善事业高调曝光的美国，做一个捐赠者也是很辛苦的事情。

格雷格·莫特森（Greg Mortenson）是畅销书《三杯茶》的作者，还是中亚研究所（the Central Asia Institute，CAI）的负责人。最近，公众不仅怀疑他书中信息的准确性，而且对 CAI 财务管理提出质疑。这些问题包括：根据该机构990表中的信息，截止2009年9月，CAI 在"国内拓展和教育、演讲和友情客串"等活动中花费了460万美元；在学校建设和营运方面仅花费了395万美元，其中，广告和促销花费150美元，差旅费花了140万美元。

格雷格辩称说，CAI 获得了一些大型慈善网站的高度评价，比如慈善导航者（CharityNavigator. org）就将其评为四星级（最高级）机构。对此，慈善导航者的总裁兼 CEO 伯格辩解说，"任何评级体系都只能做到这个程度。和金融市场一样，评级应该被理解为具有一定的预测价值。但是，我们仍然处在起步阶段。审计师不可能坐飞机去每一个机构进行现场查看。正如其他任何行业一样，非营利部门出现丑闻是难免的。"

相比较而言，其他一些看门狗机构的评价比较靠谱。美国非营利组织的守门人"优良业务署明智捐赠联盟"（Better Business Bureau Wise Giving Allliance，BBB's）将 CAI 置于"无披露"状态，因为 CAI 连续三年未提供财务信息。三年前，CAI 也未能满足 BBB's 的慈善标准。原因是，CAI 的董事会没有满足5个成员的最低要求。

这个故事说明，关心善款去向的捐赠者必须要自己做研究。除了从导航星（GuideStar. org）那里获得信息之外，捐赠者还应该要求受捐机构提供年报和最近的审计报告。

资料来源：Mary Pilon. Lessons for Donors from "Three Cups of Tea". The Wall Street Journal. 2011-04-25。

① 伯恩斯坦．如何改变世界．吴士宏，译．新星出版社，2007：279.

第二节　非营利组织的外部问责

非营利组织问责机制的发展趋势是建立一个内部问责（或称自律）与外部问责（或称他律）相互协调的问责机制，即将非营利组织外部利益相关者的他律与非营利组织的自律以及非营利行业的自律相结合的问责机制。在外部问责层面，非营利组织的外部问责主体包括政府、捐赠者、受助者、媒体、社会公众、独立第三方评估机构等利益相关者。第十一章已经讨论了评估问题，这里不再赘述。本节主要讨论政府、捐赠者、受助者、社会公众与媒体对非营利组织的问责问题。

一、政府对非营利组织的问责

政府是唯一具有法律权威对非营利组织进行问责的主体。政府通过立法和规制对非营利组织实施问责。

政府通过立法为非营利组织问责设定了法律环境，它提供了判断非营利组织行为正当性的基本标准，规定了问责主体对非营利组织问责的权利和责任。政府对非营利组织的问责首要前提是建立完善的非营利组织法律制度，对非营利组织的权利及义务、财产关系、内部治理结构、信息披露、利益相关者权利、侵权与救济等做出规定，用法律来保障非营利组织公益责任的实现。比如，我国《基金会管理条例》规定，公募基金会每年用于从事章程规定的公益事业的支出不得低于上一年总收入的70%；非公募基金每年用于从事章程规定的公益事业的支出，不得低于上一年度基金余额的8%；基金会工作人员的工资福利和行政办公支出不得超过当年总支出的10%。

政府规制是由独立规制机构或行政机关对规制对象实施的监管行为，包括规则制定（准立法职能）、执行（行政职能）和裁决（准司法职能）。在西方国家，政府对非营利组织实施问责的主要手段就是依法实施的政府规制。① 政府规制的主要领域和内容有：非营利组织的注册登记管理；对非营利组织的税收优惠；对非营利组织的财务规制；对非营利组织投资活动的规制；对非营利组织不公平竞争的规制等。近年来，发达国家总体上出现对非营利组织放松规制的趋势。

---

① 吴东民，董西明．非营利组织管理．中国人民大学出版社，2003：358-359.

然而，政府对非营利组织的问责不仅是一个管理和技术问题，更是一个权利与责任的问题。政府对非营利组织的问责并非总是代表公众利益，绝对公正合理，而是存在越位与错位的风险。非营利组织拥有的权利是由政治体系来决定的。非营利组织对社会现状关注和批评得越多，它自己的基本权利遭到干扰的风险就越高。①

政府与其他权力主体可以通过多种方式控制或阻止非营利组织的活动，其中最常用的几种方法是：第一，挑战非营利组织的合法性。政府可以通过立法限制非营利组织运行的合法空间来挑战非营利组织的合法性，政府还可以通过繁琐苛刻的资助程序、含混不清的管制框架或者设置难以企及的注册登记门槛等等方式来挑战非营利组织的合法性。第二，打击非营利组织的公信力。政府可以宣称非营利组织对国家安全或者公共利益造成了威胁，或者非营利组织的活动只是为了满足自身目的而并不是为了公众的福祉，使公众不再相信它们。第三，收编或腐蚀非营利组织。跨国机构、政府和私人机构可以通过榨取非营利组织的资源和能量，使其转向政府项目或任务，从而达到指派或腐蚀非营利组织的目的。政府还可以直接干扰非营利组织的运行，甚至采取法律之外的手段干涉非营利组织的活动。

余彭年的担心

胡润研究院发布的《2010胡润慈善榜》中，余彭年名列榜首，他已经连续三年蝉联胡润慈善榜第一名。余彭年坚持做了20多年的慈善事业，有过赠人玫瑰手有余香的欢乐，也有劳心劳力不见成效的困惑。令余彭年感慨的是，自己捐出来的钱，经常都没有用到其该用的地方，有时甚至还被有关部门或个人挪用。1988年，他向湖南省有关单位捐赠10辆进口三菱救护车。两年后他得知，救护车里面的设施被改造，本应用于急救病人的车成了某些领导的专用车。盛怒之下，余彭年将捐赠车辆悉数收回，转赠几家县级医疗单位。然而他没想到，转赠的救护车再次被挪作他用。为此他也曾经

① 丽莎·乔丹，彼得·范·图埃尔．非政府组织问责：政治、原则与创新．康晓光，译．中国人民大学出版社，2008：7-8.

质疑过捐赠的意义。与他一样，目前多数企业家不愿意向慈善机构捐款的原因之一，就是善款的去向不透明，他们担心自己的善意不能充分实现。

资料来源：余彭年．在巨富中死去是耻辱．世界经理人，2006（4）.

二、捐赠者与受助者对非营利组织的问责

捐赠者与受助者都是非营利组织的重要利益相关者。捐赠者为了公益目的或他人利益而将自己的资产捐赠给非营利组织，捐赠者捐出资产后虽不再拥有所捐赠资产的所有权，但有权指定该笔资产的用途，监督该笔资产的使用。如果非营利组织违背捐赠者的意愿，捐赠者有权向非营利组织问责。捐赠者不仅作为问责主体对非营利组织问责，在理想状态下，捐赠者本身也应该接受问责。①

受助者是非营利组织的服务对象，公益项目的受助者有享受这部分资源提供的产品和服务的权利。当他们被确定为公益项目的受助者时，他们已经成为了这些公益资源的产权所有者。② 在非营利组织和受助者的相互关系的传统模式中，受助者作为服务对象往往处于一种不平等的地位，他们被动地接受非营利组织提供的服务，只有感恩戴德的义务而没有监督的权利和表达的渠道。在两者关系的新模式中，受助者从单纯的服务对象转变为服务的协作生产者，被当做顾客来对待。顾客需求导向的原则，顾客需求评估机制，顾客参与项目设计与决策，顾客满意成为组织追求的目标之一，这些新的变化都意味着受助者对非营利组织问责权利的强化。

如果捐赠者能够与和受助者合作，将能够提高问责的有效性。在捐赠者问责的过程中，由于捐赠者和执行项目的非营利组织之间存在着信息不对称，很难对非营利组织提供的信息做出判断。如果捐赠者能够调动受助者的监督积极性，建立受助者投诉和反馈的渠道如投诉热线或网站，让受助者主动监督非营利组织的行为并提供有关信息，将大大提高非营利组织问责的有效性。

---

① 丽莎·乔丹，彼得·范·图埃尔．非政府组织问责：政治、原则与创新．康晓光，译．中国人民大学出版社，2008：110-130.

② 陈赞．我国非营利组织问责问题探析——基于产权理论的思考．管理观察，2010（10）.

三、公众和媒体对非营利组织的问责

社会公众的监督是非营利组织的问责机制的重要组成部分，媒体为公众对非营利组织的监督和问责提供了平台和载体。由于媒体受众范围广、对公众态度和行为的影响大，非营利组织都十分重视媒体的舆论监督。

媒体与公众的监督一般是通过新闻事件形成社会舆论，进而对非营利组织进行监督与问责。近年来，媒体暴露出的公益腐败案件有增多的趋势：如挪用救灾款建办公大楼、总部到分支机构层层提取高额管理费、挪用救灾资金为组织内全体员工发放工资奖金、将本应用于外地某个救灾项目的资金截留用于本地未来的救灾项目、冒用非营利组织名义进行募捐，等等。这些案件经公开后，受到了广泛的关注，并在媒体与公众的评判下形成强大的社会舆论，最终使相关责任人受到处罚，充分体现了媒体与公众在非营利组织问责中发挥的作用。

最后，仅靠利益相关者来对非营利组织进行问责是不够的，还要建立独立的第三方评估制度。建立独立而又专业化的第三方评估制度，可以客观公正地对非营利组织进行监督与问责。有关评估的内容请参见第十一章。

第三节　非营利组织自律与行业自律

非营利部门的自律包括非营利组织的自律以及非营利行业的自律。自律是行为主体的自我约束，他律是外部力量对行为主体的监督与约束。自律和他律相辅相成。内因是决定事物变化和发展的根本原因，外因是推动性的力量，外因通过内因才会起作用。从本质上说，自律是约束非营利组织行为的根本性力量。但是，在一个复杂的社会系统中，系统构成了单个组织的生存环境，环境极大地影响甚至决定着个体的行为。因此，非营利组织自律的形成又有赖于他律的完善。当“好的”行为在外在约束激励机制的影响下逐渐成为非营利组织普遍的自觉的行为方式之时，他律就转化为自律。否则，一个系统中，如果单个非营利组织的“好的”行为不能得到鼓励，“坏的”行为不会受到惩罚，那么他律和自律都会失灵。

一、非营利行业的自律

非营利行业的自律是非营利组织的同行互律，包括行业协会、行业联合会

或其他行业性组织的监督与约束。行业自律一般采取行业认可制、行业赞许制和行业规则等几种形式。

行业认可制是行业协会承认某个非营利组织为其成员，由于公众对于行业协会的信任而使得该非营利组织获得某种合法性。行业认可制并不划分非营利组织的等级，而只是评定一个非营利组织是否具备了必要的专业资格与能力，并确认该组织是否达标。认可制的作用并不在于正面的认可，而在于非营利组织违反行业规则时可能受到同行的谴责或被取消其成员资格。

行业赞许制是行业协会根据行业特点和特定标准对成员组织进行评估、排序以便对绩效卓越的成员进行表彰，从而对成员形成正面激励。同时，行业协会也可以将评估结果公之于众，影响捐赠者和公众对成员组织的评价，从而形成对成员组织的外部激励。

行业规制指行业协会为成员组织制定的工作标准和规范，如专业人员标准和理事会的标准、最佳实践标准、筹款管理与使用标准、财务透明标准等。通常，联合会、全国性行业协会制定一个共同遵守的道德标准和行为规范，以维护成员共同的社会形象。比如，美国基金会理事会是基金会的行业性组织，其董事会由各大基金会的主要负责人组成，他们负责制定本行业的自律规范，每个会员组织必须遵守这些规范，否则将受到联合组织的制裁甚至取消其会员资格。再比如，美国红十字会也是全国性协会，有1500多个分会，制定了详细的管理规则，各分会必须遵守统一的标准和要求。

首部《慈善公益组织管理流程指引》发布

2011年4月26日，首都慈善公益组织联合会（以下简称“联合会”）发布了《慈善公益组织管理流程指引》。它是目前国内首个推出的针对慈善公益组织规范运作的管理流程，其目的旨在更好地规范慈善公益类组织的运作管理。《慈善公益组织管理流程指引》主要借鉴商业管理咨询的价值链思维工具，将管理流程分为业务管理流程和辅助管理流程。其中，业务管理流程根据慈善公益组织管理工作的特性，分为四个主要业务模块：募捐流程、资金管理流程、实施流程和信息披露流程；辅助管理流程则从职能保障的角度，分为战略管理流程、品牌管理流程、客户关系管理流程、人力资源管理流程、行政管理流程五大部分。

总的来看，行业自律是依靠非营利部门自身的自觉性力量来对成员组织实施监督，维护本行业的秩序和形象，节约了外部监督成本，弥补了其他问责方式的不足。然而，并不是所有的联合会和行业协会都能够切实做到有效自律，在一些缺乏领导力、组织涣散的行业，行业自律难以取得良好效果，有时甚至形同虚设。

二、非营利组织的自律

非营利组织的自律是非营利部门的最初也是最后一道防线。非营利组织的自律有多种形式，总体上而言，有两种方式：一是加强内部治理；二是改善管理，加强自我评估和监督。

非营利组织自律的首要条件是建立完善的法人治理机构。完善法人治理机构必须注意以下几点：一是要明确非营利组织作为公益法人的产权性质，这种产权是一种建立在委托人、受托人、受助者三方分离基础上的“公益产权”，明确公益产权有利于解决非营利组织对谁负责的问题。二是要完善非营利组织的董事会、监事会、会员大会等结构。建立董事会是为了防止非营利组织受到个别人的干扰和控制，为了防止非营利组织出现“内部人控制”，还必须保证董事会中具有一定比例的独立董事，并使董事会受制于监事会及会员大会，只有这样，才能使非营利组织有效地履行责任。

在理事会的领导下，非营利组织可以通过建章立制、强化使命认同、支持利益相关者问责等方式来确保组织履行责任。在具体实践中，主要通过使命与战略评估与监督、项目评估与监督、信息披露等方式来实现自律。

德鲁克认为，非营利组织应该以使命为先。使命是一个非营利组织存在的根本前提。非营利组织与营利性组织最大的区别就在于非营利组织以使命为先，而不是以利润为先，非营利组织通过使命吸引、凝聚员工和志愿者，而不是通过工资、福利待遇吸引员工和志愿者。战略是为了实现使命所做的规划。使命与战略都要适应环境的变化。在这个变化和创新层出不穷的时代，非营利组织应该定期不定期地审视自己的使命与战略，以确保它们始终适应社会与顾客的需要。

非营利组织自我评估的五个关键问题

彼得·德鲁克非营利组织管理基金会为非营利组织的自我评估提供了一种简便方法，非常灵活，能在较短的时间内应用。这个方法基于德鲁克提出的五个关键问题：

1. 我们的使命是什么（What is our mission）？即我们为什么做自己所做的事情，我们存在的理由是什么，我们的目标又是什么？在回答这个问题时，非营利组织又需要考虑以下几个方面：组织现在的使命是什么？组织面临的挑战是什么？组织面临的机会又是什么？组织是否需要调整使命和战略？

2. 我们的顾客是谁（Who is our customer）？这里的顾客是广义的，既包括非营利组织的服务对象，也包括支持非营利组织达成使命的所有其他利益相关者。

3. 客户的认知价值是什么（What does the customer value）？在回答这个问题时，需要考虑以下几个方面：我们所认为的顾客的认知价值是什么？我们需要从顾客那里了解什么信息？我们怎样获得这些信息？

4. 我们期望的结果是什么（What are our results）？回答这个问题时，需要考虑以下几个方面：我们怎样定义结果？我们是否成功达成结果？我们应当怎样定义结果？我们应当加强什么放弃什么？

5. 我们的计划是什么（What is our plan）？自我评估的过程会产生一个计划，计划需要重点考虑两个方面：我们的使命是否应当做出改变？我们的目的是什么？

资料来源：德鲁克．非营利组织的管理．吴振阳，译．机械工业出版社，2007.

非营利组织普遍采取项目运作方式，甚至有的非营利组织就是为了运作项目而成立的。通过对项目的评估和监督可以促使非营利组织有效利用资源，对项目结果负责。项目评估的有关内容参见本书第五章项目管理的有关内容。

非营利组织除了做好自我评估与监督之外，还有义务为利益相关者问责提供方便，其中最重要的是信息披露。但是近年来，随着非营利组织的负面新闻不断曝光，政府以及公众对非营利组织的信任受到影响。1994 年，“希望工程”遭到“壹周刊”起诉；2008 年，四川地震期间，民间要求红十字会公开善款的相关信息，遭到红十字会方面的拒绝；2010 年，网友曝光章子怡基金会的捐款问题；中华体育基金会和宋庆龄基金会发生的资金“丢失”的事件。这些事件使得公众、媒体以及利益相关者对我国非营利组织的信任度下降。多数非营利组织没有做到信息公开。对于中国非营利组织来说，当前不仅要完善法律层面的强制性信息披露制度，更要完善自律性的信息披露制度，将非营利组织的内部结构、捐赠情况、资金流向及使用效果等进行公示，使非营利组织在阳光之下运作。只有做到信息公开，才能实现非营利组织的问责，才能保证组织的可持续发展。

复习思考题：

1. 什么是问责？为什么要对非营利组织问责？
2. 问责的理论基础是什么？你赞成吗？
3. 为什么说透明度与信息披露是问责的前提？
4. 非营利组织的外部问责、行业自律与组织自律有何关系？

案例12-1

曹德旺的中国慈善问责第一单①

在慈善界，曹德旺算得上是老牌慈善人。在2010年胡润慈善榜中，曹德旺名列前茅，他还是胡润富豪榜中连续5年上榜的16位慈善家之一。和很多慈善家一样，福耀玻璃创始人曹德旺总是对自己捐出的善款去向不放心。他曾出资修道路，建学校，盖公园，建图书馆等，几乎每一个工程，他都亲自上阵，自己组建团队、自己设计、自己买材料、自己施工。汶川地震，他捐了两千多万；玉树地震，他捐了一个亿，但最后钱花到了哪里，他其实“并不清楚”。为了保护好自己的善款，大多数时候，曹德旺只得无奈地选择自我承担所有项目。他说，“我可以给你钱，但我必须知道，钱花到哪里去了。”

2010年，他与中国扶贫基金会（以下简称扶贫基金会或基金会）的合作就开了一个问责先例。2010年3月，西南大旱。曹德旺决定向灾区捐赠2亿元善款。扶贫基金会找到曹德旺，希望曹能将这笔善款捐赠给基金会，然后再通过基金会发到灾民手上。但曹德旺表示自己要监督善款的发放。扶贫基金会同意了他的要求，与之签下了问责协议，这个协议被称作中国慈善事业史上的“问责第一单”。根据协议，在善款下发之后，由曹氏父子组成的监督委员会将随机抽检10%的家庭，如发现超过1%的不合格率，扶贫基金会需按照超过1%部分所占善款金额的30倍予以赔偿。协议规定，为实现项目运转，基金会收取善款行规一般为善款的3%（行业惯例是8%～10%）也就是600万元作为项目管理费。协议还规定，所有项目需要在2010年11月30日之前完成，在此之后，如果还有捐赠款没有发放到户，这些善款将由其全部收回。曹德旺解释说，“签这个协议，也是为了监督他们，只要他们做得足够好，再大的赔偿，他们应该也不怕。”

为了达到曹的要求，2010年5月13日，在国务院扶贫办的召集下，西南五省扶贫口的相关领导集聚北京，共同商讨这2个亿怎么花。

---

① 陈新焱．曹德旺的中国慈善问责第一单．南方周末，2010-09-30.

曹德旺一开始跟扶贫基金会商量定的发放善款标准是每户3000元，基金会觉得有点高，提议以最低贫困线1196元为标准，每户2000元。但这2000元怎么发，却又是一个难题。曹德旺提出了一个大的原则，给到“最穷的地方，最穷的人”，同时特意强调，“当官的不能给”。但什么是最穷的地方，谁是最穷的人，却没有一个可以照搬的标准；同样，“当官的”也没有具体规定。

而为了转嫁风险，中国扶贫基金会与云南、贵州等西南五省扶贫办分别签订了一个协议，其中特别规定，如果因为其工作中的问题导致基金会蒙受捐赠方罚款，它们需要全部承担。各省扶贫办又与下属的各市、县等签订相关协议，压力层层传导，到有些村里时，已经非常之严厉——如果查出一个村有1户不合格，取消全村人的受助资格。

一开始，不予资助的判断标准只有7条，但后来增加到了15条，既要符合曹的要求，也不能引起村与村之间、村民与村民之间的矛盾，所以，每一项标准，都是农民们一看就清楚的。比如说，曹提出的“当官的不能给”过于模糊，经过反复讨论，扶贫基金对此进行了严格定义：“代以内直系血亲中有副科级（含）以上干部的，不予资助。”理由是，副科级以上干部在贫困地区属于精英群体，他们的个人能力和社会资源有条件造福整个家族。“家庭成员中（以户口簿上信息为依据）有村委会三职干部、村医、兽医的，也不予资助。”理由是，他们每个月固定从政府领取工资。但这其中，不能包括“行政村的计划生育宣传员、自然村的村长、村组长、会计等”，因为“他们每年仅领取几百元补贴”。还有，“对于房屋装修档次明显高于本村平均水平的，不予资助，”因为“气派的房屋最容易引起舆论的误会”。

为了保证万无一失，基金会还聘请了来自中瑞岳华会计师事务所、中央民族大学、云南民族大学等高校的534名志愿者进入17个县的所有项目村进行“逐户核查”。

赔偿压力如同一柄高悬的剑，让基金会不敢掉以轻心。由于此次资助量大面广，而中国扶贫基金会在职人员总共也就120多人，他们必须借助官方扶贫系统，为此，他们需要向其支付一部分补贴。因为曹德旺“抠”得特别紧，他们支付给地方政府的补贴也比以往少——每资助一个农户，支付给省扶贫办2元，县扶贫办5元。

对于基金会“钱不够用”的抱怨，曹德旺认为，那是在“哭穷”，“我捐的是2亿，不是200万，基数大，管理费的比例就不能那么高”。实际上，曹德旺还有另外一重考虑——以赔偿压力来抵抗“雁过拔毛者”，“遇到有人找他们要钱，基金会正好可以往我身上推，说我的管理费给得少，弄不好，还要他们赔的”。在这方面，作为商人的曹德旺，他的精明和远见的确发挥了作用。在他看来，对基金会来说，最重要的是建一个透明的玻璃缸，让他看到，钱在里面是怎么转的，“只要足够透明，还怕捐赠者不往里面送钱吗？”

思考题：

1. 你觉得曹德旺的问责方式有效吗？可以推广吗？
2. 你认为曹德旺还有没有其他更好的办法来对扶贫基金会问责？

案例 12-2

非营利行业的信息平台——导航星

一、GuideStar 的成立背景

90 年代初期，美国也曝光了两起丑闻：1992 年美国联合劝募（United Way of America，UWA）的腐败案以及 1995 年新世纪慈善基金会（The Foundation for New Era Philanthropy）的诈骗案。这两起事件在社会上掀起轩然大波，美国非营利组织的公信力降到谷底。

1996 年，美国国会通过法案，要求规范非营利组织管理人员的工资和补贴，并且要求非营利组织向国内税务署（Internal Revenue Service，IRS）申报的 990 所得税表（Forms 990）必须向公众公开。

2004 年，美国看门狗组织“优良业务署明智捐赠联盟”（Better Business Bureau Wise Giving Alliance，BBB）推出了在线慈善信息和评估系统，鼓励非营利组织将 990 报表公开在其网站上，供社会各界参考。

二、GuideStar 的发展过程

1994 年，Buzz Schmid 创立导航星网站（www. guidestar. org），这是一个为公众提供美国慈善事业和非营利部门信息的服务平台。

2000 年，GuideStar 网站被作为科技创新被史密森尼（Smithsonian）国家博物馆收藏。导航星从此成为美国最为基本的一个非营利数据库，得到非营利组织、捐赠者、研究机构、媒体、公众和政府的广泛使用。

2002 年，Buzz 在伦敦建立了英国导航星（www. GuideStar. uk），2005 年开始提供信息服务，成为第一个可以了解到英格兰和威尔士所有慈善机构全面信息的平台。

2004 年，导航星国际（GuideStar International，GSI）成立，在欧洲，非洲和亚洲的 7 个国家发展项目，并且运行着英国导航星的国际服务。导航星的未来设想是，为所有国家的非营利机构提供服务，形成一个强有力的导航星联盟。

2008 年，GuideStar 通过出售数据获得了 580,862 欧元的收入，仅低于当年所获得的 1,229,159 欧元捐赠收入。导航星和其姐妹公司 GuideStar 数

据服务公司开展了一系列面向专业咨询家，慈善组织的信息服务，使他们可以自定义访问数据库，这些创收产品可以保证免费公共网站的可持续发展。

三、GuideStar 的管理及服务

（一）GuideStar 的宗旨和愿景

GuideStar 的宗旨是：向公众提供每个非营利组织的相关信息，从一个更加专业的角度来支持非营利组织的发展，通过有序的，透明地公布各个非营利组织的工作信息，使它们的工作更加可靠、有效，从而实现社会资源的优化配置。无论组织的大小和组织的工作内容如何，都应尽力实现信息透明公开，促进非营利组织的国际合作，为捐赠者和支持者提供便利，在全世界范围内催发更多生机勃勃、资源丰富、管理民主的公民非营利组织。

GuideStar 的愿景是：在未来十年内实现以下两个目标：第一，建立 GuideStar 全球网络。GuideStar 的影响力扩展到超过 30 个国家，成立一个正式的 GuideStar 联盟，拥有一个支持各国慈善事业的、紧密联系的关系网络和强有力的搜索引擎，最终实现一个集合多个独立 GuideStar 系统的全球网络，实现跨界的信息共享。第二，更有效地使用 GuideStar 提供的信息。持续更新信息，使非营利组织的报告能够更加简明易懂。通过信息服务，帮助非营利组织改善运行，实现更好的绩效。

（二）GuideStar 的人员构成

GSI 的团队并不大，总部设在伦敦。管理机构的成员共有 9 名，志愿者有 9 人，所有员工共 15 人。总裁由 buzz 担任，理事会成员有 9 名。

（三）GuideStar 的服务对象

GuideStar 的服务对象多种多样，服务内容针对服务对象的需要来设计。

1. 非营利组织（也称为公民非营利组织 Civil Society Organizations，CSOs）

所有的 CSOs 无论其规模大小及其内涵，都可以免费为他们提供一个能解释其工作内容及责任的机会，使他们的工作报告更加具有流线型，更容易为捐赠者，研究者所了解。

允许 CSOs 了解同行的信息，并且了解到同行业的一个基本的标准水

平的数据（比如在 CSOs 工作人员的薪酬水平方面）。

通过提供信息的方式，一方面帮助 CSOs 识别资金募集者，另一方面使捐赠者在非营利活动中更具有主动性，以此来减少长期资金募集所耗费的成本。

2. 资金募集者

满足资金募集者对于回报的最低要求。许他们计划资金项目——寻找组织在特定的社区内从事特定类型的工作，允许他们去认识其他的 CSOs，以作比较。

3. 捐赠者

通过在网络上提供强大的交易系统，支持经济增长和公信力。

为捐赠者提供工具使得他们可以识别，比较，跟踪他们想要支持的 CSOs 的活动记录。

允许捐赠者采取某种手段控制他们的慈善事业，确认筹款实体的身份，评估其工作的影响。

4. 政府监管者

提供相关数据和分析工具支持政府的执法监管工作。

提高非营利组织报告的质量，支持公开的披露信息，减少不必要的非营利账户带来的高额成本。

建立可以消除或预先抵制低效率的电子系统。

5. 政府政策制定者

使决策者能够识别那些 CSOs 服务过多或者不足的区域。

按照部门和地域的划分，通过使政策制定者可以追踪慈善事业和 CSOs 服务的趋势来支持政策制定。

6. 专业人员

一般信息有助于会计从业者、初级律师、顾问为其 CSO 顾客委托人提供咨询服务。

7. 政府统计员、学术研究者、政策分析师

一般信息可以为政府统计人员提供根据，为学术研究者和政策分析师提供数据依据。

8. 第三方数据服务提供者、评估者、委派机构

为第三方提供数据可以促进电子化慈善事业的发展，支持更加有效的

资金募集，评估和认可 CSOs。

9. 媒体

记者们把 GuideStar 作为他们对 CSOs 进行报道时所必须的搜索工具。

10. 社会大众

将公开透明视作慈善部门活动中必不可少的一个环节。

促进那些从事具有很大影响力工作的 CSOs 优化资源配置。

促进更多的慈善机构的产生和发展。

鼓励 CSOs 重组，以避免重复的服务活动，满足社会需求。

（四）服务内容及特点

打开www. guidestar. org的网站，你就能看到一个搜索框。只要在搜索框里输入你想要了解的 CSOs 的名称，就能够打开一个新的关于此组织信息的页面。在这个页面上，可以了解到该 CSO 的综合信息，包括组织名称、成立时间、所从事的工作、宗旨、人员构成、财物情况以及年度报告等。

1. 提供在 GuideStar 登记的 CSOs 的信息服务

包括：各个组织的大事件和最新动态；查询或下载想要了解的 CSOs 的 990 报表的方式；各个组织的联系方式；帮助慈善机构的个人或者组织的资料；各个组织提供了什么样的服务；组织的所在地点（GS 制作了每个组织所在区域的电子地图，方便人们寻找）；组织的人员构成；组织的主要活动和近期动向；组织怎样使用募集资金；怎样帮助这些组织；慈善事业相关新闻。

2. 包含两种不同的信息服务

一种是各个 CSOs 自主发布的信息，CSOs 自主登录 GS 的网站，发布和更新自己的信息，只需要遵循 GS 规定好的形式，内容完全自主，GS 无权，也不会篡改。CSOS 在 GS 的网站上发布，更新自己相关的信息不用交任何费用。网民们阅览这些信息也是免费的。

另一种是根据 990 报表发布的信息。990 报表（form 990）是美国的国税局要求所有的免税的非营利组织必须填写并且上交的财务报表，若有组织不愿意上交，便可撤销其免税资格。该报表包含组织的财政情况、规模、相关组织、构成人员、成为公益组织的理由、对社会想要做出何种贡献等超过 900 个问题。全美应该上交 990 报表的组织全都在 GS 网站上登记注册。

GuideStar 自身从不对任何 CSOs 做任何评价，也不对各个组织上交的 990 报表做任何解释。因此，对 CSOs 的任何不满，都会直接联系 CSOs，如果任何 CSOs 的信息出错，也只能依靠该组织自己更正。

四、GuideStar 的作用

（一）优化资源配置

一般而言，公益资金会流向知名的组织，这样会导致一些小型的，新成立的组织由于无法赢得关注而难以募集资金。这样就使得资源无法得到合理有效的运用。有些小型的，新生的组织可能比大型的，知名的组织更有效率，并且可以关注到知名组织没有关注的领域。GuideStar 为这些新兴的组织免费提供了一个展示自我的平台，使得他们有了更多得到外界支持的机会。

GuideStar 可以让人们了解到一个区域有何组织，这些组织在进行何种服务，这样就避免了同一个地区有多个组织提供相同的服务，造成资源的浪费和不必要的竞争。

（二）形成行业监督

GuideStar 这样的组织，它提供了一个信息公开的平台，人们通过 CSOs 的信息不仅可以了解到各个组织的资金来源，资产变动情况，还可以了解到组织提供的服务能否达到预算的目标，组织的资源利用率和工作绩效。这样才能使组织有一种使命感，也使社会大众有一种监督参与感，起到了行业自律和社会外部监督的作用。

思考题：

请解释 GuideStar 的商业模式。GuideStar 的商业模式在中国可行吗？可能会遇到哪些困难和阻碍？如何解决？